Kohlhammer

Hubert Zimmermann/Milena Elsinger

Grundlagen der Internationalen Beziehungen

Eine Einführung

Verlag W. Kohlhammer

Dieses Werk einschließlich aller seiner Teile ist urheberrechtlich geschützt. Jede Verwendung außerhalb der engen Grenzen des Urheberrechts ist ohne Zustimmung des Verlags unzulässig und strafbar. Das gilt insbesondere für Vervielfältigungen, Übersetzungen, Mikroverfilmungen und für die Einspeicherung und Verarbeitung in elektronischen Systemen.

Die Wiedergabe von Warenbezeichnungen, Handelsnamen und sonstigen Kennzeichen in diesem Buch berechtigt nicht zu der Annahme, dass diese von jedermann frei benutzt werden dürfen. Vielmehr kann es sich auch dann um eingetragene Warenzeichen oder sonstige geschützte Kennzeichen handeln, wenn sie nicht eigens als solche gekennzeichnet sind.

Es konnten nicht alle Rechtsinhaber von Abbildungen ermittelt werden. Sollte dem Verlag gegenüber der Nachweis der Rechtsinhaberschaft geführt werden, wird das branchenübliche Honorar nachträglich gezahlt.

1. Auflage 2019

Alle Rechte vorbehalten
© W. Kohlhammer GmbH, Stuttgart
Umschlagbild: photothek.de/ Michael Gottschalk
Gesamtherstellung: W. Kohlhammer GmbH, Stuttgart

Print:
ISBN 978-3-17-032397-1

E-Book-Formate:
pdf: ISBN 978-3-17-032398-8
epub: ISBN 978-3-17-032399-5
mobi: ISBN 978-3-17-032400-8

Für den Inhalt abgedruckter oder verlinkter Websites ist ausschließlich der jeweilige Betreiber verantwortlich. Die W. Kohlhammer GmbH hat keinen Einfluss auf die verknüpften Seiten und übernimmt hierfür keinerlei Haftung.

Inhalt

Vorwort		7
1	Einleitung: Fragestellungen, Methoden und der Sinn von Theorien in den Internationalen Beziehungen	9
2	Meilensteine und Schlüsselbegriffe der internationalen Beziehungen	21
3	Theoretische Ansätze	50
	3.1 Realismus und Neorealismus	50
	3.2 Institutionalismus: Internationale Organisationen, Regime, nichtstaatliche Akteure	68
	3.3 Liberalismus	89
	3.4 Konstruktivismus	104
	3.5 Kritische Ansätze in den Internationalen Beziehungen	122
4	Zentrale Themenfelder der internationalen Beziehungen	140
	4.1 Internationale Politische Ökonomie	140
	4.2 Internationale Sicherheit	165
	4.3 Regionale Integration	184
	4.4 Umweltschutz und Nachhaltigkeit im globalen Raum	201
	4.5 Menschenrechte und Migration in den Internationalen Beziehungen	216
	4.6 Entwicklung und internationale Beziehungen	235
Anhang		253
	Abkürzungen	253
	Literaturverzeichnis	255
	Quellen online	261
	Abbildungsverzeichnis	263

Vorwort

Ziel dieses Buches ist es, ein Grundlagenwerk für die universitäre Lehre im Bereich der Internationalen Beziehungen anzubieten, welches inhaltlich und didaktisch auf dem neuesten Stand ist und den Hintergrund und die Wissenshorizonte heutiger Studierender reflektiert. Das Teilgebiet der Internationalen Beziehungen hat üblicherweise die höchste Nachfrage in politikwissenschaftlichen Studiengängen. Die vorhandenen Lehrbücher weisen aber meist einen für heutige Studierende zu akademischen und abstrakten Zuschnitt auf. Zudem fehlt es vielfach an anschaulichen Anwendungsbeispielen. In diesem Lehrbuch sollen die grundlegenden Ansätze und Konzepte, die in der Disziplin benutzt werden und die hinter den gängigen Interpretationen der internationalen Geschehnisse stehen, anhand von zahlreichen Fallbeispielen und tagesaktuellen Problematiken der internationalen Beziehungen veranschaulicht werden. Im zweiten Teil des Buches werden die relevantesten Themenfelder und Problembereiche der internationalen Politik dargestellt.

Dabei soll insbesondere ein Verständnis für grundlegende Fragestellungen und Probleme im Politikfeld der Internationalen Beziehungen, sowie für eine über die reine Anhäufung von Fakten hinausreichende Methodik bei der Beschäftigung mit Phänomenen der internationalen Politik geweckt werden. Nutzerinnen des Buches sollen befähigt werden, wiederkehrende Fragestellungen, grundlegende Strukturen und fundamentale Dynamiken internationaler Beziehungen zu identifizieren. Sie werden so in die Lage versetzt, sich kritisch und reflektiert mit tagesaktuellen Geschehnissen auseinanderzusetzen und diese politikwissenschaftlich zu verorten.

Lehrenden dient das Buch als Basis, einen einsemestrigen universitären Kurs zu strukturieren. Zahlreiche Anwendungsbeispiele, Schaubilder und Links sollen eine vertiefte Behandlung der jeweiligen Themen im universitären Unterricht erleichtern. Durch Beispielfragen und Essaythemen soll eine Überprüfung der Lernfortschritte und die konkrete Anwendung der vorgestellten Konzepte erleichtert werden. Eine Webseite mit weiterführenden Informationen, aktualisierten Inhalten und Übungen begleitet das Buch. Als Lern- und Lehrhilfen konzipiert sind die Textfelder, die in den Kapiteln zu finden sind und unterschiedliche Funktionen erfüllen.

Infoboxen dienen zur knappen Information über ein spezifisches Ereignis mit exemplarischem Charakter für viele Grundfragen der Internationalen Beziehungen (IB) oder über zentrale Konzepte.

Schlüsselbegriffe erläutern zentrale Begriffe der internationalen Beziehungen, ordnen diese historisch sowie aktualitätsbezogen ein und zeigen ihre Bedeutung.

Diskussionsthemen bieten eine Basis, umstrittene Fragen der internationalen Politik in geeigneten Formaten (Seminare, Arbeitsgruppen, etc.) zu diskutieren.

Planspiele dienen als Inspiration für Simulationen und interaktive Debatten in den Kursen. Sie skizzieren eine reale Problemlage der internationalen Politik aus Vergangenheit oder Gegenwart und fordern die Studierenden auf, sich in die Lage der politisch handelnden Personen zu versetzen. Dies trainiert das Nachdenken über die Konsequenzen komplexer Entscheidungen in der internationalen Politik und fördert die Reflektion über die Grundannahmen, die sich hinter unterschiedlichen Theorien und Konzepten verbergen.

Theorien in der Anwendung verwenden zentrale Fragen aus der Praxis der internationalen Beziehungen und laden dazu ein, unterschiedliche Interpretationen und Erklärungen aus der Sicht alternativer Theorien der Internationalen Beziehungen (IB), wie sie in diesem Buch vorgesellt werden, zu formulieren.

Internationale Beziehungen im Film besprechen Filme, anhand derer wichtige Theorien und Konzepte der IB beispielhaft und kontrovers diskutiert werden können.

Begleitend zum Buch wird eine Webseite angeboten mit Zusatzinformationen, Präsentationen, weiteren Texten und Updates, auf die über https://www.uni-marburg.de/fb03/politikwissenschaft/institut/lehrende/zimmermann/index_html zugegriffen werden kann.

Grundlage dieses Buchs sind die Erfahrungen aus einem seit vielen Jahren an der Philipps-Universität Marburg angebotenem B.A.-Einführungskurs in Internationale Beziehungen. Einen wesentlichen Anteil an diesem Buch haben auch Mariel Reiss, die das Kapitel zum Regionalismus sowie die Absätze zu feministischen Theorien verfasste und alle Kapitel ausführlich kommentierte, sowie Lena Heuer, die die Absätze zum Postkolonialismus schrieb, inhaltliche Hinweise gab und das Manuskript in eine druckfähige Fassung verwandelte.

Marburg, den 30.11.2018   Hubert Zimmermann und Milena Elsinger

Hinweis: In diesem Buch werden im Interesse des Leseflusses weibliches und männliches Geschlecht abwechselnd verwendet.

Zur Zitierweise: Grundlagenliteratur zu jedem behandelten Thema findet sich am Ende der Kapitel und wird im Text im Harvard-Stil zitiert (Autor 2018: xy). Belege für spezifische Aussagen in den Kapiteln werden als Fußnoten eingefügt.

1 Einleitung: Fragestellungen, Methoden und der Sinn von Theorien in den Internationalen Beziehungen

Internationale Beziehungen studieren

Die Welt des 21. Jahrhunderts ist eine unruhige Welt. Mit ungeheurer Symbolkraft haben die spektakulären Bilder der Anschläge des 11. Septembers 2001 die Illusion beseitigt, dass sich nach den Katastrophen der ersten Hälfte des 20. Jahrhunderts und dem Ende der Teilung der Welt in zwei sich feindlich gegenüberstehende Machtblöcke während des Kalten Krieges endlich Schritt für Schritt eine friedlichere Weltordnung herausbilden würde. Seitdem haben eine Serie katastrophaler Terroranschläge, endlose Kriege im Nahen und Mittleren Osten mit verheerenden Folgen, Spannungen zwischen atomaren Mächten in Asien, tiefgreifende Finanzkrisen, die sich abzeichnende Klimakatastrophe, enorme Migrationsbewegungen und der weltweite Aufstieg nationalistischer und populistischer Bewegungen die Hoffnungen auf einen grundlegenden Wandel der internationalen Beziehungen hin zum Positiven tief erschüttert.

Viele, nicht nur populistische, Bewegungen, suchen die verlorengegangene Sicherheit in einer Rückkehr zu sich abschottenden und unabhängigen Nationalstaaten. Allerdings werden die Notwendigkeit der Bekämpfung globaler Probleme, die vor Grenzen nicht Halt macht, und die Suche nach zwischenstaatlichen, einvernehmlichen Lösungen für globale Streitfragen nicht einfach verschwinden. Vielmehr bleiben die internationale Politik und ihre Konsequenzen weiter von zentraler Bedeutung für die großen Fragen der Zukunft. Umso wichtiger ist es, die zugrundeliegenden Strukturen und Mechanismen zu kennen und ein Verständnis für die Abläufe im internationalen Raum zu entwickeln, welches über die zufällige und selektive Ansammlung von Fakten, welche nur die eigene Meinung bestätigen, hinausgeht. Dieses Verständnis systematisch zu entwickeln, dem dient das Studium der **Internationalen Beziehungen (IB)**[1]. Gerade in einer Zeit, in der die Informationsflut des Internets eine unüberschaubare Menge an Meinungen, Vermutungen, vermeintlichen Wahrheiten und alternativen ›Fakten‹ produziert und verfügbar macht, ist die wissenschaftliche Beschäftigung mit internationalen Phänomenen umso wichtiger. Es gibt einen fundamentalen Unterschied zwischen gefühlten Wahrheiten, die im Netz mühelos erworben werden können (und die oft eine wohlige und denkfaule Selbstbestätigung der eigenen Ansichten und Vorurteile

---

1 Immer wenn in diesem Buch vom Fach ›Internationale Beziehungen‹ als Teildisziplin der Politikwissenschaft die Rede ist, wird die Großschreibung verwendet, wohingegen der Gegenstand des Faches, die internationale Politik bzw. die internationalen Beziehungen, klein geschrieben werden.

liefern), und einer auf wissenschaftlichen Standards beruhenden Betrachtung, Analyse und Erklärung globaler Politik. Dazu gehört, die eigenen Vorannahmen zu hinterfragen, Informationen kritisch zu prüfen und die häufig frustrierende, aber unausweichliche Begrenztheit der verfügbaren Informationen über die meisten internationalen Vorgänge zu akzeptieren und produktiv nutzbar zu machen.

Dieses Buch hat zwei Hauptfunktionen. Zunächst soll es Ihnen durch seine nachvollziehbare und verständliche Gestaltung helfen, das Studium des Fachs Internationale Beziehungen erfolgreich und mit bleibendem Erkenntnisgewinn zu bewältigen. Es soll außerdem Hilfestellung leisten bei der Einschätzung und Bewertung der vielen wichtigen und spannenden Fragen der internationalen Geschehnisse, die tagtäglich die Medien dominieren. Nicht umsonst sind die IB meist die populärste Teildisziplin im Bereich der Politikwissenschaften und auch ausgesprochen attraktiv für Studierende anderer Studiengänge, wie zum Beispiel die Geschichtswissenschaften, die Wirtschaftswissenschaften, Geographie oder zahlreiche Regionalwissenschaften.

Wenn Sie mit dem Studium der IB beginnen, ist es ganz wichtig, sich **zwei fundamentale Unterschiede** einer wissenschaftlichen oder akademischen Beschäftigung mit internationaler Politik im Gegensatz zur alltäglichen Beobachtung der Weltpolitik klar zu machen:

1) Häufiger als bei anderen Disziplinen herrscht gerade beim Studium der IB die Vorstellung, es genüge eine informierte, möglichst umfangreiche Ansammlung von (sogenannten) Fakten und Meinungen, um internationale Geschehnisse zu verstehen und zu bewerten. In Tageszeitungen, audiovisuellen Medien oder dem Internet finden sich schließlich unzählige Beiträge über beinahe jedes Thema der internationalen Politik. So erscheint es zunächst recht unkompliziert, gut informierte, überzeugende und ›richtig‹ erscheinende Quellen zu finden, um zu verstehen, weshalb Staaten Kriege gegeneinander führen, weshalb es andauernde Unterentwicklung gibt oder weshalb globale Umweltprobleme nicht effektiv bekämpft werden. Eine kurze Materialsammlung über Google reicht dazu aus. Diese Vorgehensweise ist bequem, denn zum einen ist sie weniger arbeitsintensiv als eine wissenschaftliche Analyse, wie sie in diesem Buch eingeübt werden soll. Zum anderen ist sie aber auch psychologisch angenehmer, denn oft werden bewusst oder unbewusst die Texte ausgesucht, die den eigenen vorgefassten Ideen, Thesen und Einstellungen entsprechen. Man erspart sich so die Mühe, sich mit den vielen Widersprüchen, Sachzwängen, Gegenmeinungen und Zweideutigkeiten der internationalen Politik auseinanderzusetzen; damit geht aber auch das verloren, was eigentlich das ausgesprochen Spannende an der internationalen Politik ist. Denn dies besteht weniger darin, dass in diesem Themenbereich ›scharf geschossen‹ wird, Menschen sterben oder ausgebeutet werden, und Staaten ›gewinnen‹ oder ›verlieren‹. Das eigentlich Faszinierende ist vielmehr, dass man das ›Warum?‹ zu verstehen beginnt. Warum gibt es Krieg, Ausbeutung, Krisen, Gipfeltreffen, Rivalitäten, Ungerechtigkeiten etc.?

Es geht im Studium der IB also nicht darum, mit einem Vollständigkeitsanspruch zu beschreiben, wie die USA in den Irak einmarschiert ist und was dann alles so passiert ist, oder zu erzählen, wie es dazu kam, dass die Bundeswehr in Afghanistan ist, oder worum es in der Kubakrise während des Kalten Kriegs ging, und wie dabei beinahe die Welt untergegangen wäre. Das reine Aufzählen von Tatsachenwissen, zumal von allgemein zugänglichen Basisinformationen, und die solide Recherche und Präsentation dieser Informationen sind wichtig und gut. Sie sind aber für ein universitäres Studium unzureichend. Der so häufig in Referaten, Thesenpapieren und Seminararbeiten dargebotene ›historische Überblick‹ und ähnliche Materialsammlungen sind meist überflüssig und vergebene Liebesmüh, wenn sie nicht durch eine klar definierte Fragestellung und eine nachvollziehbare Methodik (dazu mehr später) strukturiert werden. Die Zusammenhänge hinter diesen Informationen, und ihre Relevanz zu **verstehen** ist das Ziel. Dieses Ziel zu erreichen ist eine komplexe, aber lohnende Aufgabe.

2) Es geht bei den IB auch nicht primär darum festzustellen, wie schlimm es ist, dass weiterhin so viele Waffenexporte existieren, oder darüber zu lamentieren, wie inkompetent der Westen in Afghanistan war, oder festzustellen, wer schuld daran ist, dass nun schon seit vielen Jahren der Osten der Ukraine im Kriegszustand ist. Der politische Diskurs im Netz, häufig auch in den Medien, ist oft mehr oder weniger deutlich von der Annahme geprägt, dass die politisch Handelnden dumm, korrupt, kindisch, verbrecherisch usw. sind. Mit souveräner Geste wird dann gezeigt, wie man es besser oder politisch korrekter hätte machen können – fertig ist die Analyse. Tatsächlich ist es nicht schwer, den katastrophalen Einmarsch im Irak durch die US-Regierung von George W. Bush als gigantischen Fehler zu demaskieren, oder sich über Waffenexporte Deutschlands in Konfliktregionen zu empören. Völlig vergessen wird dabei die eigentliche Frage: Weshalb kommt es zu diesen moralisch verwerflichen Aktionen? Das Ziel ist es wieder, erst zu **verstehen** und dann zu urteilen, und nicht zu (ver-)urteilen, ohne zu verstehen. Das heißt nicht, dass moralische Werturteile völlig irrelevant sind, oder dass man völlig unvoreingenommen an die Thematik herangehen soll oder kann. Es bedeutet vielmehr, dass der eigene Standpunkt selbst reflektiert und Teil einer analytischen Herangehensweise wird. Der deutsche Soziologe Tilman Allert hat das in einem Interview sehr schön ausgedrückt:[2]

> »Wenn ich aber verstehen will, dann muss ich meine Empörung über diese Welt kontrollieren, und zwar nicht moralisch kontrollieren, sondern methodologisch kontrollieren. Ich muss nicht ein anderer Mensch werden. Ich muss nicht meine Motive, diese Welt zu verändern, ändern ... [Aber um einen Fall zu verstehen] muss ich ihn überhaupt erst zu einem Gegenstand machen, der es wert ist, verstanden und nicht bejammert zu werden ...«

Ziel einer universitären Politikwissenschaft ist es also nicht in erster Linie, mehr oder weniger richtige oder korrekte Werte auszudrücken (das ist primär Aufgabe der Politik!), sondern zu verstehen, wie und weshalb diese Werte entstehen, verteilt werden und sich in politischen Prozessen durchsetzen. Dies soll nicht eine werturteilsfreie Wissenschaft propagieren, sondern eine selbstreflektierte und damit möglichst vorurteilsfreie Wissenschaft. Wer sich diese zwei Unterschiede einer Politikwissenschaft im Gegensatz zum fröhlichen Herumpolitisieren klarmacht, hat schon einen wichtigen Schritt hin zu einem produktiven Studium der IB getan und wird feststellen, dass diese wenig mit dem Image des ›Laberfaches‹ zu tun hat, das vielen Sozialwissenschaften anhängt. Die weiteren Schritte werden in den nächsten Abschnitten erläutert.

---

2 Allert et al. 2014, 314.

IB bedeutet nicht

Das Anhäufen einer möglichst umfassenden Sammlung an Informationen zu einem bestimmten Themengebiet der internationalen Politik.
Richtige (oder moralisch korrekte) Werturteile über Ereignisse oder Situationen im Bereich der internationalen Beziehungen auszusprechen.

IB bedeutet **vielmehr**

Systematisches, methodisch kontrolliertes Bearbeiten von offenen und kontroversen Fragen unter Bedingungen unvollständiger Information in einem sozialwissenschaftlichen Themengebiet von höchster Relevanz.

Schach und die Logik der Internationalen Beziehungen

Abb. 1: Schachspiel

Die internationale Politik wird oft mit einem Schachspiel verglichen. Die Akteure kämpfen erbittert um kleine und große Vorteile, offene und verborgene Tricks werden angewandt, langfristige Strategien und kurzfristige Taktiken umgesetzt, und am Schluss endet der Kampf mit Sieg, Niederlage oder einem Patt zwischen den Kontrahenten. Die Komplexität der Abläufe erfordert Kaltblütigkeit und große Erfahrung, und bis in das 20. Jahrhundert hinein, galten Staatsmänner wie Henry Kissinger als Meister des diplomatischen Spiels auf der Weltbühne. Die globale Politik (und damit auch ihre Analyse) funktioniert allerdings ohne die klaren Regeln, die bestechende Logik und die (je nach eigener Genialität) bis zu einem gewissen Grad vorhersehbaren Abläufe im Schach, so dass den Vergleichen Grenzen gesetzt sind. Zudem ist die Zahl der Spieler in der globalen Politik viel höher, und die Ergebnisse können alle möglichen Abstufungen zwischen Gewinn und Verlust sein. Dennoch ist der Vergleich mit Schach nützlich, und zwar im Hinblick auf das Studium der IB.

Was unterscheidet ein Schach-Genie mit seinen oft für einen Laien beinahe mystisch erscheinenden Leistungen von starken Spielern und Spielerinnen auf der Vereinsebene, geschweige denn Amateuren? Es ist nicht die pure Intelligenz, oder die Konzentrationsfähigkeit, oder die Fähigkeit, viele Varianten voraus zu berechnen. Forschungen haben gezeigt, dass Schachgenies im Gegensatz zu Normalsterblichen unheimlich schnell erkennen, wo das zentrale Problem einer Stellung liegt, dieses dann mit Hilfe einer Reihe von erprobten Strategien und Methoden bearbeiten, und ihre ganze Kreativität darauf verwenden, eine elegante und effektive Lösung dafür zu entwickeln. Schachgenies können eine Vielzahl von **mental maps** (geistigen Landkarten) abrufen, die ihnen helfen, sich im unendlichen Gestrüpp der Varianten nicht zu verlieren, um diese dann im entscheidenden Moment kreativ zu verfeinern (ähnlich wie Fußballprofis, die eine Vielzahl von Spielsituationen gespeichert haben, und diese blitzschnell umsetzen, und, wenn sie sehr gut sind, mit einem genialen Pass abwandeln). Durchschnittliche Spieler hingegen irren mental oder physisch auf dem Brett oder dem Spielfeld umher, und verlieren sich in sowieso nicht funktionierenden Varianten. Sie haben keine klare Vorstellung darüber, wie man von Punkt A nach B gelangt, geschweige denn wie Punkt B aussieht, und deshalb haben sie auch keine effektive Strategie.

Dieser hier skizzierte Unterschied gleicht dem zwischen Studierenden der IB im Anfangsstadium und ›Profis‹ auf diesem Gebiet. Ziel Ihres Studiums (und das gilt nicht nur für IB) muss es demnach sein, dass Sie, wenn Sie mit einem Thema der IB konfrontiert sind, schnell die zentrale Frage und Problematik dieses Themas erkennen können. Zudem sollten Sie die wichtigsten Methoden zur Bearbeitung des Problems kennen, sich an mögliche ähnliche Problematiken erinnern und damit in der Lage sein, **gezielt und an der richtigen Stelle** nach geeigneten Informationen suchen.

Das ist anspruchsvoll, und auch die talentierteste Studentin wird viel Zeit und Übung brauchen, um diese Fähigkeiten zu erwerben. Aber letztlich ist das Erlernen dieser Fähigkeit entscheidend für ein erfolgreiches und über die Studienzeit hinaus nützliches Studium, und nicht zuletzt für Ihren beruflichen Erfolg!

Theorien, Methoden und zentrale Begriffe: Weshalb muss ich mich damit abquälen?

In diesem Abschnitt soll die häufig zwischen Studierenden diskutierte und häufig während langer Seminarsitzungen still und leise in den Köpfen wabernde Frage geklärt werden, weshalb Politikwissenschaftlerinnen, auch in den IB, in der Regel so großen Wert auf Theorien und Methoden legen. Wer sich die eben getroffene Klärung zwischen dem, was die IB sind und was sie nicht sind, zu Herzen nimmt, ist schon auf dem besten Weg zur Beantwortung dieser Frage und zur Akzeptanz von Theorien und Methoden. Er oder sie wird dann aber schnell feststellen, dass es bis zum systematisch und methodisch kontrollierten Bearbeiten kontroverser Fragen der internationalen Politik ein weiter Weg ist, dessen Stufen und Abfolge vielen zu Beginn oft wie ein Buch mit sieben Siegeln erscheinen. Das souveräne

Beherrschen dieser üblicherweise mit dem wenig prickelnden Wort ›Techniken‹ bezeichneten Kompetenzen und deren Anwendung auf Fragen der internationalen Politik ist aber letztlich **die Essenz jedes sozialwissenschaftlichen Studiums** und gleichzeitig auch das, was eine wissenschaftliche Beschäftigung mit politischen Fragen so anspruchsvoll macht. Nur so können wirklich interessante und spannende Erkenntnisse zu den vielen fundamentalen Problemen der internationalen Politik gewonnen werden. Deshalb werden wir hier ein idealtypisches Forschungsdesign vorstellen, dessen Grundstruktur zu beherrschen für jegliche Art der wissenschaftlichen Bearbeitung politikwissenschaftlicher Fragestellungen von Nutzen ist.[3]

Üblicherweise beginnt die Beschäftigung mit einer Frage der internationalen Beziehungen mit dem Interesse an einem bestimmten Themenbereich. Weshalb dauert der Krieg in Syrien mit seiner halben Million Toten und den vielen Millionen Flüchtlingen so lange? Wird der nukleare Showdown in Asien, in dessen Zentrum das nordkoreanische Atomwaffenprogramm steht, eskalieren? Weshalb interveniert die Europäische Union (EU) militärisch in afrikanischen Ländern, zum Beispiel durch eine bewaffnete Marineoperation in den Gewässern vor Somalia? Hat ein globales Klimaschutzabkommen überhaupt eine Chance? Welchen Einfluss haben Facebook, Twitter und andere soziale Medien auf die internationale Politik? Zu all diesen Themenbereichen bietet eine Internet-Recherche eine Fülle an mehr oder weniger plausiblen Antworten, und häufig bleibt es bei einer ziemlich zufälligen Auswahl und Auswertung einer solchen Recherche.

Der mangelnde Fokus verbirgt in der Regel ein fundamentales Problem: die Fragestellung ist nicht ausreichend definiert. In den IB (und der Politikwissenschaft allgemein) **wird kein Thema bearbeitet, sondern eine Fragestellung!** Das darf nie vergessen werden. Es geht somit nicht um eine thematische Materialsammlung, sondern um Erkenntnis. Einer der größten Wissenschaftstheoretiker aller Zeiten, der englische Philosoph Karl Popper, schrieb:[4]

> »Die Erkenntnis beginnt nicht mit Wahrnehmungen oder Beobachtungen ..., sondern sie beginnt mit Problemen. Kein Wissen ohne Problem – aber auch kein Problem ohne Wissen ... Denn jedes Problem entsteht durch die Entdeckung ... eines anscheinenden Widerspruchs zwischen unserem vermeintlichen Wissen und den vermeintlichen Tatsachen.«

Die sogenannte erkenntnisleitende Frage kann also nicht sein: Was ist seit den ersten Unruhen im Syrienkonflikt passiert, und wer hat sich im Laufe der Zeit wie eingemischt? Die Frage lautet vielmehr: **Warum?** Warum dauert der Konflikt solange? Weshalb haben auswärtige Mächte interveniert oder nicht interveniert?

---

3 Dies ist kein Ersatz für eine Einführung in die Techniken des wissenschaftlichen Arbeitens. Zu Beginn des Studiums ist es **absolut notwendig**, sich auf diesem Gebiet intensiv einzuarbeiten. Empfehlenswerte und aktuelle Titel finden Sie in der Box »Aktuelle Einführungen in wissenschaftliches Arbeiten und politikwissenschaftliche Methoden in den IB«.
4 Popper 1978, 103.

In journalistischen Meinungsartikeln werden Sie auf diese Frage meist relativ eindeutige Antworten finden. Diese können dann zum Beispiel ungefähr so lauten: der Syrienkonflikt ist so unlösbar, weil es sich um einen Stellvertreterkrieg im Ringen um regionale Vorherrschaft handelt. Oder: die EU engagiert sich militärisch in Afrika, um ihre Wirtschaftsinteressen zu sichern. Das wären durchaus plausible Thesen. Aber woher weiß ich, dass sie richtig sind? An diesem Punkt werden manche sagen (und noch mehr denken): »Das sagt einem doch schon der gesunde Menschenverstand.« Gemeint ist damit allerdings immer der *eigene* Menschenverstand, dessen Intuition in Zeiten des Internets leicht durch Zitate aus Werken wirklicher oder vermeintlicher Autoritäten abgesichert werden kann. Ohne methodisch abgesicherte Forschung in die Ursachen des Konflikts bleibt die obige Feststellung allerdings eine These.

In der Tat: Viele würden der oben angeführten Interpretation zum Syrienkrieg vehement widersprechen. Ein Syrer, der dem Konflikt entronnen ist, wird möglicherweise den Krieg als Kampf unterschiedlicher Gruppen im Staat sehen, regierungsnahe Truppen und Rebellen, sunnitische und schiitische Gruppen, radikal islamische und gemäßigte Kräfte. Es kommt auf die Perspektive und die Vorannahmen an, mit denen komplexe und schwer verständliche Konflikte angegangen werden. Solche Vorannahmen sind letztlich **Theorien** über deren Ursachen. Sie bieten Erklärungen, die in den meisten Beiträgen zum Syrien-Konflikt nicht explizit gemacht werden. Bei einer wissenschaftlichen Beschäftigung müssen sie aber deutlich gemacht werden, damit die Leser wissen, aus welchem Blickwinkel die Problematik beurteilt wird. Die erste zentrale Funktion von Theorien ist also, dass sie **Aussagen über Ursache und Wirkung** in der internationalen Politik anbieten. Eine solche Aussage wäre zum Beispiel: Was verursacht die ungeheure Eskalation und Dauer des Syrienkriegs? Der Machtkampf internationaler und regionaler Großmächte um Einfluss in der Region. Wir werden später sehen, dass dies die Vorhersage von neorealistischen Theorien der IB wäre. Wichtig ist an dieser Stelle, sich zu vergegenwärtigen, dass das Argument nicht wahr ist, weil es auf einer bekannten Theorie basiert oder plausibel erscheint. Das Argument ist zunächst einmal eine **Hypothese**, eine plausible Vermutung, die sich aus den bisher verfügbaren Informationen, aus Thesen in der Literatur über den Konflikt, und/oder theoretischen Vorannahmen ergibt. Der nächste Schritt ist es nun, diese Hypothese zu belegen oder zu widerlegen.

Hier kommt die zweite zentrale Funktion von Theorien ins Spiel: **Selektion**. Was muss ich mir genauer ansehen, um die Hypothese zu bestätigen? Wenn der Fokus auf die Politik von Großmächten gerichtet ist, dann ist offensichtlich, dass die Handlungen und Äußerungen von Vertretern dieser Großmächte im Zentrum des Interesses stehen. Theorien helfen also, sich bei der Untersuchung der Frage auf die relevanten Akteure zu konzentrieren und so keine Zeit für unbedeutende Nebendarsteller oder -schauplätze zu verschwenden. Die Aufstände gegen den Diktator Assad, die am Anfang des Krieges standen, müssen also nicht beschrieben werden (es sei denn, es kann nachgewiesen werden, dass diese durch Großmächte gesteuert waren). Bei diesem Schritt ist entscheidend, dass die Selektion explizit geschieht. Keine Erklärung eines internationalen Phänomens (das immer komplex ist) kommt ohne Selektion aus. Bewusste Selektion ist entscheidend, und auch die Offenheit dafür, dass, falls die Hypothese nicht ausreicht, um das Problem zu erklären, eine alternative Hypothese (die dann andere Faktoren selektiert) gewählt werden muss.

Lässt sich die Hypothese allerdings mehr oder weniger bestätigen, dann wird die dritte Funktion von Theorien sichtbar. Wenn die Ursache des Krieges in Syrien der Konflikt der Großmächte ist, dann muss ich die Konfliktursachen zwischen diesen Mächten beseitigen, um weitere Kriege zu verhindern. Diese dritte Funktion ist die **Prognose**. Theorien versuchen, eine gültige Erklärung für möglichst viele ähnliche oder gleiche Problemlagen zu finden, um so Vorhersagen oder begründete Werturteile zu ermöglichen. Denn es geht in den IB nicht hauptsächlich darum, bestimmte Einzelphänomene zu erklären, sondern möglichst Gesetzmäßigkeiten herauszufinden, die für viele Probleme zutreffen und deshalb auch eine gewisse allgemeine Gültigkeit beanspruchen können.

Theorien spielen also eine zentrale Rolle bei mehreren Stufen des Forschungsprozesses, und sie sind auch ganz pragmatisch als nützliche Hilfsmittel zu verstehen, insbesondere in den immer besonders anspruchsvollen Schritten der Erarbeitung der Fragestellung und der Hypothesenbildung. Die folgende Abbildung zeigt eine vereinfachte, typische Abfolge einer wissenschaftlichen Untersuchung eines Problems der internationalen Politik. Sie müssen diesem Schema nicht rigoros folgen, aber für jede Art mündlicher oder schriftlicher Ausarbeitung ist zentral, dass Sie sich über die Schritte 2–4 klar werden, bevor Sie relativ wahllos empirische Fakten ansammeln (Schritt 5), alle möglichen Begriffe definieren[5] oder den (meist überflüssigen) historischen Überblick verfassen. Dies erspart letztlich viel Arbeit und ist ein großer Schritt hin zu einer guten Bewertung.

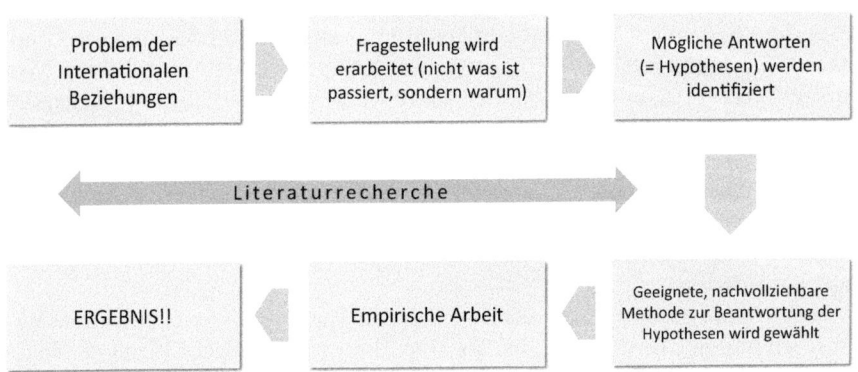

Abb. 2: Analyseschema eines Problems der internationalen Politik

---

5 Ohne klar definierte Fragestellung greifen viele Studierende zurück auf umständliche Definitionen von Konzepten, bei denen ein allgemeines Verständnis ausreicht: »Was ist Politik, Krieg, Terrorismus, der Staat etc.« Das ist in der Regel nicht notwendig. Denn das ›Publikum‹ des Referats oder der Hausarbeit ist nicht die sprichwörtliche ›eigene Oma‹ (die sich angeblich noch nie mit Politik beschäftigt hat), sondern Politikstudierende und Dozentinnen.

Wie finde ich eine Fragestellung im Bereich internationale Politik?

Es ist nicht schwer, interessante Themen der internationalen Politik zu finden. Wenn Sie das Fach studieren, haben Sie meist schon bestimmte Ereignisse oder Phänomene im Kopf, die Sie besonders interessieren oder auf die Sie im Laufe des Studiums stoßen. Meist ist es aber gar nicht leicht, dieses Interesse in eine spannende und machbare Fragestellung zu übersetzen (denn darauf kommt es vor jeder mündlichen oder schriftlichen Präsentation des Themas an!).

Oft hilft es sich zu überlegen, was die Antwort auf die Frage sein könnte, die Ihnen vorschwebt. Wenn die Antwort relativ eindeutig ist und durch einfaches Nachschlagen gefunden werden kann, ist sie meist wenig fruchtbar. Wenn es allerdings mehrere mögliche Antworten gibt und es nicht aussichtslos erscheint, diese Antworten zu finden, dann sind Sie auf dem richtigen Weg.

Sobald Sie die Fragestellung festgelegt haben und sich einen ersten Überblick über den Forschungsstand zum Thema verschafft haben, können Sie damit beginnen, Hypothesen zu formulieren. Also im Fall des EU-Einsatzes zur Bekämpfung der Piraterie in Somalia als offensichtlichste Antwort auf das ›Warum‹ die offizielle Begründung: es geht um die Absicherung der Seewege! Aber, wie erwähnt, wäre das wirklich Interessante an der Arbeit, wenn Sie noch zusätzliche Motive herausfinden könnten. Eine alternative Hypothese wäre etwa: es geht der EU darum, ihren Einfluss in dieser geopolitisch wichtigen Gegend zu sichern! Derartige alternative Hypothesen müssen (und sollten) Sie sich nicht aus den Fingern saugen. Sie können darauf stoßen, zum Beispiel bei der Lektüre von Presseartikeln zur Thematik, bei der Auswertung der Fachliteratur, die das Argument vielleicht schon vorgebracht hat (vielleicht auch im Rahmen eines anderen ähnlichen Phänomens, wie anderer EU-Missionen in Afrika), oder aber – und das ist die wichtigste Variante – indem Sie sich den Blickwinkel einer Theorie zu eigen machen (in diesem Fall den Realismus), die andere Motive vermuten lässt.

Die so gefundenen Hypothesen müssen dann natürlich überprüft werden: stimmen die Annahmen? Damit sind Sie bei der Wahl der Methode angelangt. Diese ist in erster Linie abhängig von der Fragestellung. Es ist relativ offensichtlich, dass statistische Methoden bei der eben genannten Frage nicht viel weiterhelfen, sondern eher eine Analyse von Dokumenten. Auch dürften Experteninterviews nicht praktikabel sein angesichts des Zeitaufwands und anderer praktischer Schwierigkeiten. Es gibt also auch pragmatische Gründe für die Wahl der Methoden. Angewendet werden kann die ganze Breite politikwissenschaftlicher Methoden, sowohl quantitativer Art (Regressionsanalysen, Statistik, Netzwerkanalysen) als auch qualitativer Art (Quellenanalyse, Process-Tracing, qualitative Datenanalyse, Diskursanalyse, etc.). Üblicherweise werden Sie im politikwissenschaftlichen Studium auch Module zur Methodik und zu den Techniken wissenschaftlichen Arbeitens absolvieren. Nehmen Sie diese ernst, verlangen Sie von den Lehrenden eine anwendungsorientierte Einweisung mit Beispielen, und nützen Sie auch andere Seminare, um methodisches Arbeiten einzuüben. Eine präzise Methodik ist fundamental für gute Leistungen im Studium! Im folgenden Textfeld finden Sie Literatur zum Selbststudium.

> Aktuelle Einführungen in wissenschaftliches Arbeiten und politikwissenschaftliche Methoden in den IB (und darüber hinaus):
> Blatter, Joachim/Langer, Phil C./Wagemann, Claudius (2017): *Qualitative Methoden in der Politikwissenschaft*, Wiesbaden.
> Janusch, Holger/Behrens, Maria/Henning, Eike (2015): Qualitative Methoden in den
> Internationalen Beziehungen, in: Carlo Masala/Frank Sauer (Hrsg.), *Handbuch Internationale Beziehungen*, 2. Aufl., Wiesbaden, S. 665–686.
> Ruhe Constantin/Schneider, Gerald/Spilker, Gabriele (2017): Quantitative Methoden in den Internationalen Beziehungen, in: Carlo Masala/Frank Sauer (Hrsg.), *Handbuch Internationale Beziehungen*, 2. Aufl., Wiesbaden, S. 641–664.
> Schlichte, Klaus/Sievers, Julia (2015): *Einführung in die Arbeitstechniken der Politikwissenschaft*, Wiesbaden.
> Stykow, Petra/Daase, Christopher/MacKenzie, Janet (2013): *Politikwissenschaftliche Arbeitstechniken*, Stuttgart.

›Hilfe! Zu meinem Thema gibt es keine Literatur!‹: eine kleine Anleitung zur Literaturrecherche in den IB

Jeder Dozent bekommt diese Behauptung in Sprechstunden immer wieder zu hören. In der Regel ist sie falsch. Tatsächlich verhält es sich meist so, dass es zu viel Literatur gibt, und dass es schwerfällt, zu entscheiden, was besonders relevant und zuverlässig ist. Grundsätzlich ist die Literatursuche **Ihre** Aufgabe, und auch die Einschätzung der Relevanz sollte von Ihnen erfolgen. Ein Gespür dafür werden Sie während des Studiums entwickeln. Erforderlich ist aber logischerweise auch, dass Sie sich in ein Thema einlesen – und zwar so umfassend wie möglich! Es gibt einige Basisregeln, die die eigenständige Literaturrecherche sehr erleichtern.

1) Umgang mit Primärquellen

Zunächst ist es wichtig, zwischen Quellen und Literatur zu unterscheiden. Quellen oder Primärdokumente sind Texte, die von den handelnden Akteuren oder Institutionen selbst erstellt wurden. Wenn Sie also Näheres wissen wollen zur EU-Mission zur Bekämpfung der Piraterie vor Somalia, so werden Sie auf den Webseiten der EU viele Informationen dazu finden sowie auch Aussagen über Ziele und gegebenenfalls Erfolge der Mission. Die Informationen sind meist sehr zuverlässig; die Bewertungen aber sollten Sie kritisch evaluieren. Wenn Ihre Frage ist, weshalb die EU dort so präsent ist, könnten Sie natürlich sagen: ›steht ja auf der Webseite der EU‹! Dann jedoch bräuchten Sie die Thematik gar nicht mehr bearbeiten. Interessant wird es, wenn Sie annehmen, dass es auch andere Motive geben könnte und untersuchen, ob dies so ist oder auch nicht. Statements von Akteuren oder offizielle Dokumente sind also Aussagen, die ernst genommen werden sollten. Ebenso gefährlich wie die kritiklose Übernahme von Standpunkten in Quellen und Literatur, wäre das Gegenteil, das sich in Sprüchen wie ›Politiker lügen immer!‹ ausdrückt. Quellen reflektieren zunächst einmal den Standpunkt der zu untersuchenden Einheit und müssen deshalb auf jeden Fall interpretiert werden. Und Sie müssen klar von der Sekundärliteratur unterschieden werden (auch im Literaturverzeichnis).

2) Qualitätsmedien und Think-Tanks

Aktuelle Informationen zur internationalen Politik sind nicht schwer zu finden. Jede qualitativ hochwertige Zeitung und Zeitschrift berichtet darüber, und Sie sollten sich zunächst dort über die Thematik informieren. Auch das Netz bietet viele Informationen, aber hier ist es viel schwieriger, zwischen ›Junk‹ und solider Information zu unterscheiden. Wer ernsthaft Politik studiert, wird ein Gespür dafür entwickeln, was vertrauenswürdige Informationen sind und sich nicht von dem beliebten Geschwätz im Hinblick auf ›Mainstream-Medien‹ oder ›Lügenpresse‹ verwirren lassen. Dahinter stehen meist Leute, die nicht akzeptieren können, dass ihre eigenen privaten Meinungen nicht von allen geteilt werden. Natürlich gilt dennoch – und das sollte selbstverständlich sein –, dass jede Information (auch in der Qualitätspresse) mit kritischem Auge betrachtet werden sollte.

Neben Qualitätsmedien finden sie auch hilfreiche Berichte zu aktuellen internationalen Problemen bei vielen Forschungsinstitutionen – den sogenannten Think-Tanks. Dazu gehören z. B. die Stiftung Wissenschaft und Politik, die Deutsche Gesellschaft für Auswärtige Politik, die Hessische Stiftung für Friedens- und Konfliktforschung, diverse Stiftungen der Parteien, das Institute for International Studies in London, Brookings und RAND in den USA, das Institut Français des Relations Internationales in Paris, der European Council of Foreign Relations, Bruegel und das Centre for European Policy Studies in Brüssel und viele mehr. Deren Expertinnen und Experten veröffentlichen Studien zu allen Themen der internationalen Politik, wenn auch meist ohne (expliziten) theoretischen Anspruch. Die meisten sind online verfügbar, und leicht zu finden.

3) Wissenschaftliche Literatur

Die Berichte von Qualitätsmedien und Think Tanks zielen meist darauf ab, Handlungsoptionen zu entwickeln und eine bestimmte Problemlage aktuell zu analysieren. Sie beanspruchen nicht, Erklärungen über den Einzelfall hinaus zu finden. Dies versucht aber die wissenschaftliche IB-Literatur. Diese finden Sie am einfachsten über wissenschaftliche Fachzeitschriften, die meist mehr oder weniger theoretisch orientiert sind. Sie sollten sich unbedingt dort erschienene Artikel ansehen, denn ihr Aufbau und ihre Vorgehensweise zeigen beispielhaft, wie eine wissenschaftliche Arbeit aussehen soll. Sie erfahren zudem, was der Stand der wissenschaftlichen Debatte ist und welches die prinzipiellen Fragestellungen im gewählten Themenfeld sind.

Diese drei Literaturkategorien -Primärquellen, Sekundärquellen, theoretisch orientierte Literatur - sollten in jeder Arbeit je nach Funktion verwendet werden, um so eine umfassende und stimmige Analyse der zugrundeliegenden Fragestellung zu erreichen.

> **Führende Fachzeitschriften in den IB**
>
> Cooperation and Conflict
> European Foreign Affairs Review
> European Journal of International Relations
> International Organization
> International Relations
> International Security
> International Studies Quarterly
> Journal of Intervention and Statebuilding
> Review of International Political Economy
> World Politics
> Zeitschrift für Außen- und Sicherheitspolitik
> Zeitschrift für Friedens- und Konfliktforschung
> Zeitschrift für Internationale Beziehungen

2 Meilensteine und Schlüsselbegriffe der internationalen Beziehungen

Lernziele

- *Kenntnis der Schlüsselereignisse in der Geschichte der internationalen Beziehungen.*
- *Verständnis für Entwicklung und Bedeutung zentrale Konzepte der internationalen Politik.*
- *Überblick darüber, welche Meilensteine der internationalen Beziehungen wichtige Interpretationen und Lehren bieten, und wie und wann sie bei der Erklärung und Begründung internationale Politik verwendet werden.*

Der G20-Gipfel in Hamburg im Juli 2017 wird eher für die Krawalle im Stadtzentrum der Hansestadt in Erinnerung bleiben, als für die friedlichen Proteste gegen das Treffen, oder für die Ergebnisse, welche die Staatenlenker und -lenkerinnen in ihren gut abgeschirmten Tagungsgebäuden erzielten. In diesen internen Gesprächen wurde insbesondere die Verweigerungshaltung der seit Januar im Amt befindlichen US-Regierung unter Präsident Donald Trump gegenüber globaler Kooperation wieder ganz deutlich. Nach dem Ende des Gipfels kommentierte dies James Stavridis, amerikanischer NATO-Oberbefehlshaber von 2009–2013, folgendermaßen:[6]

> »Was wir heute sehen, gleicht mehr und mehr der Welt nach dem Ersten Weltkrieg vor ungefähr 100 Jahren, als keine der führenden Nationen zur Zusammenarbeit bereit war und die USA die Idee eines Völkerbunds zurückwiesen.«

Historische Analogien wie diese sind Mittel, um eine komplexe Realität verständlich zu machen und langfristige Trends zu identifizieren. Die zentrale Aussage des Ex-Generals ist offensichtlich: Ohne eine globale Führungsmacht, die für kooperative Lösungen kämpft, steuern wir auf eine Zeit kaum regulierter Konflikte und auf einen Wettlauf der Großmächte zu, wie er schon einmal katastrophal im Zweiten Weltkrieg endete. Die Weltpolitik täte gut daran, sich zu erinnern.

Lehren, die aus historischen Ereignissen gezogen werden, sind allgegenwärtig in der internationalen Politik. Sie bieten einen Interpretationsrahmen, um eine nur schwer fassbare, außerordentlich komplizierte Wirklichkeit zu verstehen. Im ersten Kapitel haben wir deutlich gemacht, dass es im Studium der IB (und der Politikwissenschaften im Ganzen) nicht darum geht, Daten, Fakten, Meinungen, etc.

---

6 Burns 2017, 2 [eigene Übersetzung].

anzusammeln und wiederzugeben, sondern darum, Fragen und Problemstellungen der internationalen Politik zu verstehen und zu erklären. Wir haben deutlich gemacht, wie Fragestellungen entwickelt werden, welche Rolle Theorien dabei spielen, wie die angebotenen Erklärungen überprüft werden, welches die wichtigsten Methoden dazu sind, und wie Hypothesen bestätigt oder verworfen werden. Im kleinen Exkurs zu Schach und IB zu Ende des vorigen Kapitels wurde auch die Bedeutung von kognitiven Karten (*mental maps*) angesprochen, die helfen, Situationen und Problemstellungen zu bewerten, die schon bekannt sind. Historische Analogien sind solche mental maps.

Die Geschichte der internationalen Beziehungen bietet einen enormen Reichtum an Erfahrungen an, aus denen heraus aktuelle Krisen und Konflikte bewertet werden können. Vor ihrem Hintergrund sind die fundamentalen Erklärungsansätze der IB entstanden. Ziel dieses Kapitels ist es, die zentralen Problemfelder und Strukturen der internationalen Politik seit ihren Ursprüngen darzustellen. Viele Elemente dieser Problemfelder wirken bis heute fort. Sie beeinflussen das Handeln von Staaten und internationalen Akteuren, und die Versuche der Menschen, dieses Handeln zu verstehen, zu erklären und zu bewerten (»was passiert, warum passiert es, und ist es gut so?«). Deshalb ist es notwendig, diese Elemente zu kennen, um so die Geschehnisse und die Debatten darüber einordnen zu können und auch den oft vorhandenen Subtext zu entschlüsseln. Hier geht es nicht um eine Geschichte der internationalen Beziehungen, sondern um ein Bewusstsein für sich wandelnde Strukturen, Interpretationen und Ideen darüber, was internationale Politik ausmacht.

Auf dem Weg zum Westfälischen Staatensystem

Ab wann sinnvollerweise von internationalen Beziehungen gesprochen werden kann, ist umstritten, denn Nationalstaaten im heutigen Verständnis sind ein geschichtlich relativ junges Phänomen. Es gab bis ins späte Mittelalter nicht immer präzise territoriale Grenzen, und auch die Herrschaftsverhältnisse innerhalb bestimmter Territorien waren vielfach unklar. Die frühesten Aufzeichnungen berichten von Stammesverbünden, Zivilisationen und Stadtstaaten, zuerst in Ägypten und Mesopotamien. Das persische Großreich und das kurzlebige Reich Alexanders des Großen (im 4. Jh. v. Chr.) waren frühe Imperien, von denen vergleichsweise wenig übrigblieb. Die griechischen Stadtstaaten hingegen und das römische Reich, das seit dem 1. Jahrhundert v. Chr. schrittweise den gesamten Mittelmeerraum unter seine Herrschaft brachte, waren prägend für das moderne politische Denken und auch für frühe Ideen zur Dynamik überterritorialer Beziehungen. Viele Werte und Normen wurden und werden auch heute noch auf der Basis klassisch humanistischen oder christlichen Denkens formuliert. Dies führt vielfach zu Konflikten, denn diese Werte treten in Konkurrenz zu Traditionen und Normen in anderen Teile der Welt. So bildeten sich im Mittelalter das chinesische Kaiserreich, die muslimischen Reiche in Vorderasien, die Zivilisationen der Azteken und Inka in Mittel- und Südamerika oder das riesige Herrschaftsgebiet der Mongolen unter Dschinghis Khan. Alle diese Reiche hatten jeweils unterschiedliche Regeln des Zusammenlebens. Sie prägten ihre jeweiligen Epochen, waren aber oft Gebilde, die nur einen losen Zusammenhalt aufwiesen. Ihre Herrschaftsbereiche waren alles andere als klar abgegrenzt. Ethnische und familiäre Verbünde bildeten konkurrierende Autoritäten, die oft genug auch ihre eigenen militärischen Kräfte hatten. Insbesondere religiös geprägte Gemeinschaften wirkten oft identitätsstiftend über viele der unklar definierten Grenzen hinweg, wie der Katholizismus oder der Islam. Letzterer war geprägt von der Idee einer allen anderen politischen Organisationsformen übergeordneten Einheit der Gläubigen, der *Umma*, eine Idee, die auch heute noch höchst wirkungsmächtig ist. Chaotische bewaffnete Konflikte waren ständig präsent. Zwar gab es Formen der Diplomatie und Überlegungen zu einer ethischen Kriegführung. Ideen vom ›Gerechten Krieg‹ entstanden beispielsweise sowohl im spätrömischen Reich als auch im alten Indien. Die Aufteilung der Herrschaftsstrukturen jedoch und die gegenseitigen Beziehungen von entfernt liegenden Gebieten waren nur wenig formalisiert. Diese unklaren und sich gegenseitig durchdringenden Herrschaftsstrukturen, in denen es keine deutliche Trennung zwischen Innen- und Außenpolitik gab, führten zu anhaltenden Konflikten und Kompetenzstreitigkeiten zwischen unterschiedlichen Machtansprüchen. Dies war besonders deutlich in Europa, welches zum Ausgang des Mittelalters einem Flickenteppich von dynastischen regierten Gebieten, Fürstentümern, religiös dominierten Einheiten und Stadtstaaten glich. Aus diesem Chaos sollte aber schließlich das moderne Staatensystem entstehen, welches sich im 20. Jahrhundert auf die ganze Welt ausbreitete.

Infobox

Weltreich, Imperium, Empire

Diese oft austauschbar verwendeten Begriffe bezeichnen umfangreiche Herrschaftsgebiete, welche unterschiedliche Nationen oder Völker umschließen und von einem hegemonialen Zentrum mehr oder weniger direkt beherrscht, kulturell geprägt und (häufig) ausgebeutet werden. Weltreiche, mit dem römischen Imperium als bekanntestem Beispiel, bildeten die wichtigste Organisationsform im globalen Raum bis zum Aufstieg der Nationalstaaten. Vom Perserreich und Rom in der Antike, über das Frankreich Karls des Großen, das Mongolenreich von Dschinghis Khan, das osmanische Reich, das britische Empire und viele andere, prägten Imperien die Geschichte. Die Grenzen von Imperien sind offener und unbestimmter als diejenigen souveräner Staaten. Viele Autoren argumentieren, dass auch die USA aufgrund ihrer unvergleichlichen Machtfülle nach dem 2. Weltkrieg als Imperium bezeichnet werden kann, und dass die Epoche der Weltreiche noch nicht zu Ende ist, sondern nur andere Formen angenommen hat. Der Niedergang von Großreichen wird häufig auf ›imperiale Überdehnung‹ zurückgeführt, wenn das Reich sich weiter ausdehnt, als es die langfristigen Kapazitäten zulassen.

Die Problematik der überlappenden Kompetenzen wurde überdeutlich in den Epochen der Religionskriege. Der Dreißigjährige Krieg von 1618–1648 war einer der blutigsten Konflikte der Menschheitsgeschichte. Marodierende Armeen legitimierten ihre Interventionen in den Krieg mit dem Schutz ihrer Glaubensgenossen oder mit den dynastischen Interessen der vielfach miteinander verflochtenen, konkurrierenden Herrscherfamilien. Ganze Landstriche wurden entvölkert, nicht nur als Folge der Kampfhandlungen, sondern auch aufgrund grassierender Epidemien und Krankheiten. Erst die totale Erschöpfung auf allen Seiten führte dazu, dass nach jahrelangen Vorverhandlungen mit dem sogenannten Westfälischen Frieden (Friedensverträge von Münster und Osnabrück 1648) ein Ende der Kampfhandlungen erzielt werden konnte. Die zentralen Elemente der Westfälischen Verträge waren zum einen die Anerkennung des Prinzips »*cuius regio, eius religio*«, wonach die Herrscher für ihr Gebiet die Religionszugehörigkeit festsetzten (bei gleichzeitiger Toleranz gegenüber Andersgläubigen). Damit bestand im Grunde kein Recht mehr auf Einmischung von außen (Prinzip der Nicht-Intervention). Zum anderen wurde von den teilnehmenden Gebieten die gegenseitige Souveränität (▶ 2. Schlüsselbegriff: ›Souveränität‹) anerkannt und damit ein fundamentaler Schritt auf dem Weg in das moderne Staatensystem vollzogen. Seitdem wird vom **Westfälischen Staatensystem** gesprochen, um jenes internationale System (▶ 1. Schlüsselbegriff: ›Internationales System‹) zu kennzeichnen, welches durch **souveräne Staaten mit völkerrechtlicher Gleichberechtigung innerhalb fester territorialer Grenzen** charakterisiert wird. Dieses System wurde weder von den Verträgen *ex nihilo* geschaffen, noch wurde es in ihnen direkt festgelegt. Dennoch wird dieser Begriff verwendet, um das bis heute existierende System souveräner Staaten zu bezeichnen, welches sich aufgrund der europäischen Expansion weltweit verbreitete. Es gibt viele Diskussionen darüber, ob damit auch das internationale System der Gegenwart noch adäquat beschrieben ist, da Globalisierung und die Durchlässigkeit der Grenzen zu einer weitreichenden Transformation der Souveränität geführt haben. Für den Großteil der Forschung leben wir aber immer noch im Westfälischen System.

1. Schlüsselbegriff

Internationales System

Dieser Begriff wird Ihnen häufig begegnen. Was ist damit gemeint? Grundsätzlich bezeichnet ein System eine Einheit aus verschiedenen Elementen, die regelmäßig interagieren. Dies bedeutet, dass es Gesetzmäßigkeiten dieser Interaktion gibt, die analysiert und bewertet werden können. Wenn wir vom internationalen System sprechen, so impliziert das, dass dies auch für die globale Politik gilt. Es bedeutet auch, dass die Einheiten dieses Systems tatsächlich häufige Interaktionen haben: dies sind zum einen nennenswerte wirtschaftliche Austauschbeziehungen, aber auch die Möglichkeit von kriegerischen Auseinandersetzungen und diplomatischen Verwicklungen aufgrund der räumlichen Nähe. Damit wird klar, dass für einen Großteil der menschlichen Geschichte nicht von einem System gesprochen werden kann, welches nennenswerte und regelmäßige politische Interaktionen erzeugte. Politik war vornehmlich lokal oder regional, und allenfalls in regionalen Zusammenhängen, wie den griechischen Stadtstaaten, näherte sich die Beziehungsdichte dem heutigen Staatensystem an. Auch die in der Weltgeschichte dominierenden Imperien waren abgesehen von den Eroberungszügen vor allem nach innen ausgerichtet. Im Mittelalter gab es keine klar abgrenzbaren Einheiten wie Staaten, sondern überlappende Autoritäten. Erst mit der Herausbildung von Staaten und all den geschriebenen und ungeschriebenen Regeln, die ihr Verhältnis zueinander regeln, kann von einem tatsächlich internationalen System gesprochen werden.

Das westfälische Vertragssystem war nur ein Schritt, wenn auch ein fundamentaler, auf dem Weg der Staaten zu ihrer heutigen Gestalt. Zu den typischen Eigenschaften von Staaten, die sich langsam herausbildeten, gehören als wesentliche Elemente: eine Zentralregierung, ein Territorium mit mehr oder weniger eindeutigen Grenzen, interne und externe Souveränität, Kriterien für die Staatsbürgerschaft, staatliche Symbole und die Grundlagen des Völkerrechts. Internationale Abmachungen wurden nun zunehmend zwischen Staaten, nicht zwischen den jeweils Herrschenden geschlossen, und erreichten so eine neue Dauerhaftigkeit, durch die sie nicht mehr von den wechselnden Geschicken der Herrscherhäuser abhängig waren. Als grundsätzliches Ordnungsprinzip wurde mehr und mehr das **Mächtegleichgewicht** gesehen, gestützt durch eine zunehmend differenzierte völker- und staatsrechtliche Literatur. Im Frieden von Utrecht, der den Spanischen Erbfolgekrieg (1701–1714) beendete, wurde das Konzept des Mächtegleichgewichts explizit als Friedensgarant festgelegt.

2. Schlüsselbegriff

Souveränität

Es gibt wenige Begriffe in der internationalen Politik, die so politisch brisant sind wie staatliche Souveränität. So wie bestimmte Staaten jede Einmischung in ihre Souveränität scharf ablehnen, geben andere, wie die Mitgliedstaaten der EU, wesentliche Teile davon freiwillig auf. Der moderne Staat ist charakterisiert durch den Anspruch auf innere Souveränität (Autonomie in der eigenen Gestaltung, insbesondere Gewaltmonopol) und äußere Souveränität (Unabhängigkeit von anderen Staaten sowie formale Anerkennung). Wo die Grenzen der Souveränität liegen und ab wann diese in unzulässiger Weise verletzt wird, gehört zu den dauerhaften Streitfragen der internationalen Politik seit ihren Ursprüngen. Was bedeutet Souveränität noch angesichts von gewaltigen internationalen Finanzströmen, vielfachem Staatszerfall, und unentwirrbaren Abhängigkeitsverhältnissen?

Testfrage: Lesen Sie den internationalen Teil einer seriösen Tageszeitung vom heutigen oder gestrigen Tag. In welchen der dort geschilderten Auseinandersetzungen geht es im Kern um Fragen der staatlichen Souveränität?

Konsolidierung des Staatensystems, Mächtegleichgewicht und Imperialismus

Staatliche Souveränität war kein Phänomen, das plötzlich in einer klar definierten Form erschien. Die Herrscher, die für sich beanspruchten, Träger der Souveränität zu sein, sahen sich bei der Durchsetzung ihres Gewaltmonopols vor eine gewaltige Aufgabe gestellt. Die Unterwerfung konkurrierender Autoritäten sowie der Aufbau eines modernen Staates mit klaren Grenzen, einem Steuersystem, einer effizienten Zentralverwaltung, einer staatlich kontrollierten und sanktionierten Gesetzgebung, einer stehenden Armee und nicht zuletzt einer den Zusammenhalt fördernden staatlichen Identität stellten sie vor komplexe Probleme. Wo dies aber gelang, entstand mit dem modernen Nationalstaat eine Organisation politischer Autorität, die außerordentlich effizient war und meist in relativ kurzer Zeit andere Organisationen territorialer Herrschaft, wie Imperien, Stammesgesellschaften oder lose Föderationen, verdrängte. Der Staat europäischer Prägung wurde zum Vorbild, nach dem sich fast alle Gesellschaften dieser Welt mit mehr oder weniger Erfolg organisierten.

Lange Zeit galt Frankreich als Prototyp dieser Organisationsform, insbesondere unter dem Sonnenkönig Ludwig XIV., der von 1643–1715 regierte. Die straffe Organisation des Staatswesens diente dem König und seinem machtbewussten Hofstaat auch zur Unterstützung einer aggressiven Außenpolitik, die dem Aufbau und der Sicherung der französischen Vormachtstellung in Europa diente. Der (ihm fälschlich zugeschriebene) viel zitierte Spruch »L'État, c'est moi!« (Der Staat bin ich!) symbolisierte ein Herrschaftsverständnis, welches als absolutistisch bezeichnet wird. Er verdeutlichte aber auch die Probleme einer auf persönliche und familiäre Bindungen begründeten Herrschaft. Gegen diesen tendenziell totalitären Anspruch erhoben sich bald Widersprüche, die in Frankreich schließlich zum epochalen Ereignis der **Französischen Revolution von 1789** führten. Der Aufstand richtete sich gegen die repressiven Lasten, welche die ständig in Kriegen verwickelte Monarchie der Bevölkerung auferlegte, und gegen die Freiheitseinschränkungen, die für ein zunehmend aufgeklärtes Bürgertum immer unerträglicher wurden. Die Revolutionäre kämpften für eine Herrschaft, die vom Volk und nicht von göttlicher Vorbestimmung ausging. Die Erklärung der Menschen- und Bürgerrechte vom August 1789 formulierte Prinzipien, die auch heute noch die Basis für die Werte bilden, die von den Vereinten Nationen (United Nations Organization – UNO) in ihren Grundsatzdokumenten niedergelegt wurden. Auch in anderen Teilen der Welt regte sich Widerspruch gegen die absolutistische Herrschaftsanmaßung der modernen Staaten. Am weltgeschichtlich bedeutendsten war die amerikanische Revolution gegen die britische Kolonialmacht, die 1776 zur Unabhängigkeit der Kolonien führte und mit den demokratisch verfassten Vereinigten Staaten die Macht schuf, die das 20. Jahrhundert dominierte. Die ursprünglich 13 amerikanischen Einzelstaaten dehnten ihr Gebiet durch Eroberungen und Kauf, vor allem auf Kosten der indianischen Bevölkerung und der spanischen Kolonialmacht, schnell aus und wurden spätestens mit Beginn der industriellen Revolution ein zentraler Akteur der globalen Politik.

2 Meilensteine und Schlüsselbegriffe der internationalen Beziehungen

Das plötzliche Erscheinen der Herrschaft des Volkes auf der welthistorischen Bühne führte aber keineswegs dazu, dass diese neuartigen Staaten eine weniger aggressive Außenpolitik betrieben. Das beste Beispiel ist Frankreich. Die Unterstützung der anderen europäischen Monarchen für den gestürzten französischen König Ludwig XVI, die freilich von einer militärischen Intervention absah, hatte zur Folge, dass die Revolutionäre versuchten, ihre Errungenschaften aktiv auch nach außen zu verteidigen. 1792 erklärten sie den konservativen Mächten Preußen und Österreich, die für die Beibehaltung des Gottesgnadentums der Herrscher kämpften, den Krieg. Nach massiven Niederlagen der französischen Volksarmee wurde der frühere König Ludwig XVI hingerichtet und ein Schreckensregime errichtet, welches die gesamte Bevölkerung mobilmachte und zum Kampf gegen die Eindringlinge aufforderte. In dieser Zeit entstand auch die französische Nationalhymne, die Marseillaise, mit ihrem ziemlich blutrünstigen Text. Zudem wurde die allgemeine Wehrpflicht (ein weiteres Merkmal der sich verfestigenden Staatsgewalt) eingeführt. Frankreich schaffte es, die Niederlage abzuwenden und gewann sogar an Territorium dazu. 1799 putschte sich ein populärer General an die Macht: Napoleon Bonaparte, der sich 1804 zum französischen Kaiser krönte. In der Folgezeit besiegte er die europäischen Mächte außer Russland und verhängte eine Kontinentalsperre gegen Großbritannien. Mit dem Versuch, durch einen Russlandfeldzug seine Macht endgültig zu festigen, überspannte Napoleon jedoch seine Kräfte und wurde schließlich in der Völkerschlacht von Leipzig 1813 vernichtend geschlagen. Aus der Verbannung auf die Insel Elba kehrte er noch einmal zurück, bis die Niederlage von Waterloo die Napoleonischen Kriege endgültig beendete. Diese Epoche hatte enorme Folgen für die Geschichte der internationalen Beziehungen: in vielen noch zersplitterten Territorien, wie Deutschland und Italien, entstanden Nationalbewegungen, die zur Einheit dieser Staaten führten. Zur Verhinderung erneuter Zusammenbrüche des internationalen Systems unternahmen die großen Mächte den Versuch der Konstruktion einer Friedensordnung, welche schließlich das 19. Jahrhundert dominieren sollte.

Diese Friedensordnung wurde hauptsächlich auf dem Wiener Kongress von 1814–1815 verhandelt. Hier wurde von ca. 200 Staaten, Fürstentümern, Grafschaften, Städten, etc. nicht nur die territoriale Neugestaltung Europas beschlossen, sondern auch die grundlegenden Prinzipien und Normen festgelegt, welche die internationale Ordnung in den folgenden Jahrzehnten prägen sollten. Ein zentrales Element war die Eindämmung Frankreichs, um zu verhindern, dass das Land wieder als außenpolitischer Aggressor wirken konnte (Eindämmungspolitik ▶ 7. Schlüsselbegriff: ›Containment‹, ▶ Kap. 2). Das sogenannte Kongresssystem, das **Konzert der Mächte**, etablierte ein System **kollektiver Sicherheit** (▶ 3. Schlüsselbegriff: ›Kollektive Sicherheit‹), in dem die fünf dominanten Mächte (England, Russland, Österreich, Preußen, und später Frankreich) eine Garantiefunktion übernahmen. Ziel war die Stabilität Europas, die durch die Blockade von plötzlichen Machtverschiebungen oder gefährlichen revolutionären Umtrieben zustande kommen sollte. Die Verständigung erfolgte über ein reges System diplomatischer Kontakte und multilateraler Konferenzen, die eingerichtet wurden, sobald es irgendwo auf dem Kontinent zu friedensgefährdenden Entwicklungen kam. So bildeten sich gemeinsame Normen und Regeln heraus, die dazu dienten, das Gleichgewicht der Mächte in Europa zu wahren und Konflikte kommunikativ zu lösen. Mit Ausnahme des Krimkriegs 1853–1856 gelang dies auch. Bis der Aufstieg Deutschlands als zentrale Macht in Europa das Gleichgewicht aus der Balance brachte, blieben bewaffnete Konflikte zwischen den Großmächten weitgehend aus.

Auch wenn das System kollektiver Sicherheit nach dem Wiener Kongress zerstörerische Kriege zwischen Großmächten lange eindämmten, so war seine Bindungswirkung in vieler Hinsicht auch begrenzt. So war zum Beispiel nicht festgelegt, wann Entwicklungen in europäischen Staaten als so sicherheitsgefährdend eingestuft werden mussten, dass die Großmächte militärisch intervenierten. Wie die Fälle Libyen oder Syrien zeigen, gibt es dafür bis heute keine weltweit anerkannten Kriterien. Eine Lehre aus dem Schock der Napoleonischen Krise war jedenfalls die Erkenntnis, dass revolutionäre Umwälzungen in europäischen Staaten zu außenpolitischer Aggressivität und zu möglichen Ansteckungseffekten in anderen Ländern führen konnten. Diese Sorge teilten insbesondere die relativ reaktionären Großmächte Österreich-Ungarn und Russland, die versuchten, ihre Vielvölkerstaaten mit eiserner Hand zusammenzuhalten und jede Kritik am monarchischen Prinzip als Gefahr ansahen. Zusammen mit Preußen schlossen diese Reiche eine lose sogenannte **Heilige Allianz**, die darüber wachen sollte, dass revolutionäre Umtriebe in den kleineren europäischen Staaten keinen Erfolg hatten. Dies schloss die Möglichkeit einer bewaffneten Intervention ein.

3. Schlüsselbegriff

Kollektive Sicherheit

Unter kollektiver Sicherheit versteht man ein System regionaler oder universaler Zusammenarbeit, welches die Friedenswahrung im Interesse aller Beteiligten zum Ziel hat. Die Teilnehmer akzeptieren eine geteilte Verantwortung für den Frieden und verpflichten sich, gemeinsam (kollektiv) für dieses Ziel einzutreten, zu dessen Erreichung zusammenzuarbeiten, und gegen einen Aggressor gemeinsam vorzugehen. Systeme kollektiver Sicherheit haben eine lange Geschichte. Das Konzert der Mächte ist sicher nicht das Erste, aber eines der bedeutendsten. Der Völkerbund, und natürlich die UNO, waren bzw. sind die wichtigsten universalen Systeme kollektiver Sicherheit.

Wissensfrage: Welche aktuellen, regionalen Systeme kollektiver Sicherheit sind Ihnen bekannt?

Diskussionsfrage: Wo liegen die grundsätzlichen Probleme bei Systemen kollektiver Sicherheit?

England und Frankreich standen dieser Kontrolle der Volkssouveränität von außen aber skeptisch gegenüber. Dagegen wurden sie zu Vorreitern eines neuen Typs zwischenstaatlicher Intervention, der nach dem Ende des Kalten Kriegs zu einem viel diskutierten Thema wurde: Der humanitären Intervention. Dies betraf insbesondere die Regionen am Rande Europas, die noch Teil des krisengeschüttelten Großtürkischen oder Osmanischen Reichs war. Seit dem Zenit seiner Ausdehnung im 17. Jahrhundert befand sich das den gesamten östlichen Mittelmeerraum bis an den Persischen Golf reichende osmanische Imperium in einem andauernden Krisenzustand. Dies äußerte sich in Unabhängigkeitsbestrebungen, zum Beispiel in Griechenland oder Bulgarien. Die Niederschlagung dieser Aufstände führte zu Interventionen der Großmächte, vornehmlich um weitere Massaker zu verhindern. Von den Osmanen wurden diese Interventionen aber schon als Teil des europäischen Imperialismus gesehen.

Auch in den aufstrebenden Vereinigten Staaten von Amerika kam die Behauptung eines europäischen Interventionsrechts nicht gut an. Sie reagierten mit der Verkündung der **Monroe-Doktrin** (▶ 4. Schlüsselbegriff: ›Monroe-Doktrin‹), eine Absage an jede Intervention von außen in der westlichen Hemisphäre (Nord-, Mittel-, und Südamerika). Dies hielt die USA nicht davon ab, ihr eigenes Territorium durch brutale Eroberungskriege auf Kosten der indianischen Bevölkerung auszudehnen. Ähnlich agierten Russland, welches sich im Laufe des 19. Jahrhunderts Zentralasien und Sibirien einverleibte, und China, das schon im 18. Jahrhundert den größten Teil Ostasiens beherrschte. So entstand schon die Struktur derjenigen Großmächte, die die Welt seit der zweiten Hälfte des 20. Jahrhunderts dominieren sollten.

4. Schlüsselbegriff

Monroe-Doktrin

Am 2. Dezember 1823 verkündete der amerikanische Präsident James Monroe, dass die Vereinigten Staaten, nach der Unabhängigkeit der meisten lateinamerikanischen Staaten von Spanien und Portugal, erwarteten, dass sich die europäischen Staaten jedweder Einmischung in Nord- und Südamerika enthielten. Auch die USA würden sich nicht in europäische Angelegenheiten einmischen. Diese Ankündigung hatte zunächst keine große praktische Relevanz, wurde aber im Lauf des 19. Jahrhunderts zu einer zentralen Richtschnur des amerikanischen außenpolitischen Handelns. Im 20. Jahrhundert diente sie der Abwehr realer oder vermeintlicher nationalsozialistischer und kommunistischer Interventionen in der westlichen Hemisphäre.

Zunächst brach jedoch die Zeit der Kolonialmächte an, die sich einen Wettlauf um die Aufteilung der Welt lieferten. Die industrielle und technologische Revolution des 19. Jahrhunderts führte u. a. dazu, dass bisher kaum überwindbare Distanzen zwischen den Erdteilen schrumpften und eine direkte Konfrontation unterschiedlicher Herrschaftssysteme möglich wurde. Die Organisationsform des westfälischen Staats und der wissenschaftliche und industrielle Fortschritt in Europa und den USA brachten es mit sich, dass die europäischen Staaten wesentlich schlagkräftiger waren als die Formen der Herrschaftsorganisation in anderen Erdteilen. Innerhalb kurzer Zeit wurden große Teile der Erde kolonisiert. In Afrika und im Nahen Osten sicherten sich Großbritannien, Frankreich, Belgien, Portugal, und später auch Italien und Deutschland fast den gesamten Kontinent. Indien wurde zur wichtigsten Kolonie Englands und zu einem zentralen Baustein des britischen Empire – das territorial umfangreichste Imperium, das die Welt bis dahin gesehen hatte. Indochina wurde französisches Gebiet, und Indonesien wurde von den Niederländern beherrscht.

Die Kolonien wurden zu Prestigeobjekten, aber auch zu Lieferanten wichtiger Rohstoffe und bis in die Mitte des 19. Jahrhunderts auch zur Quelle für den Menschenhandel der transatlantischen Sklaverei. Legitimiert wurden die Eroberungen durch wirtschaftliche Motive, durch staatliche Konkurrenz und ein Sendungsbewusstsein, dass die Ausbreitung angeblich überlegener europäischer Werte propagierte. Dieser Wettlauf um die Kolonien begründete das Zeitalter des **Imperialismus**. Verstanden wird darunter die formale und informelle Kontrolle von Territorien durch die ökonomische und politische Einflussnahme und Dominanz auswärtiger Mächte, bei gleichzeitiger Kollaboration örtlicher Eliten.[7] Die Formen der Herrschaft reichten dabei von direkter Verwaltung und Unterdrückung bis hin zu indirekter Kontrolle unter Wahrung des Anscheins der Souveränität (so wurde z. B. China in der zweiten Hälfte des 19. Jahrhunderts eine informelle Kolonie, die europäischen, amerikanischen und japanischen Handelsinteressen diente). Die Folgen des Imperialismus gelten in vieler Hinsicht als verhängnisvoll und sie prägen noch heute die politischen Beziehungen zwischen ehemaligen Kolonialmächten und den beherrschten Territorien.

---

7 Doyle 1986.

2 Meilensteine und Schlüsselbegriffe der internationalen Beziehungen

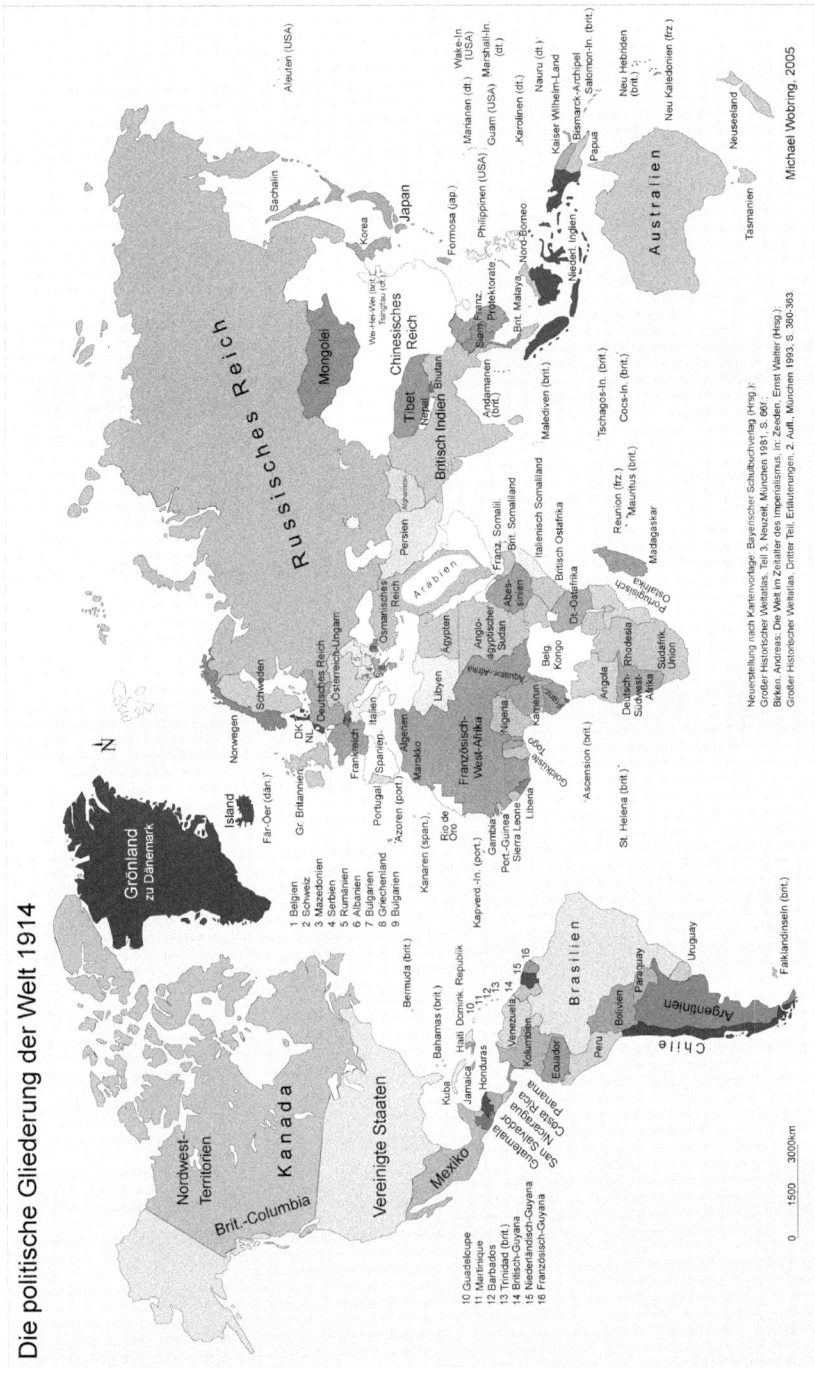

Abb. 3: Kolonialreiche 1914

Infobox

Theorien des Imperialismus

Der Imperialismus gilt als eines der Phänomene der internationalen Politik mit den längsten, aber auch verhängnisvollsten Nachwirkungen. Deshalb war er seit seinen Ursprüngen ein umstrittenes Thema einer Forschung, die nicht nur den historischen Imperialismus des 19. Jahrhunderts, sondern die Ausdehnung der Kontrolle von Staaten über untergeordnete Territorien zu erklären versuchte. Die erste wichtige Theorie des Imperialismus legte der britische Forscher John A. Hobson vor, der den Imperialismus als Konsequenz der Interessen von Unternehmern und Investoren sieht, denen es gelang die Steigerung von Waren- und Kapitalexporten als nationale Interessen zu definieren. Darauf aufbauend hat Wladimir I. Lenin, der Begründer der Sowjetunion, eine Theorie vorgelegt, wonach der Imperialismus eine Reaktion auf die Grenzen der kapitalistischen Expansion im nationalen Raum ist. Deshalb erfolgt eine Ausweitung der Großkonzerne und des Finanzkapitals, unterstützt durch die kapitalistischen Länder, auf die gesamte Welt.

Neuere Theorien, die nach der Auflösung der Kolonialreiche entstanden, operieren eher mit dem Gegensatz von Zentrum und Peripherie, wobei in den abhängigen Staaten der Peripherie die dortigen Eliten kooptiert werden, um die Abhängigkeitsverhältnisse auf Dauer zu stellen.

Liberale Theorien des Imperialismus gehen hingegen davon aus, dass sich in bestimmten Staaten Koalitionen von Gruppen mit Interessen an imperialistischer Ausdehnung durchsetzen. Je nach innerer Verfassung gelingt es diesen Gruppen oder auch nicht, ihre Position zur Geltung zu bringen.

Zur weiteren Lektüre: Heinrich 2010, 311–342.

Der Weg in den Ersten Weltkrieg

Während sich die europäischen Mächte einen erbitterten Wettlauf um die noch verbliebenen kolonialen Gebiete lieferten, zerfiel das Konzert der Mächte in Europa langsam aber sicher. Ein wichtiger Faktor war dabei das Erstarken einer neuen Macht – des Deutschen Reichs, welches unter preußischer Führung 1871 zu einem einheitlichen Staat wurde. Dabei gelang es zunächst Österreich-Ungarn, die zweite Großmacht in Zentraleuropa, aus dem neuen Gebilde heraus zu drängen (1866: Schlacht von Königgrätz). 1870/71 wurde im deutsch-französischen Krieg auch Frankreichs Versuch, die neue Großmacht in die Schranken zu weisen, zurückgeschlagen. Unter der Führung des Reichskanzlers Otto von Bismarck schuf die Diplomatie des neuen Deutschen Reichs durch ein ausgeklügeltes Bündnissystem eine Konstellation, in der die Spannungen im Zaum gehalten wurden, die durch den machtpolitischen und wirtschaftlichen Aufstieg des Reichs entstanden. Dies betraf insbesondere die Rivalität zu Frankreich, welches nach dem Krieg das Elsass an das Deutsche Reich verloren hatte. Als Bismarck 1890 entlassen wurde, übernahm eine nationalistische Gruppierung um Kaiser Wilhelm II die Zügel und betrieb eine ungehemmte Machtpolitik. Dazu gehörte eine Aufrüstungspolitik, die zum Beispiel den Versuch beinhaltete, eine Kriegsflotte zu bauen, die mit derjenigen der Weltmacht Großbritannien konkurrieren konnte. Zu diesen Spannungen in Europa kamen zunehmende Konflikte in der Peripherie, die sich an der Rivalität um Kolonien entzündeten.

Nationalistische Bestrebungen führten auch auf dem Balkan zu vielen Konflikten, durch die sich insbesondere das Vielvölkerreich Österreich-Ungarn und seine habsburgische Monarchie bedroht fühlten. Als am 28. Juni 1914 der österreichische Thronfolger Franz Ferdinand in Sarajewo von einem serbischen Nationalisten ermordet wurde, eskalierten die Spannungen. Österreich erklärte Serbien einen Monat später den Krieg, woraufhin dessen damalige (und heutige) Schutzmacht Russlands an der Seite Serbiens mobilmachte. Das Deutsche Reich zögerte nicht, seinen österreichischen Verbündeten zu unterstützen. Gleichzeitig und in der Erwartung, dass England und Frankreich ihrem Verbündeten Russland beistehen würden, griff das Deutsche Reich auch diese Staaten an. Mit dem deutschen Einmarsch in Belgien unter dem Bruch der Neutralität dieses Staates lässt sich in der Tat vom »Ersten Weltkrieg« sprechen, wobei aus einer lokalen Krise zwischen Österreich und Serbien ein globaler Krieg wurde. Er sollte 17 Millionen Menschen das Leben kosten, auf den Schlachtfeldern eine ungeahnte Steigerung und Enthumanisierung der militärischen Zerstörungskraft mit sich bringen, und ein Erbe hinterlassen, welches eine noch größere Katastrophe im Keim barg.

Theorien in der Anwendung

Die Ursachen des Ersten Weltkriegs in den IB Theorien

Im Gegensatz zur relativ eindeutigen Schuldzuweisung beim Ausbruch des Zweiten Weltkriegs, sind die Gründe für den Ersten Weltkrieg immer noch umstritten. Der Versailler Vertrag hatte die Schuld eindeutig bei Deutschland gesehen, was dort entschiedenen Widerstand hervorrief, der fast alle politischen Lager vereinte. Für die große Mehrheit der deutschen Historiker handelte es sich bei diesem Krieg um die Kulmination eines jahrzehntelangen Machtkampfs um die Vorherrschaft in Europa, ein Machtkampf, der nahezu unvermeidlich eskalierte. Erst mit dem aufsehenerregenden Buch des Historikers Fritz Fischer »*Griff nach der Weltmacht*« (1961) begann eine wirkliche Debatte über die Kriegsursachen, die noch heute andauert. Fischer sah die Hauptschuld in der aggressiven Politik herrschender Eliten in Deutschland und Österreich, die gezielt auf einen militärischen Krieg hinarbeiteten. Er löste damit eine erbitterte Debatte aus. Heute wird die Kriegsschuldfrage sehr viel differenzierter gesehen, wenn auch der Großteil der Literatur (zum 100. Jahrestag des Kriegsbeginns erschien eine Vielzahl neuer Bücher) weiterhin der deutschen Seite die Hauptschuld zuspricht.

Mögliche Ursachen:

- Abnehmende Hegemonie Großbritanniens
- Aggressive Eliten bei den Großmächten, insbesondere im Deutschen Reich
- Aufstieg des deutschen Reichs
- Ethnische Spannungen
- Extremer Nationalismus
- Konkurrenzkampf kapitalistischer Eliten

Testfrage: Wie lassen sich diese Ursachen den Theorien der Internationalen Beziehungen zuordnen?

Literatur: Fischer 1961.

Nach anfänglichen Erfolgen der deutschen Armee wurde der Krieg bald zu einem zermürbenden Stellungskrieg, in dem Hunderttausende im Kampf um minimale Positionsgewinne ihr Leben ließen. Die Ausweitung des Kriegs auf die Weltmeere durch die deutsche Marine mit der Verkündung des uneingeschränkten U-Boot Kriegs führte dazu, dass auch die USA 1917 auf Seiten Englands und Frankreichs in den Krieg eintrat. Damit neigte sich das Kräftegleichgewicht endgültig auf die Seite der Westalliierten, die schon auf anderen Kriegsschauplätzen dominierten. Daran änderte auch der deutsche Erfolg an der Ostfront nichts. In Russland hatten die ökonomischen Folgen des Krieges zu einer katastrophalen Versorgungslage und zu grassierender Inflation geführt. Dies begünstigte revolutionäre Strömungen, deren wichtigste Gruppierung, die kommunistischen Bolschewiken unter der Führung von Wladimir Iljitsch Lenin, vom deutschen Militär aktiv unterstützt wurde. In einem relativ friedlichen, dennoch welthistorischen Umsturz wurde im Oktober 1917 das Zarenregime gestürzt. Die vordringliche Aufgabe der Bolschewiken nach der Oktoberrevolution war es, die Macht im eigenen Land zu sichern. Deshalb suchten sie einen raschen Frieden mit Deutschland und Österreich-Ungarn, auch um den Preis des Verlusts eines Viertels des russischen Territoriums. Die Ukraine, Finnland, die baltischen Staaten und die Kaukasus-Staaten wurden – teilweise nur für kurze Zeit – unabhängig.

Die Einbeziehung der Kolonialreiche ließ den Krieg zu einem weltweiten Konflikt werden. Die deutschen Kolonien wurden meist nach kurzen Kämpfen von den Alliierten erobert. Im November 1914 war das Osmanische Reich auf Seiten der Deutschen und Österreicher in den Krieg eingetreten – eine Entscheidung, die letztlich zu seinem Untergang und zu einer völligen Neugestaltung des Nahen und Mittleren Ostens führte. 1916 schlossen Großbritannien und Frankreich das Sykes-Picot Abkommen, in dem sie für die Zeit nach der absehbaren Niederlage der Osmanen den Nahen Osten in Einflusssphären aufteilten. Während Großbritannien der Irak, Jordanien und Palästina zugesprochen wurde, erhielt Frankreich den Libanon und Syrien. Die später in den Friedensverträgen bestätigten, willkürlichen Grenzziehungen werden häufig als eine der Ursachen für die endlosen Konflikte in dieser Region angesehen. Eine weitere Folge des Kriegseintritts war die Deportation der als feindselig angesehenen armenischen Minderheit im Osmanischen Reich, die in einem Völkermord an den Armeniern mündete.

Im September 1918 gestand sich die deutsche Heeresleitung ein, dass die militärische Lage aussichtslos war. Der Kaiser, der ins niederländische Exil flüchtete, und die Generäle überließen es der nach der Novemberrevolution in Deutschland neu ausgerufenen Republik, die Bedingungen eines Friedensvertrags auszuhandeln. Dieser wurde nach dem Ort der Unterzeichnung als **Versailler Vertrag** (▶ 5. Schlüsselbegriff: ›Versailler Vertrag‹) bezeichnet. In Kombination mit den Friedensverträgen der Siegermächte mit den anderen besiegten Staaten sollten die Verträge eine neue Friedensordnung etablieren. Dazu hatte der amerikanische Präsident Woodrow Wilson am 8. Januar 1918 vor dem US-Kongress schon einen umfassenden Plan vorgelegt, der als **14-Punkte-Programm** bekannt wurde. Darin betonte Wilson unter anderem das Selbstbestimmungsrecht der Völker, die Notwendigkeit des Abbaus von Handelsschranken, und der Abschaffung der Geheimdiplomatie, sowie die Schaffung eines internationalen Organs zur Friedensschlichtung. Die Philosophie hinter dem Programm war der Glaube an eine grundsätzliche Basis gemeinsamer Interessen der Staaten, die sich in gemeinsamen Institutionen verkörpere, und an die Möglichkeit der Überwindung von Mächtekonkurrenz als grundlegende Dynamik im internationalen System. Diese, in der Zeit zwischen den beiden Weltkriegen weitverbreitete, optimistische Position wird als ›Idealismus‹ bezeichnet, gegen den sich später mit dem **Realismus** die erste ausgearbeitete Theorie der IB wandte.

5. Schlüsselbegriff

Vertrag von Versailles

Der Vertrag von Versailles war das zentrale Element der sogenannten Pariser Vorortverträge, in denen die siegreichen Mächte die Bedingungen für die Mitglieder der unterlegenen Allianz (neben Deutschland, auch für Deutschösterreich, Bulgarien, Ungarn und das Osmanische Reich) festsetzten und eine territoriale Neuordnung in Europa und im Nahen Osten vornahmen. Im Versailler Vertrag wurde dem Deutschen Reich die alleinige Kriegsschuld zugesprochen. Dazu wurden umfangreiche Reparationszahlungen, Gebietsabtretungen (Elsaß-Lothringen, Westpreußen, die deutschen Kolonien, etc.) und eine vollständige Demilitarisierung verhängt. Der Vertrag etablierte zudem den Völkerbund als Institution zur kollektiven Friedenssicherung. Da der amerikanische Kongress den Vertrag nicht ratifizierte, schlossen die USA einen separaten Frieden mit dem deutschen Reich.

›Versailles‹ steht heute für das Scheitern des Versuchs, eine Nachkriegs-Friedensordnung zu etablieren. Der Vertrag hinterließ eine Vielzahl ungelöster Konflikte, eine nicht funktionierende institutionelle Architektur, um diese zu lösen, und enorme Frustration bei den besiegten Mächten.

Zwischenkriegszeit und Zweiter Weltkrieg

Die Nachkriegsordnung, die im Versailler Vertrag begründet wurde, erwies sich, im Gegensatz zum Konzert der Mächte, als sehr fragil. Der **Völkerbund** als Instrument der gegenseitigen Friedenswahrung war von Beginn an geschwächt durch die Nichtteilnahme der USA, da der amerikanische Kongress den Beitritt nicht ratifizierte. In der Folge spielten die Vereinigten Staaten eine relativ passive Rolle in der europäischen Politik. Der deutsch-französische Gegensatz bestand indes weiter ungemindert fort, befeuert durch die französische Besetzung des Rheinlands und die deutschen Reparationszahlungen, die in der ersten Hälfte der 1920er Jahre zu einer katastrophalen Beschleunigung der schon durch den Krieg angeheizten Inflation führten. Der neue demokratisch verfasste deutsche Staat, die **Weimarer Republik**, wurde so mit einer schweren Hypothek belastet. In den besiegten Staaten bildeten sich rechtsgerichtete Bewegungen, die aus einer realen oder imaginierten Opferrolle heraus nach völkischer Erneuerung strebten, und mit Mussolini 1922 in Italien den ersten regierenden Diktator stellten.

Die nationalistische Radikalisierung in vielen europäischen Staaten hatte auch einen erheblichen Einfluss auf die Funktionsweise des Völkerbunds, der als kollektives Sicherheitsorgan der Nachkriegszeit dienen sollte. 1928 unterzeichneten 62 Staaten zudem den nach den amerikanischen und französischen Außenministern benannten **Briand-Kellogg Pakt**, durch den Krieg als Mittel der Politik für illegal erklärt wurde. Es zeigte sich aber bald, dass viele Staaten nicht bereit waren, ihre nationalen Interessen diesen Verpflichtungen unterzuordnen. So überfiel etwa Japan 1931 China und besetzte die Mandschurei, ohne dass der Völkerbund eingriff. Noch gravierender war Italiens Überfall auf Äthiopien 1935. In den Kämpfen, in denen auch Chemiewaffen eingesetzt wurden, verlor ein Achtel der äthiopischen Bevölkerung das Leben. Der Völkerbund verurteilte dies zwar, verhängte aber nur wenige ineffektive Sanktionen. In der Folgezeit traten viele Staaten aus der Organisation aus.

Diskussionsthema

Sanktionen

Sanktionen im (völker-)rechtlichen Sinne sind Maßnahmen gegen einen Staat, mit denen ein bestimmtes Verhalten bestraft bzw. eine Verhaltensänderung erzwungen werden soll. Sanktionen werden gegen Staaten »verhängt«, wenn diese bestimmte Normen (z. B. Menschenrechte) schwer verletzt bzw. internationale Verträge oder das Völkerrecht gebrochen haben.

Die Sanktionen können unterschiedlich ausfallen. So können beispielsweise die kulturellen Beziehungen mit einem Staat abgebrochen werden, Auslandskonten von einflussreichen Personen des betreffenden Staates eingefroren werden oder diplomatische Beziehungen mit einem Staat eingestellt werden. Wirtschaftliche Sanktionen können beispielsweise Lieferverbote für bestimmte Handelsgüter

(Embargo, Boykott) und das Verbot für Firmen des betreffenden Staates, Güter an den sanktionierenden Staat zu liefern, bedeuten.

Die extremen ideologischen Differenzen in vielen Nachkriegsgesellschaften, die von der Präsenz starker extrem linker und rechter Gruppierungen geprägt war, ließen nur kurze und trügerische Phasen der Stabilität zu. Als wäre das nicht genug, stürzte die Welt am Ende der 1920er Jahre auch noch in eine tiefe wirtschaftliche Krise. Im Oktober 1929 kam es in New York zum Zusammenbruch des Aktienmarkts, der eine massive Reduzierung der amerikanischen Kredite in Europa, anhaltende Währungsturbulenzen und eine Welle protektionistischer Maßnahmen nach sich zog. Es folgte die Große Weltwirtschaftskrise der frühen 1930er Jahre (▶ Kap. 4.1), die in vielen Ländern Massenarbeitslosigkeit und Verarmung nach sich zog. Die sich in der Folge intensivierende gesellschaftliche Radikalisierung brachte die Weimarer Republik endgültig zu Fall: im Januar 1933 übernahm die nationalsozialistische Partei unter Adolf Hitler die Macht. Hitler verfolgte von Anfang an eine aggressive ethnisch-nationalistische Außenpolitik. Dazu gehörten die Annexion deutsch-sprachiger Gebiete anderer Staaten und das Eingreifen in viele bewaffnete Konflikte weltweit. Besonders signifikant war die Beteiligung am **Spanischen Bürgerkrieg**, in dem die ideologischen Konflikte, die die zweite Hälfte des 20. Jahrhunderts prägten, sich auf blutige Weise manifestierten: der kommunistischen Republik Spanien standen rechtsgerichtete, faschistische Kräfte, angeführt von General Francisco Franco, gegenüber. Die Unterstützung der Republik durch die Sowjetunion, die unter Stalins Herrschaft inzwischen zu einer brutalen Diktatur verkommen war, signalisierte den weltweiten Anspruch der kommunistischen Ideologie. Der aggressiven Außenpolitik Deutschlands, Italiens, der Sowjetunion und Japans hatten die westlichen Demokratien zunächst wenig entgegenzusetzen. Die Strategie des **Appeasement** (▶ 6. Schlüsselbegriff: ›Appeasement‹), des Versuchs den Forderungen der revisionistischen Mächte bis zu einem gewissen Grade entgegenzukommen, scheiterte spätestens, als sich auch nach dem Münchner Abkommen von 1938 nichts an der aggressiven Politik Hitlers änderte.

6. Schlüsselbegriff

Appeasement

Als Appeasement wird der Versuch der britischen und französischen Politik bezeichnet, eine Einbindungsstrategie gegenüber Hitler-Deutschland und dessen Forderungen zu verfolgen. Die Appeasementpolitik kumulierte im Münchner Abkommen von 1938, in dem der britische Premierminister Neville Chamberlain und der französische Premierminister Edouard Daladier die Abtretung des Sudetenlands an das Deutsche Reich gegen den Widerstand der Tschechoslowakei akzeptierten. Das Scheitern des Münchner Abkommens, welches Hitler erlaubte, relativ ungestört seine Kriegsvorbereitungen weiterhin voranzutreiben, manifestierte sich im Zweiten Weltkrieg.

›Appeasement‹ oder ›München‹ steht seither für eine Politik, in der auf eine aggressive Außenpolitik mit Verständigungsbemühungen geantwortet wird. Die Analogie wird in vielen Konflikten verwendet, in denen um die adäquate Reaktion auf Herausforderungen durch andere Staaten gerungen wird. Sie wird meist von denjenigen herangezogen, die sich eine entschiedenere Vorgehensweise bis hin zum Einsatz von militärischen Mitteln wünschen, bevor die vermutete Bedrohung noch größere und schwerer kontrollierbare Ausmaße annimmt. So argumentierte beispielsweise im März 2003 der amerikanische Präsident George W. Bush In seiner Rede an die Nation zur Rechtfertigung der amerikanischen Invasion im Irak: »*In the 20th century, some chose to appease murderous dictators whose threats were allowed to grow into genocide and global war. In this century ... a policy of appeasement could bring destruction of a kind never before seen on this earth*«.

Diskussionsfrage: In welchen aktuellen Konflikten wird die ›München‘-Analogie als Argument in der politischen Debatte verwendet?

Quelle: Bush 2003: http://edition.cnn.com/2003/WORLD/meast/03/17/sprj.irq.bush.transcript/ [02.12.2018].

Im August 1939 unterzeichneten Hitler und Stalin den deutsch-sowjetischen Nichtangriffspakt, der dazu führte, dass nach dem deutschen Überfall vom 1. September 1939 auf Polen und dem folgenden sowjetischen Einmarsch das Land zwischen beiden Seiten aufgeteilt wurde. Als Folge des Überfalls erklärten Großbritannien und Frankreich Deutschland den Krieg. Der **Zweite Weltkrieg** hatte begonnen. Innerhalb kurzer Zeit eroberten die deutschen Armeen halb Europa, mit der entscheidenden Ausnahme Großbritanniens. 1941 marschierte die Wehrmacht auch in Russland ein. Der Feldzug kam jedoch im russischen Winter zum Stillstand. Die Schlacht von Stalingrad im Winter 1942–1943, in der mehrere deutsche Divisionen eingekesselt wurden, gilt als Wendepunkt des Krieges. Dieser wurde durch den japanischen Angriff auf die amerikanische Flotte in Pearl Harbour im Dezember 1941 endgültig zum globalen Konflikt. Nach anfänglichen japanischen Erfolgen erlangten die USA schnell die Oberhand. Im August 1945 beendeten die Atombombenabwürfe auf Hiroshima und Nagasaki den Krieg in Asien und läuteten das nukleare Zeitalter ein. Der Einsatz amerikanischer Streitkräfte und amerikanischen Materials auf Seiten der Alliierten führte zum noch rascheren Zusammenbruch der sich schon in Russland in der Defensive befindlichen deutschen Wehrmacht. Im April 1945 beging Hitler Selbstmord in seinem Berliner Bunker, und einige Tage später unterzeichneten deutsche Generäle die bedingungslose Kapitulation. Der zweite Weltkrieg kostete nach Schätzungen ca. 60 Millionen Menschen das Leben. Zerstörungen und Vertreibungen ungeahnten Ausmaßes kennzeichneten seinen Verlauf. Dazu kamen die Enthüllungen über den in der Menschheitsgeschichte beispiellosen **Genozid** an den europäischen Juden und anderen von den Nationalsozialisten und den faschistischen Regimen als wertlos betrachteten Gruppen.

Der Kalte Krieg

Im Gegensatz zu den Napoleonischen Kriegen und zum Ersten Weltkrieg gab es nach dem Zweiten Weltkrieg keine umfassende Friedenskonferenz. Ein Friedensvertrag mit Deutschland wurde sogar erst 45 Jahre nach dem Krieg geschlossen, und zwar nach dem Ende der deutschen Teilung. Die zentralen Regelungen, und im Ergebnis eine Aufteilung der Welt in Einflusssphären, wurde auf mehreren großen Konferenzen in Teheran (1943), Jalta (1944) und Potsdam (1945) beschlossen. Diese weitreichenden Entscheidungen wurden im Wesentlichen zwischen den ›Big Three‹ – USA, Sowjetunion und Großbritannien – vereinbart. Trotz ihrer großen Meinungsunterschiede sollte die zu konstruierende Nachkriegsordnung zumindest die Fehler des Versailler Vertrags vermeiden und gleichzeitig eine Wiederholung der Geschehnisse unmöglich machen. Dies bedeutete zunächst zu verhindern, dass Deutschland und Japan wieder nach der Weltmacht greifen würden. Beide Staaten wurden demilitarisiert, sie verloren große Teile ihrer Gebiete und mussten den Verzicht auf Atomwaffen verkünden. Zudem wurden sie durch auf ihren Territorien stationierte Truppen der Siegermächte kontrolliert. Deutschland wurde in vier Besatzungszonen aufgeteilt und unter Kontrolle der Besatzungsmächte gestellt. Es verlor einen Großteil seiner östlichen Gebiete. Japan verlor alle Gebiete, auf die es seit Mitte des 19. Jahrhunderts Anspruch erhoben hatte.

Neben diesem Trio der Großmächte (wobei Großbritannien schon entscheidend geschwächt war, ohne dass den Briten dies vielfach bewusst war) sollte eine globale Organisation weltweit über den Frieden wachen, an der diesmal alle wichtigen Mächte an verantwortlicher Stelle beteiligt sein sollten. Die **Vereinten Nationen** wurden 1945 in San Francisco gegründet, mit den USA, der Sowjetunion, China, Großbritannien und Frankreich als ständigen Mitgliedern des zentralen Gremiums – des Sicherheitsrats. In der Charta der UNO wurden die zentralen Prinzipien der Nachkriegsordnung, friedliche Konfliktbeilegung, Achtung der territorialen Unversehrtheit von Staaten und grundlegende Menschenrechte, festgelegt. Im Unterschied zum Völkerbund, dessen Mitgliederzahl immer begrenzt war, waren diesmal nicht nur die USA Mitglied, sondern mit der Zeit auch alle existierenden Staaten. Die UNO sollte sich mit strittigen Fragen von Krieg und Frieden, und territorialen Konflikten auseinandersetzen. Die tieferen Ursachen des Aufstiegs der Diktaturen der Zwischenkriegszeit sah man aber im Zusammenbruch der Wirtschaft in den 1930er Jahren. Ein System kollektiver wirtschaftlicher Sicherheit sollte einen erneuten derartigen Kollaps verhindern. Nach ihrem Entstehungsort im US-Bundesstaat New York als **Bretton-Woods-Institutionen** benannt, dienten der Internationale Währungsfond (IWF) und die Weltbank dazu, die Währungen zu stabilisieren und Investitionsprogramme zu finanzieren. Das sogenannte Bretton-Woods-System bezeichnete das auf liberalen Prinzipien beruhende Weltwirtschaftssystem der Nachkriegszeit (▶ Kap. 4.1).

Die auf den Siegerkonferenzen zelebrierte Harmonie der Siegermächte, die schon während des Krieges von tiefem Misstrauen geprägt war, brach allerdings bald zusammen, und führte zu einer Konfrontation zwischen kapitalistischen und kommunistischen Staaten, die als **Kalter Krieg** bezeichnet wurde. In den Gebieten, die von der Roten Armee besetzt wurden, wurden unter dem Druck Moskaus kommunistische Regierungen eingesetzt. Als Reaktion gewannen die Kräfte in den westlichen Staaten, die immer schon vor der kommunistischen Gefahr gewarnt hatten, die Oberhand. 1947 verkündete der amerikanische Präsident Harry Truman die **Truman Doktrin,** nach der die USA Ländern, die von außen oder durch innenpolitische Subversion gefährdet waren, ihren Beistand zusagten. Ein wesentlicher Teil dieser Containment Strategie (▶ 7. Schlüsselbegriff: ›Containment Strategie‹, ▶ Kap. 3.1) war der Marshall-Plan, ein wirtschaftliches Hilfsprogramm, um die nicht unter kommunistischer Herrschaft befindlichen europäischen Staaten zu stabilisieren und zur Zusammenarbeit anzuhalten. Von zentraler Bedeutung war hier die Rolle Deutschlands. Dies zeigte sich spätestens bei der Berlinblockade 1948, als der Zugang zur Stadt, die wie das übrige Deutschland in vier Zonen geteilt war, von sowjetischen Truppen blockiert wurde, weshalb die Stadt von den Westalliierten über eine Luftbrücke versorgt wurde. Die als Provisorium angelegte deutsche Teilung in drei westliche Zonen, die spätere Bundesrepublik, und eine sowjetische dominierte Zone, die spätere DDR, wurde dauerhaft. 1949 wurde die **NATO** (North Atlantic Treaty Organisation) gegründet, die nach den (angeblichen) Worten ihres ersten Generalsekretärs, des britischen Lords Ismay, die Aufgabe hatte »to keep the Russians out, the Americans in, and the Germans down«.[8] Dies bedeutete, dass die NATO auch ein Instrument zur Kontrolle Deutschlands war und gleichzeitig die USA an die Verteidigung Europas binden sollte, im Gegensatz zur Situation nach dem Ersten Weltkrieg. Der amerikanische Politikwissenschaftler Wolfram Hanrieder bezeichnete dies als double containment in seinem Buch »Germany, America, and Europe«.[9] Der Strategie der Einbindung Deutschlands diente zunächst auch die europäische Integration, die mit einer Kohle- und Stahlgemeinschaft (EGKS) 1950 begann und sich zum am stärksten integrierten Wirtschaftsraum der Welt entwickelte (▶ Kap. 4.3).

Mit dem **Warschauer Pakt** entwickelte sich in der sowjetischen Einflusssphäre eine der NATO analoge Verteidigungsorganisation, die ihre Mitglieder auch durch direkte Interventionen (DDR 1953, Ungarn 1956, Tschechoslowakei 1968) im Machtbereich hielt und Veränderungen und Reformen verhinderte. Beide Seiten begannen einen Rüstungswettlauf, der bald zu nuklearen Arsenalen führte, deren Sprengkraft die zur Zerstörung der Erde notwendige Kapazität um ein Vielfaches übertraf. So wurde das internationale System zu einem **bipolaren System.** Auch in Asien spiegelte sich diese Frontstellung wider. 1949 übernahm die kommunistische Regierung unter Mao Tse-Tung die Macht in China. Ein chinesisch unterstützter Angriff Nordkoreas auf das mit den USA verbündete Südkorea führte zum **Koreakrieg** 1950–1953, der zu einem Stellvertreterkrieg zwischen den USA und China wurde. Nach verlustreichen Kämpfen stabilisierte sich die Front an der auch heute noch geltenden Grenze zwischen Nord- und Südkorea. Diese bleibt weiterhin offiziell eine Waffenstillstandslinie, da der Kriegszustand von beiden Seiten nie für beendet erklärt wurde. Die USA konstruierten ein antikommunistisches Bündnis-

---

8 Zitiert nach der NATO-Webseite: https://www.nato.int/cps/us/natohq/declassified_137930.htm [02.12.2018].
9 Hanrieder 1989.

system, deren zentrale Bestandteile die Sicherheitsallianz mit Japan (auf dessen Territorium bis heute große US-Militärbasen existieren) und die South East Asia Treaty Organisation (SEATO) von 1954, an der unter anderem Australien, die Philippinen, Thailand und Südvietnam beteiligt waren. Vietnam war nach dem Indochinakrieg 1946–1954, in dem Frankreich vergeblich versucht hatte, sein Kolonialreich in Südostasien zu verteidigen, in einen kommunistischen Norden und den kapitalistischen Süden geteilt worden.

Dies war Teil jener Welle der **Dekolonisation** nach dem Weltkrieg, welche insbesondere in Afrika und Asien zahlreichen Staaten die Unabhängigkeit brachte. Nachdem die Vereinigten Staaten schon 1776, und die südamerikanischen Kolonien Portugals und Spaniens im frühen 19. Jahrhundert ihre Unabhängigkeit erklärt hatten, folgten nun die britischen und französischen Überseegebiete. Der Weltkrieg hatte diese bisherigen Weltmächte erschöpft, und sie hatten dem Ruf nach Selbstbestimmung kaum mehr etwas entgegenzusetzen.

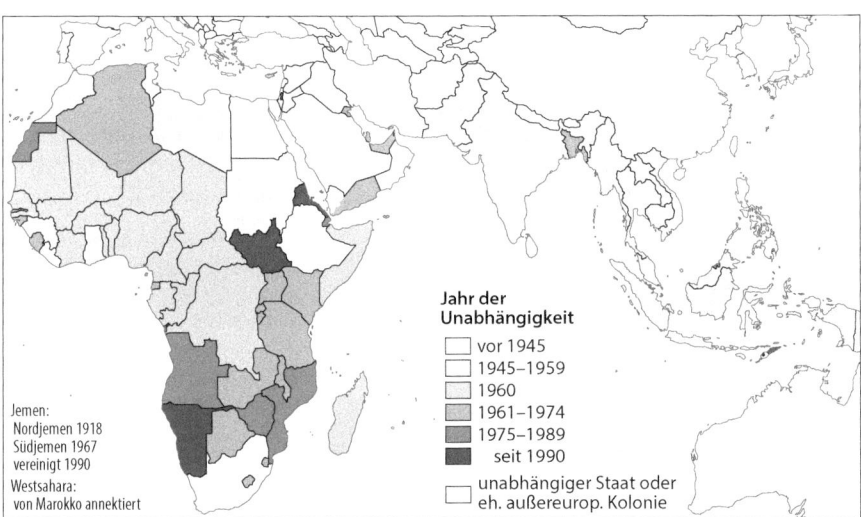

Abb. 4: Dekolonisierung (mit Daten der Unabhängigkeit)

Allerdings sahen sich viele der neuen Staaten mit massiven internen Problemen konfrontiert, die vielfach aus den willkürlich gezogenen Grenzen der Kolonialzeit resultierten. Noch dazu wurden sie häufig zu Spielbällen der Supermächterivalität. Der Versuch vieler damals sogenannter Dritte-Welt-Staaten, eine vom kapitalistischen und kommunistischen Block unabhängige Politik zu verfolgen, scheiterte in der Regel. Viele wurden zu Schauplätzen von Stellvertreterkriegen, in denen sich der Machtkampf der Supermächte ohne das Risiko eines atomaren Konflikts manifestieren konnte. In vielen Staaten, wie Angola oder Algerien, kam es auch zu langen blutigen inneren Konflikten, in denen es um die Ablösung der Privilegien der von den Kolonialmächten unterstützten Eliten ging. In einigen Gebieten, wie dem Horn von Afrika (Somalia) oder im Nahen Osten (▶ Kap. 4.2), in dem 1948 mit

Israel ein neuer jüdischer Staat entstand, dauern die Konflikte heute noch unvermindert an (wenn auch die Konfliktlinien und -parteien sich inzwischen verschoben haben).

Als Höhepunkt des Kalten Kriegs gilt die Kubakrise, die die Welt, wie man heute weiß, noch näher an den Rand des atomaren Untergangs brachte, als es die Zeitgenossen ahnten. Eine Revolution auf der Karibikinsel hatte mit Fidel Castro einen links-nationalistischen Führer an die Macht gebracht, der durch eine enge Anlehnung an den kommunistischen Block der Gefahr einer amerikanischen Intervention vorbeugen wollte. Anfang 1962 entdeckten die Amerikaner, dass auf der Insel Raketenbasen errichtet wurden, die auch mit atomaren Waffen bestückt werden konnten. Neben der direkten Bedrohung forderte diese Maßnahme auch die 150 Jahre alte traditionelle amerikanische Haltung der Nichteinmischung in die westliche Hemisphäre heraus (Monroe-Doktrin). Präsident John F. Kennedy ließ eine Seeblockade einrichten, um den Weiterbau zu blockieren. Dreizehn Tage lang hielt die Konfrontation die Welt in Atem, die dadurch besonders brisant wurde, dass der atomare Rüstungswettlauf auf beiden Seiten ein Arsenal erzeugt hatte, welches die völlige Zerstörung jeden Lebens auf der Erde bedeutet hätte. In Europa wurde eine sowjetische Invasion West-Berlins befürchtet, das im August 1961 durch den Mauerbau vom Rest Ostdeutschlands abgetrennt worden war. Zu guter Letzt lenkte der sowjetische Premierminister Nikita Chruschtschow ein, und erklärte sich zum Abbau der Raketenbasen bereit (gegen eine geheime amerikanische Zusicherung, in Kuba nicht zu intervenieren und US-Raketenbasen in der Türkei abzubauen).

Abb. 5: Nukleare Konfrontation während der Kubakrise (Präsident Kennedy und Regierungschef Chruschtschow)

Der Schreck über den knappen Ausgang führte dazu, dass beide Seiten zumindest die Einflusssphären in Europa anerkannten[10] und nach vertraglichen Regelungen

---

10 Trachtenberg 1999.

suchten, um die Gefahr von Fehlkalkulationen zu verringern. Dies führte zunächst zum **Nichtverbreitungsvertrag** von 1968, in dem eine Gruppe von aktuellen Atommächten (die Ständigen Mitglieder des UN-Sicherheitsrats) festgelegt wurde und die Weitergabe von militärischem nuklearem Know-how an weitere Staaten verboten wurde. In den 1970er Jahren kamen weitere Rüstungskontrollabkommen dazu, die den Rüstungswettlauf bremsen sollten sowie zusätzliche vertrauensbildende Maßnahmen. Diese Periode wird als die Zeit der Entspannungspolitik bezeichnet. Dazu gehörten auch die sogenannten Ostverträge, die die Bundesregierung unter Kanzler Willy Brandt mit den östlichen Nachbarn Deutschlands, und dann auch mit Moskau schloss, um so das Gespenst des deutschen Revanchismus zu vertreiben. »Wandel durch Annäherung« war die prägnante Formel, die Brandts engster Mitarbeiter, Egon Bahr, für diese Politik gefunden hatte.

Planspiel

Kubakrise

Die Kubakrise ist die vielleicht am meisten studierte Episode der internationalen Geschichte. Dies liegt zum einen an der atemberaubenden Dramatik der Geschehnisse und der auch im Rückblick noch erschreckend hohen Wahrscheinlichkeit katastrophaler Fehlkalkulationen. Die Dynamik internationaler Krisen wird gut nachvollziehbar. Präsident Kennedy ließ die entscheidenden Beratungen in der amerikanischen Regierung auf Tonband aufzeichnen, und so können die Probleme der Entscheidungsfindung unter Bedingungen radikaler Unsicherheit gut nachvollzogen werden. Die Beratungen sind nachzuhören zum Beispiel auf http://www.cubanmissilecrisis.org/background/original-historic-sources/audio/. Viele weitere Dokumente, auch aus sowjetischen und kubanischen Archiven sind inzwischen deklassifiziert (offengelegt). Eine Auswahl bietet: http://nsarchive2.gwu.edu/nsa/cuba_mis_cri/docs.htm [02.12.2018]. Ein Leitfaden zu allen bisher veröffentlichten Dokumenten zur Krise ist hier zu finden: https://cnu.libguides.com/psthe1960s/cubanmissilecrisis [02.12.2018].

Testfragen: Welche Elemente der Kubakrise können Sie in einer ausgewählten aktuellen Krise wiederfinden?
Entwickeln Sie Handlungsoptionen für die sowjetische Regierung unter Chruschtschow nach der Verhängung der Seeblockade durch die USA.

Die USA tolerierte diese Politik, auch weil sie im Laufe der 1960er Jahre immer tiefer im Morast des Vietnam-Kriegs versanken. Dieser mit aller erdenklichen Brutalität ausgefochtene Krieg sollte verhindern, dass Südostasien in die kommunistische Einflusssphäre fiel. Laut der sogenannten Domino-Theorie, die die amerikanische Politik bestimmte, würde der Verlust Südvietnams auch den Verlust weiterer Staaten nach sich ziehen – eine verhängnisvolle Fehlkalkulation. Als Folge der Kriegskosten sowie der weltweiten globalen Verpflichtungen der USA geriet auch die amerikanische Währung zunehmend unter Druck, was 1973 zum Zusammenbruch des Bretton-Woods Systems führte. Das gleichzeitige rapide Ansteigen der Energiepreise als Folge neuer Nahostkonflikte führte zu der ersten großen wirtschaftlichen Krise der Nachkriegszeit in den westlichen Gesellschaften. Gleichzeitig entwickelte sich auch zunehmend ein Bewusstsein für die ›Grenzen des Wachstums‹, welche der Club of Rome, ein seit 1968 existierender Zusammenschluss bekannter Persönlichkeiten, schon 1972 in einem aufsehenerregenden Bericht konstatiert hatte.

Die zunehmende Ausbeutung natürlicher Ressourcen, die massive Umweltverschmutzung in alten und neuen Industriestaaten, der alarmierende Zustand der Meere und dies bei ungebremstem Bevölkerungswachstum (von ca. 1 Milliarde im Jahr 1800, und ca. 3 Milliarden 1960 wuchs die Weltbevölkerung auf 7 Milliarden im Jahr 2011) führte zu einer Unzahl alarmierender Prognosen und einer langen Reihe von mehr oder weniger erfolgreichen Versuchen der internationalen Koordination zur Lösung globaler und regionaler Umweltprobleme. Bis heute ist es der internationalen Gemeinschaft mit wenigen Ausnahmen nicht gelungen, die eklatanten Probleme kollektiver Zusammenarbeit gerade in dieser Frage zu überwinden. Das anhaltende Bevölkerungswachstum bei weiter zunehmendem Verbrauch wird im 21. Jahrhundert noch vermehrt gravierende politische und wirtschaftliche Konflikte in der internationalen Politik erzeugen (▶ Kap. 4.4).

Nach dem Ablaufen der Wirtschafts- und Energiekrise Mitte der 1970er Jahre, wurde die Agenda der internationalen Politik wieder von Sicherheitsfragen bestimmt. Die Sowjetunion wiederholte den Fehler der USA in Vietnam, als sie 1979 in Afghanistan einmarschierten und dort bis 1989 in einen verlustreichen, das Land völlig destabilisierenden Guerilla-Krieg verwickelt wurden, der auch die Sowjetunion massiv schwächte. Diese Invasion führte auch zur Stärkung radikal-islamistischer Strömungen im Nahen und Mittleren Osten, die schon vorher durch die Machtübernahme einer schiitischen Theokratie unter Ayatollah Khomeini im Iran sichtbaren Ausdruck erhalten hatte. Das Scheitern nationalistischer Diktaturen in dieser Region und die wiederholten Niederlagen im Kampf gegen Israel führten schließlich zu einer zunehmenden Islamisierung der Region.

Das Ende des Kalten Kriegs

Die sowjetische Invasion in Afghanistan und die Wahl einer republikanischen Regierung unter Ronald Reagan in den USA initiierten eine neue Phase der Ost-West Spannungen, die einen erneuten Rüstungswettlauf in Gang zu setzen drohten. Dagegen regte sich sowohl in West- als auch Osteuropa massiver Protest. In Westeuropa entstand die Friedensbewegung als Protest gegen die Stationierung amerikanischer Mittelstreckenraketen. In Osteuropa, insbesondere als Folge der sowjetischen inneren Krise, entwickelten sich Bewegungen, die nach einer Demokratisierung riefen. 1985 wurde Michail Sergejewitsch Gorbatschow Generalsekretär der Kommunistischen Partei der Sowjetunion und setzte eine Erneuerungspolitik unter den Schlagworten ›Glasnost‹ (Offenheit) und ›Perestroika‹ (Umbau) in den Gang. Diese Politik entwickelte eine Eigendynamik, die letztlich zur Auflösung des Warschauer Pakts und zur Auflösung der Sowjetunion führte. Binnen weniger

Monate in den Jahren 1989/1990 änderte sich die Struktur des internationalen Systems vollständig und dies auf weitgehend friedliche Weise. Dazu gehörte auch der **Fall der Mauer in Berlin** und die deutsche Wiedervereinigung. Die 2+4 Verträge zwischen den beiden deutschen Staaten und den vier Siegermächten besiegelten endlich das Ende des Kriegszustands für das vereinigte Deutschland, legten das endgültige Gebiet vertraglich fest und beinhalteten Restriktionen im Hinblick auf die Rüstungspolitik. In den früheren Ostblockstaaten kam es zu einer raschen Ablösung der kommunistischen Regierungen. Die neuen Demokratien suchten die Annäherung an den Westen, insbesondere über die Integration in die Europäische Union (EU). Einige Staaten lösten sich auf, allen voran die Sowjetunion, von der sich Teilrepubliken wie die Ukraine, Kasachstan, die baltischen Staaten, etc. ablösten. Friedlich ging die Aufteilung der Tschechoslowakei in zwei Teilstaaten vonstatten, im Gegensatz zu Jugoslawien, dessen Auflösung zu erbitterten Kriegen zwischen unterschiedlichen ethnischen Gruppen führte.

Das Ende der Sowjetunion führte zu einer sehr begrenzten Phase, in der die USA die einzige verbliebene Supermacht waren. Dies manifestierte sich beispielsweise im Zweiten Golfkrieg 1990, in dem eine von den USA angeführte Koalition nach dem Einmarsch des Irak in Kuwait einen schnellen Sieg gegen den Diktator Saddam Hussein errang.

Eine weitere Folge des Zusammenbruchs des bipolaren Systems war die Aufhebung der weitgehenden Blockade der UNO durch die rivalisierenden Supermächte. Infolgedessen erlebten die Vereinten Nationen einen enormen Zuwachs an Bedeutung, der sich in einer erheblich stärkeren Rolle bei der multilateralen Konfliktregulierung und einer großen Anzahl an UNO-Friedensmissionen niederschlug. Insgesamt können die 1990er Jahre als die Dekade der **humanitären Interventionen** gesehen werden. Mit dem Konzept der ›Responsibility to Protect‹ (R2P) schuf die Staatengemeinschaft eine Norm, die eine internationale Verantwortung jenseits der Wahrung der Souveränität beinhaltete, falls in einem Staat massiv Menschenrechte verletzt wurden. Die praktische Anwendung war allerdings mit erheblichen Problemen behaftet (▶ Kap. 4.5). Dies galt auch für den Internationaler Strafgerichtshof, dessen Statut 1998 in Rom verabschiedet wurde und der der erste ständige Gerichtshof zur Verfolgung von schweren Verbrechen gegen die Menschlichkeit ist.

Auch auf anderen Gebieten schritt die Verrechtlichung der internationalen Beziehungen schnell fort. 1995 wurde die Welthandelsorganisation (WTO) gegründet, die dem bisherigen GATT (General Agreement on Tariffs and Trade), eine lose Folge von Konferenzen die der Gestaltung des internationalen Handels dienten, einen festen institutionellen Rahmen verliehen. Kern war ein Streitschlichtungssystem, dem sich alle Mitgliedsstaaten zu unterwerfen hatten. Die größere Mitgliedschaft (z. B. Beitritt Chinas 2001, Russlands 2012) führte allerdings auch zu heterogenen Interessen, die globale Handelsvereinbarungen schwierig machten.

Die spektakulärsten Fortschritte im Hinblick auf die Integration der Volkswirtschaften wurden hingegen in Europa erzielt. Im Vertrag von Maastricht 1992 vereinbarten die Mitgliedsstaaten der aus den Europäischen Gemeinschaften (EG) hervorgegangenen Europäischen Union (EU) die Einführung einer gemeinsamen Währung, des Euro bis 1999. Nur Großbritannien und Dänemark optierten aus dieser Vereinbarung. Neben dieser Vertiefung, die auch weitere Bereiche umfasste, erweiterte sich die Union in raschen Schritten, insbesondere mit mittel- und osteuropäischen Staaten. Die EU wurde zum Vorbild für intensivierte Bemühungen der Bildung regionaler Institutionen in fast allen Erdteilen, die aber im Hinblick auf den Grad der Integration weit hinter dem der EU zurückblieben (▶ Kap. 4.3)

Internationale Politik im 21. Jahrhundert

Am 11. September 2001 lenkten islamistische Terroristen drei Passagierflugzeuge in die Türme des World Trade Centers in New York und in das Pentagon. Dieses Ereignis erzeugte bis heute anhaltende Schockwellen in den USA und darüber hinaus. Unmittelbare Folge war das Eingreifen einer amerikanisch dominierten Koalition in Afghanistan, um das Regime der Taliban, welches den Planern des 11. September Schutz gewährt hatte, zu stürzen. Dies gelang zwar rasch, aber die Befriedung des Landes scheiterte trotz des Einsatzes erheblicher militärischer und finanzieller Mittel durch eine multinationale Koalition, an der die Bundeswehr von Anfang an beteiligt war. Noch verhängnisvoller war die kurz darauf folgende Intervention im Irak durch die USA und Großbritannien, die ohne ein Mandat der UNO durchgeführt wurde. Der irakische Diktator Saddam Hussein, fälschlicherweise in Zusammenhang mit dem 11. September gebracht und des Besitzes von Massenvernichtungswaffen verdächtigt, wurde gestürzt. Es gelang aber nicht, das Land zu stabilisieren. Eine Vielzahl sektiererischer schiitischer und sunnitischer Gruppen entstanden. Als mörderischste Gruppierung etablierte sich der sogenannte Islamische Staat (IS), der eine Serie von Attentaten nicht nur in der MENA-Region (Middle East and North Africa), sondern auch in Europa und Amerika durchführte. Sein Entstehen verdankt er nicht nur den Folgen der amerikanischen Invasion, sondern auch dem Kollaps des benachbarten Syrien.

Dort ereigneten sich im Frühjahr 2011 im Zuge des **Arabischen Frühlings** friedliche Proteste gegen den Diktator Baschar al-Assad. Diese wurden blutig niedergeschlagen. In der Folgezeit formierten sich bewaffnete Rebellengruppen gegen die Regierung und das Land versank in einem bis heute andauernden Bürgerkrieg, an dem eine Vielzahl auswärtiger Akteure beteiligt waren, unter anderem Russland und die USA, sowie die Regionalmächte Iran, Saudi-Arabien und Israel. Damit ist der Syrienkrieg auch Teil des epochalen Konflikts zwischen sunnitischen und schiitischen Glaubensströmungen im Islam. Im Schatten des Syrienkriegs tobt auch im Jemen ein blutiger Stellvertreterkrieg der Regionalmächte.

Infobox

Arabischer Frühling und internationale Politik

Im Dezember 2010 kam es in Tunesien zu landesweiten Protesten gegen die Regierung, die innerhalb kurzer Zeit auch auf andere Staaten der Region übergriffen. Neben dem tunesischen Machthaber Ben Ali, traten auch der ägyptische Präsident Hosni Mubarak sowie der jemenitische Präsident Salih zurück. In Libyen kam es zu einem Bürgerkrieg, der in der Ermordung von Staatschef Muammar al-Gaddafi durch Rebellen gipfelte, nachdem die NATO auf Seiten der Aufständischen eingegriffen hatte. Auch Syrien versank in einem langen, extrem blutigen Bürgerkrieg.

In westlichen Ländern kam es infolge der Geschehnisse zu einer Infragestellung der Unterstützung für Autokratien im Nahen und Mittleren Osten. Die Hoffnungen auf eine umfassende Demokratisierung der Region erfüllten sich allerdings (bis heute) nicht.

Eine Konsequenz dieser blutigen Auseinandersetzungen war, dass sie die globale Migrationsproblematik ganz oben auf die Agenda der internationalen Politik setzten. Die Flüchtlingskrise von 2015 hat populistische Strömungen in ganz Europa gestärkt, und war unter anderem auch einer der Gründe des Austritts Großbritannien aus der EU. Da die Migranten offensichtlich nicht nur aus den Kriegsgebieten des Nahen und Mittleren Ostens stammen, ist auch die Problematik des Zerfalls und der Korruption der staatlichen Strukturen in vielen Teilen der Welt, die im Zusammenspiel mit Überbevölkerung und Zerstörung der natürlichen Ressourcen für anhaltenden Migrationsdruck sorgen wird, wieder deutlich geworden. Migration ist aber nur ein Aspekt der Globalisierung, der den Ruf nach den schützenden Strukturen des Nationalstaats wieder hat stark werden lassen. Dazu gehörte auch die immer weiter zunehmende wirtschaftliche Verflechtung mit ihren Folgen.

Im September 2008 kollabierte die amerikanische Investment-Bank Lehman Brothers und löste damit eine globale Finanzkrise aus, die sich in weltweiten Bankenzusammenbrüchen und einer globalen Rezession äußerte. Die Rettung maroder Finanzinstitutionen führte in vielen Ländern zu massiv ansteigender Staatsverschuldung. Es wurde offensichtlich wie nie zuvor, wie gigantisch und wie eng verflochten die globalen Finanzströme waren und wie rasch sich Turbulenzen auf andere Märkte ausweiten konnten. Um die Antworten der Regierungen besser zu koordinieren, wurde die bisher relativ unbedeutende **G20**, ein Treffen der Finanzminister der wichtigsten Wirtschaftsnationen, zu einem globalen Steuerungselement auf Ebene der Regierungschefs. Das erste große Treffen, das sich vor allem mit der Finanzmarktregulierung befasste, fand im Oktober 2008 in Washington statt. Seitdem finden die G20-Treffen in regelmäßigen Abständen statt, erreichen aber aufgrund der zunehmenden Meinungsunterschiede zwischen den teilnehmenden Staaten kaum noch zählbare Ergebnisse. Deutlich wurde aber die erheblich gestiegene wirtschaftliche Bedeutung der sogenannten Schwellenländer. Die Abkürzung BRICS (Brasilien, Russland, Indien, China, Südafrika) weist auf Staaten hin, die trotz ihrer oft recht unterschiedlichen Erfolge, die traditionellen Großmächte nicht nur wirtschaftlich, sondern auch politisch herausfordern, und so zu einer fundamentalen Machtverschiebung in der internationalen Politik des 21. Jahrhunderts sorgen können.

Besonders hart trafen die Auswirkungen der Finanzkrise einige Mitglieder des gemeinsamen Währungsraums in Europa, die Eurozone. In den Jahren 2010–2015 stand die gemeinsame Währung mehrfach vor dem Kollaps, und insbesondere das Ausscheiden Griechenlands konnte nur knapp vermieden werden. Das Projekt der europäischen Integration geriet zudem durch den Aufstieg euroskeptischer Bewegungen in eine tiefe Krise, die unter anderem zum Ausscheiden Großbritanniens aus der EU führte. Zudem hatte die EU mit zunehmender Instabilität in angrenzenden Regionen zu kämpfen. Ausgelöst durch den Streit um ein geplantes Assoziierungsabkommen mit der EU, war es in der **Ukraine** zu innenpolitischen Auseinandersetzungen gekommen, die den Sturz des russland-freundlichen Präsidenten zur Folge hatten. In der Folge spalteten sich, mit massiver Unterstützung Russlands, die östlichen russisch-sprachigen Provinzen ab, und lösten damit anhaltende Kämpfe aus. In einem umstrittenen Referendum unter Präsenz des russischen Militärs beschlossen die Bewohner der Krim-Halbinsel den Anschluss an Russland. Dieser wird bis heute nur von wenigen Staaten völkerrechtlich anerkannt und führte zu westlichen Sanktionen gegen Russland.

Planspiel

Loslösung der Krim von der Ukraine

Die Ukrainekrise und insbesondere der Anschluss der Krim an Russland löste in westlichen Staaten erbitterte Diskussionen um die angemessene Reaktion aus. Die Bandbreite reichte von Waffenlieferungen an die Ukraine, wirtschaftlichen Sanktionen, moralische Appelle bis hin zu resignierter oder gar zustimmender Akzeptanz.

Testfrage: Beurteilen Sie die Annexion der Krim durch Russland 2015 aus der Sicht der westlichen Politik, und prognostizieren Sie mögliche Reaktionen, für den Fall, das
a) die dominante ›mental map‹ hinter der westlichen Interpretation der Lage ›Appeasement‹ ist, oder
b) die dominante ›mental map‹ der ›Weg in den Ersten Weltkrieg‹ ist (Schachanalogie ▶ Kap. 1).

Zusammenfassung

Die nach dem Kalten Krieg weit verbreiteten Hoffnungen auf eine Zivilisierung und eine unter der Ägide internationaler Institutionen zunehmend verrechtlichte internationale Politik haben sich mittlerweile weitgehend zerschlagen. Die Folgen der Wahl der Regierung Trump im November 2016 in den USA unterstreicht die Fragilität globaler Kooperation und die Attraktion eines von Angst und Ressentiments geprägten Rückzugs auf die eigene Nation, Ethnie oder Klasse. In den beiden ersten Dekaden des 21. Jahrhunderts ist die internationale Politik geprägt von zunehmender Unsicherheit, wie sie zum Beispiel in der nuklearen Konfrontation zwischen den USA und Nordkorea, den anhaltenden Konflikten in Syrien, Irak und der Ukraine, der konstanten Bedrohung durch den internationalen Terrorismus zum Ausdruck kommt. Die Kenntnis der grundlegenden Mechanismen und Strukturen der internationalen Beziehungen hilft diese Unsicherheiten besser zu verstehen und sollte für jede politisch interessierte Person selbstverständlich sein.

3 Theoretische Ansätze

3.1 Realismus und Neorealismus

Lernziele

- Überblick über die zentralen Aussagen von Realismus und Neorealismus zu den Internationalen Beziehungen.
- Verständnis der die zentralen Konzepte und ihrer Bedeutung.
- Kenntnis der wichtigsten neueren Weiterentwicklungen des Neorealismus.
- Einsicht in die Art und Weise, in der Realismus und Neorealismus ausgewählte aktuelle Krisen erklären.

Nationales Interesse und Rationales Handeln

Am 30. April 2012 entspann sich bei einer Anhörung vor einem der vielen Untersuchungsausschüsse des amerikanischen Unterhauses, vor denen Regierungsmitglieder regelmäßig Rede und Antwort stehen müssen, ein bemerkenswerter Dialog. Ein republikanischer Kongressabgeordneter, Tom Price aus Georgia, später Gesundheitsminister in der Regierung Trump, und der damals höchstrangige amerikanische Militär, Generalstabschef Martin Dempsey, stritten sich über eine der fundamentalsten Fragen der internationalen Politik. Vordergründig ging es um Verhandlungen über ein internationales Abkommen mit dem Iran, welches dieses Land dazu verpflichten sollte, auf die Herstellung von Atomwaffen zu verzichten. Diese Verhandlungen wurden von Präsident Obama und den US-Demokraten entschieden vorangetrieben. Die republikanische Partei kritisierte die Verhandlungen allerdings scharf und forderte eine entschieden härtere Gangart gegenüber dem Iran, welcher eine radikal fundamentalistische Ideologie vertrete und infolgedessen staatlich gesponserten Terrorismus exportiere. In einem Interview hatte Generalstabschef Dempsey dagegen die Strategie der Regierung Obama unter anderem damit verteidigt, dass der Iran als ›rationaler Akteur‹ verstanden werden müsse, und man somit die Interessenkalkulation des dortigen Regimes durchaus beeinflussen und durch Verhandlungen mäßigen könne. Price wollte nun von

Dempsey wissen, ob er tatsächlich dieser Meinung sei. Der Generalstabschef antwortete mit Nachdruck:[11]

> »Ja, denn die Alternative wäre, dass wir ihre Politik für so irrational halten, dass sie keine Grundlage für Planung haben. Ich möchte jetzt nicht zu akademisch klingen, aber Thukydides sagte im 5. Jahrhundert v. Chr., dass jegliche Strategie eine Kombination aus Reaktionen auf Angst, Ehrgefühl und Interessen ist. Und ich glaube, dass alle Nationen auf eines dieser drei Elemente reagieren, sogar der Iran. Der Schlüssel ist, zu verstehen, wie sie darauf reagieren, und ihre Aktionen nicht zu trivialisieren, indem man ihnen Irrationalität zuschreibt.«

Der Kongressabgeordnete war nicht überzeugt, und fragte nach, was daran rational sei, wenn ein Land wie der Iran Mordanschläge im Ausland unterstütze und nach Atomwaffen strebe. Dempsey blieb dabei, dass es sich hierbei um rationale Kalkulationen handle, auch wenn diese für die USA zunächst unverständlich schienen. Einige Jahre später sollte die Obama-Regierung zusammen mit anderen Staaten ein umfassendes Abkommen mit dem Iran abschließen, welches das Ende des iranischen Nuklearprogramms und im Gegenzug die Aufhebung von Sanktionen gegen den Iran beinhaltete.

Der Wortwechsel ist in mehrfacher Hinsicht instruktiv. Zum einen zeigt er den fundamentalen Unterschied zwischen einem Verständnis der internationalen Beziehungen, in dem die Akteure auf der Basis einer rationalen Kosten-Nutzen Analyse (›rational actor‹) zweckrational agieren und einer Sichtweise, in der die Akteure von Überzeugungen und Ideologien, wie zum Beispiel einer fundamentalistischen Weltanschauung, getrieben sind. Dieser grundlegende Unterschied wird uns später noch näher beschäftigen, wenn wir uns mit konstruktivistischen Theorien der IB auseinandersetzen (▶ Kap. 4.4). Zum zweiten illustriert der Dialog den Begriff des **nationalen Interesses**, ein für das Verständnis der internationalen Beziehungen fundamentales Konzept, auf dem viele Theorien basieren. Und zum dritten führt der offensichtlich klassisch gebildete Generalstabschef den antiken Autor Thukydides in diesem Zusammenhang ein, der oft als Urvater einer der wichtigsten Großtheorien der Internationalen Beziehungen gilt, des **Realismus**. Die Rationalität internationaler Akteure, insbesondere von Staaten, und ihre daraus resultierenden nationalen Interessen sind zentrale Annahmen dieser Theorie.

In diesem Kapitel werden wir die Grundlagen des Realismus und insbesondere seiner Weiterentwicklung, des Neorealismus, kennenlernen. Diese Sichtweise liegt, meist unausgesprochen, hinter zahllosen Einschätzungen internationaler Fragen durch handelnde Akteure und deren Interpretinnen. Wir beginnen mit einer kurzen Darstellung der ideengeschichtlichen Grundlagen, stellen dann den sogenannten klassischen Realismus vor, der sich im Zeitalter des Kalten Kriegs entwickelte, und gehen danach in den zentralen Abschnitten des Kapitels auf den Neorealismus und seine Weiterentwicklungen ein. Der (Neo)realismus kann als die erste umfassend

---

11 Eigene Übersetzung. Der Wortlaut des Wortwechsels findet sich im Protokoll der Anhörungen auf S. 36–37, https://www.gpo.gov/fdsys/pkg/CHRG-112hhrg72697/pdf/CHRG-112hhrg72697.pdf [02.12.2018]. Es gibt einen Videoclip davon: https://www.youtube.com/watch?v=iE5NaNgI5xI [02.12.2018].

ausgearbeitete Theorie der IB bezeichnet werden. Ein erheblicher Teil der nachfolgenden Theorien ist in Abgrenzung und Kritik zu Konzepten und Aussagen der Realisten entstanden. Wer sich mit internationaler Politik beschäftigt, kommt deshalb nicht umhin, auch die Kernthesen des Realismus, und insbesondere des Neorealismus, zu verstehen.

Ideengeschichtliche Grundlagen des Realismus

Thukydides und der Zynismus der Macht

Im 5. Jh. v. Chr. herrschte Krieg im antiken Griechenland. Zwei Bündnisse unter der Führung der Großmächte Athen und Sparta kämpften um die Vorherrschaft im Ägäischen Raum. Der Krieg, der mit Unterbrechungen 27 Jahre lang währte, sollte in die Geschichte als ›Peloponnesischer Krieg‹ eingehen. Im Jahr 416 v. Chr. segelte eine athenische Flotte zur kleinen Insel Melos, die sich bis zu diesem Augenblick in dem Konflikt ihre Neutralität bewahrt hatte, und forderte die Bewohner auf, sich auf die Seite Athens zu stellen. Diese weigerten sich allerdings unter Hinweis auf die Unrechtmäßigkeit des athenischen Vorgehens und die Hoffnung, dass die Spartaner Melos unterstützen würden. Der griechische Historiker Thukydides (460–400 v. Chr.), der den Krieg als Zeitgenosse miterlebt und in einem der ersten Geschichtswerke überhaupt beschrieben hat, lässt die Athener darauf mit gnadenloser Rhetorik antworten. Das Hoffen der Melier auf die Spartaner sei illusorisch, und ihre Berufung auf das Völkerrecht noch mehr. Athen sei nun einmal nach Lage der Dinge den Meliern militärisch überlegen. Diese Tatsache zu verleugnen sei sinnlos, denn, so die Athener:

> »... wir nehmen ... vom menschlichen Wesen als sicher an, dass überall mit Naturnotwendigkeit der Starke über den Schwachen herrscht. Wir haben dies Gesetz weder erlassen noch von ihm zuerst Gebrauch gemacht, sondern wir haben es als geltend überkommen und werden es auch als gültig auf immer hinterlassen, und so richten wir uns auch danach und wissen genau, ihr würdet es wie jeder andere bei gleicher Macht genauso wie wir machen ... Denn wer dem Gleichstarken nicht nachgibt, mit dem Mächtigeren sich gut zu stellen weiß, gegen den Schwächeren maßvoll ist, der behauptet sich meist.«[12]

Die Melier versuchten vergeblich, die Athener vom Nutzen und moralischen Wert eines Entgegenkommens zu überzeugen und weigerten sich zu kapitulieren. Nach langer Belagerung eroberten die Athener daraufhin die Insel, töteten alle männlichen Einwohner und verkauften Frauen und Kinder in die Sklaverei.

Die unerfreuliche Episode und deren Schilderung bei Thukydides ist als eine der ersten und klarsten Darstellungen der Logik reiner Machtpolitik berühmt geworden. Thukydides' Geschichte des Peloponnesischen Kriegs gilt als einer der Gründungstexte der IB. Er stellt die Konkurrenz rivalisierender Mächte und die Unterschiede in den Machtpotentialen der Akteure ins Zentrum seiner Betrachtung. Hier triumphiert das Recht der Macht, und nicht die Macht des Rechts. Der

---

12 Der gesamte ›Melierdialog‹ findet sich bei Thukydides 5, 85–111; hier: 105. Deutsche Übers.: Vretska/Rinner 2000, 105.

Kampf um die Macht war deshalb für Thukydides die Ursache aller Konflikte. Für ihn lag der wahre Grund des Peloponnesischen Krieges nicht offen in den vorgeschobenen Begründungen der Kriegsparteien, sondern er beruhte auf der ansteigenden Macht Athens und der daraus resultierenden Furcht der Spartaner, ihre Vormacht zu verlieren. Der griechische Historiker formuliert damit eine der grundlegendsten Sichtweisen auf die internationalen Beziehungen: Internationale Politik ist naturgesetzlich ein Kampf um Macht, der durch die größeren Machtressourcen bestimmt und entschieden wird. Laut dieser Logik existieren zwar Werte und Moral, doch sie sind in ihrer Wirksamkeit begrenzt. Auf sie zu setzen, wäre gefährlich und kann sogar verhängnisvoll enden, wie das Schicksal der Melier zeigt.

Die Sichtweise der internationalen Politik als Kampf um Macht hat die Jahrhunderte überdauert und lässt sich auch heute noch überall in der internationalen Politik finden. Ein Beispiel ist folgende Karikatur aus der intensivsten Phase des Ukraine-Konflikts:

Abb. 6: Der Ukraine Konflikt

Die Karikatur vermittelt eine auf den ersten Blick überzeugende Interpretation des seit 2013 schwelenden Konflikts. Es handelt sich danach um eine Auseinandersetzung zwischen drei Großmächten, die jeweils versuchen, sich einen möglichst großen Anteil des ukrainischen Kuchens zu sichern, wobei Russland mit der Eroberung der Krim zum Ärger der Anderen sich bereits ein Stück des Kuchens gesichert hat. Die Ukraine selbst, sowie die verfeindeten Fraktionen in ihrer Innenpolitik, spielen in dieser Darstellung keine aktive Rolle. Es geht um Machtgewinn für die Großmächte, die letztlich den Konflikt bestimmen, und nicht um die Innenpolitik oder ideologische Auseinandersetzungen. Die Karikatur basiert so (unausgesprochen) auf einer genuin realistischen Sicht auf den Konflikt, und wir werden sehen, wie umfassend diese Interpretation in der internationalen Politik verbreitet ist.

3 Theoretische Ansätze

> **Infobox**
>
> **Der russisch-ukrainische Konflikt und die Abtrennung der Krim**
>
> Nach der Ankündigung der ukrainischen Regierung unter dem russlandfreundlichen Präsidenten Janukowitsch Ende 2013, kam es in Kiew und anderen Städten der Ukraine zu massiven Protesten gegen die Regierung, die im Februar 2014 eskalierten und zu mehr als 70 Toten führten. In der Folge floh der ukrainische Präsident, und eine pro-westliche Übergangsregierung übernahm die Verantwortung. Daraufhin begannen in den traditionell Russland näherstehenden, östlichen Landesteilen der Ukraine, Demonstranten und bewaffnete Gruppen einen Aufstand gegen die Zentralregierung, der von dieser mit militärischen Mitteln beantwortet wurde. Russland begann Mitte 2014 die Aufständischen mit schwerem militärischem Gerät zu unterstützen. Infolgedessen wurde die ukrainische Armee zurückgedrängt und es wurden unabhängige Republiken von den Rebellengruppen im Osten der Ukraine ausgerufen. Schon im März 2014 hatte ein von Russland unterstütztes Referendum auf der Halbinsel Krim zur Abspaltung dieses Territoriums von der Ukraine geführt. Die USA und die EU bezeichneten das Referendum als unter Druck zustande gekommen und damit als ungültig, und belegten Russland in der Folge mit Sanktionen.
>
> *Kontrollfragen:* Wie lässt sich die Politik Russlands in der Ukrainekrise aus realistischer Sicht erklären?
> Nach Lektüre von Kapitel 3.2: Wie könnte eine Interpretation, die auf liberalen Theorien basiert, aussehen?

Realismus und Idealismus

Die zynische und illusionslose Sicht des Thukydides auf das Verhältnis von Staaten untereinander wurde über die Jahrhunderte immer wieder aufgegriffen, zum Beispiel vom italienischen Staatsphilosophen Niccolo Macchiavelli. Die personalisierte und religiös überhöhte internationale Politik des Mittelalters und der Frühen Neuzeit sowie die nicht vorhandene oder unvollständige Staatlichkeit macht es aber schwierig, Staaten zu identifizieren und diesen eindeutige Machtinteressen zuzuordnen. Außerdem widersprach die pessimistische Sicht von Thukydides und Macchiavelli auch jeglichen moralischen Werten, die von Herrschern eigentlich erwartet wurde.

Die Gegenposition zur zynischen Weltsicht der Macchiavellisten wird als **Idealismus** bezeichnet. Grundzüge finden sich bereits im Melierdialog, wenn die Bewohner von Melos von natürlichen Rechten und moralischen Werten als Grundlage der internationalen Politik ausgehen. Eng verknüpft ist der Idealismus aber mit vielen Utopien für die Gestaltung der internationalen Beziehungen vor und nach dem Ersten Weltkrieg. Er wird am besten verkörpert durch die sogenannten

14 Punkte des amerikanischen Präsidenten Woodrow Wilson, in denen dieser einen Friedensplan für die Zeit nach dem Ersten Weltkrieg entwarf. Dieser basierte auf einer Absage an die Politik des Mächtegleichgewichts und der Mächtekonkurrenz, die das 19. Jahrhundert und die Zeit vor dem Krieg gekennzeichnet hatte, und auf den Glauben an die Möglichkeit einer rational planbaren, friedlichen Gestaltung der Weltpolitik. Grundsätzlich sollte laut Wilson eine von gegenseitigem Vertrauen geprägte Welt möglich sein. Eine neu geschaffene Organisation, der Völkerbund, sollte diese Hoffnungen verkörpern und die Interessensgegensätze ausgleichen. Eine weitere Konsequenz des idealistischen Denkens war der Briand-Kellogg Pakt von 1929, dem 62 Nationen beitraten und der den Krieg als Mittel der Politik mit Ausnahme der Selbstverteidigung für unzulässig erklärte.

Die idealistischen Hoffnungen erfüllten sich bekanntlich nicht. Schon bald zeigte der Aufstieg von linken und rechten Diktatoren – Mussolini in Italien 1925, Stalin in der Sowjetunion 1927, Hitler in Deutschland 1933 –, dass sich die Hoffnungen auf ein vertrauensvolles Zusammenleben der Völker nicht erfüllen würden. Schon vor dem Ausbruch des Zweiten Weltkriegs hatte der britische Historiker Edward Hallett Carr (1892–1982) in seinem Hauptwerk »The Twenty Years' Crisis« (1939) die Hoffnungen auf eine vernunftgeleitete, natürliche Interessengemeinschaft der Völker als Utopie entlarvt. In der internationalen Politik gibt es laut Carr keine Harmonie der Interessen und keine universell gültigen Prinzipien oder Werte. Diese seien nur eine Konstruktion der Mächtigen; die Wirklichkeit sei stattdessen ein Machtkampf zwischen mächtigen und schwachen Staaten. Die Krisenhaftigkeit der Zeit nach dem Ersten Weltkrieg führte er darauf zurück, dass diese Tatsache von den meisten Politikern der Zeit verkannt wurde. Er setzte gegen diese Illusionen eine Denkweise, die er als »Realismus« bezeichnete und folgendermaßen beschrieb:[13]

> »The impact of thinking upon wishing ... is commonly called realism ... Representing a reaction against the wish-dreams of the initial stage, realism is liable to assume a critical and somewhat cynical aspect. In the field of thought, it places its emphasis on the acceptance of facts and on the analysis of their causes and consequences.«

Das Wunschdenken der Idealisten sollte also durch die illusionslose Analyse von Ursache und Wirkung ersetzt werden.

7. Schlüsselbegriff

Containment

Als Containment – Eindämmung - bezeichnet man die amerikanische Politik gegenüber der Sowjetunion während des Kalten Kriegs. Diese von der Truman-Regierung 1945–1953 initiierte Politik reagierte auf die Ausweitung des sowjetischen Einflussbereichs nach dem Zweiten Weltkrieg hatte die Eindämmung dieser Ausweitung weltweit zum Ziel. Zentrale Schritte waren die Gründung der

---

13 Carr 1939, 10.

NATO und der Marshall-Plan, ein umfassendes wirtschaftliches Wiederaufbauprogramm für die amerikanischen Verbündeten. Die Containment-Politik wurde mit wechselnder Intensität weltweit bis zum Ende des Kalten Kriegs 1989/90 beibehalten. Der Begriff wurde in der Folge häufig als allgemeine Bezeichnung für ein aktives Vorgehen gegen Länder mit vermuteten oder wirklichen aggressiven Tendenzen verwendet.

Carrs Attacke gegen den Idealismus wurde durch den Zweiten Weltkrieg bestätigt. Dennoch gab es auch nach diesem erneuten katastrophalen Zusammenbruch des internationalen Systems Hoffnungen, dass sich auf der Basis der schlimmen Erfahrungen eine Weltordnung begründen ließe, die grundsätzlich auf Kooperation der Mächte beruhte. Auf dieser Hoffnung fußten zum Beispiel die Nachkriegspläne der amerikanischen Regierung von Präsident Franklin D. Roosevelt, die unter anderem in der Gründung der UNO, der Weltbank und des Internationalen Währungsfonds (IWF) mündeten. Allerdings waren schon während des Krieges viele Beobachter davon überzeugt, dass es nach dem absehbaren Sieg über Hitler-Deutschland zu einem ideologischen Konflikt zwischen Kapitalismus und Kommunismus, vertreten von den beiden Großmächten USA und Sowjetunion, kommen würde. Schon bald sollten sich diese Vorhersagen bestätigen. Die auf den großen Friedenskonferenzen von Jalta und Potsdam zelebrierte Einigkeit der Siegermächte bröckelte zusehends. Schon im März 1946 sprach der britische Kriegspremier Winston Churchill von einem Eisernen Vorhang, der zwischen Ost- und Westeuropa niedergehe.

Einen Monat vor dieser berühmten Rede, am 22. Februar 1946, hatte ein amerikanischer Diplomat, der in der Botschaft in Moskau stationiert war, ein ungewöhnlich langes Telegramm an das Außenministerium in Washington gesandt. In diesem Schreiben, welches später unter dem Titel »Long Telegram« bekannt wurde, argumentierte der Verfasser, George F. Kennan, dass die Hoffnungen der US Regierung auf eine friedliche Koexistenz zwischen den Großmächten auf einer Illusion beruhten.[14] Eine kooperative Nachkriegsordnung sei höchst unwahrscheinlich. Entscheidend sei dabei nicht die ideologische Ausrichtung der sowjetischen Regierung unter Stalin, sondern ein tiefsitzendes Gefühl der Unsicherheit in Russland und ein traditioneller Nationalismus, der sich hinter der kommunistischen Doktrin verbarg. Deshalb würde die Sowjetunion jede Gelegenheit zur Ausweitung ihrer Machtbasis wahrnehmen. Die USA müssten darauf mit einer Politik der Gegenmachtbildung und Eindämmung reagieren. In der Folge unterstützten amerikanische Regierungen ihre Verbündeten militärisch und wirtschaftlich, stationierten Truppen in vielen Ländern und intervenierten in zahlreichen Konflikten, oft mit verhängnisvollen Folgen. Die Eindämmungspolitik war das Resultat einer ›realistischen‹ Sicht auf die Welt, in der Großmächte unvermeidlich auf die Macht anderer Großmächte reagieren müssen. Diese Sicht war von einem

---

14 Eine Reproduktion des Originals wird von der ›Presidential Library‹ von Harry Truman bereitgestellt: https://www.trumanlibrary.org/whistlestop/study_collections/coldwar/documents/pdf/6-6.pdf [02.12.2018].

zutiefst skeptischen Blick auf die menschliche Natur geprägt. Diese Skepsis im Hinblick auf die internationalen Beziehungen wurde von einem deutsch-amerikanischen Wissenschaftler, der vor Hitler-Deutschland in die USA geflohen war, zur ersten umfassenden Theorie der IB ausgebaut. Die zentrale Rolle des Faktors ›Macht‹ in den internationalen Beziehungen hat niemand so allgemeingültig beschrieben wie Hans J. Morgenthau in seinem Klassiker »Politics Among Nations« von 1948 (dt. Macht und Frieden, 1963). Er wurde damit zum Begründer des Klassischen Realismus.

Der klassische Realismus des Hans J. Morgenthau

Hans Joachim Morgenthau wurde 1904 in Coburg geboren. Seine jüdische Herkunft war in einer Stadt, in der die Nazis schon früh große Erfolge feierten, eine Quelle oft brutaler Diskriminierung. Er studierte Jura und unterrichtete an der Frankfurter Universität, bevor er 1937 über die Schweiz und Spanien in die USA emigrierte. Dort erlangte er schnell akademisches Renommee und wurde Professor für Politikwissenschaft an der Universität von Chicago. Hier veröffentlichte er seine richtungsweisenden Werke, darunter »Politics Among Nations«, welches zum zentralen Werk des Realismus wurde und bis in die 1980er Jahre das meistzitierte Buch im Bereich der IB war.

»Politics Among Nations« beruht auf einem skeptischen und pessimistischen Menschenbild. Aus der menschlichen Natur waren nach Morgenthau objektive Gesetzmäßigkeiten im Hinblick auf das Handeln von Gesellschaften abzuleiten. Dazu gehört das auf Unsicherheit über die Intentionen anderer beruhende Machtstreben der Menschen. Dieser Unsicherheit sehen sich auch Staaten im Umgang untereinander ausgesetzt. Damit ergeben sich objektiv erkennbare Verhaltensmaßregeln, auf denen eine Theorie der IB begründet werden kann. Politik ist ein Kampf um Macht. Staaten vertreten folglich ›**Interessen verstanden als Ausdruck von Macht**‹, wie Morgenthau in seinen Prinzipien des klassischen Realismus sagt. Diese nationalen Interessen hängen von den strategischen und wirtschaftlichen Ressourcen der Staaten ab, nicht von Ideologien oder innerstaatlichen Auseinandersetzungen. Ein Staat wie Iran vertritt demnach, und hier würde Morgenthau dem oben erwähnten Generalstabschef Dempsey zustimmen, nur nationale Interessen, und nicht etwa eine ideologische, radikal-muslimische Politik, die rationalen Argumenten unzugänglich ist. Diese nationalen Interessen werden von Staaten im Wesentlichen einheitlich nach außen vertreten. Staaten sind daher die zentralen Akteure der internationalen Politik, und auf der Basis dieser (von anderen Theorien bestrittenen) Annahme ist es sinnvoll, beispielsweise davon zu sprechen, dass ›zwischen Washington und Berlin Spannungen‹ entstehen oder ›die Türkei eine zentrale Rolle in der Lösung des Syrien-Konflikts‹ spielen will, selbst wenn genau betrachtet, nicht zwischen allen Deutschen und Amerikanern Spannungen bestehen, und nicht alle Türken sich in den Syrien-Konflikt einmischen.

Laut Morgenthau können Staaten zwar höhere Werte propagieren, aber eine moralisch begründete Politik dient meist nur dazu, die wahren nationalen Interessen zu verschleiern und zu legitimieren. Die Aufgabe von rationalen, kühl kalkulierenden Staatsmännern (deren Geschlecht sah man damals als natürlich gegeben) sei es, die nationalen Interessen des Staates zu erkennen und sich zu fragen, wie die eigene Politik die Macht des Staates zu deren Umsetzung fördert. Dadurch, dass alle Staaten letztlich dieser Rationalität folgen müssen, ergibt sich ein kalkulierbares Verhalten der Staaten und irgendwann ein Gleichgewicht der Interessen. Morgenthau setzte sich nicht nur von idealistischen Strömungen ab, sondern er kritisiert auch diejenigen, die den Kalten Krieg als ideologische Auseinandersetzung betrachteten. Daraus speist sich auch seine Opposition gegen den Vietnamkrieg, den er als nicht im nationalen Interesse der USA beurteilte.

Trotz des großen Erfolges von Morgenthaus Theorie gab es fundamentale Kritik, insbesondere an seinem eindimensionalen Menschenbild. Die Kritiker warfen Morgenthau und dem anthropologischen Realismus vor, dass der Machttrieb keineswegs immer die Basis menschlichen Handelns sei und man deshalb daraus keine allgemeingültige Theorie ableiten könne. Zudem sei seine Theorie letztlich eine Theorie der Außenpolitik, die nur den jeweiligen analysierten Staat in den Fokus nehme, nicht aber die Wechselwirkungen, die die internationale Politik als Ganzes prägen. Angelehnt an die damaligen Trends in der amerikanischen Politikwissenschaft, die auf ein an die Naturwissenschaften angelehntes, stärker wissenschaftliches Verständnis von Politik abzielten, suchte auch die IB-Forschung nach strukturellen Ursachen internationaler Politik. Dies bedeutet, dass nicht mehr das Verständnis der menschlichen Natur und das Verhalten einzelner Staaten im Zentrum der Forschung stehen sollten, sondern die Suche nach Strukturen, die dieses Verhalten systematisch prägen.

8. Schlüsselbegriff

Sicherheitsdilemma

Das Sicherheitsdilemma bezeichnet in den Worten von John Herz eine strukturelle Situation, in der Staaten versuchen, ihre Sicherheit relativ zu anderen Staaten durch das Anhäufen von Machtressourcen zu verbessern. Da andere Staaten nicht wissen, ob diese Aktionen defensiv oder offensiv zu bewerten sind, sind sie ihrerseits gezwungen, sich abzusichern. Daraus ergibt sich eine Dynamik, die zu Entwicklungen wie dem nuklearen Rüstungswettlauf des Kalten Krieges führt.

John H. Herz (1908–2005), der als Hans Hermann Herz in Düsseldorf geboren wurde und wie Morgenthau vor den Nazis in die USA floh, entwickelte auf der Basis einer realistischen Weltsicht eines der wichtigsten Konzepte zum Verständnis der strukturellen Folgen eines internationalen Systems, das auf dem Streben nach Sicherheit und Macht beruhte: das **Sicherheitsdilemma** (▶ 8. Schlüsselbegriff: ›Sicherheitsdilemma‹).[15] Herz ging als Realist davon aus, dass Staaten die zentralen

---

15 Herz 1951.

Akteure der IB sind und dass ihr zentrales Ziel die Gewährleistung der eigenen Sicherheit ist. Je höher die Machtressourcen, desto mehr Sicherheit. So liegt es im nationalen Interesse der Staaten, mehr Macht relativ zu anderen Staaten anzuhäufen. Die Folge ist ein Wettlauf, der ständig droht zu eskalieren, insbesondere da die Kalkulationen in Bezug auf die Intentionen anderer Staaten (Perzeptionen) von Unsicherheit geprägt sind. Das offensichtlichste Beispiel einer solchen Entwicklung ist das Wettrüsten als Folge des Kalten Kriegs. Dieses äußerte sich zunächst in einer Eskalation der Nuklearrüstung. Der Einsatz der Atombombe durch die USA führte dazu, dass die Sowjetunion ein eigenes erfolgreiches Programm auf den Weg brachte. Dem Test der ersten amerikanischen Wasserstoffbombe 1952 folgte schon 1953 ein sowjetischer Test. Gleichzeitig mit den Testreihen auch anderer Mächte, welche die Atmosphäre merklich nuklear verseuchten, wurden auch die Trägerwaffen, mit denen die Sprengköpfe an ihr Ziel gebracht wurden, kontinuierlich technisch weiterentwickelt. Die Zahl der Sprengköpfe betrug auf dem Höhepunkt des Wettrüstens über 70 000, womit der eigentlich rationale Endpunkt, die gesicherte gegenseitige Zerstörung (mutually assured destruction; MAD) auch bei einem Erstschlag, um ein Vielfaches übertroffen wurde. Da angesichts dieser Tatsache Kriege unterhalb der Nuklearschwelle denkbar blieben, galt die Logik des Sicherheitsdilemmas auch für die konventionelle Aufrüstung.

Aufgrund seiner einfachen Logik und der offenbaren Bezüge zur beobachtbaren Realität wurde das Sicherheitsdilemma zu einem der wichtigsten Konzepte in den IB, insbesondere infolge der Entwicklung einer neuen strukturellen Variante des Realismus.

Internationale Beziehungen im Film

Dr. Seltsam, oder wie ich lernte, die Bombe zu lieben (engl.: Dr. Strangelove, or: How I learned to stop worrying and love the bomb; Regie: Stanley Kubrick, 1964)

›Dr. Strangelove‹ ist eine rabenschwarze Komödie über die Absurdität der internationalen Politik im Atomzeitalter, und gewiss einer der besten Filme, die jemals über dieses Thema und internationale Politik insgesamt gedreht wurden. Im Film schickt ein verrückt gewordener amerikanischer Luftwaffengeneral in der Annahme, dass sowjetische Agenten die Amerikaner systematisch vergiften, seine mit Atombomben bestückten Flugzeuge in Richtung Sowjetunion. Zahlreiche an sich rationale Maßnahmen zur Verhinderung feindlicher Einflussnahme auf die Aktivierung eines Gegenschlags führen dazu, dass die Flugzeuge selbst von der amerikanischen Regierung nicht mehr zurückgeholt werden können. Verzweifelt versucht der von Peter Sellers brillant karikierte US-Präsident in Kooperation mit dem angetrunkenen sowjetischen Premier die Katastrophe zu verhindern, zumal – wie die sowjetische Regierung mitteilt – im Falle eines Angriffs die sogenannte Doomsday-Bombe unweigerlich aktiviert wird. Diese nicht zu bremsende Aktivierung sollte eigentlich das ultimative Abschreckungsinstrument in einer rationalen Welt darstellen. Es sorgt jedoch für

die Zerstörung der Oberfläche der Erde, als alle Bemühungen, die Eskalation zu stoppen, scheitern.
Kubricks Film bekam durch die kurz vor dem Kinostart eskalierende Kubakrise eine derartige Brisanz, dass die Freigabe für die Filmtheater verschoben wurde. In der Tat entsprachen viele der im Film gezeigten Mechanismen und Details exakt der damaligen Realität. ›Dr. Strangelove‹ demonstriert die Logik des Sicherheitsdilemmas, die Mechanik der Abschreckung und die Fallstricke rationalen Handelns in Dilemma-Situationen wie kaum ein anderer Film.

Der Neorealismus des Kenneth Waltz

Mit seinem 1979 erschienen Buch »Theory of International Politics« gelang dem 2013 im Alter von 89 Jahren verstorbenen amerikanischen Politikwissenschaftler Kenneth Waltz die Neubegründung des Realismus und das wohl wichtigste und meistzitierte Werk zur IB-Theorie in den letzten 50 Jahren. Der sogenannte Neorealismus ist inzwischen meist gemeint, wenn von realistischen Theorien der IB die Rede ist. Waltz übernahm in seinem Werk die staatszentrierten und machttheoretischen Prämissen des klassischen Realismus, bemüht sich jedoch um deren Differenzierung. Er kritisierte die eindimensionale Konzentration auf die menschliche Natur und die daraus abgeleiteten Interessen in Morgenthaus Werk. Schon in seinem 1959 erschienen Buch über die Ursprünge von Kriegen (»Man, the State and War«) hatte er eine fundamentale Unterscheidung zwischen **drei Analyse-Ebenen** eingeführt, auf denen die Ursachen der Kriege gesucht werden konnten: die individuelle Ebene der Natur des Menschen (»first image«), die subsystemische Ebene der innerstaatlichen Strukturen (»second image«), und die systemische Ebene des internationalen Systems (»third image«). Je nachdem, von welcher Ebene ausgegangen wurde, ergeben sich ganz unterschiedliche Ursachen und auch Konsequenzen für die Vermeidung von Konflikten. Vom »first image« ausgehend könnte der Kalte Krieg als Folge der Persönlichkeitsstruktur des sowjetischen Diktators Stalin gesehen werden. Eine »second image« Analyse würde auf die autoritäre kommunistische Herrschaftsstruktur im Inneren der Sowjetunion hinweisen (oder auf das kapitalistische System der USA), und »third image« würde in der Struktur des internationalen Systems nach den Ursachen suchen. Aus dem oben Gesagten ist offensichtlich, dass Morgenthau der ersten Analyseebene zugeordnet werden kann, Waltz und die Neorealisten hingegen bevorzugten die third image-Erklärung.

Waltz' zentrale Frage in seiner »Theory« lautete: Warum zeigen Staaten ähnliches außenpolitisches Verhalten trotz unterschiedlicher politischer Systeme und kontrastierender Ideologien? Die Antwort: Die fundamentale, für alle Akteure geltende Struktur des internationalen Systems gleicht das Verhalten der Akteure, und ausschlaggebend sind auch hier Staaten, aneinander an. Diese Annahme erlaubte es Waltz, eine Theorie auf sehr hohem Abstraktionsniveau zu formulieren, die mit ganz wenigen Grundannahmen auskommt und weniger relevante Faktoren ausblendet, um so die fundamentalen Triebkräfte der internationalen Politik zu erfassen. Es ging ihm also nicht darum, spezifische Episoden des Weltgeschehens zu erklären, sondern ganz langfristige Trends. Waltz löst damit einen hohen Anspruch an Theorien ein, den wir schon im Einführungskapitel kennengelernt haben: möglichst allgemeingültige Aussagen für eine möglichst hohe Anzahl von Fällen zu treffen.

Auch für Waltz spielt das Streben nach Macht die zentrale Rolle. Allerdings ist dieses Machtstreben nicht in der Natur des Menschen angelegt, sondern es wird durch das internationale System erfordert. Die Struktur dieses Systems ist hier entscheidend: Sie ist anarchisch! **Anarchie wird hier verstanden als das Fehlen einer übergeordneten, legitimen Regelungs- und Sanktionsinstanz.** Diese anarchische Struktur unterscheidet sich von den Strukturen in Staaten, Firmen oder sonstigen sozialen Zusammenhängen, die von Hierarchie geprägt sind. Es gibt eine mehr oder weniger legitime, anerkannte Instanz, die für Ordnung sorgt und Fehlverhalten sanktioniert. So beansprucht in der berühmten Formulierung von Max Weber der Staat mit Erfolg »innerhalb eines bestimmten Gebietes ... das Monopol legitimer physischer Gewaltsamkeit für sich«. Diese Instanz gibt es im anarchischen, internationalen System laut Neorealismus nicht. Die UNO kommt dem noch am nächsten, ist aber weder umfassend für die Regulierung internationaler Konflikte anerkannt noch, als Konsequenz, fähig, diese autoritativ zu lösen. Anarchie bedeutet also im internationalen System nicht allgemeines Chaos oder Gesetzlosigkeit wie im alltäglichen Sprachgebrauch, sondern eine Struktur ohne eindeutige, allgemein anerkannte Hierarchie. Die Anarchie (unabhängige Variable) prägt also das Verhalten der Staaten (abhängige Variable), indem sie ein bestimmtes Verhalten erzwingt.

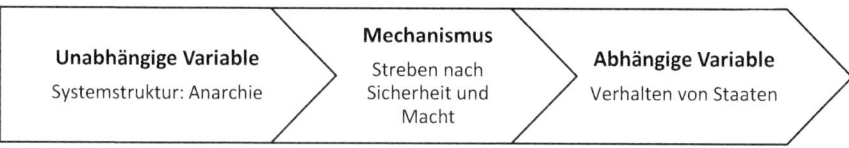

Abb. 7: Das neorealistische Argument

Staaten müssen in dieser Struktur miteinander koexistieren und ihr zentrales Ziel, das Überleben, sichern. Dabei sind in letzter Konsequenz auf sich allein gestellt und aufgefordert, sich selbst zu helfen (Selbsthilfeprinzip). Hier kommt wieder das Sicherheitsdilemma ins Spiel, denn das zentrale Mittel zur Absicherung des eigenen Überlebens ist Macht. Eigener Machterwerb führt aber zu Unsicherheitsgefühlen bei anderen Akteuren. Aus dem Bemühen der Staaten eine sichere Machtposition zu erreichen, ergeben sich mehr oder weniger stabile Mächtegleichgewichte. Für Waltz sind die Staaten alle funktional ähnlich; d. h. alle müssen sich der Logik des Systems beugen, wohingegen in hierarchischen Systemen meist Arbeitsteilung vorherrscht. Unterschiede, und zwar gravierende, bestehen hingegen in der Ressourcenausstattung. Internationale Institutionen und Normen sind aufgrund der anarchischen Umwelt im internationalen System von untergeordneter Bedeutung. Ebenso von untergeordneter Bedeutung sind innenpolitische Gegebenheiten.

Letztlich gibt es ein nationales Interesse, dass nach außen vertreten wird. Staaten (und ihre Regierungen) vertreten dieses Interesse; was im Inneren geschieht, darf (und wird auf Dauer) in neorealistischer Sicht keine ausschlaggebende Rolle spielen.

Wie im klassischen Realismus, so ist auch im Neorealismus das Streben nach Macht und Sicherheit nicht gleichbedeutend mit einem Krieg aller gegen alle. Aus dem Sicherheitsstreben der Staaten ergibt sich im Laufe der Zeit ein mehr oder weniger stabiles Gleichgewicht. Entweder durch internen Machtausgleich (das heißt durch Aufrüstung) oder durch externen Machtausgleich (die Bildung von Allianzen) dämmen Staaten die bedrohliche Macht anderer Staaten ein. Kleinere Staaten, die keine Chance haben, das Machtpotential anderer Staaten auszugleichen, werden sich dagegen stärkeren Partnern anschließen, die ihre Sicherheit garantieren und so deren Gleichgewichtspolitik unterstützen – ein Phänomen, das in den IB als »Bandwagoning« bezeichnet wird. Auf diese Weise entwickeln sich immer wieder unterschiedliche Gleichgewichtssysteme.

Theorien in der Anwendung

Neorealismus: Soll der Iran zur nuklearen Macht werden?

Im Juli 2015 schloss der Iran mit den P5+1-Mächten (die fünf ständigen Mitglieder des UN-Sicherheitsrats und Deutschland) und der EU ein Abkommen, welches einen Verhandlungsmarathon beendete, der die Welt 13 Jahre lang in Atem gehalten hatte. In dem Abkommen verzichtete der Iran auf die Herstellung von Nuklearwaffen, und im Gegenzug erklärten sich die USA und die EU bereit, wirtschaftliche Sanktionen gegen den Iran aufzuheben. Seit der iranischen Revolution von 1978, die ein theokratisches Regime unter Ayatollah Khomeini mit radikal anti-westlicher und anti-israelischer Ausrichtung an die Macht gebracht hatte, gab es Befürchtungen, der Iran würde trotz seiner Mitgliedschaft im Atomwaffensperrvertrag von 1968 nukleare Sprengköpfe entwickeln. 2003 berichtete die mit der Überwachung des Atomwaffensperrvertrags beauftragte Internationale Atomenergie-Organisation (IAEO), dass der Verdacht bestünde, dass der Iran ein geheimes Atomwaffenprogramm verfolge. Aufgrund der angespannten internationalen Situation (amerikanischer Angriff auf den Irak) wurde befürchtet, dass ein amerikanischer oder israelischer Angriff eine allgemeine Eskalation auslösen würde. Schließlich könnte ein nuklear bewaffneter Iran als schiitischer Staat eine Welle der Nuklearrüstung in mehrheitlich sunnitischen Staaten wie Saudi-Arabien auslösen. Die EU-3 (Deutschland, Frankreich, Großbritannien) begannen daraufhin Verhandlungen mit dem Iran, die zu keinem abschließenden Ergebnis kamen. 2006 verhängte der UNO-Sicherheitsrat Sanktionen, die erst nach dem Ende der oben erwähnten Verhandlungen wieder aufgehoben wurden.

Wieso bestand der Iran trotz massiven Drucks aller Großmächte so lange auf seinem Recht auf die Herstellung von Atomwaffen? Für den Neorealismus ist dies nicht überraschend, und einige Neorealisten sehen dies sogar als wünschenswert. Waltz veröffentlichte 2012 im führenden amerikanischen Organ zur Außenpolitik sogar einen Aufsatz, in dem er argumentierte, dass Iran auf dem Weg zur Bombe keine Steine in den Weg gelegt werden sollten.

Testaufgabe: Wie erklären Neorealisten das iranische Streben nach Nuklearwaffen, und weshalb bewerten sie es positiv?

Quelle: Waltz 2012, 2–5.

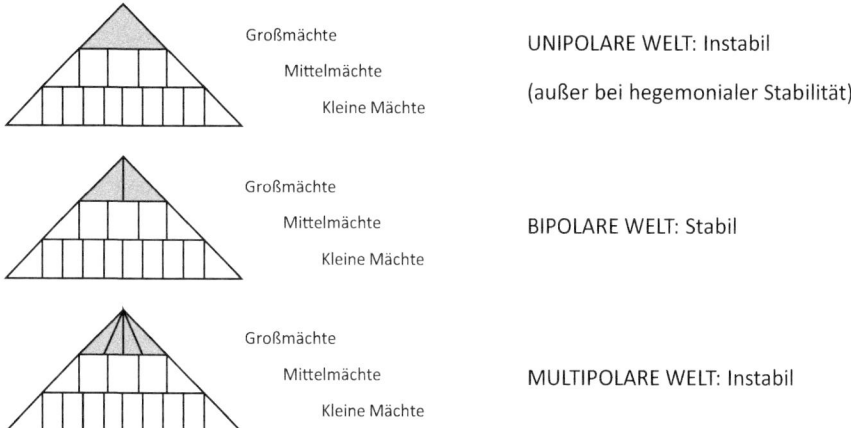

Abb. 8: Unipolares, bipolares und multipolares internationales System

Das System des Kalten Kriegs war ein bipolares System: Die USA und die Sowjetunion waren die unumstrittenen Supermächte und hielten sich gegenseitig in Schach. Die gigantischen Nukleararsenale sorgten für ein prekäres, aber stabiles Gleichgewicht, da selbst limitiert rationale Akteure die Unsinnigkeit eines nuklearen Kriegs erkennen mussten. Nach dem Zusammenbruch der Sowjetunion 1990/1991 ergab sich ein kurzer unipolarer Moment, in dem die USA unangefochten die dominante Macht (Hegemon) auf dem Planeten waren. Diese Welt war nach Ansicht des Neorealismus deutlich weniger stabil, da nun alle zweitrangigen Mächte versucht wären, Gegenkoalitionen zu bilden und die bedrohliche Vormachtstellung der USA zu unterminieren suchten. Einige Autoren argumentierten, dass die USA dies dadurch vermeiden könne, dass sie eine Politik der wohlwollenden Hegemonie verfolgte. Dies würde bedeuten, dass die Machtressourcen des Hegemons nicht nur im eigenen Interesse eingesetzt würden, sondern im Interesse aller und dass durch vertrauensbildende Maßnahmen das Unsicherheitsgefühl kleinerer Mächte abgemildert wird. Tendenziell am instabilsten wäre dagegen ein multilaterales System, da hier die Machtrelationen unklar sind und es für die Akteure sehr viel schwerer ist, die Intentionen der anderen Mächte vorherzusehen. Das Potential für Fehlkalkulationen ist entsprechend hoch und wechselnde Bündniskonstellationen sind häufig.

Offensiver und Defensiver Realismus

Die strukturelle Variante des Realismus wurde schnell zum Maßstab für alle anderen IB-Theorien. Die elegante und nur wenige Variablen benötigende Erklärung für die grundlegende Dynamik des internationalen Systems schien gerade für die Dynamik des bipolaren Wettlaufs der Supermächte besonders gut geeignet zu sein. Schnell entwickelten sich aber auch konkurrierende Theorien: Die Debatte in den 1970er und 1980er Jahren war geprägt durch die Kontroverse zwischen Neorealismus und Neoinstitutionalismus (▶ Kap. 3.2).

Aber auch der Neorealismus entwickelte sich weiter. Umstritten war insbesondere die Frage, wie stabil Gleichgewichtssysteme nun tatsächlich sind und ob Staaten ab einem bestimmten Zeitpunkt ihren Machterwerb limitieren und so die Logik des Sicherheitsdilemmas durchbrechen. Schließlich waren gerade die 1970er Jahre auch von Bemühungen um Entspannung gekennzeichnet, die in vielen vertrauensbildenden Maßnahmen und Rüstungskontrollabkommen mündeten. Kenneth Waltz und andere sogenannte defensive Realisten nahmen an, dass Staaten ab einem gewissen Zeitpunkt eine Machtposition erreichen, die sie zu Status-Quo-Mächten werden lässt: sie sind daran interessiert, den für sie vorteilhaften Status und die erreichte Position zu wahren. Dieses Verhalten wird zu relativ stabilen Gleichgewichtssystemen führen.

Andere Theoretiker kritisierten diese Annahme als zu optimistisch. Der wichtigste Vertreter dieser sogenannten offensiven Realisten ist John J. Mearsheimer. In seinem Buch »The Tragedy of Great Power Politics« (2001) argumentierte er, dass Staaten immer versuchen, ihre Sicherheit gegenüber ihren Rivalen zu maximieren. Nur eine hegemoniale Stellung würde einem Staat wirkliche Sicherheit verschaffen, und kein Staat dürfe die Gelegenheit auslassen, seine Position zu stärken. In einem Interview von 2002 beschrieb Mearsheimer seine Position und deren Unterschied zu Waltz eingängig:[16]

> »... the aim of states is to be the biggest and baddest dude on the block. Because if you're the biggest and baddest dude on the block, then it is highly unlikely that any other state will challenge you, simply because you're so powerful. Just take the Western Hemisphere, for example, where the United States is by far the most powerful state in the region. No state – Canada, Guatemala, Cuba, Mexico – would even think about going to war against the United States, because we are so powerful. This is the ideal situation to have, to be so powerful that nobody else can challenge you. But Waltz would argue that it's not a good idea to be so powerful, because when you push in that direction, other states balance against you to try and cut you down at the knees.«

Für Mearsheimer endet also das Machtstreben von Staaten nicht, selbst wenn sie eine Vormachtposition erlangt haben, die ihre Sicherheit als nicht bedroht erscheinen lässt. Denn die Unsicherheit über zukünftige Entwicklungen bleibt.

---

16 Kreisler 2002: http://globetrotter.berkeley.edu/people2/Mearsheimer/mearsheimer-con2.html [02.12.2018].

Nach Waltz: Neue Varianten des Neorealismus

Aufgrund der klaren Annahmen und eindeutigen Vorhersagen wurde Waltz' »Theory of International Politics« schnell zu dem Klassiker des Neorealismus, auch wenn andere Autoren wie Robert Gilpin zur selben Zeit Werke in realistischer Tradition vorgelegt haben, deren Vorhersagen besser zu einer meist chaotischen Realität in der Weltpolitik passen. So entwickelten sich auch neben der Kontroverse zwischen offensivem und defensivem Neorealismus andere Weiterentwicklungen, die versuchten, die Annahmen von Waltz zu modifizieren.

Theorien in der Anwendung

Neorealismus: War der Westen schuld an der Ukraine-Krise?

Kurze Zeit nach dem Anschluss der Krim an Russland im Zuge der Ukrainekrise erschien in Foreign Affairs ein viel diskutierter Artikel des Neorealisten John Mearsheimer. Unter dem Titel »Why the Ukraine Crisis was the West's Fault« argumentierte er, dass die NATO-Osterweiterung, das geplante Assoziierungsabkommen der EU mit der Ukraine und die Förderung der Verbreitung westlich-liberaler Werte in osteuropäischen Staaten von Russland als Versuch interpretiert werden musste, seine regionale Vormachtposition zu unterminieren und seine Einflusssphäre radikal zu verkleinern. Deshalb sei es nicht verwunderlich, dass Russland mit Gegendruck reagiert habe, um so seine Position zu wahren. Eine Lösung der Krise könne nur erreicht werden, wenn der Westen das russische Sicherheitsbedürfnis und die entsprechende Einflusssphäre akzeptiere.

Testaufgabe: Wie begründet der Autor seine Kritik auf der Basis neorealistischer Annahmen? Wie belegt er diese Annahmen? Wo liegen die Probleme in der Argumentation?

Quelle: Mearsheimer 2014 = https://www.foreignaffairs.com/articles/russia-fsu/2014-08-18/why-ukraine-crisis-west-s-fault [02.12.2018].
Der Artikel ist inzwischen auch auf Deutsch erhältlich:
Mearsheimer 2014 = http://www.ipg-journal.de/kommentar/artikel/putin-reagiert-560/ [02.12.2018].

Der empirische Fokus des Realismus ist überwiegend auf sicherheitspolitische Phänomene im engeren Sinn gerichtet. Schließlich dienen wirtschaftliche und ideelle Ressourcen in der Sicht der Realisten ja dazu, im Notfall in militärische Macht umgesetzt zu werden, um so das eigene Überleben zu sichern. Nichtsdestotrotz ließen sich die theoretischen Aussagen des Realismus auch auf Politikfelder wie die internationale Wirtschaftspolitik oder Umweltpolitik anwenden. Insbesondere im Bereich der internationalen Handelspolitik wurden die Konzepte der **absoluten und relativen Gewinne** viel verwendet. Danach sind Staaten bei wirtschaftlichen Transaktionen vor allem darauf bedacht, relative Gewinne zu erzielen. Dies bedeutet, dass der Vorteil, der zum Beispiel aus dem Abschluss eines Handelsabkommens erwächst, höher sein muss als der Vorteil einer rivalisierenden Macht. Dies würde auf lange Sicht zu relativem Machtverlust führen, und damit zu höherer Unsicherheit. Es genügt also Staaten, die sich als echte oder potentielle Konkurrenten sehen, nicht, aus der Transaktion irgendeinen Gewinn zu ziehen (einen absoluten Gewinn). Dieser Gewinn muss größer sein als der des Konkurrenten, weil ansonsten dessen Machtressourcen relativ zu den eigenen gestärkt werden (Grieco 1988). Zudem werden Staaten darauf bedacht sein, wirtschaftliche Abhängigkeit zu vermeiden und auch Situationen, in denen sie nicht vor möglichen Betrugsversuchen geschützt sind. Staaten werden deshalb versuchen, ihre Autonomie zu wahren und damit die Freiheit, die als notwendig erachteten Machtressourcen zu erwerben und einzusetzen. Aufgrund all dieser Folgen einer anarchischen Umwelt wird eine dauerhafte Kooperationswahrscheinlichkeit von Staaten im internationalen Wirtschaftsgeschehen durch den Neorealismus als eher gering bewertet.

Eine weitere, viel zitierte Weiterentwicklung des strukturellen Neorealismus von Waltz ist die Balance of Threat Theorie, die ebenfalls auf dem zentralen Konzept des balancing (▶ 9. Schlüsselbegriff ›Balancing‹) aufbaut. Maßgeblich entwickelt durch den Harvard-Politologen Stephen Walt in seinem Buch »The Origins of Alliances« (1987), argumentiert diese Theorie, dass Staaten nicht primär versuchen, Machtungleichgewichte auszugleichen, sondern Bedrohungen. Diese Bedrohungen entsteht nicht aus dem überlegenen Potential, das ein bestimmtes Maß an Machtressourcen, wie Rüstung, Wirtschaftskraft, Bevölkerungsstärke, Rohstoffe etc., einem Staat verleiht, sondern sie hängen davon ab, wie bedrohlich ein rivalisierender Staat wahrgenommen wird. Diese Wahrnehmung gründet sich zwar auch auf die Machtressourcen, ebenso aber auf die Faktoren ›geographische Nähe‹, ›offensives Potential‹ und ›offensive Intention‹. Gegen einen Staat, der im Hinblick auf diese Faktoren nicht als bedrohlich wahrgenommen wird, bilden sich laut Walt auch keine Gegenallianzen. So sei zum Beispiel zu erklären, dass die USA während des Kalten Kriegs sehr viel mehr Bündnispartner als die Sowjetunion hatten und dies trotz ihrer größeren Macht, die eigentlich eine Gegenreaktion hätte hervorrufen müssen. Da sie als weniger bedrohlich empfunden wurden, konnten die USA nach dem Ende des Kalten Kriegs ihre Bündnisse auch im Großen und Ganzen zusammenhalten. Während Waltz also argumentiert, dass die Handlungen von Staaten auf lange Sicht durch die Möglichkeit eines Konflikts geprägt sind, argumentieren neuere Entwicklungen des Realismus wie die von Walt oder Gilpin, dass Staaten vor allem die Wahrscheinlichkeit von Konflikten kalkulieren.[17]

---

17 Wohlworth 2011, 499–511.

9. Schlüsselbegriffe

Balancing = Ausgleich von Machtungleichgewichten
Internal Balancing = Machtausgleich durch interne Maßnahmen, z. B. Aufrüstung
External Balancing = Machtausgleich durch externe Maßnahmen, z. B. Bildung von Allianzen

Zusammenfassung

Im Realismus und Neorealismus sind Staaten die ausschlaggebenden Akteure in der internationalen Politik. Sie handeln kalkulierend und zweckrational, und der hinter ihren Aktionen stehende Zweck ist die Gewährleistung ihrer Sicherheit und, in letzter Konsequenz, ihres Überlebens. Dieses Sicherheitsstreben ist im Verständnis des klassischen Realismus die logische Konsequenz der menschlichen Natur, nach dem Verständnis des Neorealismus hingegen die logische Konsequenz einer anarchischen Struktur des internationalen Systems. Konsequenz dieses Sicherheitsstrebens ist die Notwendigkeit, sich entsprechende Machtressourcen zu verschaffen, ob dies nun durch eigenen Machtzuwachs oder durch die Beteiligung an Allianzen geschieht. Da alle Staaten dieser Logik folgen (müssen), ergeben sich immer wieder mehr oder weniger stabile Mächtegleichgewichte. Allerdings bleibt die Konkurrenzsituation bestehen und führt beinahe unausweichlich in ein Sicherheitsdilemma, welches die konfliktträchtige Situation der Unsicherheit wieder erneuert.

Insgesamt sind realistische Theorien also pessimistisch im Hinblick auf die Möglichkeit einer befriedeten internationalen Politik. Gerade wenn es um Vorhersagen über die globale Machtverteilung geht, in einer Zeit, in der die USA relativ an Macht verlieren, neue Supermächte wie China und Indien zunehmend erstarken, und alte Supermächte wie Russland aggressiv ihre Position verteidigen, bietet der Realismus attraktive und eingängige Erklärungen an, deren grundsätzliche Annahmen leicht in vielen offiziellen Statements und wissenschaftlichen Analysen gefunden werden können.

Wissensfragen

- *Warum ist Thukydides für die IB relevant?*
- *Worum ging es im Peloponnesischen Krieg?*
- *Welche grundsätzliche Kontroverse behandelt der Melierdialog?*
- *Was versteht die IB-Forschung unter ›Idealismus‹?*
- *Was versteht man unter einem ›nationalen Interesse‹ im Realismus?*
- *Was bedeutet ›Macht‹ im Realismus?*
- *Was bedeutet ›Anarchie‹ für Waltz?*
- *Was ist der Unterschied zwischen defensivem und offensivem Realismus?*

Basisliteratur

Carr, Edward Hallett (1939): The Twenty Years' Crisis: 1919–1939: An Introduction to the Study of International Relations, New York: Perennial.
Grieco, Joseph (1988): Anarchy and the Limits of Cooperation: A Realist Critique of the Newest Liberal Institutionalism, in: *International Organization*, 42(3), S. 485–507.
Herz, John H. (1951): Political Realism and Political Idealism, Chicago: University of Chicago Press.
Mearsheimer, John J. (2001): The Tragedy of Great Power Politics, New York: W.W. Norton & Company.
Morgenthau, Hans J. (1948): Politics Among Nations, New York: Knopf (dt. Übersetzung: Macht und Frieden, 1963).
Thukydides (2000): Der Peloponnesische Krieg, übersetzt von H. Vretska, Stuttgart: Reclam.
Walt, Stephen (1987): The Origins of Alliances, Ithaca: Cornell University Press.
Waltz, Kenneth (1959): Man, the State and War: A Theoretical Analysis, New York: Columbia University Press.
Waltz, Kenneth (1979): Theory of International Politics, Boston: Addison-Wesley Publishing Company.

3.2 Institutionalismus: Internationale Organisationen, Regime, nichtstaatliche Akteure

Lernziele

- *Verständnis der zentralen Aussagen des Institutionalismus in den IB*
- *Theoriegestützte Analyse internationaler Institutionen*
- *Kenntnis spieltheoretischer Werkzeuge des Institutionalismus*
- *Einblick in die Rolle nichtstaatlicher Akteure in den internationalen Beziehungen*

Entspannungspolitik und Interdependenz

Seit 1901 verleiht das Norwegische Nobelkomitee jedes Jahr den Friedensnobelpreis. Nur ein einziger Preisträger hat bis zum heutigen Tag diese Würde abgelehnt: Le Duc Tho, der 1973 gemeinsam mit Henry Kissinger den Preis für die Aushandlung des Friedens im Vietnamkrieg bekommen sollte. Le Duc Tho, nordvietnamesischer Diplomat und Vertreter des Politbüros, lehnte den Preis mit der Begründung ab, dass der Friedensvertrag nicht eingehalten werde und in seinem Land kein Frieden herrsche. Tatsächlich dauerten die Kampfhandlungen in Vietnam bis 1975 an. Henry Kissinger, damals Außenminister der USA, nahm den Preis dagegen an. Er kam allerdings nicht nach Stockholm zur Entgegennahme und ließ seine Dankesrede verlesen. Darin hieß es:[18]

> »America's goal is the building of a structure of peace, a peace in which all nations have a stake and therefore to which all nations have a commitment. We are seeking a stable world, not as an end in itself but as a bridge to the realisation of man's noble aspirations of tranquillity and community.«

Kissinger, der mitverantwortlich für viele verhängnisvolle Entscheidungen wie die Ausweitung des Vietnamkriegs auf Kambodscha war, ist sicher mit der umstrittenste Friedensnobelpreisträger. Seine Rede deutete aber an, dass sich, zumindest auf der Ebene der Großmächte, zu dieser Zeit das Klima im Kalten Krieg verändert hatte und ein neuer Wind in der Weltpolitik wehte. Diese neue Ära wird als »Détente« (franz. für Entspannung) bezeichnet und symbolisiert die Bemühungen nicht nur der USA, sondern auch der Sowjetunion um friedlichere Zusammenarbeit. Eine Reihe von Abrüstungsverträgen, wie der Nichtverbreitungsvertrag von 1968, der Vertrag über die Begrenzung von antiballistischen Abwehrraketen (Anti-Ballistic Missile Treaty, ABM), der erste Vertrag zur nuklearen Rüstungsbegrenzung (Strategic Arms Limitation Talks, SALT I) von 1972, oder die Konferenz für Sicherheit und Zusammenarbeit in Europa 1973 (KSZE) signalisierten diesen Trend. Die damals die IB-Forschung dominierende realistische Theorie hatte Mühe, diese Annäherung der Großmächte plausibel zu erklären. Die zunehmende Strukturierung der gegenseitigen Rivalität durch neue Verträge war zudem nur die Spitze eines Eisbergs von internationalen Konventionen, Organisationen, Foren und so weiter, deren Zahl seit den 1950er Jahren ständig zugenommen hatte (wenn auch vor allem innerhalb der Blöcke). Hier liegt einer der Hauptgründe für das Entstehen und die schnell ansteigende Popularität einer weiteren IB-Theorie, die wir in diesem Kapitel behandeln: des Institutionalismus.[19] Wie bei den realistischen Theorien handelt es sich auch beim Institutionalismus nicht um eine klar definierte Theorie, sondern um eine theoretische Schule, deren Gemeinsamkeit in der Überzeugung besteht, dass Institutionen von zentraler Bedeutung für die Erklärung der globalen Politik sind. Institutionen werden dabei als dauerhaft formelle oder informelle Regelsysteme verstanden, die Rollen und Handlungsoptionen eröffnen und begrenzen, und die Erwartungen der beteiligten Akteure entsprechend beeinflussen (Keohane 1989, 3).

---

[18] Kissinger1973 = http://www.nobelprize.org/nobel_prizes/peace/laureates/1973/kissinger-acceptance.html [02.12.2018].

[19] Der IB-Institutionalismus wird oft auch als »(neo-) liberaler Institutionalismus« bezeichnet, oder in englischen Textbüchern schlicht mit »liberal theory«. Dieser ist jedoch zu trennen vom Liberalismus im Sinne von Andrew Moravcsik. Eine einfache Eselsbrücke ist die Akteursebene: während der Institutionalismus die Staaten und internationale Organisationen in den Fokus stellt, legt der Liberalismus den Schwerpunkt auf innerstaatliche Akteure (▶ Kap. 3.3).

Grundannahmen des Institutionalismus

Nicht nur die Abnahme der direkten Konfrontation zwischen den beiden Blöcken und die Entspannungspolitik, die von den USA, aber auch von der Bundesrepublik unter Willy Brandt mit dessen Ostpolitik ausging, schien das realistische Weltbild, in dem Staaten sich wegen gegenseitigen Misstrauens in einer anarchischen Umwelt nicht annähern wollen und können, in Frage zu stellen. Auch die zunehmende weltwirtschaftliche Verflechtung bei gleichzeitigem scheinbarem Niedergang der USA in Folge des Vietnamkriegs und der Energiekrise verlangte nach alternativen Antworten zur Theorie der hegemonialen Stabilität (▶ Kap. 4.1), welche für realistische Theoretiker die Existenz dauerhafter Kooperationsbeziehungen erklärte.

Allerdings hielt der sich bald als wichtigste Alternative etablierende (rationalistische[20]) Institutionalismus an vielen der Hypothesen des Realismus fest. So ging er davon aus, dass die Akteure der IB sich in einem System befinden, dass von internationaler Anarchie – also der Abwesenheit von ordnungsschaffender Hierarchie – gekennzeichnet ist. Zudem galten ihm weiterhin Staaten als die zentralen Akteure, die rational und gewinn-maximierend ihre Interessen durchzusetzen versuchen. Was sind demnach, neben der Ausweitung der relevanten Akteure, die nun internationale Organisationen mitberücksichtigt, die wichtigsten Unterschiede im Vergleich zu realistischen Theorien?

Robert O. Keohane und Joseph Nye formulierten in ihrem viel zitierten Buch »Power and Interdependence: World Politics in Transition«, welches 1977 erschien, ein zentrales Konzept des Institutionalismus: **Interdependenz** (▶ 10. Schlüsselbegriff: ›Interdependenz‹). Dahinter verbirgt sich die Annahme, dass die Akteure der internationalen Beziehungen – also Staaten und internationale Organisationen – nicht nur ihre selbst formulierten Ziele im Blick haben, sondern wissen, dass sie in vielen Bereichen voneinander abhängig sind und ihre Interessen deshalb entsprechend anpassen. Viele staatliche Funktionen sind deshalb besser durch geregelte internationale Zusammenarbeit zu erfüllen – so hatte schon der britische Politikwissenschaftler David Mitrany 1943 mit seiner Theorie des Funktionalismus argumentiert.[21] Die in einer globalisierten Welt zunehmende Interdependenz führt dazu, dass die von den Realisten behaupteten Auswirkungen der Anarchie nicht mehr exklusiv handlungsleitend sind. Staaten müssen Wege finden, die negativen Folgen unilateralen, einseitigen Handelns zu kontrollieren. Außerdem sind militärische Ressourcen nicht mehr die wichtigsten Mittel der internationalen Politik, weil auch sie gegenseitige Abhängigkeiten nicht reduzieren können und im Fall eines Einsatzes auf allen Seiten große Schäden anrichten. Um zum einführenden Beispiel zurückzukommen:

---

20 In der Institutionenforschung wird üblicherweise zwischen mehreren Richtungen des Institutionalismus unterschieden. Während der rationalistische Institutionalismus davon ausgeht, dass Akteure rational ihre Interessen kalkulieren und diese mittels Institutionen durchzusetzen versuchen, geht der soziologische Institutionalismus davon aus, dass die Normen und Werte der Institutionen die Interessen der Akteure auch mitbestimmen, diese also ›sozialisieren‹. Der historische Institutionalismus versucht die relative statische Konzeption von Institutionen durch ein dynamisches geschichtliches Element aufzubrechen.

21 Mitrany 1943.

eine Institutionalistin würde argumentieren, dass die Großmächte erkannt hatten, dass der unbegrenzte Rüstungswettlauf beide Seiten einem hohen Risiko aussetzte und dieses Risiko nur durch gemeinsame Institutionen zur Vertrauensbildung und gegenseitigen Kontrolle einzudämmen war. Auch die Ölkrisen Angang der 1970er Jahre und der Zusammenbruch des Bretton Woods Systems waren Anzeichen, dass die USA möglicherweise sich zu sehr auf die Konfrontation mit dem anderen Block konzentriert hatten (für mehr Informationen zu diesen Entwicklungen ▸ Kap. 4.1). Somit war die Entspannungspolitik und die damit einhergehende stärker institutionalisierte Kooperation zwischen Staaten für Institutionalisten die logische Konsequenz.

10. Schlüsselbegriff

Interdependenz

Interdependenz bedeutet gegenseitige Abhängigkeit, die dann existiert, wenn sogenannte negative Externalitäten (Verluste durch Nicht-Kooperation) entstehen, falls die beteiligten Akteure ohne Abstimmung mit anderen Akteuren handeln. In den internationalen Beziehungen kann diese Abhängigkeit symmetrisch sein, wenn es sich um gleichstarke Parteien handelt. So stehen zum Beispiel Deutschland und Frankreich in einer (relativ) symmetrischen Abhängigkeit. Wenn die verschiedenen Ressourcen jedoch sehr unterschiedlich ausfallen, spricht man von asymmetrischer Interdependenz, wie zum Beispiel zwischen den USA und Guatemala.

Zwei weitere Elemente helfen, die Interdependenz von Staaten einzuschätzen: die **Verwundbarkeit eines Staates** (die von der relativen Verfügbarkeit und Kostspieligkeit von Alternativen abhängt) sowie die **Empfindlichkeit eines Staates**, die vom Grad der Reaktionsfähigkeit definiert wird. Angewandt auf das soeben genannte Beispiel bedeutet das: Guatemala ist stärker von den USA abhängig als umgekehrt, weil Guatemala sowohl empfindlicher ist (also nur wenige Mittel hat, den USA ebenfalls Schaden zuzufügen) als auch verwundbarer ist (Alternativen zu einer Kooperation mit den USA sind sehr kostspielig und auch nicht einfach verfügbar, da die USA den einheimischen Markt stark dominieren). Asymmetrische Interdependenz kann häufig auch ein Kooperationshindernis sein, dass allerdings durch Institutionalisierung überwunden werden kann.

Interdependenz ist laut Institutionalismus nicht durch einen spezifischen Zeitpunkt definiert – sie besteht auf Dauer. Das bedeutet, dass Staaten auch in Zukunft von anderen Staaten abhängig sein werden und immer wieder Interaktionen mit diesen haben werden. Dieses Phänomen, auch als **Schatten der Zukunft** (»shadow of the future«, Axelrod/Keohane 1985, 229) bekannt, führt dazu, dass sie generell abgeneigt sind, andere Staaten komplett vor den Kopf zu stoßen. Er wirkt also laut Institutionalismus kooperationsfördernd und konflikthemmend. Durch Interdependenz und den Schatten der Zukunft verschieben sich damit die Präferenzen der

Staaten deutlich, weg von einem konfrontativen Verhalten hin zu einer kooperativeren Ausrichtung.

Institutionalisten arbeiten außerdem mit der Annahme, dass absolute Gewinne für Staaten relevanter sind als relative Gewinne, auf die sich der Realismus und Neorealismus konzentrieren. Das bedeutet, dass Staaten zunächst danach streben, ihre eigenen Gewinne zu maximieren. Profitiert nun auch ein zweiter Staat von einer vertraglichen Vereinbarung, ist das zunächst nicht bedeutsam für die Entscheidung, sich an der vertraglichen Vereinbarung zu beteiligen, auch wenn der andere Staat möglicherweise höhere Gewinne aus der Kooperation erzielt. Wichtig ist nur, dass es überhaupt einen Gewinn gibt. Ein aktuelles Beispiel der europäischen Politik zeigt diesen Unterschied zwischen relativen und absoluten Gewinnen: Großbritannien und die EU werden nach dem Ausscheiden von Großbritannien aus dem Gemeinsamen Markt ein Abkommen über den Handel zwischen beiden Seiten vereinbaren müssen. Nehmen wir an, von diesem Abkommen profitiere Großbritannien zwar mehr als die EU (in absoluten Zahlen), insgesamt erzielten aber beide Seiten Gewinne, da der gegenseitige Handel für beide wirtschaftlich wichtig ist. Neorealisten würden argumentieren, dass die EU ein solches Abkommen ablehnen müsste, da Großbritannien relativ gesehen mehr gewinnt als die EU. Institutionalisten hingegen würden aber argumentieren, dass die Alternative (kein Abkommen) für beide ein zu großer Verlust wäre und es deswegen zu einer Einigung kommen wird, bei der beide gewinnen, wenn auch mit unterschiedlichen Anteilen.

Abb. 9: Die Erklärungsstruktur im Institutionalismus

Weshalb Institutionen so wichtig sind: Das Gefangenendilemma

Spieltheoretische Ansätze wurden und werden häufig von Analysten der internationalen Beziehungen eingesetzt, um zu zeigen, wie Institutionen Kooperationshindernisse überwinden helfen. So lässt sich nicht nur mit empirischen Beispielen belegen, dass und weshalb Staaten miteinander kooperieren, sondern die entsprechende Logik kann auch analytisch durch ein Modell gezeigt werden, welches den Anreiz für Kooperation verdeutlicht. Das spieltheoretische Modell, das am meisten genutzt wurde (und wird), um die Dynamiken unterschiedlicher Präferenzen zu verdeutlichen, ist das Gefangenendilemma. Alle weiteren spieltheoretischen Umsetzungen sind leicht zu verstehen, wenn man einmal dessen Grundlogik verinnerlicht hat. Deswegen wird in diesem Buch nur dieses Dilemma ausführlich dargestellt.

3.2 Institutionalismus: Internationale Organisationen, Regime, nichtstaatliche Akteure

Es geht von folgender Situation aus: Zwei Personen, die beide gemeinsam eine Bank ausgeraubt haben, werden mit einer illegalen Waffe festgenommen und getrennt voneinander verhört. Die Polizei hat keine für eine Verurteilung ausreichenden Beweise, außer wenn eine der beiden gesteht. Die Polizei versucht dies zu erreichen, indem sie jedem der beiden Bankräuber folgenden Deal vorschlägt: falls er gesteht und somit der Polizei bei der Überführung des anderen Täters hilft, kommt er ohne Gefängnisstrafe frei. Der Kumpan muss hingegen für zehn Jahre ins Gefängnis. Ohne Geständnis und Kooperation bekommen beide zwei Jahre Haft wegen illegalen Waffenbesitzes. Gestehen beide, werden sie für fünf Jahre eingesperrt.

Damit hat jeder Gefangene (gesetzt beide handeln zweckrational und egoistisch) folgende Abstufung individueller Präferenzen: am liebsten möchte er keine Gefängnisstrafe absitzen (Präferenz 1 ☺) und ansonsten die Zahl der Jahre im Gefängnis möglichst geringhalten (also lieber zwei Jahre ☺ als fünf Jahre ☹). Am wenigsten attraktiv ist die Situation mit zehn Jahren Gefängnis ☹. Das bedeutet eine Anreihung der Präferenzen wie folgt: 1) ☺, 2) ☺, 3) ☹, 4) ☹.

Übertragen wir diese Präferenzordnung jetzt in eine Matrix. Die schwarze Figur repräsentiert den Gefangenen 1, der die Möglichkeit hat, sich zwischen gestehen 🗨 und nicht gestehen ✋ zu entscheiden. In der Matrix bedeutet dies, dass die Situation sich in der Zeile nach oben verschiebt. Die gleiche Situation ist für den Gefangenen 2 (weiße Figur) dargestellt. Auch er hat die Wahl zwischen nicht gestehen ✋ und gestehen 🗨. Die Entscheidung verändert dann die Spalte, in der wir uns befinden.

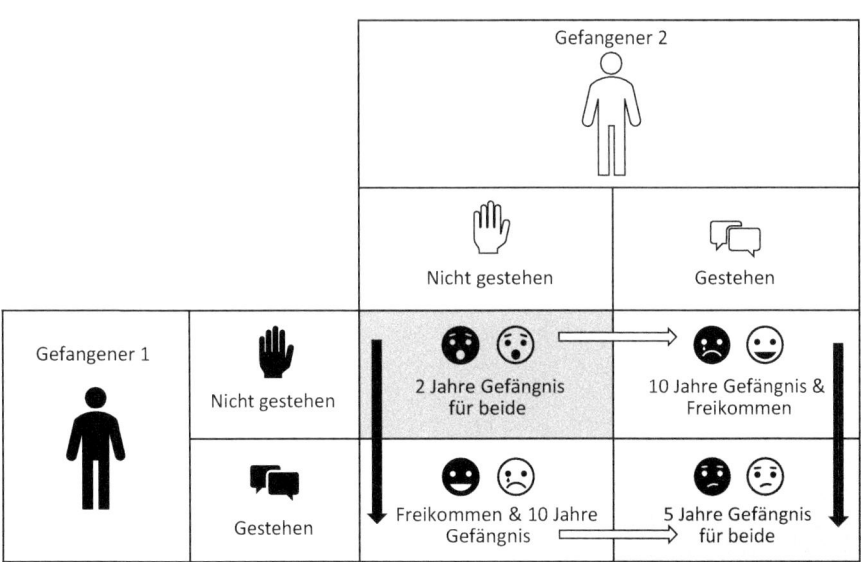

Abb. 10: Matrix des Gefangenendilemmas

Die Matrix zeigt, dass jeder Gefangene individuell einen höheren Gewinn hätte, wenn er gestehen würde: Gefangener 1 (schwarze Smileys) zum Beispiel kann sich in der Matrix zwischen den Zeilen (und nicht den Spalten) entscheiden: Er hat im ersten Fall (also wenn Gefangener 2 nicht gesteht), die Wahl selbst auch nicht zu gestehen (und dafür zwei Jahre im Gefängnis zu sitzen) oder zu gestehen und in diesem Fall dem Gefängnis zu entkommen.

Ähnlich verhält es sich, wenn Gefangener 2 gesteht: Gefangener 1 steht dann vor der Wahl nicht zu gestehen und gleich zehn Jahre im Gefängnis verbringen zu müssen, oder zu gestehen und mit verminderter Strafe nur fünf Jahre Haft zu erdulden. Bei beiden Fällen ist also die dominante Strategie zu gestehen (in der Abbildung durch die jeweiligen Pfeile gekennzeichnet).

Bei Gefangenem 2 ist die Situation entsprechend. Wenn also beide rational entscheiden (was die Theorie voraussetzt), muss man davon ausgehen, dass beide gestehen werden und beide für fünf Jahre im Gefängnis sitzen werden. Sieht man sich aber die Möglichkeiten insgesamt an, wird schnell klar, dass eigentlich beide einen strategischen Gewinn (nämlich drei Jahre weniger Gefängnis) hätten, wenn sie nicht gestehen würden.

Diese Situation, die für beide Akteure die beste Lösung wäre, nennt man Pareto-Optimum (benannt nach dem italienischen Ingenieur und Wirtschaftswissenschaftler Vilfredo Pareto). Das Pareto-Optimum beschreibt generell eine Situation, in der es nicht möglich ist, die eigene Situation zu verbessern, ohne die eines Gegenspielers zu verschlechtern (hier in der Matrix das Feld oben links und dunkelgrau hinterlegt). Die Situation, in der die Spieler landen, wenn beide nach ihrer dominanten Strategie handeln, nennt man Nash-Equilibrium. Benannt wurde das Gleichgewicht nach John Nash benannt, einem amerikanischen Mathematiker, der 1994 den Nobelpreis für Wirtschaftswissenschaften für seine Errungenschaften im Gebiet der Spieltheorie erhielt (bekannt ist Nash auch aus dem biographischen Film »A Beautiful Mind« von 2001). Ein Nash-Equilibrium beschreibt eine stabile Situation, in der es für keinen Spieler individuell möglich ist, seine Situation zu verbessern. In der oberen Matrix ist das Nash-Gleichgewicht hellgrau hinterlegt und bezeichnet die Situation, in der beide Spieler für fünf Jahre im Gefängnis landen würden (also der Kasten unten rechts). Wenn beispielsweise Gefangener 1 seine Situation ändern möchte, Gefangener 2 aber bei der gleichen Entscheidung (gestehen) bleibt, so verschlechtert Gefangener 1 seine Situation und muss für insgesamt zehn Jahre ins Gefängnis.

Mehrere IB-Theorien nutzen das Gefangenendilemma, um ihre Hypothesen zu modellieren. (Neo-) Realisten beispielsweise argumentieren, dass die internationale Politik einem Nash-Gleichgewicht gleicht, bei dem jeder Spieler aus Misstrauen vor den anderen Spielern Verluste in Kauf nimmt (weil sonst der andere Spieler möglicherweise relative Gewinne einfährt). Institutionalistinnen hingegen behaupten, dass ein Pareto Optimum erreichbar ist und durch immer wiederkehrende Kooperation (Schatten der Zukunft) und mit Hilfe von internationalen Organisationen auch wahrscheinlicher wird. Robert Axelrod argumentierte beispielsweise in seinem Buch »The Evolution of Cooperation« (2006), dass viele Akteure (und in seiner Logik auch Staaten) das Verhalten von anderen Akteuren wiederspiegeln. Wenn also ein Staat von einem anderen Staat kooperativ behandelt wurde, wird er ihm bei der nächsten Gelegenheit das gleiche Verhalten entgegenbringen. Dieses Phänomen ist unter dem Begriff »tit-for-tat« bekannt.

Übertragen werden kann das Gefangenendilemma sehr leicht auf internationale Problemlagen: nehmen wir das Beispiel des Umweltschutzes. Die beteiligten »Gefangenen« sind in diesem Fall zwei Staaten, zum Beispiel Deutschland und Kanada kurz nach der Entdeckung des Ozonlochs (▶ Kap. 4.4). Die Optionen sind dann nicht »zu gestehen« oder »nicht zu gestehen«, sondern die Ozonschicht zu schützen oder weiter die Umwelt zu verschmutzen, und somit das Ozonloch zu vergrößern.

Genau wie beim Gefangenspiel sind die Präferenzen der Staaten ähnlich strukturiert: Die beste Situation für Deutschland ist die, in der Kanada (und andere Staaten) beschließen, die Kosten für die nötige Umrüstung zu tragen und die Erosion der Atmosphäre zu stoppen. Deutschland selbst lässt sich Zeit mit der Umrüstung und macht damit erhebliche Gewinne. Die zweitbeste Situation ist es für Deutschland, wenn beide Staaten einwilligen, die Ozonschicht vor weiterer Zerstörung zu schützen. Die nächstschlechtere Option wäre, wenn beide Staaten beschließen, keine Verhaltensänderung vorzunehmen (und darauf vertrauen, dass andere dies tun). Die schlimmste Situation für Deutschland, wenn es unmittelbar die Kosten für die Umweltschutzmaßnahme trägt, der Vertragspartner aber nicht mitzieht und weiter die Atmosphäre schädigt.[22]

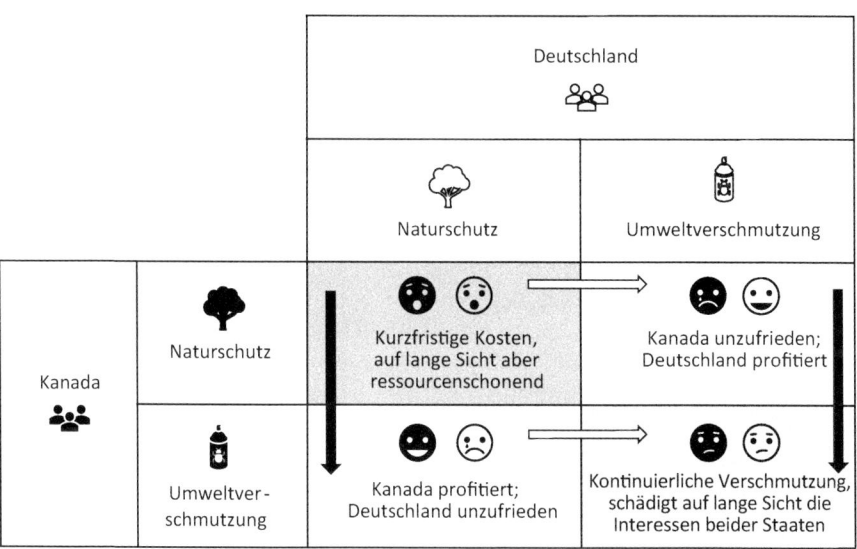

Abb. 11: Das Gefangenendilemma und die internationale Umweltpolitik

Wie beim Gefangenendilemma entsteht so eine Spielsituation, in der die Staaten, wenn sie rational und egoistisch handeln, in einer Situation landen, die für alle suboptimal ist (kontinuierliche Umweltverschmutzung). Dieses Ergebnis ist dann auch das Nash-Gleichgewicht des Spiels. Institutionalisten würden argumentieren, dass man durch

---

22 Je nach Theoriestrang, können die Präferenzen natürlich auch anders interpretiert werden. Hier wurde die gleiche Situation wie die aus dem klassischen Gefangenendilemma genutzt, um zunächst eine einfache Illustration der Spieltheorie an einem praktischen Beispiel zu gewährleisten.

kontinuierliches Aufeinandertreffen und die Attraktivität von absoluten Gewinnen durchaus in einer Situation landen könnte, in der beide einen Nutzen haben: der Situation, in der beide sich für den Naturschutz (in diesem Fall für den Schutz der Ozonschicht) einsetzen. Internationale Organisationen (▶ 11. Schlüsselbegriff: ›Internationale Organisation‹) oder Regime (▶ 12. Schlüsselbegriff: ›Regime‹) vereinfachen die Kooperation auf internationaler Ebene, was die Pareto-Optimum Situation (Naturschutz von beiden Seiten) noch wahrscheinlicher macht. Genau dieser Fall ist im Falle des Ozonregimes eingetreten. Es zeigt die zentrale Bedeutung von Institutionen bei der Herstellung und Verstetigung kooperativen Handelns in einer Situation, in der die Beteiligten starke Anreize haben, egoistisch zu handeln.

Im Folgenden werden wir die unterschiedlichen Mechanismen kennenlernen, die die Forschung für die Wirksamkeit (oder das Scheitern) internationaler Institutionen herausgearbeitet hat, und zwar am Beispiel der am meisten formalisierten Kooperationsstruktur, der internationalen Organisation.

Die Rolle internationaler Organisationen

Institutionalisten argumentieren, dass die Interdependenz zwischen den Staaten dazu führt, dass viele Probleme, die die Staaten direkt selbst betreffen, nicht mehr optimal von einem einzelnen Staat bewältigt werden können, sondern dieser die Unterstützung anderer Staaten benötigt. Internationale Organisationen helfen, die Kooperation mit anderen Staaten zu vereinfachen und zu verstetigen. Eine Metapher, die häufig bemüht wird, um diese Logik zu veranschaulichen, ist die Tragödie der Allmende (▶ Kap. 4.4). Eine Allmende bezeichnete in früheren Zeiten ein Gemeingut, z. B. eine Weidefläche, die von allen Dorfbewohnern benutzt werden konnte. Ohne Regelung führt diese Situation zur Überweidung, so dass bald niemand mehr etwas von der Ressource hat. Solche Allgemeingüter, beispielsweise eine intakte Erdatmosphäre, sind problematisch für die internationalen Beziehungen, weil kein Akteur von ihrer Nutzung ausgeschlossen werden kann. Dies bietet einen großen Anreiz für sogenannte Trittbrettfahrer (die ein allgemeines Gut nutzen, ohne zu den Kosten seiner Erhaltung beizutragen). Beispielhaft hat dies die Politikwissenschaftlerin Elinor Ostrom gezeigt, die den Nobelpreis für Wirtschaftswissenschaften für ihre Arbeit zur Regulierung von Gemeingütern durch Institutionen erhielt.[23]

11. Schlüsselbegriff

Internationale Organisationen

Internationale Organisationen sind Institutionen, denen mehrere Staaten beigetreten sind, die ein spezifisches Ziel verfolgen. Sie haben die Funktion, die Kooperation unter ihren Mitgliedern in ihrem Zuständigkeitsbereich zu ver-

---

23 Insbesondere in Ostrom 1990.

stetigen. Eine internationale Organisation hat eine permanente administrative Struktur, das heißt mindestens ein Sekretariat, das die Aufgaben der Organisation erfüllt. Durch diese permanente Struktur können internationale Organisationen als eigener Akteur auftreten und die Interessen ihrer Mitglieder beispielsweise bei internationalen Verhandlungen vertreten. Beispiele sind die UN, die NATO, die EU, die WTO, u. v. m. Internationale Organisationen haben seit dem 19. Jahrhundert quantitativ zugenommen. So gab es Mitte der 1980er Jahre insgesamt 378 internationale Organisationen. Seither hat sich ihre Zahl (auch wegen des Endes des Kalten Krieges und damit einhergehend des Zerfalls der sowjetisch beeinflussten internationalen Organisationen, zum Beispiel des Warschauer Pakts) verringert und liegt aktuell bei etwa 265.

Internationale Organisationen sind letztlich bindende Abmachungen über die Verteilung von Allgemeingütern und sie überwachen deren Umsetzung. Außerdem reduzieren sie die sogenannten Transaktionskosten (dies sind die materiellen und immateriellen Kosten, die anfallen, um zu einer gemeinsamen Konfliktbearbeitung zu kommen, wie z. B. die genaue Definition des Problems, die Wahl des Ortes und Formats, die Bereitstellung einer administrativen Struktur, etc.). Internationale Organisationen stellen ein Forum für Kommunikation und den Austausch von Expertenwissen bereit. Sie helfen Staaten dabei, Informationen über das Verhalten und die Interessen anderer Staaten zu bekommen und reduzieren somit die existenzielle Unsicherheit, die ein anarchisches System prägt. Kooperation wird so glaubwürdiger. Zudem spielen sie bei der Durchsetzung der vereinbarten Regeln eine zentrale Rolle, da sie tendenziell neutrale Instanzen bilden, und Regelverstöße beobachten, offenlegen, sowie sanktionieren können. Würden andere Staaten diese Rolle übernehmen, würden sie immer wieder auf Legitimationsdefizite treffen.

Gerade Staaten, die politisch und wirtschaftlich ausgesprochen eng mit ihrem internationalen Umfeld verflochten sind, sehen eine fortschreitende Institutionalisierung und damit Verrechtlichung der internationalen Politik als zentrales Ziel ihrer Außenpolitik. Dies ist meist gemeint, wenn von der Bedeutung des **Multilateralismus** gesprochen wird, wie zum Beispiel in den auf der Webseite des Auswärtigen Amts veröffentlichten »Grundprinzipien deutscher Außenpolitik«, in denen es heißt: »das wichtigste Prinzip für internationale Ordnung ist und bleibt für Deutschland der Multilateralismus«.[24] Die Stärkung internationaler Organisationen ist dabei fundamental.

Internationale Organisationen können unterschiedlich kategorisiert werden. Eine Möglichkeit ist die Einteilung nach der universellen oder partikularen Mitgliedschaft (partikular sind dann zum Beispiel regionale Organisationen, wie die Afrikanische Union; universelle Mitgliedschaft haben beispielsweise die Vereinten Nationen) oder nach der Breite ihrer Zuständigkeit (von umfassend wie die UN bis

---

24 Auswärtiges Amt (2017): Grundprinzipien deutscher Außenpolitik, 13.03.2017, https://www.auswaertiges-amt.de/de/aussenpolitik/themen/grundprinzipien-deutscher-aussenpolitik/216474, [02.12.2018].

hin zu problemspezifisch, wie bspw. die WTO). Zudem rangieren sie von relativ zentralisierten bis hin zu fragmentierten Entscheidungsfindungsmechanismen. Auch die Durchsetzungsfähigkeit ist ganz unterschiedlich: manche Institutionen sprechen nur unverbindliche Empfehlungen aus, bei anderen, wie der EU oder der WTO, gibt es Gerichte, die Regelverstöße der Mitglieder sanktionieren.

Die wohl bekannteste internationale Organisation sind die Vereinten Nationen, die im Folgenden etwas näher vorgestellt werden.

Das UN-System

Die UN wurden 1945 von den Siegermächten des Zweiten Weltkriegs (USA, Großbritannien, Sowjetunion, Volksrepublik China und Frankreich) gegründet.

Ziele der UN sind die Wahrung des Weltfriedens und der internationalen Sicherheit, internationale Zusammenarbeit, um globale Probleme zu lösen und die Menschenrechte zu fördern, sowie die Förderung freundschaftlicher, auf Gleichberechtigung und Selbstbestimmung der Völker beruhender Beziehungen zwischen den Nationen.

Die UN bestehen aus fünf Hauptorganen. Die Generalversammlung ist eine Art Weltparlament, in dem alle Mitgliedsstaaten über aktuelle Probleme der Weltpolitik, die in den Rahmen der UN-Ziele fallen, debattieren können. Beschlüsse der Generalversammlung sind jedoch nicht völkerrechtlich bindend. Sie kann jedoch eine Situation, die sie als Gefährdung der internationalen Sicherheit sieht, an den Sicherheitsrat weitergeben. Dieser kann völkerrechtlich bindende Beschlüsse verabschieden, Staaten mit Sanktionen oder sogar mit Militäreinsätzen drohen, und diese auch durchführen. Relativ häufig verhängt der Sicherheitsrat sogenannte Embargos, zum Beispiel Waffenembargos, die einen Staat für eine bestimmte Zeit vom internationalen Waffenhandel ausschließen soll, weil er als Gefährdung für den Weltfrieden gesehen wird. Aktuell haben die UN beispielsweise ein Waffenembargo für Nordkorea verhängt, um das Land für seine wiederholten nuklearen Tests abzumahnen. Die fünf Siegermächte des Zweiten Weltkriegs haben immer noch ein Vetorecht im Sicherheitsrat, was seit langem für Kritik sorgt. Die Problematik wird aktuell wieder deutlich, weil der Sicherheitsrat selten zu einem Beschluss bezüglich der Situation im Syrienkonflikt kommt, da sowohl die USA als auch Russland Interessen von sich gegenüberstehenden Konfliktparteien vertreten. Der Wirtschafts- und Sozialrat ist das Gremium der UN, in dem die Zusammenarbeit in Wirtschafts- und Sozialfragen gestärkt werden soll. Er ist auch für die Koordinierung der Arbeit der zahlreichen UN-Nebenorgane und Sonderorganisationen zuständig. Seine Beschlüsse sind wie die der Generalversammlung nicht völkerrechtlich bindend. Das UN-Sekretariat ist vor allem bekannt durch den Posten des UN-Generalsekretärs, der die gesamte Organisation nach außen repräsentiert und deswegen eine wichtige Rolle in den internationalen Beziehungen spielt (oder spielen kann). Durch Besuche und Pressearbeit versuchte beispielsweise der amtierende UN-Generalsekretär, der Portugiese Antonio Guterres, durch einen Besuch in Indonesien, die internationale Aufmerksamkeit für die Situation nach dem verheerenden Erdbeben Ende September 2018 zu wecken. Der Internationale

Gerichtshof (nicht zu verwechseln mit dem Internationalen Strafgerichtshof, ▸ Kap. 4.5) ist der Gerichtshof der Vereinten Nationen, bei dem alle Mitglieder rechtliche Fragen vorbringen können. Ein Urteil des Gerichtshofs ist völkerrechtlich bindend. Für die UN ist dies die Instanz, mit der Regelverstöße innerhalb der UN-Charta, dem Gründungsdokument der UN, sanktioniert werden können. Beispielsweise war der Gerichtshof aktiv, um festzulegen, welcher Staat in den kriegerischen Auseinandersetzungen zwischen der Demokratischen Republik Kongo und Uganda im Zweiten Kongokrieg (1998–2003) verantwortlich war und wer in Folge dessen Reparationen zahlen muss. Die Verhandlungen sind bis heute noch nicht gänzlich abgeschlossen. Die UN haben mit dem Gerichtshof eine relativ starke Kontrollinstanz, die vermuten lässt, dass die Anreize für die Kooperation innerhalb der UN nicht groß genug sind und die Kosten relativ hoch, so dass eine gute Überwachung der Regeleinhaltung notwendig ist. Internationale Organisationen, die lediglich die Funktion haben, in einem Problemfeld die Koordination zu übernehmen und es keine nennbaren Kosten zu verteilen gibt, brauchen hingegen weniger bis keine Kontrollmechanismen.

Die fünf Hauptorgane der UN dienen hauptsächlich dazu, Normen und Regeln festzulegen. Die konkrete operative Umsetzung dieser Normen und Regeln passiert dann meist in den Nebenorganen der UN und insbesondere in den UN-Sonderorganisationen. Nebenorgane können direkt von der Generalversammlung oder dem Sicherheitsrat mit Aufträgen versorgt werden und haben, auch wenn sie häufig als sehr autonom auftreten, keinen eigenen Status als Organisation außerhalb der Vereinten Nationen. Bekannte Beispiele sind der Menschenrechtsrat und das Hochkommissariat für Flüchtlinge (▸ Kap. 4.5), das Entwicklungsprogramm (UNDP) und das Kinderhilfswerk der Vereinten Nationen (UNICEF) oder die unterschiedlichen Friedensmissionen der UN (zum Beispiel UNOSOM in Somalia, ▸ Kap. 4.2).

Abb. 12: Das UN-System

Die Sonderorganisationen haben – wie der Name bereits verrät – einen gesonderten Status und sind eigene, selbständige und finanziell unabhängige internationale

Organisationen, die lediglich mit den Vereinten Nationen verbunden sind. Zurzeit gibt es 15 Organisationen, die diesen Status innehaben. Die vielleicht berühmtesten sind die Weltbank und der Internationale Währungsfonds (International Monetary Fund, IWF; ▸ Kap. 4.1), die Weltgesundheitsorganisation (World Health Organisation, WHO), die Internationale Arbeitsorganisation (International Labor Organisation, ILO), die UN-Ernährungs- und Landwirtschaftsorganisation (Food and Agricultural Organisation, FAO), sowie die Organisation für Erziehung, Wissenschaft und Kultur, bekannt durch die Vergabe des Siegels »Weltkulturerbe« (United Nations Educational, Scientific and Cultural Organisation, UNESCO).

Diskussionsfrage

Welche Rolle können die UN heute noch spielen? Beispiel Syrienkonflikt

Der Konflikt in Syrien hält seit 2011 an. Beteiligt sind Truppen der Regierung Syriens unter Baschar-al-Assad und die Opposition, die 2011 im Rahmen des Arabischen Frühlings versuchte, das Regime zu stürzen. Seit Beginn des Konflikts sind auch Großmächte involviert. So wird das Regime von Russland, dem Iran und der Hisbollah unterstützt, wohingegen die syrische Opposition durch die USA, die Türkei, Frankreich und Großbritannien unterstützt wird. Der Konflikt wird verschärft durch die Einflussnahme des sogenannten Islamischen Staates (IS).
Diskutieren Sie anhand der aktuellen Lage im Syrienkonflikt, welche Rolle die Vereinten Nationen heute in Sicherheitsfragen spielen können. Beachten Sie hierbei insbesondere die Entscheidungen des Sicherheitsrats und die möglichen Blockadeszenarien durch die Vetomächte innerhalb dieser Institution. Sind die Vereinten Nationen komplett machtlos in diesem Konflikt, oder greifen einige der oben identifizierten Funktionen internationaler Organisationen?

Auch die UN sind sich bewusst, dass sie sich permanent an die sich wandelnde Realität anpassen müssen, um eine relevante Größe in den internationalen Beziehungen zu bleiben. 2018 hat der UN-Generalsekretär eine Initiative gegründet, die versucht, die UN von innen her zu reformieren. Das Programm – UN Laboratory for Organizational Change and Knowledge – befasst sich mit der großen Aufgabe, nachhaltige Veränderungen in den UN zu gestalten.[25]

---

25 Für weitere Informationen lohnt sich ein Blick auf die Webseite: UN System Staff College (2018): The United Nations Laboratory for Organizational Change and Knowledge (UNLOCK), https://www.unssc.org/featured-themes/united-nations-laboratory-organizational-change-and-knowledge-unlock/ [02.12.2018].

Erweiterung des Institutionenbegriffs: Die Entwicklung der Regimetheorie

Zeitgleich zur Entwicklung von Keohane und Nyes Interdependenz-Ansatz, der die tatsächliche Kooperation von Staaten besser zu erklären versuchte, entwickelte sich die Regimetheorie, die später mit dem Interdependenz-Ansatz zu dem verschmelzen sollte, was wir heute als Institutionalismus in den IB bezeichnen. Die Ansätze der Regimetheorie werden dann herangezogen, wenn das zu erklärende Phänomen nicht klassische internationale Organisationen sind, sondern weniger formale und verbindliche Institutionen, sogenannte Regime.

12. Schlüsselbegriff

Internationale Regime

Internationale Regime basieren auf Prinzipien, Normen, Regeln und Entscheidungsverfahren, auf die sich unterschiedliche Akteure geeinigt haben. Diese Definition stammt ursprünglich von Stephen Krasner (1983). Regime sind immer problemspezifisch, das heißt, sie werden gegründet, um ein spezifisches Problem kooperativ zu lösen. Meist entsteht ein Regime im Rahmen eines internationalen Vertrags, wie beispielsweise des Kyoto Abkommens, welches das kollektive Problem des Klimawandels anging. Im Gegensatz zu internationalen Organisationen verfügen Regime aber nicht über eine eigenständige administrative Struktur und können demnach nicht als eigenständiger Akteur auftreten.

Anfang der 1980er Jahre vertieften sich die Diskussionen, warum es zu solch einer Regimebildung in bestimmten Problemfeldern kommt und warum andere Felder weniger durch internationale Regelwerke strukturiert werden. Wie bei internationalen Organisationen auch, kommt es schneller zu Kooperation – in diesem Fall zu Regimebildung – wenn der gemeinsame Nutzen für alle offensichtlich ist und die Kosten für die beteiligten Staaten sich im Rahmen halten. Es wurde auch gezeigt: je präziser die Regeln und Normen sind, die ein jeweiliges Regime aufstellt, desto effizienter kann die Einhaltung dieser Regeln und Normen durch das Regime (und insbesondere seine Mitglieder) sichergestellt werden und desto effizienter regelt das Regime dann den entsprechenden internationalen Problemfall. Am besten lässt sich der Nutzen des Regimeansatzes an einem konkreten Beispiel illustrieren.

Theorien in der Anwendung

Die Biowaffenkonvention: ein internationales Regime

Biologische Waffen gehören mit Atom- und Chemiewaffen zu den gefürchtetsten Massenvernichtungswaffen. Schon im Mittelalter wurden die Leichen an Pest verstorbener Menschen über die Mauern belagerter Städte geschleudert, um die dortige Bevölkerung zu infizieren. Im 19. und 20. Jahrhundert wurden die Forschungen intensiviert. So verseuchte Großbritannien während des Zweiten Weltkriegs eine Schottland vorgelagerte Insel zu Testzwecken mit Milzbranderregern, mit dem Ergebnis, dass alle Fauna auf Jahrzehnte ausgelöscht wurde. Erst 1990 wurde die Insel dekontaminiert, aber bis heute wagten es nur wenige Mutige, dort einen Fuß auf den Boden zu setzen. Auch andere Kriegsteilnehmer sowie die Großmächte im Kalten Krieg forschten an Biowaffen, oft mit grausigen Experimenten, und häufig mit der Folge tödlicher Unfälle. Die internationale Ächtung dieser Waffengattung führte 1972 zur Unterzeichnung der sogenannten Biowaffenkonvention. Die Konvention verpflichtet die heute 181 Mitgliedstaaten, unter keinen Umständen biologische Waffen herzustellen oder zu lagern. Etwaige Bestände müssen zerstört werden, und dürfen nicht weitergegeben werden. Um die Einhaltung zu überprüfen, finden alle fünf Jahre Konferenzen statt. Allerdings gibt es keinen spezifischen Überwachungsmechanismus, da die Kontrolle als zu komplex gesehen wird.

Die Biowaffenkonvention ist ein Regime, anhand dessen die einzelnen Elemente einer derartigen Institution gut aufgezeigt werden können. Zunächst besteht ein Regime aus bestimmten Prinzipien, die auf internationaler Ebene verankert werden sollen. In diesem Fall sind grundlegende Menschenrechtsprinzipien, die auch für die Kriegführung gelten. Die daraus resultierenden Normen beinhalten die Ächtung des Einsatzes von Massenvernichtungswaffen, insbesondere solche, die auch die Zivilbevölkerung treffen, sowie Transparenz über die Forschung. Die konkreten Regeln, um die Prinzipien und Normen umzusetzen, bestehen in der Offenlegungspflicht und der Teilnahme an den Vertragskonferenzen. Schließlich die Entscheidungsverfahren, das vierte und letzte Element eines jeden Regimes: dies sind die Regelungen, wie Beschlüsse zustande kommen, wie die Offenlegungspflicht gehandhabt wird, etc.

Gerade die letzten beiden Elemente sind kritisch: Die mangelnde Überwachungsfunktion sowie die langsame Entscheidungsfindung dieses Regimes wurden häufig kritisiert. Nichtsdestotrotz spielt die Biowaffenkonvention eine wichtige Rolle beim Informationsaustausch und bei der Verbreitung der Norm der Ächtung des Einsatzes dieser Waffen.

Literatur: Kelle 2014.

Aktuelle Trends in der Forschung zu internationalen Institutionen

Wie oben schon angedeutet, hat sich die Forschung zur Rolle von internationalen Institutionen inzwischen enorm ausdifferenziert. Im Fokus steht schon seit längerer Zeit nicht mehr so sehr die Frage, weshalb Institutionen entstehen, sondern vielmehr, wie sie am besten funktionieren. Viel diskutiert wurde, wie Institutionen optimal gestaltet werden können, um sie wirkungsvoll zu machen. So fanden Koremenos et al. (2004) beispielsweise heraus, dass eine inklusive Mitgliedschaft an Staaten häufig dann auftaucht, wenn es Probleme bei der Verteilung der aufkommenden Kosten gibt. Zudem befasst sich eine umfangreiche Forschung mit der Frage, wie die Ziele internationaler Institutionen von den Akteuren internalisiert werden (der sog. soziologische Institutionalismus). Dieser geht nicht wie die rationalistische Variante davon aus, dass Akteure mit festen Präferenzen Institutionen als Mittel zum Zweck verwenden, sondern dass Institutionen und Akteure sich wechselseitig konstituieren (▶ Kap. 3.4).

Ein in der Forschung viel verwendetes Konzept ist auch die sogenannte **Pfadabhängigkeit** von Institutionen. Dies bedeutet, dass sich bestimmte Praktiken und Ideen so verfestigen, dass Wandel nur unter bestimmten Bedingungen möglich ist und generell langsam vonstattengeht. Philipp Lipscy hat beispielsweise die Unterschiede in den Abstimmungsanteilen von der Weltbank und dem IWF untersucht und herausgefunden, dass die Weltbank sich schneller an das sich verschiebende wirtschaftliche Gewicht der Großmächte angepasst hat (so hat zum Beispiel China größere Anteile bei den Stimmen bekommen) als der IWF, bei dem die Abstimmungsverhältnisse die sich veränderten Wirtschaftsverhältnisse noch nicht reflektieren. In seiner Analyse argumentiert er, dass Pfadabhängigkeiten in internationalen Organisationen stärker wirken (und deswegen Wandel langsamer vor sich geht), wenn sie weniger Konkurrenz von anderen internationalen Organisationen ausgesetzt sind, die ein ähnliches Feld bearbeiten. In der Schlussfolgerung bedeutet das, dass der IWF weniger konkurrierende Institutionen hat als die Weltbank.[26] Viel erforscht wurde in diesem Zusammenhang, wie dann tatsächlich Wandel innerhalb von Institutionen vor sich geht und welche Muster es für Änderungsprozesse gibt.[27] Ein Beispiel für den Wandel einer internationalen Organisation liefert erneut die Weltbank, die mehrfach ihr Entwicklungskonzept überarbeiten musste, und es jeweils dem Mainstream anpasste, um ihre Entwicklungsziele zu erreichen. So wurden zu Anfang vor allem Infrastrukturprojekte gefördert, weshalb in den 1980er Jahren die Weltbank durch die Strukturanpassungsprogramme bekannt wurde, die schließlich jedoch zu massiver Kritik aus den Reihen der Empfängerländer führten. Heute lehnt die Weltbank ihre Politik an den sogenannten »Post-Washington Konsensus« an, der insbesondere die sozialen, strukturellen und menschlichen Aspekte von Entwicklung fokussiert (▶ Kap. 4.6).

Schließlich ist auch Frage der Legitimation des Regierens durch internationale Institutionen, nicht zuletzt durch den ›Backlash‹ gegen die Globalisierung in den letzten Jahren, zu einer viel diskutierten Problematik geworden. Beispiele sind die massive Kritik an der EU durch rechtspopulistische Parteien in vielen europäischen Ländern sowie die Proteste gegen internationale wirtschaftliche Institutionen und deren Zusammenkünfte in den letzten Jahren von globalisierungskritischer Seite. Diese Politisierung hat internationale Institutionen unter einen neuen Rechtferti-

---

26 Lipscy 2015, 341–356.
27 Mahoney/Thelen 2010.

gungsdruck gesetzt.[28] Damit stellt sich auch die Frage, wie demokratisches Regieren auf internationaler Ebene überhaupt möglich ist.

Transnationalismus: Die Rolle nichtstaatlicher Institutionen in der internationalen Politik

Viele internationale Institutionen haben ein Problem, das mit dem Wort ›Implementationsdefizit‹ bezeichnet werden kann. Dies bedeutet, dass in ihnen zwar bestimmte Regeln und Normen verankert sind, sie aber häufig keine ausreichenden Fähigkeiten und Mittel haben, deren Einhaltung auch effektiv umzusetzen oder zu überwachen. Das prominenteste Beispiel sind wahrscheinlich die Friedensmissionen der UN, die auf die Bereitstellung militärischer Kapazitäten durch die Mitgliedstaaten angewiesen sind. Auf vielen Gebieten benötigen internationale Institutionen zudem die Hilfe privater Akteure, wie Firmen oder NGOs. Diese Zusammenarbeit nimmt oft die Form sogenannter Public Private Partnerships (PPP) oder transnationaler Netzwerke an. Private Akteure verfügen nicht selten über erheblich effektivere Instrumente, bestimmte Ziele umzusetzen, sowie die notwendigen Informationen und das technische Wissen.

13. Schlüsselbegriff

Nichtstaatliche Akteure

Als nichtstaatliche Akteure bezeichnet man in den IB alle Akteure, die nicht an einen Staat gebunden sind und international aktiv werden, ohne dabei einen Staat zu repräsentieren. Nichtstaatliche Akteure können Individuen sein, die beispielsweise vor den Europäischen Menschenrechtsgerichtshof ziehen, oder aber auch Vereinigungen, die die Rechte von Individuen vor einer internationalen Organisation vertreten, wie beispielsweise Nichtregierungsorganisationen (Non Governmental Organisations, NGOs) wie Amnesty International oder Human Rights Watch.
Nichtstaatliche Organisationen, wie menschenrechts- oder umweltpolitische NGOs, kirchlich-karitative oder gewerkschaftliche Organisationen oder Lobbyorganisationen der Wirtschaftsindustrie verfolgen politische Ziele im internationalen Raum.
Unter den Begriff der nichtstaatlichen Akteure fällt aber auch international organisierte Kriminalität, wie internationale Terrornetzwerke (z. B. der Islamische Staat, Al-Kaida, Boko Haram, ETA).

Insbesondere seit den 1990er und den 2000er Jahren haben NGOs an Bedeutung gewonnen, was ihre Relevanz für die internationalen Beziehungen und die Forschung der IB angeht. Alleine die steigende Anzahl an NGOs zeigt, wie ihre

---

28 Zürn 2013, 189–300.

Bedeutung sich nach dem Ende des Zweiten Weltkriegs vervielfacht hat: waren es 1951 noch 832 internationale NGOs, lag die Anzahl im Jahr 2015 bereits bei 8 976 – man kann also durchaus von einer Verzehnfachung sprechen.[29]

Die Relevanz von internationalen Nichtregierungsorganisationen ist abhängig davon, ob internationale Organisationen ihnen Raum geben, bei der Politikgestaltung mitzureden. In den 1990er Jahren ist dies auf mehreren Ebenen eindrucksvoll geschehen: so konnten bei der Umweltkonferenz in Rio 1992 internationale Umwelt-NGOs, wie beispielsweise Greenpeace, durch die Schaffung einer weiteren Struktur, der Kommission für nachhaltige Entwicklung, ihren Einfluss auf die globale Umweltpolitik stärken. Aber auch bei der Menschenrechtskonferenz in Wien 1993 und der Frauenkonferenz in Peking 1995 zeigte sich der erhöhte Einfluss von Nichtregierungsorganisationen. Im Wirtschafts- und Sozialrat der Vereinten Nationen haben NGOs einen Beobachterstatus, den sie nutzen, um sich Gehör zu verschaffen, aber auch um Druck auf die internationale Staatengemeinschaft auszuüben.

NGOs haben verschiedene Funktionen, die sich auf Staaten und auf internationale Organisationen auswirken (können). So ist es ein Anliegen vieler NGOs, Transparenz und Öffentlichkeit für die unterschiedlichen Problemlagen, für die sie sich jeweils einsetzen, zu schaffen (Funktion des Agenda-Settings) und die Lage zu beobachten und zu evaluieren. Zudem stellen sie Sachinformationen bereit (Informationsfunktion). Dabei nutzen sie häufig internationale Konferenzen, um dort auf Missstände aufmerksam zu machen und diese anzuprangern (hierfür wird meist die englische Bezeichnung ›naming and shaming‹ verwendet).

Diskussionsthema

Public Private Partnerships – Die Save Food Initiative

Zirka ein Drittel aller Lebensmittel, die jährlich produziert werden, gehen entweder verloren oder verderben. In den reichen Ländern sind dies 222 Millionen Tonnen, die fast der gesamten Lebensmittelproduktion des afrikanischen Kontinents entsprechen. Diese massive Verschwendung ist nicht nur im Hinblick auf die prekäre Versorgungslage in vielen Ländern fatal. Sie bedeutet auch eine enorme Belastung für die Umwelt und die globalen Energieressourcen. Meist gehen die Nahrungsmittel schon auf den Versorgungswegen verloren, die mittlerweile den ganzen Erdball umspannen. Dazu kommt die riesige Menge an Lebensmitteln, die letztlich nicht verbraucht werden.

Dieses Problem ist schon lange bekannt. 2011 ergriffen die FAO und die Messe Düsseldorf eine Initiative, die sich mit der Reduzierung dieser Verschwendung befasste. Das Umweltprogramm der UN (UN Environment Programme, UNEP) schloss sich an. Ziel war es, ein breites internationales Netzwerk von öffentlichen Institutionen, Privatunternehmen (insbesondere aus der Lebensmittel- und

---

29 Bundeszentrale für politische Bildung 2017: http://www.bpb.de/nachschlagen/zahlen-und-fakten/globalisierung/52808/ngos, [02.12.2018].

> Verpackungsindustrie), Forschungseinrichtungen sowie NGOs zu gründen, welches sich dem Thema annimmt. Inzwischen haben sich über 1000 Mitglieder dieser Initiative angeschlossen, die zahlreiche Projekte weltweit sponsert. Sie ist damit ein Beispiel für ein globales Public-Private-Partnership.
> Wenn auch das grundsätzliche Anliegen von Save Food unumstritten ist, so gibt es auch Kritik. Immerhin sind einige der größten Lebensmittel- und Verpackungskonzerne sowie große Handelsketten Mitglieder, und deren Geschäftsmodell beruht teilweise auf den angeprangerten Praktiken.
>
> *Diskussionsfrage:* Recherchieren Sie weitere Informationen zu Save Food und diskutieren Sie anhand dessen die Vor- und Nachteile von Public-Private Partnerships.

NGOs wird häufig die Rolle der Vertretung der internationalen Zivilgemeinschaft zugeschrieben. Dies ist aber nicht unumstritten, da NGOs nicht demokratisch gewählt werden und daher nicht direkt legitimiert sind, eine repräsentative Funktion auszufüllen.

Neben den recht positiv besetzen NGOs gibt es zudem auch weitere nichtstaatliche Akteure im internationalen System, die weniger positive Assoziationen auslösen: international organisierte Kriminalität oder internationaler Terrorismus. Unter internationaler Kriminalität versteht man zum Beispiel den illegalen Handel mit Waffen, mit Menschen, oder mit Drogen, sowie internationale Geldwäsche. Ähnlich wie international organisierte Kriminalität stellen auch internationale Terrornetzwerke die internationale Politik zunächst vor ein Problem: die klassische Konfrontation zwischen Staaten wird aufgehoben und Gegner ist nicht mehr die Rechtseinheit Staat, sondern ein diffuses Netzwerk, das sich unter dem Deckmantel vieler Staaten verbirgt, ohne jedoch explizit von diesen autorisiert worden zu sein. Das bedeutet für die internationale Staatengemeinschaft eine enorme Herausforderung, da viele der von internationalen Organisationen verhängten Strafmaßnahmen (beispielsweise durch den UN-Sicherheitsrat) sich primär nur gegen Staaten richten können. Wenn man aber nicht direkt einen Staat für die Präsenz einer Terrormiliz verantwortlichen machen kann (oder will), wird es schwierig, Sanktionen nur gegen die Terrormiliz zu verhängen (vgl. hierzu Spencer/Daase 2017).

Transnationale Akteure haben also viele Gesichter, die in den internationalen Beziehungen eine wichtige Rolle spielen (können) und auf die die Staatengemeinschaft, aber auch die Theorien reagieren müssen. Auch wenn es noch keine grundlegende zusammenhängende Theorie zum Einfluss transnationaler Akteure in den IB gibt, erkennen viele Theorien die Wichtigkeit transnationaler Akteure mittlerweile an. Häufig wird die Frage diskutiert, welchen Einfluss transnationale Akteure gegenüber Staaten haben, die weiterhin das Geschehen der internationalen Politik dominieren. In der Theorie des Institutionalismus wird transnationalen Akteuren eine relativ hohe Wichtigkeit beigemessen, da diese insbesondere in internationalen Organisationen eine wichtige Rolle spielen.

3.2 Institutionalismus: Internationale Organisationen, Regime, nichtstaatliche Akteure

Tab. 1: Typen internationaler Institutionen

	Definition	Hauptakteure	Beispiele
Internationale Organisation	Zusammenschluss von Staaten zur Lösung internationaler Probleme	Staaten	WHO, UN, IWF, WTO, African Union, ASEAN, ...
Internationale Regime	Regelwerk um einen internationalen Vertrag, der von Staaten unterschrieben wird und ein spezifisches Problem adressiert	Staaten, IOs	Biowaffenkonvention, Ozonregime, Klimaschutzabkommen, Basler Konvention, ...
NGO	Privater gemeinnütziger Zusammenschluss von Akteuren, die auf ein internationales Problem aufmerksam machen wollen	Private Akteure	Greenpeace, Human Rights Watch, Transparency International, Oxfam, ...
Epistemische Gemeinschaft	Transnationales Expertennetzwerk in einem bestimmten Politikfeld; liefert Information und Wissen	Forschungseinrichtungen, IOs, NGOs, ...	Wissenschaftliche Netzwerke in Bereichen wie Umweltschutz, Nukleartechnologie, Gesundheitspolitik, ...
Public Private Partnership (PPP)	Langfristige Initiativen zwischen Privatunternehmen und Staaten, um eine Lösung für ein spezifisches internationales Problem zu finden	Staaten, Firmen, NGOs, ...	Save Food, World Commission on Dams, GAVI (Global Alliance for Vaccines and Immunization), ...

Planspiel

Abb. 13: Zombies und internationale Beziehungen

2011 veröffentlichte der amerikanische Politikwissenschaftler Daniel W. Drezner ein Buch, in dem er darüber spekulierte, was unterschiedliche IB-Theorien vorhersagen würden, wenn es zu einer Zombieinvasion auf der Erde käme. In jedem Falle würde eine solche Invasion, laut Drezner, ein globales und damit Grenzen überschreitendes Sicherheitsproblem für die Staatengemeinschaft werden, nicht unähnlich dem internationalen Terrorismus. Drei Elemente sind wichtig, um Zombies in ihren Eigenschaften zu definieren und damit zu aussagekräftigen theoretischen Aussagen zu kommen:

- Zombies brauchen menschliches Fleisch zum Überleben
- Zombies können nur getötet werden, wenn ihr Gehirn zerstört wird
- Zombies verbreiten sich, indem sie Menschen beißen. Wird ein Mensch gebissen, gibt es für ihn keine Heilung

Angenommen man würde Zombies als nichtstaatliche Akteure konzipieren, könnte man die Hypothese aufstellen, dass sie sich in einer Nichtregierungsorganisation zusammenschließen (so wie in der Karikatur aufgegriffen, könnten diese dann sogar vor den UN ihr Anliegen vertreten). Durch ihre Unverbundenheit mit der Staatengemeinschaft mit eigenen Normen und Regeln stellen sie außerdem ein ähnliches Problem für Staaten dar wie transnationale Terrornetzwerke.

Testaufgabe: *Argumentieren Sie nun aus institutioneller und neorealistischer Sicht, wie sich die Akteure in den internationalen Beziehungen gegenüber der Zombieinvasion verhalten würden.*
Bearbeiten Sie dabei folgende Fragestellungen: welche Akteure spielen laut Theorie eine zentrale Rolle und was sind ihre Beweggründe? Wie abhängig sind die Akteurinnen von der Struktur des internationalen Systems? Wie sieht die Zukunftsvision aus – fünf Jahre nach der Zombieinvasion?

Quelle: Drezner 2011.

Zusammenfassung

Im Gegensatz zu den (neo)realistischen Theorien sind institutionalistische Ansätze optimistischer im Hinblick auf die Chancen dauerhafter Kooperation im internationalen System. Eine tiefreichende Institutionalisierung der internationalen Beziehungen als Folge wechselseitiger Interdependenz wirkt in ihren Augen konfliktmildernd, sie zeigt Wege der Konfliktlösung auf und sie ist deshalb auch für viele Vertreterinnen und Vertreter des Institutionalismus ein normativ erstrebenswertes Ziel. In diesem Sinne sind die mittels spieltheoretischer Modelle darstellbaren Aktionen der grundsätzlich rationalen Akteure im internationalen System auch dadurch beeinflussbar, dass internationale Institutionen ein optimales Design aufweisen und so auf längere Frist die Kalkulationen der handelnden Beteiligten beeinflussen (Schatten der Zukunft) und gegenseitiges Vertrauen schaffen.

Wissensfragen

- *Was sind die grundlegenden Unterschiede zwischen Neorealismus und Institutionalismus?*
- *Wer sind die relevanten Akteure in den IB laut Institutionalismus?*
- *Was versteht man unter asymmetrischer Interdependenz?*

- *Wie unterscheiden sich absolute von relativen Gewinnen?*
- *Was versteht man unter dem Schatten der Zukunft?*
- *Inwiefern ist das Beispiel der Tragödie der Allmende heute noch aktuell?*
- *Was ist das Pareto-Optimum und wann ist es erreicht?*
- *Welche Rolle spielen nichtstaatliche Akteure in den IB?*

Basisliteratur:

Axelrod, Robert (2006): *The Evolution of Cooperation*, 2. Aufl., New York: Basic Books.

Axelrod, Robert/Keohane, Robert O. (1985): Achieving Cooperation under Anarchy. Strategies and Institutions, in: *World Politics* (38), S. 226–254.

Karns, Margaret/Mingst, Karen (2010): *International Organizations. The Politics and Processes of Global Governance*, 2. Aufl., New York: Lynne Rienner.

Keohane, Robert O. (1989): *Neoliberal institutionalism: A Perspective on World Politics*, in: Robert O. *Keohane* (Hrsg.), *International Institutions and State* Politics, Boulder: Westview, S. 1–20.

Keohane, Robert O. (2005): *After Hegemony: Cooperation and Discord in the World Political Economy*, Princeton, New Jersey: Princeton University Press.

Keohane, Robert O./Nye, Joseph (1977): *Power and Interdependence: World Politics in Transition*, Boston: Little, Brown.

Koremenos, Barbara/Lipson, Charles/Snidal, Duncan (2004): *The Rational Design of International Institutions*, Cambridge: Cambridge University Press.

Krasner, Stephen D. (1983): *International Regimes*. Ithaca: Cornell University Press.

Rittberger, Volker/Zangl, Bernhard/Kruck, Andreas (2013): *Internationale Organisationen, Politik und Geschichte*, 4. Aufl., Wiesbaden: Springer VS.

Spencer, Alexander/Daase, Christopher (2017): Terrorismus und internationale Politik, in: Frank Sauer/Carlo Masala (Hrsg.), *Handbuch Internationale Beziehungen*, Springer VS Verlag, S. 829–860.

Spindler, Manuela (2010): Interdependenz, in: Manuela Schieder/Siegrid Spindler (Hrsg.), *Theorien der internationalen Beziehungen*, 3. Aufl., S. 97–130.

3.3 Liberalismus

Lernziele

- *Kenntnis der zentralen Aussagen liberaler Theorien zu den Internationalen Beziehungen*
- *Kenntnis von Konzepten der Vergleichenden Politikwissenschaft, die helfen, die Präferenzen von Staaten zu erklären*
- *Verständnis für das Wechselspiel von nationaler und internationaler Ebene*
- *Kenntnis der Grundzüge der Theorie des Demokratischen Friedens*

Der Chicken-War

Bei der als ›Hähnchen-Krieg‹ bekannt gewordenen Auseinandersetzung von 1961–1964 zwischen den USA und den damals sechs Mitgliedstaaten der Europäischen Gemeinschaft (EG) wurden keine Schüsse abgefeuert (und auch keine Hühnerkeulen). Dennoch gab es intensive Auseinandersetzungen, diplomatische Verhandlungen und erregte Debatten um ein Produkt, das nicht eben dafür prädestiniert ist, im Mittelpunkt eines internationalen Konflikts zu stehen. Es ging um das Tiefkühl-Huhn, welches in den Nachkriegsjahren in den USA zum ersten Mal industriell produziert wurde. Bundeskanzler Konrad Adenauer soll sogar gesagt haben, dass die Hälfte seiner Korrespondenz mit Präsident Kennedy dem Thema Hähnchen gewidmet war, und dies zu einer Zeit, in die der Bau der Berliner Mauer und die Kuba-Krise fiel. Adenauer, der dazu neigte, mag etwas übertrieben haben. Dennoch: wie ist der Hähnchenkrieg zwischen zwei so engen Verbündeten zu erklären? Wie konnte das Thema solche Brisanz erlangen?

In den frühen 1960er Jahren hatte die aus den USA stammende Tiefkühlware begonnen, den europäischen Markt, wo Geflügelfleisch bis dahin als relativ teure Delikatesse galt, zu erobern. Europäische Produzenten konnten trotz massiv steigenden Konsums nicht mithalten, und beschuldigten die Amerikaner des Preis-Dumpings, niedriger Qualität und gesundheitsschädlicher Methoden (angeblich würden die in der Mast eingesetzten Hormone die Zeugungsfähigkeit des europäischen Mannes beeinträchtigen). Der Druck der Geflügelindustrie führte dazu, dass mehrere europäische Staaten hohe Abgaben auf US-Importe festsetzten. Diese wurden Teil der neuen, protektionistischen gemeinsamen Agrarpolitik der jungen EG. Die aus dem Markt verdrängten amerikanischen Agrarkonzerne wandten sich an Senatoren und Abgeordnete, und diese setzten ihrerseits das Weiße Haus unter massiven Druck. Intensive Verhandlungen endeten ergebnislos, und auch die Drohung amerikanischer Senatoren mit der Reduzierung der amerikanischen Sicherheitsgarantien für Europa fruchtete nicht. Am 4. Dezember 1963 verkündete Kennedys Nachfolger Lyndon B. Johnson (LBJ) Strafzölle gegen Importe von Kartoffelstärke, Kognak und Kleintransportern, die spezifische europäische Hersteller treffen sollten. Insbesondere die Maßnahme gegen Kleintransporter setzte den damals ausgesprochen erfolgreichen, von VW entwickelten Bulli unter Druck – eine spezifische Forderung der amerikanischen Automobilarbeiter-Gewerkschaft, die LBJ dafür Unterstützung im Wahlkampf versprach. Die Einfuhrzölle gelten zum Teil noch heute.

Diese Episode aus dem Kalten Krieg zeigt ganz deutlich, wie schnell rein innenpolitische Interessen zu Krisen zwischen Staaten führen können, die eigentlich enge Verbündete sind. Den Lobbyisten der Lebensmittelindustrie gelang es, ihre Probleme bis auf die höchste Ebene zu heben. Dies ist allerdings nicht weiter überraschend für Vertreterinnen der liberalen Theorien der IB, die sich mit eben diesen innenpolitischen Einflüssen beschäftigen und ihnen die entscheidende Rolle bei der Erklärung des internationalen Geschehens zuweisen.[30]

Grundlagen der liberalen Theorien der IB

Unter liberalen Theorien versteht man diejenigen Theorien, die die internationale Politik hauptsächlich auf innerstaatliche Akteure, Strukturen und Prozesse zurückführen. Sie gehen davon aus, dass die Außenpolitik eines Landes in systematischer Weise von der Innenpolitik bestimmt wird. Der Fokus liegt also nicht auf den Auswirkungen der anarchischen Staatenwelt, wie bei realistischen Theorien, oder den Bedingungen stabiler Kooperation durch internationale Institutionen in einer interdependenten Welt, sondern auf den Auswirkungen von Variablen innerhalb staatlich organisierter Gesellschaften auf die globale Politik. Oder, wie es der wahrscheinlich führende Vertreter des IB-Liberalismus, Princeton Professor Andrew Moravcsik formulierte:[31]

> »For liberals, the configuration of state preferences matters most in world politics, not as realists argue, the configuration of capabilities and not as institutionalists maintain, the configuration of information and institutions.«

Die innergesellschaftliche Entstehung der staatlichen Präferenzen (das sind diejenigen der innenpolitischen Interessen, die bevorzugt auf internationaler Ebene vertreten werden) ist also entscheidend, nicht das Machtpotential von Staaten oder die Interdependenz zwischen ihnen.

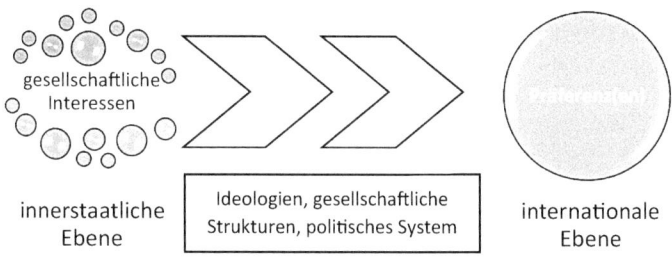

Abb. 14: Grundlegende Argumentation liberaler Theorien

Der Liberalismus in den internationalen Beziehungen entspricht keinesfalls demjenigen, den wir aus der politischen Praxis kennen (liberale Parteien) oder als wirtschaftliche Ideologie (Neoliberalismus), auch wenn es tatsächlich eine ge-

---

30 In amerikanischen Lehrbüchern werden institutionalistische und liberale Theorien gewöhnlich beide dem Liberalismus (Stichwort: neoliberal institutionalism) zugeordnet. Auch wenn es enge Verknüpfungen gibt, ist eine getrennte Behandlung hilfreich zum Verständnis der jeweiligen Logik.
31 Moravcsik 1997.

meinsame ideelle Grundlage gibt. Liberalismus als politische Philosophie hat eine lange Geschichte. Der deutsche Philosoph Immanuel Kant gilt als einer der wichtigsten Vordenker. Er unterstrich in seiner berühmten Schrift ›Zum Ewigen Frieden‹ von 1795 die Vorteile einer Demokratisierung der internationalen Politik:[32]

> »Wenn ... die Beistimmung der Staatsbürger dazu erfordert wird, um zu beschließen, ob Krieg sein solle, oder nicht, so ist nichts natürlicher, als daß, da sie alle Drangsale des Krieges über sich selbst beschließen müßten (als da sind: selbst zu fechten; die Kosten des Krieges aus ihrer eigenen Habe herzugeben; die Verwüstung, die er hinter sich läßt, kümmerlich zu verbessern; ... endlich noch eine ... zu tilgende Schuldenlast selbst zu übernehmen), sie sich sehr bedanken werden, ein so schlimmes Spiel anzufangen.«

Zu Kants Zeiten war es undenkbar, dass normale Bürger an Entscheidungen über Krieg und Frieden teilhaben konnten. Aber für den Philosophen war klar, dass die Beteiligung der Öffentlichkeit in diesem so wichtigen Politikfeld die Dynamik der Politikgestaltung völlig verändern würde. In dieser Tradition geht der politische Liberalismus davon aus, dass eine freiheitliche innere Verfasstheit von Staaten auch nach außen konfliktmindernd wirkt. Insofern ist der Liberalismus eine Denkrichtung, in der individuelle Freiheit, insbesondere gegenüber staatlicher Bevormundung, von zentraler Bedeutung ist. Klassische Denker wie John Locke oder Adam Smith sahen dies als Voraussetzung für ein funktionierendes Gemeinwesen und eine effektive Volkswirtschaft an. In ihrem berühmten Essay »The Liberalism of Fear« argumentierte die amerikanische Politikwissenschaftlerin Judith Shklar, dass die Furcht vor staatlicher Unterdrückung und Gewalt sowie deren Verhinderung die wichtigste Richtschnur für die Ordnung von Gesellschaft sein müsse.[33] Aus der Weltanschauung des Liberalismus ergeben sich keine direkten Erklärungen der internationalen Politik, aber sie bilden den Hintergrund jener Theorien, die die Gründe für das Verhalten von Staaten im Inneren sehen. Der Neorealismus und bis zu einem gewissen Grad der Institutionalismus sehen dies als weniger wichtig bis unbedeutend. Für sie wäre ein Phänomen wie der Chicken War eine unbedeutende Randnotiz der Weltpolitik. Die Dynamik der Großmächtekonkurrenz oder die Imperative von Verteidigungs- und Wirtschaftsallianzen führen nach den Aussagen dieser Theorien dazu, dass diese innenpolitisch getriebenen Themen relativ unwichtig bleiben. Liberale Theorien dagegen argumentieren, dass innenpolitische Zwänge die zentralen Faktoren in den Kalkulationen der handelnden Personen der internationalen Politik sind. Der Liberalismus teilt mit dem Neorealismus und dem Institutionalismus die Annahme, dass Staaten die zentralen Akteure der internationalen Politik sind. Allerdings wird deren Verhalten im internationalen System nicht durch die Struktur dieses Systems, wie bei den Neorealisten, oder durch die Institutionen des internationalen Systems geprägt, sondern durch Faktoren unterhalb dieser Ebene.

---

32 Kant 1977.
33 Shklar 1989, 21–38.

Innenpolitische Strukturen und die internationale Politik

In diesem Sinne ist es von Bedeutung, ob Staaten diktatorisch von einem Machthaber, oligarchisch von einigen dominanten Gruppen oder demokratisch von einer gewählten Mehrheitsregierung geführt werden. Diktaturen zum Beispiel gelten üblicherweise als außenpolitisch aggressiv. Das scheinen die historischen Erfahrungen des 20. Jahrhunderts eindrucksvoll zu belegen. Nicht nur Hitlers Serie von Angriffskriegen gegen oft neutrale Staaten, sondern auch die Expansion des japanischen Militarismus vor dem zweiten Weltkrieg, die italienischen Feldzüge in Albanien und Äthiopien unter Mussolini oder Stalins Eroberung von Teilen Polens und Finnlands 1939/1940 scheinen zu belegen, dass von innenpolitisch autoritären Staaten eine Gefahr für ihre internationale Umwelt ausgeht. Auch die Krise um das nordkoreanische Atomwaffenprogramm erhält eine besondere Brisanz dadurch, dass der nordkoreanische Diktatur Kim Jong Il in seinem Land einen brutalen und bizarren Persönlichkeitskult installiert hat und die Bevölkerung gnadenlos unterdrückt und einsperrt. Wer keine Skrupel hat, seine eigene Bevölkerung Hungersnöten auszuliefern, so die gängige Meinung, wird auch nach außen nicht vor extremen Mitteln zurückschrecken, wenn es dem Machterhalt und dem Machtgewinn dient. Diese sehr weit verbreitete und oft nicht hinterfragte Vermutung zeugt von einer Sicht auf die internationale Politik, die der liberalen Theorie entspricht.

Die **gesellschaftlichen** Anforderungen an staatliche Außenpolitik sind somit entscheidend: die Politikergebnisse werden durch **innerstaatliche Prozesse** bestimmt und damit relativ unabhängig von der Politik anderer Staaten. Es ist auch nicht ausschlaggebend, ob Staaten in einem bipolaren oder multipolaren System agieren oder ob sie große oder begrenzte militärische Ressourcen besitzen. Daraus ergibt sich, dass es für liberale Theorien der IB **kein einheitliches nationales Interesse** gibt, sondern eine Vielzahl von Interessen, bei denen sich je nach Konstellation bestimmte Positionen durchsetzen. Diese Positionen vertritt die Regierung dann nach außen. Sie ist nur ein, wenn auch gewichtiger, Akteur in diesem Prozess, und reflektiert letztlich das Resultat innenpolitischer Aushandlungsprozesse. **Das Zusammenspiel von gesellschaftlichen Akteuren und die Strukturen und Regeln, die dieses Spiel bestimmen, sind die wesentlichen Erklärungsfaktoren.** Der Staat transportiert die in diesem Spiel erfolgreichen Interessen nach außen. Kooperation oder Konflikt zwischen Staaten hängt dann davon ab, ob die so generierten Positionen auf internationaler Ebene übereinstimmen.

Der Fokus auf die innenpolitischen Bedingungen internationalen Handelns führt dazu, dass sich an dieser Stelle zwei Gebiete der Politikwissenschaft eng überschneiden: die IB und die Vergleichende Politikwissenschaft. Letztere konzentriert sich auf den Vergleich von Regierungs- und Staatsformen, organisierten Interessen, politischer Kultur, Parteiensystemen und so weiter, und sucht Politikergebnisse mit Bezug auf diese Faktoren systematisch zu erklären. Da die internationale Politik auf diesen Politikergebnissen beruht, ist eine Kenntnis der wichtigsten Ansätze der Vergleichenden Politikwissenschaften notwendig, um überzeugende Erklärungen in der Perspektive liberaler Theorien zu entwickeln.

Das Spektrum an möglichen Faktoren ist sehr weit, und in diesem Kapitel können nur einige erwähnt werden.

So kann neben der Untersuchung der grundsätzlichen demokratischen oder autoritären Struktur von Regierungssystemen auch unter Demokratien differenziert werden. Arend Lijphart hat in seiner berühmten Studie »Patterns of Democracy« 36 Länder nach der grundsätzlichen Struktur ihres Regierungssystems unterschieden, und daraus Vorhersagen über ihren politischen Output abgeleitet.[34] Er unterschied dabei zwischen den Idealtypen der sogenannten Mehrheits- und Konsensdemokratien. Erstere privilegieren effektive Mehrheitsentscheidungen (zum Beispiel Großbritannien), sowohl bei Wahlen als auch beim Regierungshandeln, während letztere zu Koalitionsregierungen und oft langwierigem, konsensorientiertem Regieren neigen. Deutschland mit seinem föderalen System und seiner Praxis der konsensualen Entscheidungsfindung wäre hier ein Prototyp. Es ist offensichtlich, dass sich solche Unterschiede auch im jeweiligen Verhalten in der internationalen Politik niederschlagen können.

Neben der grundsätzlichen Regierungsform kann auch die bürokratische Gestaltung der Entscheidungsfindung bei internationalen Fragen einen entscheidenden Einfluss haben. Ein weiteres gutes Beispiel ist auch der **Einfluss von Interessengruppen** und die Offenheit des jeweiligen Regierungssystems für diesen Einfluss. Viele zentrale internationale Entscheidungen haben zum Beispiel eine wirtschaftliche Komponente, und hier spielt in liberaler Perspektive der Zugang wirtschaftlicher Lobbys (wie auch kritischer Gruppen) zu den Entscheidungsprozessen eine zentrale Rolle, im Gegensatz zu einer realistischen Perspektive. Ein Beispiel dafür wäre eine Studie zu Chinas Politik in Afrika, die 2014 bei der amerikanischen Brookings Institution erschien.[35] Die chinesische Afrikapolitik wird fast in jeder wissenschaftlichen und medialen Analyse als Teil einer übergeordneten Großmachtstrategie Chinas gesehen und als systematischer Versuch, Zugang zu wichtigen Rohstoffen und Märkten zu erringen – eine offensichtlich realistische Interpretation. Die Autorin der Brookings-Studie, Yun Sun, argumentiert hingegen, dass es keinen übergeordneten strategischen Plan Chinas für Afrika gibt, sondern es sich vielmehr um das Resultat eines bürokratischen Tauziehens zwischen dem chinesischen Außen- und Wirtschaftsministerium handelt sowie um die unkoordinierten Aktivitäten vieler offizieller und privater wirtschaftlicher Akteure. Sie privilegiert damit implizit eine liberale Erklärung.

---

34 Lijphart 1999.
35 Sun 2014: www.wlv.ac.uk/media/departments/faculty-of-social-sciences/documents/Africa_in_China_Brookings_report.pdf [02.12.2018].

Theorien in der Anwendung

Liberalismus: Generalsekretär Gorbatschow und das Ende des Kalten Kriegs

Am 11. März 1985 wurde ein bis dahin relativ unbekannter und relativ junger Politiker mit einem auffälligen Feuermal an der Stirn zum Generalsekretär der Kommunistischen Partei der Sowjetunion und damit zum mächtigsten Mann des Vielvölkerreichs. Michail Gorbatschow machte sich umgehend daran, die rückständigen Strukturen der Sowjetunion zu reformieren. Unter den Schlagworten Perestroika (Umgestaltung) und Glasnost (Offenheit) reduzierte er den Einfluss des Staates auf die Wirtschaft, gestattete den Medien eine kritische Berichterstattung, und führte demokratische Elemente in den politischen Prozessen ein. Er reagierte damit auf die wirtschaftliche und gesellschaftliche Stagnation im Land, sowie auf außenpolitische Fehlschläge wie die seit zehn Jahren ergebnislose, blutige Afghanistan-Intervention. Der neue Generalsekretär setzte eine Dynamik in Gang, deren Konsequenzen ihm selbst schließlich die Macht kosteten. Nicht nur in den bisherigen Satellitenstaaten entstanden Freiheitsbestrebungen, die dazu führten, dass diese Staaten aus dem sowjetischen Bündnissystem herausbrachen. Auch im Inneren führten regionale Autonomiebestrebungen dazu, dass sich die Sowjetrepubliken auf ihre frühere Eigenständigkeit beriefen und so den Kollaps der Sowjetunion im Jahr 1991 herbeiführten. Außenpolitisch beendete Gorbatschow zusammen mit den westlichen Regierungen den seit 40 Jahren anhaltenden Rüstungswettlauf zwischen Ost und West. Innerhalb kürzester Zeit verschwand damit die prägende Struktur der internationalen Politik in der zweiten Hälfte des 20. Jahrhunderts, das Systems des Kalte Kriegs.

Es gibt viele Erklärungen für dieses Ereignis, das von kaum jemanden vorhergesehen wurde. Liberale Theorien erklären es mit der innenpolitischen Problematik, auf die Gorbatschow reagierte und der Dynamik, die er durch seine Reformbemühungen in den Gang setzte. Dieser innenpolitische Wandel beeinflusste die internationale Politik der Sowjetunion fundamental und führte zur Realisierung einer kooperativen Konfliktregulierung.

Eine weitere Gruppe wichtiger subsystemischer Akteure sind **Parteien**. Macht es einen Unterschied in der amerikanischen Außenpolitik, ob die Demokraten oder die Republikaner an der Macht sind? Auch diese Frage wird eine liberale IB-Theorie empathisch bejahen. Dies gilt auch für andere ideologische Gruppierungen, wie Hardliner und Reformisten, zum Beispiel in Irans Außenpolitik.

Ein weiterer zentraler innenpolitischer Faktor ist die Rolle der **öffentlichen Meinung**. Auch hier können Staaten systematisch verglichen werden, und es gibt eine umfangreiche Forschung zu den Bedingungen und zum Ausmaß der Beeinflussung internationaler Politik durch Medien und Meinungsumfragen. So hat der amerikanische Politikwissenschaftler Matthew Evangelista untersucht, welche Faktoren zum Zusammenbruch der Sowjetunion 1991, und damit zum Ende des Kalten Kriegs, geführt haben könnten. Er hat dabei herausgefunden, dass der zunehmende Einfluss transnational organisierter Gruppen und einer immer mehr internationalen medialen Einflüssen ausgesetzten, aufgeklärten bürgerlichen Gesellschaft in dem lange weitgehend abgeriegelten Land den Druck auf die Führung zur Durchführung von Reformen so stark erhöhte, dass diese schließlich reagierte und so eine folgenreiche Dynamik in den Gang setzte.[36]

Diese und viele weitere unabhängige Variablen für die Erklärung internationaler Politik aus liberaler Sicht können hier nur kurz angerissen werden. Dieses Kapitel vertieft im Folgenden einige Ansätze beispielhaft, erhebt aber keinen Anspruch auf Vollständigkeit. Wir werden uns im nächsten Abschnitt mit der **Selektion** (▶ 14. Schlüsselbegriff: ›Selektion‹) internationaler Präferenzen beschäftigen, das heißt auf welche Weise die grundlegenden Ziele von Staaten im internationalen Raum in der innenpolitischen Arena zustande kommen (aggregiert werden). Danach zeigen wir einige Beispiele von **Externalisierung** (▶ 14. Schlüsselbegriff: ›Externalisierung‹) und deren theoretische Erklärung, das heißt, wie diese aggregierten Interessen dann im internationalen System vertreten werden, und zwar in einem dynamischen Wechselspiel von innerer und äußerer Ebene. Zunächst aber soll am Beispiel der deutschen Entscheidungsfindung auf dem Höhepunkt der Griechenlandkrise, als das südeuropäische Land aus dem Euro auszuscheiden drohte, die Vielschichtigkeit einer liberalen Analyse internationaler Politik beispielhaft aufgezeigt werden.

14. Schlüsselbegriffe

Selektion bezeichnet den Prozess der Auswahl der internationalen Präferenzen der Staaten aus einer Vielzahl von gesellschaftlichen Interessen und Werten.
Externalisierung bezeichnet den Versuch von Staaten, die eigenen gesellschaftlichen Verhaltensweisen, Mechanismen, Routinen und Normen nach außen zu wenden.

Theorien in der Anwendung

Griechenland und die innenpolitischen Bedingungen der deutschen Außenpolitik

Im Juli 2015 war es so weit: Bundeskanzlerin Angela Merkel musste sich entscheiden. Sollte sie nach fünf Jahren frustrierender und letztlich wirkungsloser Verhandlungen die Reißleine ziehen und Griechenland ein weiteres finanzielles Hilfspaket verweigern? Die Folge wäre, dass das Land aus dem Euro ausscheiden würde, mit unkalkulierbaren Konsequenzen für die griechische Bevölkerung und der Gefahr erheblicher Turbulenzen auf den Währungsmärkten. Oder sollte die Kanzlerin dem Drängen der meisten anderen Euro-Mitglied-

---

36 Evangelista 1999.

staaten nachgeben, und den Weg freigeben für ein neues Hilfspaket, auch wenn Griechenland geforderte Reformen verweigerte? Die Stimmung auf den Märkten war explosiv. Jahrelang schon schwebte der griechische Staat am Rande des Staatsbankrotts. Zahlreiche internationale Hilfspakete waren verhandelt worden, ohne die Lage nachhaltig zu verbessern. Im Januar hatten die griechischen Parlamentswahlen eine Regierung unter Premierminister Alexis Tsipras, Chef der linksgerichteten Partei Syriza, hervorgebracht. Seitdem hatte sich der Konflikt zwischen Athen und seinen Geldgebern massiv verschärft. Aber auch Merkel war zusehends unter Druck geraten.

Wenn die deutsche Bundeskanzlerin mit einer so brisanten Entscheidung konfrontiert ist, wie der wiederholt zwischen 2010 und 2015 auftauchenden Frage, ob Griechenland gerettet werden solle, muss sie viele Zwänge und mögliche Konsequenzen mitbedenken. Zunächst einmal muss es ihr gelingen, die Mitglieder des Euroraums auf eine gemeinsame Linie zu bringen, die auch die wichtigsten deutschen Interessen widerspiegeln soll. Dann muss sie in diesem Fall auch noch die Positionen internationaler Organisationen, insbesondere des IWF, berücksichtigen. Zu guter Letzt müssen auch die griechische Regierung und das griechische Volk zustimmen. Dieser Prozess der internationalen Verhandlungen ist schwierig genug. Liberale Theorien argumentieren aber, dass letztlich die Interessen der deutschen Regierung und ihre Verhandlungsstrategie wesentlich von der Innenpolitik abhängen, und nicht von den Kräfteverhältnissen und Strukturen auf internationaler Ebene. Für die Kanzlerin bedeutet dies, eine große Zahl von möglichen Faktoren und Kräften mit zu bedenken und zu moderieren.

Dabei ist in Deutschland die Bundesregierung als Exekutive für die Außenpolitik zuständig. Die Kanzlerin hat die Richtlinienkompetenz, sollte aber die wichtigsten Minister auf ihrer Seite haben, insbesondere Außenminister und Finanzminister. Auch andere Ministerien wirken aber zunehmend in der Außenpolitik mit. Dabei ist oft von Bedeutung, dass in Deutschland Regierungen bisher immer von Koalitionen aus unterschiedlichen Parteien gebildet wurden. Insbesondere bei Fragen wie der Griechenlandrettung, in denen der Bundestag zustimmen muss, muss die Kanzlerin auf den Zusammenhalt der Koalition achten. Dies wird noch schwieriger, wenn, wie häufig in Europafragen, auch die Länderkammer, der Bundesrat, an den Entscheidungen beteiligt ist, da in den Bundesländern Koalitionen mit den unterschiedlichsten Zusammensetzungen existieren. Oft erheben Bundesländer auch Verfassungsklage gegen außenpolitische Entscheidungen, wodurch dann das Bundesverfassungsgericht eine zentrale Rolle bekommt. Im Fall Griechenland sprach das Gericht mehrere Urteile und hätte die Rettungspolitik leicht zum Scheitern bringen können. Selbst wenn es der Kanzlerin gelingt, all diese offiziellen Institutionen auf eine Linie zu bringen, muss sie sich in der Regel auch um die gesellschaftliche Akzeptanz der Außenpolitik bemühen. Massive Kritik aus den Medien, teils kampagnen-artig, begleitete die Eurorettungspolitik. Dies reflektierte eine kritische öffentliche Meinung, die ebenfalls bei außenpolitischen Entscheidungen berücksichtigt werden muss. Banken und ihre Verbände plädierten dagegen für ein großzügiges

Paket, ebenso die Exportindustrie. Nichtregierungsorganisationen, Think-Tanks und Expertinnen versuchten die öffentliche Meinung pro und contra zu beeinflussen. Die innenpolitische Dimension außenpolitischer Entscheidungen ist also oft viel komplexer als es die mediale Berichterstattung, die Staaten oft eine einheitliche Position zuschreibt, glauben macht.

Testfragen: *Wählen Sie ein aktuelles außenpolitisches Problem aus, mit dem Deutschland konfrontiert ist. Erstellen Sie ein Diagramm der Akteurskonstellation. Welche Akteure und Strukturen spielen bei der Entscheidungsfindung eine Rolle? Welche davon haben den größten Einfluss? Bestimmt die Innenpolitik die außenpolitische Haltung Deutschland in dieser Frage?*

Selektion: Wie entstehen die internationalen Positionen von Staaten?

Mindestens zweimal im Halbjahr treffen sich die europäischen Staats- und Regierungschefs zu einem Gipfeltreffen entweder in Brüssel oder einem attraktiven Ort des Landes, das zu der Zeit die Ratspräsidentschaft innehat. Es geht dabei aber nicht nur um ein Gipfelfoto, das am nächsten Tag die Zeitungen ziert, sondern meist stehen eine ganze Reihe von Sachthemen auf der Tagesordnung, die dann in mehr oder weniger langen und umkämpften Sitzungen besprochen werden. Doch wie kommen die Gipfelteilnehmer eigentlich zu den Positionen, die sie gegenüber den anderen EU-Staaten vertreten, insbesondere wenn es um so komplexe Themen wie Richtlinien für eine europäische Einlagensicherung oder die Details des EU-Budgets geht? Nur in seltenen Fällen werden Positionen erst auf den Gipfeln festgelegt. Meist geht dem ein langer Aushandlungsprozess sowohl auf europäischer Ebene als auch innerhalb der Staaten voraus. Diese Auswahl (Selektion) der präferierten Interessen kann systematisch analysiert werden, und es gibt eine Vielzahl von Ansätzen und Methoden, um eine derartige Untersuchung durchzuführen. In diesem Unterkapitel werden einige der bekanntesten Ansätze vorgestellt.

Peter J. Katzenstein, ein deutsch-stämmiger Politikwissenschaftler, der nach seiner Promotion in den USA blieb und zu einem der produktivsten Forscher in den IB überhaupt wurde, unterschied in einem frühen, von ihm herausgegebenen Buch mit dem Titel »Between Power and Plenty« (1978) zwischen **starken und schwachen Staaten** im Bereich der internationalen Wirtschaftspolitik. In starken Staaten kann sich die Regierung relativ frei gegen gesellschaftliche Interessen, wie industrielle Lobbygruppen, Bürgerbewegungen, oder regionale Interessen durchsetzen. Kennzeichnend dafür ist ein effizienter Staatsapparat und geringe innere Fragmentierung, d. h. innergesellschaftliche Spannungen. Ein schwacher Staat hingegen muss bei der Entscheidungsfindung auf viele gesellschaftliche Interessen Rücksicht nehmen, und diese unter erheblichem Aufwand koordinieren. Katzenstein verglich zum Beispiel die internationale Wirtschaftspolitik der Vereinigten Staaten, die von institutioneller Gewaltenteilung, vielen Zugangswegen für Lobbyisten, und starken regionalen Interessen geprägt ist, mit der zentralistischen Struktur Frankreichs, die es dem französischen Staat erlaubt, die Wirtschaft strategisch zu steuern. Dieses Argument kann auch auf die Sicherheitspolitik übertragen werden. Wenn zum Beispiel Entscheidungen über militärische Auslandsinterventionen anstehen, dann fallen diese in Frankreich schnell und ohne große politische Debatte, und zwar aufgrund der enormen außenpolitischen Entscheidungskompetenz des französischen Präsidenten. In Deutschland hingegen muss der Bundestag zustimmen, es sind Koalitionspartner zu überzeugen, und die gesellschaftliche Debatte ist intensiv. Es wäre verwunderlich, wenn dies nicht Vorhersagen über die Zahl und Dauer von Auslandsinterventionen in beiden Staaten erlauben würde.

Ein weiterer bekannter Ansatz, der die Chancen und Inhalt von Politikänderungen erklärt, ist der Vetospieleransatz. Dieser geht davon aus, dass bestimmte politische Ziele bei steigender Zahl von sogenannten **Vetospielern** (▶ 15. Schlüsselbegriff: ›Vetospieler‹), d.h. Personen und Institutionen, die Politikwechsel effektiv blockieren können, entsprechend weniger Chancen der Umsetzung haben.

15. Schlüsselbegriff

Vetospieler

Unter Vetospielern versteht man individuelle oder kollektive Akteure, deren Zustimmung in einem politischen System notwendig ist, um eine Entscheidung zu treffen. Das sind beispielsweise Parlamente, zweite Kammern in föderalen Systemen, Verfassungsgerichte, aber auch Parteien in Koalitionen. Je mehr Vetospieler in einem bestimmten Politikfeld existieren, desto schwieriger ist politischer Wandel, denn sie können den politischen Prozess stoppen, falls sie mit der geplanten Maßnahme nicht einverstanden sind. Wenn die Positionen der Vetospieler weit auseinanderliegen und sie zudem sehr geschlossen agieren, ist eine Blockade wahrscheinlich. Amerikanische Wissenschaftler haben zum Beispiel bei einer Untersuchung von Freihandelsabkommen von 194 Staaten zwischen 1950–1999 gezeigt, dass Staaten mit mehr Vetospielern in der Gestaltung ihrer Außenhandelspolitik sehr viel weniger Abkommen abschließen, weil diese häufiger blockiert werden.

Literatur: Mansfield et al. 2007, 403–432.

Externalisierung und Zweiebenenspiele: Wie werden die Präferenzen von Staaten nach Außen vertreten?

Wir haben gesehen, dass außenpolitische Positionen von Staaten nach Ansicht des Liberalismus in der Regel das Resultat innenpolitischer Strukturen und Prozesse sind. Ob es sich nun um Verhandlungen über nukleare Abrüstung, die Regulierung der globalen Finanzmärkte oder die Vereinbarung neuer globaler oder regionaler Umweltschutzabkommen handelt: diesen geht immer eine mehr oder weniger intensive innenpolitische Debatte voraus. Oft (oder sogar in den meisten Fällen) bekommt die breitere Öffentlichkeit von diesen Auseinandersetzungen gar nichts mit, und nur die unmittelbar betroffenen Akteure verfolgen die Vorgänge und versuchen sie gegebenenfalls zu beeinflussen. Die meisten Vorgänge der internationalen Politik sind nicht von großem Interesse für die Medien. Manchmal aber laufen die Debatten auch über Monate, und häufig sind schon Regierungen über außenpolitische Kontroversen gestürzt. Was bedeutet diese innenpolitische Dynamik für die Ereignisse auf der internationalen Ebene? Wie wirkt es sich auf die Verhandlungsposition von Staaten aus, wenn ein Land gespalten ist, etwa in der Frage, ob ein neues großes Handelsabkommen abgeschlossen werden soll.

Internationale Beziehungen im Film

Borgen: Einsatz in Afghanistan

Die hochgelobte und weltweit erfolgreiche dänische Polit-Serie Borgen (drei Staffeln, 2010-2013) zeigt den Aufstieg und politischen Alltag einer fiktiven dänischen Premierministerin und verbindet spannende Unterhaltung mit einer realistischen und differenzierten Darstellung politischer Prozesse in Demokratien. In der ersten Episode der zweiten Staffel geht es um den (auch in der realen Welt verhältnismäßig umfangreichen) Einsatz der dänischen Armee in Afghanistan. Die Premierministerin hat im Wahlkampf den Abzug der Truppen versprochen. Bei einem von den Medien begleiteten Truppenbesuch in Afghanistan kommt es zu einem Attentat, bei dem acht dänische Soldaten ums Leben kommen. Ein Rückzug wäre nun ein Eingeständnis der Schwäche. Es entspinnt sich eine heftige innenpolitische Debatte, in denen die Medien, NGOs, das Militär, ihre eigene Partei und die Opposition versuchen, die schwankende Premierministerin zu beeinflussen. Die größere Überzeugungskraft der Befürworter einer Fortsetzung der Intervention führt schließlich dazu, dass der Abzug der dänischen Truppen nicht umgesetzt wird.

Diskussionsfrage: Inwieweit kann die Episode einen tatsächlichen außenpolitischen Entscheidungsprozess nachbilden, und wo liegen die Grenzen der filmischen Darstellung solcher Prozesse?

Diese Frage, über die sich schon viele aus praktischer und theoretischer Sicht den Kopf zerbrochen haben, hat der amerikanische Politikwissenschaftler Robert Putnam in einem ausgesprochen populär gewordenen Artikel in der führenden Fachzeitschrift der Disziplin Internationale Beziehungen, »International Organisation«, mit einem sehr eingängigen Modell internationaler Verhandlungen auf eine neue Grundlage gestellt (Putnam 1988). In diesem Artikel schlug Putnam vor, internationale Verhandlungen als **Zweiebenenspiel** zu verstehen. In diesem Modell werden internationale Verhandlungen zwischen Demokratien als simultanes Spiel auf der nationalen und internationalen Ebene konzeptualisiert. Im nationalen Spiel nehmen Regierungen die Interessen von gesellschaftlichen Gruppen auf. Sie versuchen, diese Interessen zu einer kohärenten Position zusammenzufassen (zu aggregieren) und Koalitionen zur Durchsetzung der Positionen zu bauen. Auf der internationalen Ebene werden die Regierungen diese Interessen vertreten und anstreben, ein Abkommen zu erreichen, ohne die innenpolitische ›Koalition‹ zu sprengen. Bei der Lösung von Konflikten und Kooperationsproblemen in den internationalen Beziehungen sind immer Kompromisse nötig, und Regierungen müssen deshalb von ihrer ursprünglichen Position in der Regel Abstriche machen. Diese Konzessionen müssen sie zu Hause verteidigen. Die meisten internationalen Abkommen müssen von den verhandelnden Regierungen nicht nur unterzeichnet werden, sondern auch von Parlamenten oder anderen Institutionen ratifiziert werden. Erst dann sind sie für den betreffenden Staat gültig. Der entscheidende Schritt der Ratifikation gelingt nur, wenn die ausschlaggebenden Kräfte innerhalb des Staates zustimmen.

Infobox

Die drei Phasen internationaler Verhandlungen

- Agendaphase (Aggregation der unterschiedlichen Interessen im Inneren)
- Verhandlungsphase (Vertretung der aggregierten Interessen auf internationaler Ebene)
- Ratifikationsphase (Zustimmung oder Ablehnung des erzielten Ergebnisses auf nationaler Ebene)

Darauf gründet Putnam seine Überlegungen im Hinblick auf die Chancen internationaler Kooperation. Notwendig ist, dass die Interessen von Akteuren auf beiden Ebenen Gemeinsamkeiten aufweisen. Diese Gemeinsamkeiten bezeichnet Putnam als *Win-Sets*. Je größer das Win-Set, desto größer die Chance internationaler Kooperation. Aber:

> »The larger the perceived win-set of a negotiator, the more he can be ›pushed around‹ by the other Level 1 negotiators (d. h. den Verhandlern auf internationaler Ebene; H. Z.). Conversely, a small domestic win-set can be a bargaining advantage: ›I'd like to accept your proposal, but I could never get it accepted at home.‹ Lamenting the domestic constraints under which one must operate is (in the words of one experienced British diplomat) ›the natural thing to say at the beginning of a tough negotiation‹« (Putnam 1988: 440)

Das Spannende an Putnams Modell ist also, das eine innenpolitisch schwache Regierung, die tief gespalten im Hinblick auf das internationale Problem ist, bei den Verhandlungen mit anderen Regierungen oft gerade dadurch ein starkes Druckmittel besitzt. Ein kleines Winset zu Hause kann die Chance auf erfolgreiche Ergebnisse bei internationalen Verhandlungen vergrößern! Diese überraschende Erkenntnis wird als ›Paradox der Schwäche‹ bezeichnet.

> **Theorien in der Anwendung**
>
> **CETA - Ein Zweiebenenspiel**
>
> Im Rahmen eines Gipfeltreffens zwischen Kanada und der EU in Prag im Mai 2009 verkündeten beide Seiten den Beginn von Verhandlungen über ein umfassendes neues Handelsabkommen (Comprehensive Economic and Trade Agreement - CETA). Nach den USA ist die EU Kanadas größter Handelspartner, und damit war die potenzielle Bedeutung eines Abkommens für Kanada offensichtlich. Kanada als zwölftgrößter Handelspartner war für die EU nicht so bedeutend, jedoch war das Land ein wichtiger Baustein in der globalen Strategie der EU, möglichst viele bilaterale Handelsabkommen abzuschließen, solange ein umfassendes Abkommen auf globaler Ebene nicht möglich schien. Die Verhandlungen liefen rasch an und schnell wurde in wichtigen Punkten Einigkeit erzielt. Im August 2014 verkündeten beide Seiten, dass sie sich auf einen Text geeinigt hatten. Sowohl die kanadische Regierung, als auch die ökonomisch bedeutendsten Provinzen, Ontario und Quebec, und wirtschaftliche Interessengruppen waren nachdrücklich an einem Abschluss interessiert. Auf Seiten der EU drängten neben Industrielobbys insbesondere die drei größten Mitgliedstaaten auf ein Abkommen. Bald wurde allerdings offensichtlich, dass viele NGOs und auch Abgeordnete des Europäischen Parlaments (EP), welches ein Abkommen ratifizieren musste, diesem sehr kritisch gegenüberstanden. Insbesondere die geplanten Regeln für den Investorenschutz riefen Kritik hervor. Ursprünglich sollte das Abkommen auf Seiten der EU nur von den Regierungen der Mitgliedstaaten und dem EP ratifiziert werden. Nach deren Einspruch durften aber auch die nationalen Parlamente darüber abstimmen. Besonders kompliziert war der Fall in Belgien, da hier die regionalen Parlamente ebenfalls Mitsprache hatten und die wallonischen Abgeordneten strikt gegen das Abkommen waren. Nach zähen und spannungsreichen Gesprächen in letzter Minute gelang es, die Zustimmung des wallonischen Parlaments zu erreichen und das Abkommen wurde am 16. Oktober 2016 unterzeichnet.
>
> *Testfrage: Modellieren Sie die Verhandlungen als Zweiebenenspiel und skizzieren Sie die Win-Sets beider Seiten.*
>
> Zusatzliteratur:
> Hübner et al. 2016 = https://www.ifri.org/sites/default/files/atoms/files/notes_ifri_ceta_0.pdf [02.12.2018].

Theorie des Demokratischen Friedens

Wir haben oben schon gelernt, dass Staaten mit demokratischen Strukturen nach Ansicht liberaler Theoretiker als außenpolitisch weniger aggressiv gelten. Wenn die liberale Annahme, dass die Innenpolitik die Außenpolitik bestimmt, richtig ist, darf also angenommen werden, dass Demokratisierung friedensfördernd ist: Wenn alle Staaten demokratisch wären, dann gäbe es keine Kriege. Diese sogenannte Theorie des Demokratischen Friedens ist inzwischen umfassend empirisch untersucht worden. Das frappierende Ergebnis dieser Forschungen, die alle zwischenstaatlichen Konflikte untersuchten, ist, dass Demokratien tatsächlich untereinander keine Kriege führten. Zwar gibt es Konflikte und militärische Drohungen; jedoch gibt es keinen nachweisbaren Fall, in dem eindeutig demokratische Staaten gegeneinander in den Krieg gezogen sind.

Weshalb sind Demokratien untereinander friedlich? Zum einen könnte die Neigung zur friedlichen Konfliktlösung eine Folge demokratischer Entscheidungsprozesse und institutioneller Strukturen sein, bei denen die Rechte der Opposition akzeptiert werden und der politische Prozess als ein Prozess des gegenseitigen Gebens und Nehmens verstanden wird. Zudem gibt es in Demokratien, wie auch Kant schon erkannt hat, wenig Neigung, die materiellen Verluste, die kriegerische Konflikte mit sich bringen, für übergeordnete Ziele (nationale Interessen) in Kauf zu nehmen und es gibt auch Möglichkeiten, diese Positionen im politischen Prozess zum Ausdruck zu bringen. Zum zweiten wird angenommen, dass Demokratien gemeinsame Werte und Normen aufweisen. Dazu gehören individuelle Freiheitsrechte, allgemeine Partizipation, sowie eine freie Presse. So wirkt die gegenseitige Wahrnehmung demokratischer Staaten als Mitglieder der demokratischen Gemeinschaft konfliktmindernd. Zudem haben sie gewaltfreie Konfliktlösung gelernt und internalisiert.

Dies bedeutet allerdings nicht, dass Demokratien insgesamt friedfertig sind. Gegen nicht-demokratische Staaten führen sie genauso häufig Krieg wie nicht-demokratische Staaten. Man könnte sogar argumentieren, dass sie aufgrund der Klassifizierung anderer Systeme als gewalttätig auch diesen gegenüber aggressiv auftreten. Kritikerinnen der These des demokratischen Friedens würden auch argumentieren, dass die Geschichte des Kolonialismus und der westlichen militärischen Interventionen genügend empirisches Material bietet, um die allgemeine These von der Friedfertigkeit in Frage zu stellen, jedenfalls wenn es um militärische Aktivitäten unterhalb der Schwelle eines Krieges geht.

Zusammenfassung

Eine der Fragen der internationalen Beziehungen, über die seit Jahrzehnten am meisten spekuliert wurde, ist, ob es zu einem Kampf um die Weltmacht zwischen den USA und China kommen wird. Für realistische Theorien ist dies sehr wahrscheinlich, und zwar als Folge der Struktur und Dynamik des internationalen Systems. Liberale Theorien sind hier sehr viel skeptischer. Jedenfalls sehen sie keinen Automatismus. Auf beiden Seiten gibt es unterschiedliche Gruppierungen, die bei einem Konflikt entweder gewinnen oder verlieren könnten, und demnach weit auseinanderliegende Interessen haben. Letztlich kommt es darauf an, welche dieser Gruppierungen den politischen Prozess dominiert. Dieser Primat der Innenpolitik kann sich auf unterschiedliche Weise ausdrücken und er kann mit unterschiedlichen Methoden und Ansätzen analysiert werden. In diesem Kapitel haben Sie nur einige dieser Theorien kennengelernt und die unten angegebene Basisliteratur hilft Ihnen, sich tiefer einzuarbeiten. Wichtig ist aber ein Bewusstsein dafür, dass sich hinter den oft in den Medien verwendeten Kürzeln wie »Die USA planen...« oder »Peking wehrt sich gegen...« komplexe Akteure verbergen, hinter denen unterschiedlichste Kräftekonstellationen stecken.

Wissensfragen

- *Was bedeuten die Begriffe Externalisierung und Selektion?*
- *Welche Akteursebene ist am relevantesten für den Liberalismus?*
- *Was erklärt das Zweiebenenspiel?*
- *Wie wirken sich Vetospieler in den internationalen Beziehungen aus?*
- *Welches sind die drei Phasen internationaler Verhandlungen?*
- *Was besagt die Theorie des Demokratischen Friedens?*

Basisliteratur

Gourevitch, Peter (1986): Politics in Hard Times: Comparative Responses to International Economic Crises, Ithaca.

Kant, Immanuel (1977): Zum Ewigen Frieden. Ein philosophischer Entwurf (Erstausgabe: 1795), in: Wilhelm Weischedel (Hrsg.), Immanuel Kant Werkausgabe, Band 11: Schriften zur Anthropologie, Geschichtsphilosophie, Politik und Pädagogik, Frankfurt a. M., S. 193–251.

Katzenstein, Peter J. (1978): Between Power and Plenty, Madison.

Moravcsik, Andrew (1997): Taking Preferences Seriously: A Liberal Theory of International Politics, in: International Organization, 51 (4), S. 513–553.

Putnam, Robert (1988): Diplomacy and Domestic Politics: The Logic of Two-Level Games, in: International Organization, 42(3), S. 427–460.

3.4 Konstruktivismus

Lernziele

- *Verständnis des Unterschieds zwischen rationalistischen und konstruktivistischen Theorien*
- *Kenntnis der wichtigsten Konzepte des IB-Konstruktivismus*
- *Anwendung dieser Konzepte auf Fragestellungen der internationalen Politik*
- *Wissen um konstruktivistische Erklärungen von Kontinuität und Wandel in der internationalen Politik*

Die Macht der Idee

In den Jahren 1989–1991 ereignete sich eine spektakuläre Kaskade von welthistorischen Ereignissen: erst fiel die Berliner Mauer, dann löste sich das seit vielen Jahren Osteuropa dominierende Militärbündnis, der Warschauer Pakt, auf, und schließlich zerfiel auch noch die Supermacht Sowjetunion in 15 unabhängige Einzelteile. Seither gibt es eine intensive Debatte darüber, was denn nun die Ursache für diese völlig unerwartete Entwicklung war. Konservative Kommentatoren gehen davon aus, dass letztlich die amerikanische Politik der Stärke, die insbesondere vom republikanischen Präsidenten Ronald Reagan verkörpert wurde, den Hauptanteil daran hatte. Beispielhaft ist diese Passage aus Conservapedia (das gibt es wirklich!):[37]

> »Take the fact that communism drives any country broke, add a Reagan-supported arms build-up as well as a Reagan-supported second arms race in space, add a Reagan-supported Vietnam-like quagmire, and mix in Reagan-supported socio-political upheaval in Soviet satellite states. It was more than the Soviet system could take. And that is how Ronald Reagan won the Cold War.«

Das Zitat spielt auf den erneuten Rüstungswettlauf an, der nach dem Einmarsch der sowjetischen Truppen 1978 in Afghanistan begann, und auch die US-Pläne eines Raketenabwehrsystems im All (Strategic Defence Initiative; SDI) umfasste.

Andere Interpretationen verweisen allerdings auf die inneren Widersprüche und Dynamiken des Sowjetsystems:[38]

> »Gorbachev's determination to reform an economy crippled in part by defense spending urged by special interests, but far more by structural rigidities, fueled his persistent search for an accommodation with the West. That, not SDI, ended the Cold War.«

Dieses Zitat aus einem Artikel im Nachrichtenmagazin »Atlantic Monthly« ist eindeutig einer liberalen Sichtweise zuzuordnen, wie wir sie in Kapitel 3.3 kennengelernt haben. Danach hatte die neue Führung der Sowjetunion erkannt, dass aufgrund innerer Verkrustungen des politischen Systems nie eine dynamische Gesellschaft entstehen konnte. Sie hatte sich deshalb zu Reformen entschlossen, die allerdings die oben erwähnte nicht intendierte Kettenreaktion in Gang setzten.

Beide Interpretationen haben einige Plausibilität, und möglicherweise treffen auch beide zu einem gewissen Grad zu. Es geht bei sozialwissenschaftlichen Erklärungen komplexer Ereignisse ja nicht darum, die eine einzig mögliche Lösung zu finden wie bei den Naturwissenschaften, sondern Gewichtungen vorzunehmen, die zum Beispiel zeigen, welche Faktoren einen derartig radikalen Wandel wahrscheinlich machen. Die eben genannten Erklärungen lassen offen, weshalb sich der unerwartete Zusammenbruch zu diesem spezifischen Zeitpunkt ereignete, nach Jahrzehnten des Wettrüstens und der Misswirtschaft im kommunistischen Block.

---

37 Unbekannter Verfasser 2008: https://www.conservapedia.com/Essay:How_Ronald_Reagan_won_the_Cold_War [02.12.2018].
38 Lebow/Stein 1994, 35–39.

Im Kontext der Debatte über das Ende des Kalten Krieges entwickelte sich aus dieser Kritik an den oben zitierten rationalistischen Theorien eine neue ausgesprochen produktive Schule in den IB. Deren Vertreterinnen wiesen darauf hin, dass sowohl die realistische als auch die liberale Interpretation des Endes des Kalten Krieges nicht voll überzeugten. Stattdessen argumentierten sie mit einem tiefgreifenden Einstellungswandel, der durch neue Ideen verursacht wurde, die sich über transnationale Netzwerke und die Intensivierung der globalen Kommunikation verbreiteten. Diese Ideen hätten die überkommenen antagonistischen Einstellungen der Eliten und der Bevölkerung beider Seiten verändert. Die alte Freund-Feind Identität der Supermacht-Rivalität habe sich so weitgehend aufgelöst – zumindest zeitweise. Gerade deutsche Wissenschaftler verweisen in diesem Zusammenhang immer wieder auf die neue Ostpolitik der sozialliberalen Bundesregierung unter Willy Brandt (1969–1974), die durch eine politische Annäherung und den Abbau des bisherigen Feindbilds Deutschland versuchte, Wandel in den Ostblockstaaten in Gang zu setzen.

Das Argument, dass neue Ideen und Identitäten fundamental dafür sind, um Wandel in der internationalen Politik zu erklären, ist die Grundaussage jener in den letzten 30 Jahren groß gewordenen theoretischen Perspektive auf die internationale Politik, deren zahlreiche unterschiedliche Verästelungen unter dem Oberbegriff des **Konstruktivismus** zusammengefasst werden.

Grundlagen des Konstruktivismus

Seit den 1990ern entwickelte sich in den IB eine intensive Theoriedebatte zwischen Vertreterinnen der sogenannten rationalistischen Theorien der IB (wozu der Neorealismus, Institutionalismus und Liberalismus zu zählen sind) und Forschern und Forscherinnen, die das Modell des rationalen Entscheidungshandelns von Akteuren in der internationalen Politik, auf dem diese Theorien beruhen (die Vorstellung des sog. *Homo Oeconomicus*), grundsätzlich in Frage stellen. Inspiriert wurde diese Debatte zum einen durch die fehlende Vorhersagekraft der dominanten Theorien, insbesondere im Hinblick auf den Wandel des Kalten Kriegs. Zum anderen gab es in vielen anderen wissenschaftlichen Disziplinen, wie der Soziologie, Philosophie oder Kunstgeschichte, schon seit den frühen 1980er Jahren eine Debatte über postmoderne und kritische Theorien, die die rationalistische Weltsicht, auf der die meisten Wissenschaften, insbesondere die Naturwissenschaften und Wirtschaftswissenschaften, beruhen, in Frage stellten. Es handelte sich bei der Herausforderung durch den Konstruktivismus weniger um eine Auseinandersetzung darüber, welche spezifischen Faktoren die internationale Politik bestimmen, sondern es ging darum, ob überhaupt materielle Faktoren als Ausgangsbasis genommen werden sollten, oder nicht stattdessen deren ideelle und subjektive Grundlagen. Mit dieser ontologischen und epistemologischen Grundausrichtung[39] öffnete der Konstruktivismus auch ein breites Tor für die Integration soziologischer Theorien in die IB.

---

39 Ontologisch sind Aussagen darüber, wie die Welt beschaffen ist. Epistemologisch ist das Wissen über diese Beschaffenheit.

Klassische soziologische Denker und Denkerinnen wie Pierre Bourdieu, Michel Foucault, Chantal Mouffe, Niklas Luhmann und viele andere wurden so in den IB, insbesondere den europäisch geprägten Denkschulen, intensiv diskutiert und für die Analyse nutzbar gemacht. Vertreterinnen rationalistischer Theorien lehnten diese Perspektive allerdings als unpräzise und wenig wissenschaftlich ab. Diese lange Debatte, an der sich viele IB-Forscher und Forscherinnen mit der ihnen eigenen Vorliebe für ausschweifende metatheoretische Erörterungen intensiv beteiligten, hat sich inzwischen abgeschwächt und ist einem mehr oder weniger friedlichen Nebeneinander von rationalistischen und konstruktivistischen Ansätzen gewichen. Schließlich gleicht die Frage, ob ›das Sein das Bewusstsein bestimmt‹, oder aber ›das Bewusstsein das Sein‹, dem altbekannten Rätsel, ob zuerst die Henne oder zuerst das Ei da war.

Infobox

Akteur-Struktur-Problem (engl.: agency-structure problem)

Beim Akteur-Struktur-Problem geht es um die grundlegende Frage, inwiefern Strukturen und in ihnen handelnde Akteure voneinander abhängen. Auf der Ebene der IB bedeutet das zum Beispiel: inwiefern handeln Staaten im internationalen Raum frei von strukturellen Einengungen? Ein Institutionalist würde antworten, dass internationale Anarchie und Interdependenz als strukturelle Faktoren das Handeln von Staaten stark beeinflussen (wenn auch nicht ganz so deterministisch, wie ein Neorealist das einschätzen würde). Der Konstruktivismus legt nicht fest, ob es die Strukturen sind, die die Akteure beeinflussen oder die Akteure, die die Strukturen gestalten. Die Theorie besagt lediglich, dass die Strukturen konstruiert sind und demnach das Wirken der Akteure beeinflussen, diese jedoch durch ihr Handeln die Strukturen auch wieder reproduzieren, neu konstruieren und abwandeln. Demnach ist dieser Prozess im Konstruktivismus kein statisches Phänomen, bei dem man ein für alle Mal festlegen kann, wer wen wie beeinflusst, sondern ein sich ständig im Wandel befindlicher Gegenstand, den es zu beforschen gilt.

Anhand der Abhängigkeit von Staaten von der internationalen Anarchie lässt sich das einleuchtend erklären: während institutionalistische und realistische Theorien davon ausgehen, dass die Struktur (internationale Anarchie) das Handeln der Akteure (Staaten und im Fall von Institutionalismus auch internationale Organisationen) stark beeinflusst, gehen Konstruktivistinnen davon aus, dass die internationale Anarchie selbst konstruiert ist und damit zwar das Verhalten von den handelnden Akteuren beeinflusst, diese aber durch ihr Handeln auch die Beschaffenheit des internationalen Systems verändern können. Denkbar wäre also für die Konstruktivisten, dass die internationale Anarchie beispielsweise durch einen Weltstaat abgelöst wird. Alexander Wendt (2003) argumentiert genau dies in seinem Artikel »*Why a World State is Inevitable.*«

Literatur: Wendt 2003, 491–542.

Allerdings war diese ›Konstruktivismus vs. Rationalismus‹ Debatte insofern von höchster Bedeutung als sie eine bisher vernachlässigte Sichtweise auf die IB fest etabliert hat, die eben nicht davon ausgeht, dass es feststehende Interessen der internationalen Akteure gibt, sondern dass diese Interessen **sozial konstruiert** sind und durch Ideen, Normen, Kulturen, Identitäten, etc. vorgeprägt sind. Wichtig für die Akteure ist damit die soziale Angemessenheit von Handlungen (*Homo sociologicus*); sie wägen nicht primär zweckrational zwischen Vor- und Nachteilen für sich selbst ab, sondern handeln so, wie es innerhalb der sozialen Bezugsgruppe als üblich und legitim akzeptiert wird. In dieser **Logik der Angemessenheit** verweisen Normen, Prinzipien und Identität auf ›angemessene‹ Handlungen (▶ 17. Schlüsselbegriff: ›Angemessenes Handeln‹) innerhalb eines gesellschaftlichen Kontextes. Dagegen handeln Akteure laut rationalistischen Theorien nach der **Logik der Konsequenzen**. Sie kalkulieren diese rational, um so ihren Nutzen zu maximieren. Diese feststehenden Interessen können von der Wissenschaft beobachtet werden: sie resultieren zum Beispiel aus dem internationalen System, nationalen Aushandlungsprozessen, oder folgen den Regeln internationaler Institutionen. Für den konstruktivistischen Blick sind aber die ideellen Konstrukte und gesellschaftlichen Kontexte wichtig, auf denen Interessen beruhen.

Konstruktivistische Theorien unterscheiden sich darin, wie stark sie die außerhalb der Beobachterin existierende Welt als gegeben ansehen. Während eine gemäßigte Version des Konstruktivismus davon ausgeht, dass es eine objektive Realität gibt, die eben Ideen, Normen, etc. umfasst und davon bestimmt wird, argumentieren radikale Konstruktivistinnen, dass eine objektive Realität nicht unabhängig vom Beobachter existieren kann (Poststrukturalismus ▶ Kap. 3.5).

Zusammengefasst macht der Konstruktivismus vor allem Aussagen darüber, wie Akteure in den IB ihre jeweiligen Präferenzen erwerben und interpretieren, und wie bestimmte Themen und Problemfelder ihre Relevanz und ihre intersubjektive[40] Bedeutung erlangen. Er trifft keine festen Annahmen darüber, welche Akteure die höchste Relevanz bei der Erklärung internationaler Prozesse haben (beispielsweise Staaten, Klassen, internationale Institutionen, gesellschaftliche Gruppen …) oder welches die wichtigsten Themen und Problemfelder sind.

Bei der Analyse internationaler Politik bedienen sich konstruktivistische Autorinnen einer Reihe von Konzepten, die helfen, die soziale Konstruktion von Realität zu erklären, wie zum Beispiel Kultur, Identität, Norm und Rolle. In diesem Kapitel werden diese Konzepte vorgestellt und angewendet. Zunächst aber soll die grundsätzliche Kritik des Konstruktivismus am rationalistischen Staatsbegriff und der darauf beruhenden Struktur des internationalen Systems skizziert werden.

---

40 Intersubjektiv sind Einschätzungen und Sachverhalte, in denen mehrere Personen übereinstimmen und die keine objektiven Fakten sind. Dies wäre beispielsweise der Begriff der ›Erbfeindschaft‹ zwischen Frankreich und Deutschland, der bis 1945 in weiten Kreisen beider Länder akzeptiert wurde.

Anarchy is What States Make of It

Kaum jemand hat die spezifische Sichtweise des Konstruktivismus instruktiver ausgedrückt als der deutsch-amerikanische Politikwissenschaftler Alexander Wendt, der mit einer Reihe von Veröffentlichungen seit Mitte der 1980er Jahre die konstruktivistische Theoriebildung entscheidend mitgeprägt hat. In seinen Artikel und Büchern setzte er sich vor allem mit dem Neorealismus als führender struktureller Theorie der IB auseinander. Sein bekanntester Aufsatz hat den Titel »Anarchy is What States Make of It: The Social Construction of Power Politics« (1992). Darin argumentiert er, dass die scheinbar objektiven Strukturen, die die Handlungen der Akteure prägen, wie zum Beispiel die Anarchie im internationalen System, tatsächlich im ständigen Wandel sind, da sie durch eben diese Akteure immer wieder neu interpretiert werden. Akteure und Strukturen bedingen sich somit gegenseitig (statt einer vornehmlichen Prägung der Akteure durch die Struktur, wie Waltz argumentierte). Dies gilt auch für Staaten, die nach dem berühmten Diktum des Politologen Benedict Anderson als ›imagined communities‹ (imaginierte Gemeinschaften) entstanden sind, und deren Existenz und Souveränität danach sozial geprägte Konstrukte sind. So stark ist diese Sozialisation (▶ 16. Schlüsselbegriff: ›Sozialisation‹) auf eine Staatenwelt allerdings inzwischen verankert, dass sogar dort wo die Verhältnisse zu ganz anderen politischen Organisationsformen geführt haben, der Begriff ›failed states‹ verwendet wird. Damit wird von einem Staat sozusagen als Naturzustand ausgegangen, von dem abgewichen wurde, und daraus resultieren dann in dieser Interpretation die beobachteten Probleme. Ebenso sind das **Sicherheitsdilemma** und **Bedrohungswahrnehmung**, welche die neorealistische Theorie als logische Folge der Anarchie sieht, in konstruktivistischer Perspektive sozial konstruierte Phänomene, und nicht feststehende Realitäten. Wenn Staaten nicht mehr daran glauben, dass das anarchische internationale System notwendigerweise zu Unsicherheit führt und sie deshalb auf Selbsthilfe und Machterwerb angewiesen sind, so Wendt, dann fällt dieses Konstrukt in sich zusammen und wird durch eine oder mehrere andere Wahrnehmungen ersetzt. Dies lässt sich auf viele ›Fakten‹ der internationalen Politik anwenden. Der umstrittene Tempelberg in Jerusalem hat eine unterschiedliche Bedeutung, je nachdem ob er von einer jüdischen oder muslimischen Person oder von einem Touristen bewertet wird. Das gleiche gilt für Papiergeld, welches ohne allgemeine Übereinstimmung, dass dieses Stück Papier den aufgedruckten Betrag wert ist, letztlich nur ein schön bedruckter Zettel wäre. Wie kommt es dazu, dass bestimmte Orte mit ungeheurer politischer Symbolik aufgeladen werden, und weshalb glauben Menschen an Papiergeld, selbst wenn es von einem anderen Staat ausgegeben wird? Diese Art Fragen stellen Konstruktivistinnen und sie wollen damit Probleme, wie den Wandel des Kalten Kriegs, besser verstehen. Beispielsweise fühlten sich die USA vor 1989 akut vom sowjetischen Militär bedroht. Heute ist, trotz der Spannungen in den letzten Jahren, dieses Bedrohungsgefühl viel schwächer als im Kalten Krieg. Nun könnte argumentiert werden, dass dies nicht erstaunlich ist, denn Russland sei objektiv schwächer als die Sowjetunion, schon aufgrund der geringeren Größe und der wirtschaftlichen Stagnation (so der Neorealismus). Allerdings reichen die Atomwaffen immer noch aus, um die USA mehrfach zu zerstören. Die institutionalistische Theorie würde wohl argumentieren, dass die ökonomischen und kulturellen Bindungen zwischen Russland und dem Westen erheblich dichter geworden sind, als sie es noch zur Zeit des Kalten Kriegs waren. Dies sei der Grund für die objektiv geringere Bedrohung.

16. Schlüsselbegriff

Sozialisation

Unter Sozialisation versteht man einen Prozess, der die Verbreitung und Verinnerlichung von Werten, Ideen und Normen einer internationalen Gesellschaft unter Staaten und anderen Akteuren umschreibt. Die internationale Verbreitung der Werte, auf denen die heutige Vorstellung von Menschenrechten beruht, ist einer dieser Prozesse. Den Ursprung vieler dieser Vorstellungen liegt in Europa, bspw. in der englischen Magna Charta von 1215, sowie in der französischen Revolution von 1789, bei denen es hauptsächlich darum ging, die Willkür der Herrschenden einzuschränken. Individuelle politische Rechte, wie beispielsweise das Recht auf freie Meinungsäußerung, sind heutzutage weit über den europäischen Kontinent hinaus anerkannt. So sind sie zum Beispiel fest in der Afrikanischen Charta der Menschenrechte und der Rechte der Völker, die 1986 in Kraft trat, verankert.

Der Konstruktivismus hingegen würde darauf hinweisen, dass der Wandel dieser materiellen Faktoren nicht entscheidend ist, sondern dass die mit Russland verknüpften Bedrohungsvorstellungen sich geändert haben. Die Interpretation der Realität zählt, und nicht vermeintlich objektive Interessen. Diese Interpretation bestimmt, welche anderen Staaten als Gegner oder als Verbündete wahrgenommen werden. Wie Staaten ihre Beziehungen zueinander sehen, ist in konstruktivistischer Sicht intersubjektiv konstruiert, das heißt ein Produkt der wechselseitigen Wahrnehmungen, und nicht bestimmter materieller Gegebenheiten. So werden die Fragen, wie sich bestimmte Einstellungen verfestigen (institutionalisieren) und wie ideeller Wandel hin zu stabiler Kooperation (aber auch zu dauerhafter Konkurrenz) entsteht, absolut fundamental. Damit beschäftigen sich auch die meisten konstruktivistischen Analysen, und versuchen dies mit Konzepten wie Kultur, Identitätswandel, Normen, Praktiken usw. zu erfassen.

Diskussionsthema

Kampf der Kulturen?

Kaum ein Buch zur internationalen Politik hat in den letzten 50 Jahren so viele Kontroversen hervorgerufen wie »The Clash of Civilizations« von Samuel Huntington (1996). Huntington lehrte an der Harvard University und war Berater des amerikanischen Außenministeriums. In seinem Buch ging er davon

aus, dass die Welt durch unterschiedliche Kulturräume vor allem religiöser Art geprägt sei, und dass es keinesfalls zu einer Angleichung in Richtung der westlichen Zivilisation kommen werde, wie nach dem Ende des Kalten Krieges optimistisch von Vielen angenommen wurde. Vielmehr würde die anderen Kulturen zunehmend antagonistisch auf die westliche Herausforderung reagieren, insbesondere aufgrund zunehmender Interaktion und dem entsprechenden Streben der unterschiedlichen Kulturen, ihre Identität zu wahren. Dabei befinde sich die westlich-christliche Kultur auf dem absteigenden Ast.
Huntington's Thesen wurden in der Folgezeit vielfach kritisiert, insbesondere seine Konstruktion von Zivilisationen aus teilweise sehr unterschiedlichen Regionen und Traditionen, der schwammige Begriff der Kultur in seinem Werk, sowie die Annahme, dass Differenzen zwischen den Zivilisationen unausweichlich zu Konflikt führen. Allerdings findet seine Grundannahme, dass kulturelle Faktoren die globale Politik bestimmen, sich vielfach auch im Denken nicht-westlicher Theorien der internationalen Politik wieder. So beschreibt der bekannte russische Politologe Alexandre Dugin, der auch enge Verbindungen zum Kreml hat, seine Theorie einer multipolaren Welt folgendermaßen:
»Western civilization's pretension to universalism is a form of the will to domination and an authoritarian discourse. ... It is nothing other than a strategy of suppression and hegemony. The following point follows: we must move from thinking in terms of one civilization ... to a pluralism of subjects. However, unlike realists, who take as the subject of their theory nation-states, which are themselves products of the European, bourgeois, modern understanding of the Political, the Theory of a Multipolar World proposes to take civilizations as subjects. Not states, but civilizations ...«
Folglich stehe eine eurasische Zivilisation, in deren Zentrum Russland stehe, einer westlich-liberalen Zivilisation antagonistisch gegenüber. Auch Zhang Weiwei, Professor an der Fudan Universität in Shanghai, argumentierte in seinem Bestseller »The China Wave: Rise of a Civilizational State« (Weiwei 2012), dass China nicht als ein westlich definierter Nationalstaat, sondern als ein spezifischer zivilisatorischer Staat verstanden werden müsse, der eine neue Sichtweise der Welt vertrete. Diese Werke stehen stellvertreten für eine Denkrichtung, in der von einem kulturell geprägten Antagonismus als zentrale Konfliktlinie der Weltpolitik ausgegangen wird.

Diskussionsfragen: *Ist der von vielen westlichen und nicht-westlichen Autoren beschriebene Konflikt der Kulturen eine zutreffende Beschreibung der aktuellen Weltpolitik? Oder handelt es sich um eine self-fulfilling prophecy? Falls die Thesen der kulturell geprägten Konflikte zutrifft, welche Handlungsempfehlungen ergeben sich daraus für die deutsche Politik?*

Literatur:
Dugin 2014: http://www.theory-talks.org/2014/12/theory-talk-66.html [02.12.2018].
Huntington 1996; Weiwei 2012.

Der Nahostkonflikt als Identitätskonflikt

Das Konzept der Identität spielt eine zentrale Rolle in vielen konstruktivistischen Forschungen, denn es umschreibt die Konstruktion sozialer Realitäten durch Ideen von sich selbst und anderen. Kollektive Identitäten können somit als ein Geflecht miteinander verflochtener Vorstellungen verstanden werden, die die Definition der eigenen Gruppe in Abgrenzung zu anderen Gruppen umschreiben. Sie sind das Resultat einer Gemeinschaftsbildung, die sowohl ihre Mitglieder integriert als auch in Exklusionsprozessen entscheidet, wer nicht dazugehört. Damit konstituieren sie ein gemeinsames Verständnis für eine Gruppe, auf dessen Basis Probleme definiert werden und Lösungsmöglichkeiten als legitim oder auch als nicht akzeptabel erscheinen. Laut Alexander Wendt sind Identitäten letztlich die Basis von Interessen (Wendt 1992, 398). Erst wenn Akteure wissen, wer sie sind, wissen sie, was sie wollen. So kann ein entsprechendes ›Wir‹-Gefühl zur Basis für gemeinsames Handeln werden. Viel diskutiert wurde diese Annahme im Zusammenhang mit Fortschritt und Stillstand der europäischen Integration, in der sich in Prozessen der Europäisierung (zumindest unter den Eliten) eine Art europäischer Identität entwickelte, die Kooperation ermöglichte und stützte.[41]

Während tief verwurzelte Identitäten für Kontinuität im Guten wie im Schlechten sorgen, ist fundamentaler Wandel in konstruktivistischer Sicht wesentlich auf Identitätswandel zurückzuführen. Verfestigen sich Identitäten aber erst einmal, dann können Konflikte unlösbar werden. Eines der offensichtlichsten Beispiele derartig antagonistischer Identitätsverfestigung in der Weltpolitik ist sicher der Nahostkonflikt, in dessen Zentrum sich israelische und palästinensische Positionen nun schon seit 80 Jahren unversöhnlich gegenüberstehen. Die Ursprünge des Konflikts liegen im Sykes-Picot Abkommen von 1916, in dem die englische und französische Kolonialmacht die Gebiete im Nahen Osten, die aus dem Zerfall des osmanischen Reichs resultierten, ohne Rücksicht auf ethnische Strukturen neu ordneten. Eines dieser Gebiete war Palästina, in dem schon länger Konflikte zwischen eingewanderten Juden und den muslimischen Bewohnern gab. Die jüdische Einwanderung ereignete sich vor dem Hintergrund des politischen Zionismus, der seit dem Ende des 19. Jahrhunderts einen jüdischen Staat anstrebte. Durch den Holocaust vergrößerte sich die umfangreiche Diaspora europäischer Juden. Viele, die den Kontinent, auf dem sie den Genozid erdulden mussten, verlassen hatten, wollten endlich in einem selbstbestimmten Staat leben. Allerdings wehrten sich die Palästinenser gegen die Aufgabe ihres Landes und so kam es zu dauernden Kampfhandlungen und gegenseitigen Massakern. Die Gründung Israels am 14. Mai 1948 löste schließlich den erste arabisch-israelischen Krieg aus, der in der Vertreibung von mehr als 700 000 Palästinensern resultierte, die in ihrer Mehrzahl bis heute in den benachbarten Ländern und sogenannten autonomen Gebieten leben. Die Niederlage heizte den arabischen Nationalismus an, der sich wesentlich aus der Gegnerschaft gegen Israel nährte. 1964 wurde die PLO (Palestinian Liberation Organisation) als Vertretung der Palästinenser gegründet, die in

---

41 Risse 2010.

der Folgezeit häufig auch zu terroristischen Mitteln griff, um Aufmerksamkeit für ihr Anliegen zu bekommen (z. B. das Olympia-Attentat 1972). Die anhaltenden Spannungen resultierten auch in zwischenstaatlichen Konflikten, an denen sich viele arabische Nachbarstaaten beteiligten. Im Sechs-Tage-Krieg von 1967 eroberte Israel die Sinai-Halbinsel von Ägypten und besetzte das Westjordanland. Im Jom Kippur Krieg 1973 überraschten Ägypten und Syrien zunächst die israelische Armee. Das Ergebnis war dennoch der Status Quo, und die Forderungen von Seiten der UNO, die besetzten Gebiete zu räumen, wurde von Israel nicht erfüllt. Erst 1979 kam es zum Friedensabkommen von Camp David, in dem Ägypten unter Präsident Anwar al Sadat Israel anerkannte und die Israelis dafür die Sinai-Halbinsel räumten. Der Kampf der Palästinenser um einen eigenen Staat ging allerdings weiter. 1987–1992 brach die erste Intifada aus, in der die Palästinenser versuchten, mit bewaffneten Protesten Israel zu einer Politikänderung zu zwingen. In diesem Zusammenhang wurde auch die Hamas als neue, radikalere Vertretung der Palästinenser gegründet. 1993 wurde mit dem Abkommen von Oslo ein neuer Versuch unternommen, einen Kompromiss zu finden. Schon zwei Jahre später wurde jedoch der israelische Architekt des Abkommens, Jitzak Rabin, von einem radikalen Siedler ermordet. Als sein wenig kompromissbereiter Nachfolger, Ministerpräsident Ariel Scharon, 2000 den von beiden Seiten als höchstes religiöses Symbol beanspruchten Tempelberg in Jerusalem betrat, löste er damit die zweite Intifada aus. Der israelische Mauerbau und die Ausweitung des der Konstruktion jüdischer Siedlungen in der Westbank heizen den Konflikt weiter an. Auch gegenwärtig sieht es nicht so aus, als könnte dieser Dauerkonflikt jemals gelöst werden. Ständige Zusammenstöße zwischen Palästinensern und israelischer Armee führen immer wieder zu Opfern, vor allem auf palästinensischer Seite.

In dieser fast ununterbrochenen Abfolge von gegenseitigen Verletzungen werden Traumata zu identitätsstiftenden Elementen, bei den Israelis der Holocaust und die zahlreichen Terroranschläge, bei den Palästinensern der Verlust ihres Heimatlands und die vielen sich anschließenden Niederlagen und vergeblichen Protestaktionen mit ihren vielen Toten. So haben sich exklusive kollektive Identitäten gebildet, in denen die jeweiligen Positionen in einem Nullsummenspiel verhärtet sind, die den Gewinn der anderen Seite als eigenen Verlust interpretiert. Die gegenseitige Feindschaft wirkt zudem nach innen als konstituierendes und einigendes Element. Die Feindschaft zu einer anderen Gruppe wird zu einem sozialen Zugehörigkeitsmerkmal, das kaum noch hinterfragt werden kann, ohne eine erheblichen Grad an sozialer Ächtung zu riskieren.

Internationale Beziehungen im Film

»No Man's Land«: Identitäten im Balkankonflikt

In der 2001 als bester ausländischer Film mit dem Oskar prämierten Tragikomödie »No Man's Land« geht es um den Balkankonflikt. In diesem langjährigen Prozess war seit 1991 der frühere Staat Jugoslawien zerfallen, mit der Folge blutiger Sezessionskriege, die von ethnischen Konflikten und zahlreichen

Menschenrechtsverletzungen geprägt waren. Besonders blutig waren die Auseinandersetzungen im Teilstaat Bosnien-Herzegowina, in dem vor dem Krieg serbische, kroatische und muslimische Bevölkerungsteile zusammenlebten und sich nun blutige Kämpfe lieferten. Der Film zeigt, wie ein bosnischer und ein serbischer Soldat in einem Schützengraben im Niemandsland zwischen beiden Fronten stranden, während ein weiterer bosnischer Soldat auf einer Mine liegt und sich nicht wegbewegen kann. Es gelingt den beiden bewegungsfähigen Soldaten, die in der Gegend stationierte UNO-Beobachtermission aufmerksam zu machen, die den dritten Mann retten soll. Neben dem kulturellen Unverständnis und dem Zynismus der ausländischen Beobachter zeigt der Film vor allem die spannende und tragikomische Dynamik zwischen den beiden Hauptprotagonisten, die versuchen, sich gegenseitig in Schach zu halten, aber auch aufeinander angewiesen sind. Sie entdecken, dass sie vor dem Krieg aus der gleichen Stadt kamen und sogar die gleiche Frau liebten. Aber die während des Konfliktes konstruierten exklusiven ethnischen Identitäten schüren immer wieder das Misstrauen, bis zum tragischen Ende ...

Diskussionsfrage: Können die im Film dargestellten individuellen Identitätskonstruktionen auch auf Staaten und ethnische Gruppen übertragen werden, und so gewaltsame Konflikte erklären, oder ist diese Sichtweise zu vereinfacht?

Rollen in den IB: Sind Deutschland und Japan ›Zivilmächte‹?

Die Geschichte der deutschen und der japanischen Politik im internationalen System weist viele auffällige Parallelen auf. Beide waren im Vergleich zu ihren Nachbarn Nachzügler sowohl im Hinblick auf die Industrialisierung als auch bei der imperialistischen Aufteilung der Welt. Beide erreichten trotz extremer Anstrengungen die ersehnte ›Gleichberechtigung‹ nicht: Deutschland durch den verlorenen Ersten Weltkrieg; Japan durch den Widerstand der Siegermächte gegen eine japanische Einflusssphäre in Ostasien. In der Folgezeit entwickelten sich beide zu militarisierten, faschistischen Diktaturen, die die liberalen Demokratien herausforderten und eine brutale Politik der Ausdehnung des ›Lebensraums‹ ihrer Völker unter ethnischen Vorzeichen forcierten. Beide Länder scheiterten katastrophal mit diesen Plänen, und wurden unter amerikanischer Kontrolle demilitarisiert und demokratisiert. Der Kalte Krieg brachte die Einbindung in das westliche Bündnissystem für beide Staaten mit sich, inklusive einer Remilitarisierung. Jedoch wurden die jeweiligen Streitkräfte strikt kontrolliert. Zudem verzichteten Deutschland und Japan auf nukleare, chemische und biologische Waffen, und wurden eng in die militärische Struktur des jeweiligen, von den USA dominierten, Bündnisses integriert. In der Folgezeit konzentrierten sich die beiden Länder mit großem Erfolg auf den wirtschaftlichen Wiederaufbau und hielten sich von militärischen Engagements im Ausland fern. Gleichzeitig gehörten sie mit zu den stärksten Befürwortern eines regelbasierten Multilateralismus in einer Vielzahl internationaler Institutionen. Diese Ablehnung der traditionellen Machtpolitik lässt sich für die realistische Theorie schlicht durch die Einbindung in das Bündnis mit den USA und die entsprechende Abhängigkeit erklären.

Das Ende des Kalten Krieges brachte jedoch das Ende dieser Abhängigkeit oder zumindest eine Menge neuer Optionen mit sich. Würde sich die Außenpolitik beider Staaten nun ›normalisieren‹? Gegen diese Vermutung von Seiten prominenter Realisten gab es viel Widerspruch. Institutionalistische und liberale Analysen verwiesen auf die wirtschaftliche Interdependenz beider Staaten, deren institutionelle Verflechtungen und den Einfluss innenpolitischer Gruppen. Dies würde zu Kontinuität in der jeweiligen außenpolitischen Ausrichtung führen. Das prominenteste Argument für Kontinuität kam jedoch aus dem konstruktivistischen Lager. Konstruktivistinnen betonten, dass beide Staaten inzwischen eine bestimmte Rolle verinnerlicht hatten, in deren Rahmen sie angemessen handelten.

Das Bekannteste dieser Argumente wird durch den **Zivilmachtansatz** formuliert. Wesentlich von dem deutschen Politikwissenschaftler Hanns W. Maull (siehe z. B. Maull 2007) ausgearbeitet, nimmt dieser Ansatz an, dass die Außenpolitik Deutschlands und Japans von einer inzwischen fest verwurzelten Identität geprägt ist, die bestimmte Verhaltensweisen privilegiert und dazu führt, dass diese Länder bestimmte Rollen einnehmen. Diese Rollen werden durch Selbsterwartungen (Ego-Rolle) und Fremderwartungen (Alter-Rolle) definiert. Rollentheoretische Konzepte sind nicht neu in der Analyse der IB. Schon 1970 schrieb der finnisch-kanadische Politikwissenschaftler Kalevi J. Holsti Staaten bestimmte nationale Rollen zu, auf deren Basis diese ihre Interessen definierten.[42] Ein Beispiel ist die Rolle der ›American Leadership‹, in der sich die USA selbst eine Führungsrolle in der Welt zuschreiben und diese Erwartung auch von außen an sie herangetragen wird. Ob die Rolle der ›Leadership‹ noch Sinn macht für die USA, ist eine der am meist diskutierten Fragen in der amerikanischen Debatte über die zukünftige globale Politik der Vereinigten Staaten.

Der Zivilmachtansatz geht von mehreren Rollen aus, die Staaten einnehmen. Diese können sich gegenseitig verstärken, in manchen Situationen auch in Konflikt treten. Eine typische Rolle einer Zivilmacht ist zum Beispiel eine ausgesprochene Kultur des Antimilitarismus, wonach militärische Lösungen nur in Extremfällen angewandt werden. Im Falle Deutschlands und Japans ist dies eine Folge der Lehren, die aus dem Zweiten Weltkrieg gezogen wurden. Eine weitere Rolle ist die Selbst- und Fremdeinschätzung als multilateraler Akteur. Sowohl Japan als auch Deutschland haben die Wiederherstellung ihrer internationalen Reputation wesentlich über die Einbeziehung in internationale Institutionen erreicht. Die Betonung rechtlicher Bindungen und von Normen, die nicht von materiellen Interessen abhängig sind, ist ein weiteres Charakteristikum einer Zivilmacht. Schließlich gehört auch der Wille, die internationale Politik zu ›zivilisieren‹ und auf konsensorientierte Konfliktlösung hinzuarbeiten, zu den entsprechenden Merkmalen. Die Konzepte der Kultur, Identität oder Rolle sind schwer zu fassen, da Menschen oft von mehreren Identitäten oder Rollen geprägt sind und diese breiten Konzepte schwer auf bestimmte Situationen angewendet werden können. Präziser bestimmbar sind situationsgebundene Ideen und Einstellungen von Gruppen, die mit

---

42 Holsti 1970, 233–309.

dem Begriff der Normen umschrieben werden und sich in Diskursen und Praktiken manifestieren.

Theorien in der Anwendung

›Nie wieder Krieg, nie wieder Auschwitz‹

Am 13. Mai 1999 hielt Joschka Fischer, der damalige Außenminister der rot-grünen Regierung unter Bundeskanzler Gerhard Schröder, auf dem Parteitag der GRÜNEN eine Rede, in der er versuchte, die deutsche Beteiligung an einem bewaffneten Einsatz der NATO zu rechtfertigen. Dieser Einsatz sollte den Vormarsch der serbischen Armee in der abtrünnigen Provinz Kosovo stoppen. Es wurde befürchtet, dass es wie in den vorangegangenen Kriegen seit dem Zerfall Jugoslawiens wieder zu massiven Menschenrechtsverletzungen kommen würde. Gerade für die grüne Partei, die Anfang der 1980er Jahre ganz wesentlich aus den massiven Protesten gegen den Beschluss der NATO, atomare Mittelstreckenraketen in Europa zu stationieren, hervorgegangen war, war eine Beteiligung Deutschlands an Kriegen kaum vermittelbar. In seiner Rede sagte Fischer unter anderem:

»Mir wurde moralischer Overkill vorgeworfen und ich würde da eine Entsorgung der deutschen Geschichte betreiben ... Auschwitz ist unvergleichbar. Aber...ich stehe auf zwei Grundsätzen: Nie wieder Krieg, nie wieder Auschwitz; nie wieder Völkermord, nie wieder Faschismus: beides gehört bei mir zusammen ... Wir haben einen Friedensplan ... der mittlerweile die Grundlage der G8 ist, durchgesetzt. Wir haben darauf gesetzt, den Vereinten Nationen endlich wieder eine entscheidende Rolle zukommen zu lassen, wir haben darauf gesetzt, Russland mit ins Boot zu holen, was mit G8 gelungen ist ...«

Diskussionsfragen: Inwiefern reflektiert dieser Redeausschnitt die Zivilmachtrolle Deutschlands, und hat angesichts der zunehmenden Beteiligung Deutschlands an militärischen Auslandsmissionen der Begriff ›Zivilmacht‹ überhaupt noch Sinn?
Welche Normen werden hier sichtbar?

Normen und internationale Politik

Jeder Mensch hat Werte und strebt meist danach, in einer Umgebung zu leben, in der diese Werte möglichst geteilt werden. Solche gemeinschaftlich geteilten Werte werden in den Gesellschaftswissenschaften als **Normen** (▶ 17. Schlüsselbegriff: ›internationale Normen‹) bezeichnet. Ein Beispiel für eine Norm, die für zwischenmenschliche Beziehungen auf allen Ebenen von großer Bedeutung ist, ist Fairness. Den Ball während eines Fußballspiels ins Aus zu schießen, während ein gegnerischer Spieler am Boden liegt, gilt als selbstverständlich (falls es sich nicht um eine simulierte Verletzung handelt, um Zeit zu schinden). Die Frage ist: kann die

Norm der Fairness auch für die Politik zwischen Staaten gelten, in der es vermeintlich um knallharte Interessen geht und gegenseitige Solidarität schwer zu erreichen ist? Kann dies insbesondere in der internationalen Handelspolitik der Fall sein, in der Gewinne und Verluste leicht nachzuvollziehen sind, und staatliche Unterhändler unter dem Druck ihrer Produzentinnen und Konsumenten stehen, einen möglichst vorteilhaften Deal zu erstreiten?

17. Schlüsselbegriff

Internationale Normen/angemessenes Handeln

Der Begriff der ›internationalen Normen‹ gehört zu den Konzepten, die mit dem Aufschwung konstruktivistischer Ansätze in den IB sehr weite Verbreitung gefunden haben und zur Analyse einer Vielzahl internationaler Fragen verwendet wurden und werden. Es gibt viele Definitionen dessen, was eine internationale Norm ausmacht. Martha Finnemore, die eines der ersten und meistzitierten Werke zu Normen in den IB vorgelegt hat, bezeichnet sie als »shared expectations about appropriate behavior held by a community of actors« (Finnemore 1996, 22). Normen geben also zum einen Handlungsanweisungen im Sinne angemessenen Handels in einer Gemeinschaft. In diesem Sinne handelt es sich um von dieser Gemeinschaft geteilte Standards angemessenen Verhaltens, die Identitäten stiften und stärken. Normen sind aber gleichzeitig Praktiken, die auf die zugrundeliegenden Überzeugungen verweisen und Gemeinschaft herstellen. Sie sind also sowohl kognitive Landkarten als auch Bausteine von Identitäten und Interessen.

Diskussionsfrage: Welche Normen sollten in der deutschen Außenpolitik handlungsleitend sein?

Der US-Politikprofessor Ethan Kapstein, früher Offizier bei der Marine und internationaler Banker, hat dies untersucht und die dominante Vorstellung hinterfragt, dass die internationale Handelspolitik nur als Ausdruck der Machtinteressen der großen Wirtschaftsmächte und ihrer Konzerne verstanden.[43] Denn wie sonst könne erklärt werden, dass es viele Handelskonzessionen gegenüber ärmeren Ländern gibt und einen dominanten Diskurs über fairen Handel in internationalen Institutionen?

Kapstein greift bei seiner Analyse auf ein spieltheoretisches Modell zurück, das sogenannte Ultimatum-Game. Angenommen, eine Person bekommt 100 Euro geschenkt mit der Maßgabe, diese Summe zwischen sich und der nächstsitzenden Person aufzuteilen. Die rationalste Handlungsweise wäre nun, der zweiten Person einen Euro anzubieten, da diese ja schon dadurch einen Gewinn macht, und somit den eigenen Nutzen zu maximieren. Experimente zeigen aber, dass Menschen

---

43 Kapstein 2005, 80–101.

nicht so handeln. So teilen sie die Summe sehr viel gerechter auf. Bei sehr ungerechter Verteilung weisen die Beschenkten oft den Betrag zurück und verzichten auf den Gewinn. Kapstein argumentiert, dass Fairness auch in den internationalen Wirtschaftsbeziehungen eine wichtige Rolle spielt. Handelsabkommen und internationale Wirtschaftsorganisationen spiegeln dies wieder, wenn sie schwächeren Staaten präferenzielle Abkommen gewähren. Ein Beispiel sind die Fischereiabkommen, die die EU seit einigen Jahren mit Drittstaaten abschließt. Dabei geht es um Zugang der EU-Fischereiflotte zu den territorialen Gewässern dieser Staaten. Seit der Reform der gemeinsamen Fischereipolitik im Jahr 2012 ist die Idee der Nachhaltigkeit eine zentrale Norm in der Gestaltung der äußeren Dimension der EU Fischereipolitik.[44] Ein zentrales Ziel ist auch, die lokale Fischerei nicht zu verdrängen. In Abkommen zum Beispiel mit Mauretanien oder Marokko wird sichtbar, dass die EU große Abstriche im Hinblick auf die möglichen kommerziellen Gewinne aus diesen Abkommen machte. Für eine gewisse Zeit weigerte sich die EU-Fischerei sogar, unter diesen Bedingungen zu fischen. Der Druck aus dem Europäischen Parlament sorgt dafür, dass die Normen der Nachhaltigkeit und der sozialen Gerechtigkeit von den EU-Unterhändlern nicht vernachlässigt werden kann.

Abb. 15: Logo der ICBL

Wie aber setzen sich Normen in der scheinbar von knallharten Interessen geprägten Realität der internationalen Politik durch? Häufig stecken dahinter sogenannte **Norm-Entrepreneure**. Dabei handelt es sich um Individuen oder um transnationale Netzwerke, die sich ein bestimmtes Thema zu eigen machen und mit Prominenz, Organisationsfähigkeit und Öffentlichkeitsarbeit versuchen, politische Akteure zu entsprechendem Handeln zu bewegen. Margret Keck und Kathryn Sikkink bezeichnen diese als Transnational Advocacy Networks (Keck/Sikkink 1998). Ein Beispiel für ein solches Netzwerk ist die International Campaign to Ban Landmines (ICBL), die sich der Beseitigung einer der schlimmsten Hinterlassenschaften der vielen Kriege des 20. und 21. Jahrhunderts widmet: Landminen. In zahlreichen Postkonfliktregionen bilden sie eine erhebliche Gefahr

---

44 Zimmermann, 2017, 135–155.

für die Bevölkerung (ganz abgesehen von ihren fürchterlichen Auswirkungen während der Konflikte selbst). Schätzungen zufolge liegen weltweit noch bis zu 110 Millionen Landminen in der Erde, denen bis vor wenigen Jahren noch jährlich 20 000–25 000 Menschen zum Opfer fielen, viele davon Kinder. Zu den besonders betroffenen Ländern zählen Ägypten, Afghanistan, Iran, Angola und Kambodscha. In den letzten 20 Jahren hat sich die Zahl der Opfer allerdings erheblich verringert, und das ist vor allem eine Folge der Ottawa-Konvention von 1997, eines internationalen Abkommens, das die Herstellung und den Einsatz von Landminen verbietet. Dieses Abkommen wurde ganz wesentlich durch zivilgesellschaftliches Engagement zustande gebracht, auch wenn die Initiative von einem österreichischen Diplomaten (Werner Ehrlich) ausging und von diesem Land erheblich vorangetrieben wurde. Die 1993 gegründete ICBL bündelte das zivilgesellschaftliche Engagement. Es handelte sich dabei um einen Zusammenschluss von NGOs, die für die Abschaffung von Minen kämpften. Ziel der Kampagne war es, Minen als humanitäre Frage zu definieren, nicht mehr als Sicherheits- oder Rüstungskontrollproblem wie bisher. Landminen sollten also nicht mehr primär als mögliches und legitimes Mittel zur Abwehr von Angriffen verstanden werden, dessen Verbreitung hauptsächlich über Kontrollabkommen eingedämmt werden konnte. Vielmehr sollte der Einsatz von Landminen an sich als Menschenrechtsverletzung verstanden werden. Damit würde den Produzenten und Nutzern dieser Waffen eine massive Rechtfertigungspflicht auferlegt. Aufgrund vieler medienwirksamer Aktionen und der durchschlagenden öffentlichen Wirkung der Bilder von Minenopfern war die Kampagne höchst erfolgreich. Die Vergabe des Friedensnobelpreises an die ICBL im Jahr 1997 bedeutete eine enorme Aufwertung der Thematik. 1999 wurde in Ottawa die ›Convention for the Ban of Landmines‹ abgeschlossen, der bis heute 164 Staaten beitraten. Allerdings sind große Staaten wie die USA, China, Russland, Indien, Pakistan oder Israel bisher nicht Mitglieder der Konvention.

Die ICBL kann so als Norm-Unternehmerin (norm entrepreneur) verstanden werden, die Normen sowohl verfestigt als auch weiterverbreitet. Zudem stellt sie Informationen für andere Akteure bereit und nimmt Einfluss auf nationale Politiken. Die Wirkung der ICBL entspricht beinahe idealtypisch den in der Forschung beschriebenen Bedingungen für die Durchsetzung einer Norm. Zunächst ist die **Entnormalisierung** der bestehenden Praxis notwendig, die so als grundsätzlich kritikwürdig und veränderungsbedürftig neu definiert wird. Dies geht einher mit der **Emotionalisierung** und Dramatisierung der Thematik, um breite mediale Aufmerksamkeit zu wecken. Wichtig ist auch die **Eingängigkeit** der Botschaft sowie die **Anschlussfähigkeit** an bestehende Normen, zum Beispiel der Norm des Schutzes der Zivilbevölkerung in Konflikten (zu diesen Bedingungen, vgl. Rosert 2012, 604–605). Eine Norm kann als endgültig durchgesetzt gelten, wenn sie von den Akteuren internalisiert worden ist (d. h. die entsprechenden Handlungsanweisungen nicht mehr hinterfragt werden). Trotz ihres teils erheblichen Einflusses bleiben Norm-Unternehmerinnen jedoch weiterhin von Staaten abhängig, und zwar für die Festlegung und Ausführung von Gesetzen und Richtlinien, die auf den durchgesetzten Normen beruhen.

> **Planspiel**
>
> **Normendurchsetzung in der internationalen Politik**
>
> Identifizieren Sie in der Gruppe eine Norm, die Sie gerne international durchsetzen würden, und werden Sie zu Normunternehmern. Wie würden Sie die Kampagne planen, unter Rückgriff auf die oben beschriebenen Bedingungen für die Durchsetzung internationaler Normen?

Diskurstheorie und Diskursanalyse

Ein fundamentales Ziel der ICBL war es, die Art und Weise, wie über Landminen gesprochen und gedacht wurde, zu verändern, d. h. einen Wandel des entsprechenden Diskurses herbeizuführen. **Diskurs** ist ein zentraler Begriff für die konstruktivistische Forschung. Der Begriff stand ursprünglich für verständnisorientierte Sprechakte, insbesondere Vorträge. Inzwischen wird er aber breiter verwendet, sowohl um Argumentation in sozialen Prozessen allgemein als auch die Schaffung sozialer Realitäten durch Sprache zu bezeichnen. Die vielleicht wichtigste Inspiration für die Diskurstheorie ist das Werk des französischen Philosophen Michel Foucault (1926–1984), der untersuchte, wie gesellschaftliches Wissen entsteht und wie diese Interpretationen der Wirklichkeit dann zu akzeptierten Wahrheiten und Institutionen werden. Es ging ihm also darum, wie bestimmte Interpretationen der Realität durch den Diskurs konstruiert werden. Viele Konstruktivistinnen verwenden den Begriff ebenfalls, beziehen sich bei der Verwendung des Diskursbegriffs aber auf die Theorie kommunikativen Handelns nach Jürgen Habermas, in der es um gegenseitige Verständigung auf herrschaftsfreier und friedlicher Basis geht. In diesen diskursiven Prozessen werden internationale Normen diskutiert und es wird versucht, durch Kommunikation eine gegenseitige Übereinstimmung zu finden. Dabei wird häufig auf Frames zurückgegriffen. Darunter versteht man Deutungsrahmen, die automatisch gewisse Bilder und Interpretationen aktivieren und das Denken lenken. Diskurse und Frames können mit den Methoden der Diskursanalyse und der qualitativen Inhaltsanalyse untersucht werden. So haben amerikanische Forscherinnen in einem für Framing-Analysen beispielhaften Artikel gezeigt, wie die UNO-Mitgliedstaaten trotz unterschiedlichster Interessen zu einer gemeinsamen Haltung bei der Bekämpfung des internationalen Menschenhandels gelangten. Von großer Bedeutung war dabei, dass die Thematik als Frage der Kriminalitätsbekämpfung definiert (›ge-framed‹) wurde, und nicht nur als Menschenrechtsproblem.[45]

---

[45] Charnysh et al. 2015, 323–351.

Infobox

Diskursanalyse

Die Diskursanalyse ist gerade mit der steigenden Popularität konstruktivistischer Theorien zu einer ausgesprochen beliebten Analysemethode in den Politikwissenschaften (und in den IB) geworden. Dabei geht es darum, Texte, Bilder und andere mediale Repräsentationen zu untersuchen, um nachzuvollziehen, wie handelnde Personen ihre Argumentation aufbauen, und auf welche gesellschaftlichen Praktiken sie dabei Bezug nehmen. Eine Diskursanalyse zeigt auch, welche Sichtweise die untersuchten Personen als gültig und wahr durchsetzen möchten und welche rhetorischen Strategien dafür verwendet werden. Zudem wird untersucht, ob diese Interpretationen auch über die den Diskurs äußernde Person hinausgehend akzeptiert werden von der Zuhörerinnenschaft (audience) und zu einem diskursiven Repertoire werden.

Diskursanalysen haben aber auch ihre Grenzen, die oft vergessen werden und zu Über-Interpretationen führen. Sie zeigen **nicht**, was die untersuchten Personen (oder gar Staaten und Gesellschaften) wirklich denken, und auch **nicht**, ob Individuen oder Gruppen den Aussagen von Politikerinnen oder Medien wirklich glauben.

Zusammenfassung

Konstruktivistische Theorien haben eine massive Ausweitung des Spektrums an theoretischen Sichtweisen auf die internationale Politik mit sich gebracht. Allen diesen Sichtweisen ist gemeinsam, dass Akteurinnen und Akteure ihre Umwelt konstituieren, und dass sie dies auf der Basis von durch Sozialisation geprägten Annahmen über sich selbst und ihre Gruppe unternehmen. Für die konstruktivistische Theorie sind also fest verwurzeltes Denken und starre Gewohnheiten die grundsätzlichen Triebkräfte von Konflikten. Ideenbasierter Wandel kann somit Konflikte mindern. Diese Annahmen betrachten materialistische Theorien als naiv. Dessen ungeachtet hat die konstruktivistische Forschung inzwischen zu neuen Erkenntnissen für eine Vielzahl internationaler Phänomene geführt, bei denen bisherige Theorien Schwierigkeiten hatten. Für ein umfassendes Verständnis der internationalen Politik ist es somit unumgänglich, sich mit den Konzepten des Konstruktivismus auseinanderzusetzen.

Wissensfragen

- *Was bedeutet sozial konstruierte Realität in den IB?*
- *Was unterscheidet angemessenes von rationalem Handeln?*
- *Was ist der grundlegende Unterschied zwischen den konstruktivistischen Ansätzen und den Theorien, die bis hierhin erläutert wurden?*

- *Was versteht der Konstruktivismus unter Sozialisation?*
- *Erläutern Sie das Akteur-Struktur-Problem und erklären Sie, warum es für den Konstruktivismus relevant ist.*
- *Was versteht man in den IB unter Normen?*
- *Wozu dienen Frames?*

Basisliteratur

Deitelhoff, Nicole *(2006)*: *Überzeugung in der Politik. Grundzüge einer Diskurstheorie internationalen Regierens*, Frankfurt a. M.
Finnemore, Martha (1996): National Interests in International Society, Ithaca.
Keck, Margaret E./Sikkink, Kathryn (1998): *Activists Beyond Borders: Advocacy Networks in International Politics*, Ithaca.
Maull Hanns W. (2007): *Deutschland als Zivilmacht*, in: Siegmar Schmidt/Gunther Hellmann/ Reinhard Wolf (Hrsg.): Handbuch zur deutschen Außenpolitik, Wiesbaden, S. 73–84.
Rosert, Elvira (2012): Fest etabliert und weiterhin lebendig: Normenforschung in den Internationalen Beziehungen, in: Zeitschrift für Politikwissenschaft, 22(4), S. 599–623.
Wendt, Alexander (1992): Anarchy is What States Make of it: The Social Construction of Power Politics, in: International Organization, 46(2), S. 391–425.
Wendt, Alexander (1994): Collective Identity Formation and the International State, in: The American Political Science Review, 88(2), S. 384–396.

3.5 Kritische Ansätze in den Internationalen Beziehungen

Lernziele

- *Kenntnis der Grundzüge normativ-kritischer Theorieansätze in den IB*
- *Anwendung dieser Ansätze auf konkrete Probleme der internationalen Politik*
- *Verständnis der Vorzüge und Nachteile normativ-politischer und problemlösungs-orientierter Theorien*

Die seit 2013 verhandelte ›Transatlantic Trade and Investment Partnership‹ (TTIP) sollte zu einem umfassenden Freihandels- und Investitionsschutzabkommen zwischen der Europäischen Union und den USA werden. Momentan (Dezember 2018) sind die Verhandlungen allerdings auf unbestimmte Zeit suspendiert, vor allem aufgrund der ablehnenden Haltung der Trump-Regierung zu internationalen Abkommen. Gegen TTIP hatte sich aber auch innerhalb von kurzer Zeit ein umfangreiches und vielstimmiges Netzwerk von zivilgesellschaftlichen Gruppen und Nichtregierungsorganisationen gebildet, mit Schwerpunkt in Deutschland und Österreich, aber auch mit Repräsentantinnen in allen anderen EU-Ländern. Diese

3.5 Kritische Ansätze in den Internationalen Beziehungen

umfassende Kritik, die bis weit in die Positionen vieler nationaler Parteien in europäischen Ländern reicht, hat vor allem die mangelnde Transparenz der Verhandlungen, die befürchtete Aushöhlung demokratischer Prozesse sowie die mögliche Herabsetzung sozialer und ökologischer Standards durch die potenziellen Vereinbarungen eines solchen Abkommens thematisiert. Die Koalition der kritischen Stimmen sieht TTIP als Ausdruck der Herrschaft großer Wirtschaftsinteressen in den reichen Ländern des Westens und warnt vor einer weiteren Verstärkung der sozialen Ungleichheit in den USA und Europa als Folge des Abkommens, wie die folgende Karikatur zeigt.

Abb. 16: Die TTIP Unterhändler sind sich sicher

Die angebliche Wohlfahrtsmaximierung durch TTIP, so die Kritik, diene nur der Verschleierung der tatsächlichen Interessen großer Konzerne. Multilaterale Handelsabkommen würden deshalb keinesfalls den Frieden durch zunehmende Interdependenz fördern (wie institutionalistische Theorien annehmen), sondern vielmehr Konflikte säen, jedenfalls solange sie nicht eine radikal andere Agenda in den Mittelpunkt stellen. Internationale Kooperation sei deshalb kein Gut an sich, sondern muss mit Blick auf die dahinterliegenden Interessen beurteilt werden. Das heißt: Wer profitiert von diesen Abkommen?

Diese zentrale Frage – welche Interessen stehen hinter dominierenden Strukturen und Sichtweisen internationaler Politik und wie versuchen diese, ihre Macht zu sichern – ist kennzeichnend für eine umfangreiche Familie von theoretischen Ansätzen im Spektrum der IB: die sogenannten Kritischen Theorien. Laut eigener Definition wählen kritische Ansätze einen grundlegend anderen Blick auf die von ihnen untersuchten Phänomene als die Theorien, die wir bis hierher behandelt haben. Diese haben alle ein ähnliches Erkenntnisinteresse: sie untersuchen die internationale Politik nach Gesetzmäßigkeiten, die die beobachteten Phänomene einordnen und erklären können. Einen Anspruch, die Weltpolitik zu verändern, haben sie nicht explizit, sondern nur implizit. Im Gegensatz hierzu sehen sich kritische Theorien. Ihnen reicht der reine Erklärungsansatz nicht aus; **sie möchten die Welt und die herrschenden Missstände verändern.** Theoretische Konstrukte nutzen sie, um die Ursachen von Ungerechtigkeit und Ausbeutung zu identifizieren und dann auf mögliche Lösungen und Verbesserungen aufmerksam zu machen. Deshalb lösen sich kritische Theorieansätze von der strikten Trennung zwischen objektiver und normativer Betrachtungsweise, die einen großen Teil des modernen Wissenschaftsverständnisses kennzeichnet. Robert Cox (1981, 128), ein prominenter Vertreter kritischer Ansätze in den IB, drückte diese Sichtweise der kritischen Theorie in einer vielzitierten Formulierung folgendermaßen aus: »Theory is always for someone and for some purpose.« Kritische Theoretikerinnen verabschieden sich also von der Vorstellung, dass Theorie wertneutral und objektiv sein kann und akzeptieren, dass das Wertegerüst, mit dem jeder Forscher ausgestattet ist, auch seinen Blick auf die Welt bestimmt. Sie denken demnach auch an mögliche Alternativen zum Status Quo, wohingegen die anderen Theorieansätze laut kritischen Ansätzen in den gegebenen Strukturen nach Lösungen der Probleme suchen.

Theorien in der Anwendung

›Problemlösende‹ und kritische Theorien: Ein Fallbeispiel aus realer Politik kritisch interpretiert

Im Dezember 2007 unterzeichneten die Mitgliedstaaten der EU und der Afrikanischen Union (AU) auf einem Gipfeltreffen in Lissabon eine Gemeinsame EU-Afrika-Strategie, die die gegenseitigen Beziehungen vom bisherigen Empfänger-Geldgeber Verhältnis auf eine neue Stufe heben sollte, eine gleichberechtigte Partnerschaft, die auf Solidarität und gemeinsamen Interessen beruht. Diese Strategie bietet bis heute den Rahmen der gegenseitigen Beziehungen.

Diskussionsfragen: Recherchieren Sie auf der Webseite der EU (s. u.) und in Studien von Stiftungen und Think-Tanks, welche Maßnahmen im Rahmen dieser Strategie ergriffen wurden. Wie würden die klassischen, problemlösenden Theorien diese Politik erklären? Und wie würden sich kritische Theoretikerinnen äußern?

Webseite der EU: https://ec.europa.eu/europeaid/regions/africa/continental-cooperation/joint-africa-eu-strategy_en [02.12.2018].

Ziel dieses Kapitels ist es nicht, die unterschiedlichen kritischen Theorien der IB umfassend darzustellen, sondern zu zeigen, was die wichtigsten Grundpfeiler der jeweiligen Ansätze sind, wie diese am häufigsten angewandt werden, welche Autorinnen federführend für die jeweilige kritische Theorie sind und – vielleicht am allerwichtigsten – wo man nachlesen kann, wenn man sich intensiver mit der jeweiligen Strömung auseinandersetzen möchte. Wir stellen fünf kritische Theorieansätze vor: die Imperialismustheorie, die auf den Werken von Marx und Engels aufbaut; den Neo-Gramscianismus, wie er von Robert Cox verstanden wurde; die Weltsystemtheorie, die sich an den Schriften von Immanuel Wallerstein orientiert; feministische Ansätze, insbesondere vertreten durch Ann Tickner, Cynthia Enloe, und Christine Sylvester; und schließlich postkoloniale und poststrukturalistische Theorien.

Marxismus und Imperialismustheorien

Ökonomische Verhältnisse und die ihnen innewohnende Ungleichheit und Ausbeutung sind die zentralen Triebkräfte der politischen Entwicklung: dies ist die Grundannahme des Marxismus. Die entscheidenden Akteure in politischen Prozessen sind damit weder Staaten, noch Firmen, noch Individuen, sondern soziale Klassen. Die Geschichte ist eine Abfolge von Klassenkämpfen (und nicht primär von Konflikten zwischen Staaten). Der Staat ist letztlich ein Apparat, der der Aufrechterhaltung von Klassenverhältnissen dient, die von fundamentaler Ungleichheit geprägt sind. Ziel der marxistischen Analyse ist die Aufdeckung dieser Verhältnisse als erster Schritt zu ihrer Überwindung in den jeweiligen Gesellschaften. Ein Nebeneffekt wäre die Reduzierung der Konflikte im internationalen System: »Mit dem Gegensatz der Klassen im Innern der Nation fällt die feindliche Stellung der Nationen gegeneinander«, so heißt es in Marx und Engels' Kommunistischem Manifest von 1848. Konflikte in den internationalen Beziehungen entstehen also laut Marx und Engels nicht, weil das internationale System durch Anarchie und Sicherheitsdilemma geprägt ist, sondern weil die Klassenbeziehungen inhärent konflikthaltig sind und die massive Ungleichheit materieller Verhältnisse sowohl innerhalb von Staaten als auch im Vergleich unterschiedlicher Weltregionen zu fortwährenden Auseinandersetzungen führt.

Trotz dieser impliziten Grundannahmen hat Marx keine richtige »Theorie« internationaler Politik erarbeitet. Sein Ziel war eine Theorie des Kapitalismus, die sowohl seine Entwicklung erklärt als auch Wege zu seiner Überwindung aufzeigt. So setzten sich marxistische Denker erst mit der rapiden Expansion der europäischen Kolonialreiche in der zweiten Hälfte des 19. Jahrhunderts systematisch mit internationalen Fragen auseinander. Diese Periode wird in der Geschichtswissenschaft als Zeitalter des **Imperialismus** bezeichnet.

Der Imperialismus gilt als eines der Phänomene der internationalen Politik mit den längsten, aber auch verhängnisvollsten Nachwirkungen. Deshalb war er seit seinen Ursprüngen zentrales Thema einer Forschung, die nicht nur den historischen Imperialismus des 19. Jahrhunderts, sondern insgesamt die Ausdehnung der Kontrolle von Staaten über untergeordnete Territorien zu erklären versuchte. Hier waren insbesondere marxistisch inspirierte Interpretationen dominant. Die erste wichtige **Theorie des Imperialismus** legte der britische Forscher John A. Hobson (1902) vor, der den Imperialismus als Konsequenz der Strategien von Unternehmern und Investoren in den Industrieländern sah, denen es gelang, die Steigerung von Waren- und Kapitalexporten als nationale Interessen zu definieren. Darauf aufbauend hat Wladimir I. Lenin, der Begründer der Sowjetunion, eine Interpretation vorgelegt, wonach der Imperialismus eine Reaktion auf die Grenzen der kapitalistischen Expansion im nationalen Raum ist. Deshalb erfolgt eine Ausweitung der Großkonzerne und des Finanzkapitals, unterstützt durch die kapitalistischen Länder, auf die gesamte Welt. Die militärische Annexion der Kolonien und ihre wirtschaftliche Durchdringung geht auf diesen Bedarf zurück. Auf diese Art und Weise würde auch die Arbeiterklasse in den kapitalistischen Ländern ruhiggestellt und mit den so generierten Mitteln aus der Ausbeutung der weniger entwickelten Gebiete ›bestochen‹. In ähnlicher marxistischer Sicht hat auch Rosa Luxemburg die Suche nach neuen Märkten zur Hauptantriebskraft des Imperialismus erklärt. Daraus ergeben sich dann auch Konflikte zwischen den kapitalistischen Ländern, die um die knapper werdenden Ressourcen, Märkte und Rohstoffe konkurrieren. Aus der Konkurrenz der transnationalen Firmen wird so die Staatenkonkurrenz, so Rosa Luxemburg.

Auf diese Weise erklären sich im Blick der klassischen Imperialismustheorien dann auch die zunehmenden internationalen Konflikte vor dem Ersten Weltkrieg. Allerdings überschätzten diese klassischen Theorien die wirtschaftliche Bedeutung der Kolonien und die Homogenität der Firmenkonglomerate. Zudem sind sie sehr stark an eine sehr spezifische Epoche gebunden.

Neuere Imperialismus-Theorien, die nach der Auflösung der Kolonialreiche entstanden, operieren eher mit dem Gegensatz von Zentrum und Peripherie, wobei in den abhängigen Staaten der Peripherie die dortigen Eliten kooptiert werden, um die Abhängigkeitsverhältnisse auf Dauer zu gewährleisten. Michael Hardt und Antonio Negri in ihrem Werk »Empire« (2002) lösen sich vom Staatsbegriff und gehen von einem umfassenden Netzwerk aus, in dem durch allgegenwärtige Machtstrukturen im militärischen, wirtschaftlichen, und virtuellen Bereich weltweit Kontrolle ausgeübt wird.[46] Liberale Theorien des Imperialismus argumentieren hingegen, dass sich in bestimmten Staaten Koalitionen von Gruppen mit Interessen an imperialistischer Ausdehnung durchsetzen. Je nach innerer Verfassung gelingt es diesen Gruppen (oder auch nicht), ihre Position zur Geltung zu bringen.

Marxistische Theorien verloren in der zweiten Hälfte des 20. Jahrhunderts stark an Einfluss. Mit dem Sieg der kommunistischen Sowjetunion im Zweiten Weltkrieg und dem Triumph der kommunistischen Revolution in China kurze Zeit später gab es nun zwar auch Staaten und Staatenblöcke, die – in der Theorie – nach marxistischen Prinzipien ihre internationale Politik hätten gestalten können. Der Ost-West-Konflikt führte aber auch dazu, dass marxistische Theorien der IB im Westen weitgehend marginalisiert wurden. In Deutschland gab es einige davon inspirierte Werke im Bereich der Friedensforschung und der Internationalen Politischen Ökonomie.[47] Erst nach dem Fall der Berliner Mauer erfuhren marxistische IB-Ansätze wieder einen gewissen Aufschwung, der auch vom Aufkommen kon-

---

46 Hardt/Negri 2002.
47 Beispielsweise: Krippendorff 1985; Altvater/Mahnkopf 1996.

struktivistischer Ansätze inspiriert wurde (Teschke/Wenten 2015). Nachhaltigeren Einfluss besaßen marxistisch geprägte Ansätze in Lateinamerika und Afrika, die die globalen Abhängigkeitsverhältnisse thematisierten. Von Bedeutung sind hier insbesondere die sogenannten Dependenz-Theorien, die Weltsystemtheorie und die Theorie des Neo-Gramscianismus, die im Folgenden erläutert werden.

Theorien in der Anwendung

Dependenz-Theorien (Dependency Theory)

Weshalb sollten westliche Modelle der Entwicklung von Gesellschaften universell gültig sein? Diese grundsätzliche Frage stellen sich zahlreiche Forscherinnen und Forscher in Weltregionen wie Süd- und Mittelamerika, Afrika und Asien. Sie kritisieren dabei nicht nur die traditionellen Ansätze in den Politikwissenschaften, sondern auch marxistische Theorien, die davon ausgehen, dass die kapitalistische Dynamik überall ähnlich abläuft. Stattdessen sei die Entwicklung in den Ländern dieser Weltregionen – in dieser Logik lange als Entwicklungsländer bezeichnet – davon geprägt, dass sie in globale kapitalistische Verwertungszusammenhänge eingebunden seien, die dauerhafte Abhängigkeitsverhältnisse produziert. Durch ungleichen Tausch, der im internationalen Handel festgeschrieben ist, werden diese Abhängigkeitsverhältnisse verstetigt. Ähnlich wie Wallerstein in seiner Weltsystemtheorie gehen Dependenz-Theorien davon aus, dass die Welt in Zentrum, Peripherie und Semiperipherie aufgeteilt ist. Die Eliten in Peripherie und Semiperipherie sind kooptiert und dienen letztlich der Aufrechterhaltung der Vormachtstellung des Zentrums. Notwendig sei deshalb ein Ende der politischen und wirtschaftlichen Abhängigkeitsverhältnisse.

Literatur zur Einführung: Boeckh 1984, 137–144.

Weltsystemtheorie

Neben den Dependenz-Theorien, sind die beiden wohl bedeutendsten marxistisch inspirierten Theorien der IB der Neo-Gramscianismus und die Weltsystemtheorie. Beide Theorien haben ihren Ursprung in den krisenbehafteten Jahren der 1970er Jahre, nach dem Zusammenbruch des Bretton Woods Systems.

Die Weltsystemtheorie geht auf den amerikanischen Soziologen und Historiker Immanuel Wallerstein zurück, der diese Theorie in vier großen Bänden, betitelt The Modern World System I-IV, die zwischen 1974 und 2011 erschienen, detailliert ausführte.[48] Der Anspruch Wallersteins ist dabei kein kleiner: Er möchte mit sei-

---

48 Wallersteins Ambition ist es, noch zwei weitere Bände herauszubringen, die dann die Epochen bis zur Gegenwart abdecken könnten. Wenn man beachtet, dass er bereits heute (2018) 88 Jahre ist, kann man nur hoffen, dass ihm noch genügend Elan bleibt, um sein ehrgeiziges Werk zu vollenden.

nem theoretischen Modell die Entwicklung der Welt seit dem 16. Jahrhundert erklären. Die Ursprünge des theoretischen Ansatzes liegen wie bei vielen kritischen Ansätzen im Marxismus. So nutzt Wallerstein Lenins Unterscheidung zwischen einem ausbeutenden Zentrum und einer ausgebeuteten Peripherie, um sowohl die Ursachen als auch die Folgen kapitalistischer Expansion zu erklären. Die Ungleichheit im globalen System wird also laut Theorie durch den Kapitalismus bedingt. Wallerstein widersetzt sich hiermit Aussagen der Modernisierungstheorie, die davon ausgeht, dass Staaten mit einem geringeren Wohlstand sich noch in einem früheren Entwicklungsstadium befinden als bereits industrialisierte Staaten (▶ Kap. 4.6).

Ein Weltsystem kann in der Theorie zwei Formen annehmen: Ein Weltreich, in dem eine dominante Macht (und ein dominantes politisches System) das Geschehen bestimmt. Beispiele hierfür wären u. a. das Heilige Römische Reich oder das Alte Ägypten. Oder es manifestiert sich in Weltökonomien, in der es mehrere konkurrierende politische Systeme gibt.

Seit dem 16. Jahrhundert befinden wir uns laut Wallerstein in einer Weltökonomie, in der die treibende Kraft der Kapitalismus ist. Dieser ist geprägt durch die Produktion von Waren für den Verkauf auf dem Weltmarkt unter dem Prinzip der Profitmaximierung sowie durch eine internationale Arbeitsteilung, die durch ungleichen Tausch zu globalen Ungleichheiten führt. Diese Struktur des Systems ist entscheidend für die Rolle und die Position, die die Akteure innerhalb des Systems (meist Staaten, aber auch soziale Klassen) haben.

Wichtig ist nicht nur die wirtschaftliche Arbeitsteilung, sondern auch die politische Gestaltung von Staaten im Weltsystem. Der souveräne Staat ist Hauptgrund für die Stabilität des derzeitigen Systems, weil er zum einen Eigentumsrechte garantiert, die die Grundlage des kapitalistischen Systems sind, zum anderen gleicht er einige Tendenzen des Kapitalismus aus (beispielsweise durch das Bereitstellen von Infrastruktur, für die der Markt alleine keine Anreize bereithält). Wichtig ist auch, dass es keinen Staat gibt, der die anderen effektiv kontrollieren kann (dann würde ein Weltreich entstehen), sondern dass es eine Rivalität innerhalb des internationalen Systems gibt, bei dem ein reger Austausch an Waren und Investitionen stattfindet, der immer wieder die Konkurrenz zwischen den Staaten belebt.

Je nach Lage im Weltsystem, sind die Staaten anders aufgebaut: so wird das **Zentrum** meist von demokratischen Regierungen regiert, hat einen ausgebauten Wohlfahrtsstaat, der durch seine Leistungen die eigene Arbeiterklasse in Schach hält, und produziert hoch technologisierte Industriegüter, die einen hohen Kapitaleinsatz sowie technische und wissenschaftliche Kapazitäten voraussetzen. Einige Staaten im Zentrum wachsen in eine hegemoniale Führungsrolle. Das Weltsystem wurde zunächst durch die Niederlande im 17. Jahrhundert, dann durch Großbritannien seit dem 19. Jahrhundert und schließlich durch die USA seit der Mitte des 20. Jahrhunderts dominiert. Hegemoniale Mächte sind dadurch charakterisiert, dass sie auch militärische Macht einsetzen, um ihre Position zu erhalten und zu stabilisieren. Das Zentrum nutzt aber nicht nur Zwang, um das System zu erhalten, sondern auch eine Geokultur – eine Ideologie, die das Zentrum auch in den Augen der Semiperipherie und Peripherie attraktiv macht.

Im Gegensatz zum Zentrum, zeichnet sich die **Peripherie** durch meist nicht demokratische Regierungen aus. Die darin regierende Klasse wird wiederum durch das Zentrum gestützt und arbeitet eigentlich für die Ziele des Zentrums anstatt für die der eigenen Bevölkerung. Periphere Staaten spezialisieren sich meist auf den Export von nichtverarbeiteten Rohstoffen und sind abhängig von technologischen Importen aus dem Zentrum und der Semiperipherie. Eine reine Frontstellung Zentrum vs. Peripherie hätte laut Weltsystemtheorie keinen langen Bestand, da die Ausbeutung zu offensichtlich ist und schnell massive Opposition entstehen würde.

Stabilisiert wird das System aber durch die **Semiperipherie**, in der meist autoritäre Regierungen das Sagen haben (auch wenn sie sich häufig hinter einer demokratischen Fassade verbergen) und die sich auf weniger technologisierte Industrieprodukte spezialisiert hat, die das Zentrum aus Kostengründen nicht mehr produzieren kann. Die Eliten der Semiperipherie versuchen gleichzeitig, den eigenen Staat in Richtung Zentrum zu entwickeln.

Auch wenn Wallersteins Theorie – wie der Neorealismus – als stark deterministisch angesehen werden kann (der Kapitalismus beeinflusst das gesamte Weltsystem und das Handeln der einzelnen Akteure), handelt es sich nicht um eine statische Theorie. Das bedeutet, dass sich die Zuordnung, welche Einheiten sich im Zentrum, in der Semiperipherie oder in der Peripherie befinden, ändern kann (und wird). Dies wird deutlich, wenn man Wallersteins zeitliche Dimensionen miteinbezieht. Er unterteilt in zyklische Rhythmen (diese sind an ökonomische Zyklen aus Wachstum und Rezension gekoppelt), in säkulare Trends (langfristige Entwicklungen wie beispielsweise Urbanisierung), in Widersprüche (meist zwischen dem kurzfristig und mittelfristig handelnden Individuum im kapitalistischen System), und Krisen (die Krise des Weltsystems führt zwangsläufig zu der Ablösung desselben). Interessanterweise sagt Wallerstein seit geraumer Zeit das Ende des aktuellen Weltsystems voraus, was in seiner Logik mit dem Ende des Kapitalismus einhergehen müsste.[49] Da Wallersteins Thesen zur Erklärung gegenwärtiger Krisen populär sind, wird die Theorie heute durch eine relativ große Anhängerschaft weiterausgearbeitet und differenziert (vgl. hierzu Nölke 2010, 358–363).

Planspiel

Weltsystemtheorie: Wo stehen die BRICS-Staaten heute im Weltsystem?

Wenden Sie die Konzepte Wallersteins der Peripherie, Semiperipherie und Zentrums an und versuchen Sie, die BRICS-Staaten den jeweiligen Sphären zuzuordnen. Informationen zu den BRICS-Staaten finden Sie im Kapitel 4.6. Begründen Sie Ihre Auswahl!

---

49 Sehen Sie hierzu auch ein Video des Begründers der Theorie an: Kontext TV 2015: https://www.youtube.com/watch?v=riK3dlgusrI [02.12.2018].

Neo-Gramscianismus

Die zweite prominente IB-Theorie mit marxistischen Wurzeln wurde wesentlich von dem kanadischen Politikwissenschaftler Robert W. Cox, kurz nach dem Erscheinen von Wallersteins ersten Werken zur Weltsystemtheorie, geprägt. Cox führte seinerseits die Überlegungen des italienischen Politikers, Philosophen und Mitbegründers der kommunistischen Partei Italiens, Antonio Gramsci (1891–1937), weiter (daher die Bezeichnung als Neo-Gramscianismus). Gramsci hatte während seiner Zeit im Gefängnis, in dem ihn das faschistische Regime von Mussolini lange Zeit festhielt, Überlegungen zur Weiterführung marxistischer Gedanken in seinen mittlerweile berühmten 32 »Gefängnisheften« verfasst. In ihnen stellte er sich insbesondere die Frage, warum die kommunistische Revolution sich so schwer tat, in Westeuropa Fuß zu fassen. Die Antwort fand er in seiner Konzeption der Hegemonie: laut Gramsci basiert die Macht der westeuropäischen kapitalistischen Eliten nicht nur auf den Ressourcen des Staates und der darauf aufbauenden Repression, sondern auch auf dem stummen Einverständnis zu dieser Macht durch die Regierten. Diese Zustimmung wird durch die Hegemonie des Staates gestärkt, durch die die kulturellen, sozialen und moralischen Werte der Elite von der Zivilgesellschaft und deren Institutionen anerkannt und reproduziert werden. Somit entsteht laut Gramsci ein **historischer Block**, der die sich gegenseitig verstärkenden Beziehungen von Regierenden und Regierten beschreibt.

Robert Cox bezog sich in seinen beiden prägendsten Artikeln auf Gramscis Verständnis von Hegemonie und übertrug es auf die internationale Politik (Cox 1981; 1983). Demnach sind die Kräfteverhältnisse nicht nur innerhalb der Staaten von Hegemonie geprägt, sondern eben auch auf der internationalen Ebene. Konkret heißt das, dass die westliche Ideologie (repräsentiert durch die USA) im internationalen System vorherrscht und somit die materielle Hegemonie des Westens stützt, da das gesamte System implizit die Vorherrschaft der USA akzeptiert. Neorealisten würden im Vergleich dazu argumentieren, dass die hegemoniale Vormachtstellung der USA auf deren materiellen Ressourcen beruht. Für Neogramscianer ist jedoch der wichtigste Erklärungsfaktor für die amerikanische Dominanz nach dem Ende des Zweiten Weltkriegs die Akzeptanz, die die anderen Staaten den Ideen und Werten der Amerikaner, vor allem des wirtschaftlichen und politischen Neoliberalismus, wie er auch in den Bretton Woods Institutionen (IWF und Weltbank) verankert war, entgegenbrachten. Somit spielen auch internationale Institutionen und transnationale Verbindungen eine wichtige Rolle, die hauptsächlich der Festigung der existierenden Hegemonie dienen. Gegenhegemoniale Potentiale werden durch diese Institutionen und Vernetzungen absorbiert und ihnen wird wirkungsvoll entgegengesteuert.

Neogramscianische Analysen sind weiterhin sehr populär, insbesondere bei der Untersuchung der Dynamiken in der globalen politischen Ökonomie.[50]

---

50 Bieler/Morton 2018.

Theorien in der Anwendung

China als neuer Hegemon?

Robert Cox bot in einem Interview 2009 eine sehr eindrückliche Darstellung, wie ein Neogramscianer den Aufstieg Chinas analysieren würde:
»There is the case of contemporary China; if you look at Chinese and especially the middle class, they want to live like Americans, in terms of consumerism and the like. The economic ties that bind China and the US also influence ideas the Chinese hold, and this has very much to do with the hegemony the US has on all these levels – both economically, and in terms of media. Now since that American level of consumption is not sustainable in the long run, and if one billion Chinese, roughly 20 % of the world population, were to add to the existing American 5 % of consumers and polluters, one can easily predict collapse of the biosphere. We should, then, hope that the decline in American power and the rise in China's world power would lead to some collective reevaluation of how to live together on the planet.«

Literatur: Schouten 2009: http://www.theory-talks.org/2010/03/theory-talk-37.html, [02.12.2018].

Feministische Ansätze

»Die Vorstellung der Welt als Welt ist ein Produkt der Männer; sie beschreiben sie von ihrem Standpunkt aus, den sie mit der absoluten Wahrheit verwechseln«.[51] Das Werk von Simone de Beauvoir »Le Deuxième Sexe« (»Das andere Geschlecht«), aus dem das Zitat stammt, war eine der einflussreichsten feministischen Schriften des 20. Jahrhunderts und hat das Verständnis des Unterschieds zwischen »Gender« und »Sex« – also die Aufspaltung der sozialen Rolle und des biologischen Geschlechts maßgeblich geprägt. Die Infragestellung der als objektiv anerkannten männlichen Sichtweise auf die Welt liegt auch den feministischen IB-Ansätzen zugrunde. Feministische IB-Ansätze fragen danach, wie Gender als hierarchische Kategorie auf Beziehungen und die Wissensproduktion wirkt und wie diese Strukturen reproduziert werden. Sie kritisieren damit auch die Ignoranz gegenüber der Wirkmächtigkeit von Gender in den meisten IB Theorien und den Androzentrismus, der sowohl die theoretische als auch empirische IB Forschung prägt. Zum einen werden Frauen innerhalb der (Politik-) Wissenschaft in öffentlichen und wissenschaftlichen Debatten seltener als Expertinnen eingeladen als ihre Kollegen: sie machen immer noch den geringeren Anteil der renommierten/ viel zitierten Wissenschaftlerinnen aus und so wird der Mainstream oft zum »Malestream«. Auch innerhalb der IB Disziplin sind beispielsweise auf Konferenzen Diskussionsrunden ausschließlich mit (weißen) Wissenschaftlern (»manels«, von

---

51 De Beauvoir 1968, 155.

male-panels) immer noch gang und gäbe[52]. Zum anderen wird der IB Forschung insgesamt vorgeworfen, dass sie nach wie vor größtenteils ignorant gegenüber der Integration von gender- und feministischen Ansätzen ist. Diese IB-Ansätze betrachten also Probleme und Fragen der internationalen Politik aus einer feministischen und Gender-Perspektive. Damit sind feministische Ansätze der IB-Forschung keine klar abgrenzbare Theorie, sondern eine Strömung, die auch immer eng mit gesellschaftspolitischen feministischen Debatten verknüpft war und ist.

In die Teildisziplin der Internationalen Beziehungen haben feministische Ansätze erst in den 1980er Jahren nachhaltig Einzug gehalten. Im gleichen Zeitfenster war die Disziplin insgesamt im Umbruch begriffen, durch konstruktivistische Perspektiven, und die vermehrt kritische Auseinandersetzung mit idealistischen sowie realistischen Paradigmen. Ann Tickner hat 1992 in ihrem einflussreichen Werk »Gender in International Relations« Fragen gestellt, die für die frühen feministischen Debatten in den IB maßgeblich waren: »Warum ist der Hauptgegenstand meiner Disziplin so weit entfernt von den gelebten Erfahrungen von Frauen?« und »wieso sind Frauen nur durch ihre Abwesenheit in der Welt der Diplomatie, des Militärs und der Außenpolitik sichtbar?« (Übersetzungen M. R.). Sowohl Cynthia Enloe als auch Ann Tickner haben vor allem Krieg und Frieden und sicherheitspolitische Themen der Internationalen Beziehungen erforscht. In ihrem Werk »The Big Push« (2017) greift Cynthia Enloe die Herausforderungen auf, den patriarchalen Machtstrukturen – nicht nur im internationalen System – zu begegnen und entgegenzutreten. Sie macht deutlich, dass diese hartnäckig und anpassungsfähig sind und daher teilweise schwer zu durchschauen und es noch schwerer ist, sie zu verändern. Schon früh hat Enloe – in Anlehnung an die sogenannte zweite Welle des (westlichen) Feminismus – festgestellt, dass das Persönliche international und das Internationale persönlich ist. Ersteres bezieht sich darauf, dass das was oft als die persönliche oder private Sphäre beschrieben wird, von Machtstrukturen durchdrungen ist und wie ein Pfeiler das internationale System stützt. So zum Beispiel die Rolle von Ehefrauen, die mit Soldaten verheiratet sind und zwar eigentlich Zivilistinnen sind, jedoch nicht als solche wahrgenommen werden. Mit der Annahme, dass das Internationale persönlich ist, will Enloe Wissenschaftlerinnen auffordern, die Rollen von Frauen beispielsweise als Geflüchtete und zivilgesellschaftliche Aktivistinnen zu analysieren.

Ähnlich wie bei Enloe, war der Ausgangspunkt für viele feministische Wissenschaftlerinnen der Einbezug der Mikro-Ebene: der Versuch das Leben von (marginalisierten) Individuen zu erforschen und zu verstehen, wie sie die internationalen Beziehungen beeinflussen und wie die Strukturen der internationalen Ebene auf sie einwirken. Dieser Strang feministischer IB Forschung kann als »everyday feminist theorising«[53] beschrieben werden und zielt(e) darauf ab, Frauen in der internationalen Politik sichtbar zu machen. In den neueren Debatten formulieren Wissenschaftlerinnen radikalere theoretische Ansätze, die die Konstruktion von Geschlecht und der Kategorie Frau problematisieren und dekonstruieren. Vertreterinnen dieser

---

52 Åhäll et al. 2018: https://thedisorderofthings.com/2018/06/26/feminist-labour-at-the-isa-white-manels-the-politics-of-citation-and-mundane-productions-of-disciplinary-sexism-and-racism/ [02.12.2018].
53 Sylvester 1996, 254–273.

Ansätze analysieren Akteurinnen, Prozesse und Strukturen auf zwischenstaatlicher und internationaler Ebene mit einer gender-sensiblen Brille; und entwickeln spezifische Methoden für ihre Forschungsvorhaben (für einen guten Überblick, siehe Sylvester 1994).

Feministische Theorien haben sich mittlerweile in der IB-Forschung etabliert und werden auch in Zukunft nicht wegzudenken sein. Das liegt sicherlich auch daran, dass die Themen, die sie auf die Agenda setzen und ihr Blick auf die Untersuchungsgegenstände noch lange Anhaltspunkte für kritische Forschung sein werden. Forschungsansätze, die die Verwobenheit von Geschlechterverhältnissen und (anderen) sozialen Ungleichheiten – und die daraus entstehenden neuen Diskriminierungsdimensionen – erforschen, werden unter dem Begriff der Intersektionalität gebündelt und stellen eines von vielen möglichen (aktuellen) Forschungsparadigmen dar.

Diskussionsthema

Intersektionalität

Ähnlich wie den gesellschaftspolitischen Debatten um Frauenrechte und Gleichberechtigung, wird den wissenschaftlichen Debatten vermehrt vorgeworfen, (die Rolle von) Women of Color vernachlässigt zu haben. Feminismus wurde maßgeblich als Feminismus einer weißen Mittelklasse gedacht und hat oftmals Women of Color ausgeschlossen oder ihre Anliegen ignoriert. Die Verwobenheiten von Diskriminierung aufgrund verschiedener Merkmale, die Menschen besitzen oder die ihnen zugeschrieben werden, wird in den vielfältigen Forschungsansätzen zu Intersektionalität thematisiert. Die amerikanische Professorin Kimberlé Crenshaw hat die Verzweigung von Diskriminierungsdimensionen anhand der Diskriminierung von Women of Color beforscht und benannt. Diese befinden sich an der Kreuzung (Intersection) zwischen der Diskriminierung aufgrund ihres Geschlechts (Sex und Gender) als Frau bzw. der Geschlechterverhältnisse; und aufgrund ihrer Hautfarbe, als Women/Person of Color. Intersektionalität beschreibt demnach neue Dimensionen von Diskriminierung, so schreibt Crenshaw »because the intersectional experience is greater than the sum of racism and sexism, any analysis that does not take intersectionality into account cannot sufficiently address the particular manner in which Black women are subordinated« (Crenshaw 1989, 140). Der Forschungsansatz der Intersektionalität findet auch in der kritischen feministischen (IB-) Forschung Anschluss. Diese beforscht die Wechselwirkungen verschiedener sozialer Ungleichheiten aufgrund von beispielsweise Gender, Geschlechterverhältnissen, Klasse, Hautfarbe, Herkunft, sexueller Orientierung, Religion, Alter und körperlichen Einschränkungen.

Diskussionsfragen: Wie können gesellschaftliche (Protest-)Bewegungen Inklusivität und Diversität gewährleisten? Überlegen Sie, wie ein IB-Forschungsansatz intersektionale Dynamiken untersuchen kann.

Literatur: Crenshaw 1989, 139–167.

Postkoloniale Ansätze: Der Eurozentrismus der IB

Kenneth Waltz, bedeutendster Vertreter des Neorealismus (▶ Kap. 3.1) argumentiert, dass die Welt zur Zeit des Kalten Kriegs aufgrund des Mächtegleichgewichts im bipolaren System »stable, and ... remarkably peaceful« war.[54] Postkoloniale Theoretiker in den IB kritisieren diese Argumentation, da sie aus ihrer Perspektive nur die Beziehungen zwischen westlichen Staaten[55] in den Blick nimmt. So waren die Beziehungen zwischen den USA und der Sowjetunion auch deshalb friedlich, weil sie ihren Konflikt in nicht-westliche Staaten, in Asien, Afrika und Lateinamerika ausgelagert hatten (Hobson 2012). Dort konnte der Kalte Krieg, anders als in Europa, mit rund 20 Millionen Toten keineswegs als kalt bezeichnet werden. Die prominentesten dieser Stellvertreterkonflikte waren der Koreakrieg (1950–1953) und der Vietnamkrieg (1964–1975).

Diese Kritik steht exemplarisch für die Herangehensweise postkolonialer Ansätze, die die Zentriertheit der IB auf westliche Politik (einen sog. »**Eurozentrismus**« der Theorien) versuchen zu verdeutlichen. Eine in diesem Zusammenhang umfassende Untersuchung der Ideengeschichte der IB präsentiert John M. Hobson (nicht zu verwechseln mit dem im Abschnitt zu marxistischen Theorien genannten John A. Hobson) in seinem Buch «The Eurocentric Conception Of World Politics» (2012). Darin bezweifelt er, dass die klassischen IB Theorien wertfrei sind und positivistische, universelle Erklärungen der Weltpolitik hervorbringen, die für alle Staaten unabhängig von kulturellen oder ethnischen Unterschieden gelten. Ihm zufolge bieten die IB Theorien, wenn man sie aus nicht-eurozentristischer Perspektive betrachtet, nur eine Erklärung der internationalen Politik eines spezifischen Teils der Welt.

Das Präfix ›post‹ in ›postkolonial‹ bedeutet nicht, dass der Untersuchungsgegenstand die Periode nach dem Ende der Kolonialzeit ist (und diese nun der Vergangenheit angehört). Stattdessen wird angenommen, dass es, trotz Dekolonisation und formaler Unabhängigkeitserklärungen, Langzeiteffekte des Kolonialismus gibt, die (in veränderter Form) bis heute nachwirken. Damit sind die epistemologischen und auch konkret-materiellen Bedingungen gemeint, auf die sich der Kolonialismus stützte. Postkoloniale Theoretikerinnen in den IB stellen diesbezüglich beispielsweise die Legitimität militärischer Interventionen infrage. Diese fußt auf einem Selbstbild des Westens, der bei den ›Anderen‹ für Frieden sorgen muss, weil diese nicht willens oder in der Lage sind, selbst Frieden zu wahren.[56] Staatliche Souveränität (▶ Kap. 2), eine der Hauptprinzipien der internationalen Beziehungen, wird so für nicht-westliche Staaten durch moralisch legitimierte Interventionen eingeschränkt.

---

54 Waltz 1979, 121.
55 Der Begriff des ›Westens‹ wird in den postkolonialen Studien nicht im geografischen Sinn, sondern als historisches Konstrukt verstanden. Der ›Westen‹ steht dabei für eine Gesellschaft, die als entwickelt, industrialisiert, städtisch, kapitalistisch, zivilisiert und modern verstanden wird. Diese steht im Gegensatz zum ›Osten‹ oder ›dem Rest‹, der als unterentwickelt, ländlich, unzivilisiert etc. gesehen wird (Hall 1994, 137–179).
56 Siehe z. B. Meyer 2008, 555–574.

Darüber hinaus adressieren postkoloniale Theoretikerinnen auch die gängige Forschungspraxis in den IB. Zentral ist die Frage der Repräsentation und die Rolle von Intellektuellen. Wer spricht für und über wen? Wer ist an der Forschung beteiligt und wer wird möglicherweise von der Wissensproduktion ausgeschlossen? Welche Forschungsgegenstände sind relevant? Mit diesen Fragen einher geht die Kritik, dass nicht-westliches Wissen häufig als ›lokales Wissen‹ abgetan wird, während westliches Wissen als wissenschaftlich, kontextunabhängig und universell gültig angesehen wird.

Ähnlich der anderen zuvor beschriebenen kritischen Theorien, geht es also postkolonialen Ansätzen darum, Machtstrukturen offenzulegen und zu überwinden. Während marxistische Theorien diese Machtstrukturen in Klassenverhältnissen sehen und feministische Theorien patriarchale Herrschaftsverhältnisse adressieren, kritisieren postkoloniale Theoretikerinnen das Fortbestehen von eurozentristischen Machtstrukturen, die ihren Ursprung in der Kolonialzeit haben. Diese postkoloniale Perspektive ist in den IB noch relativ neu. Erste Studien bedienen sich häufig der Erkenntnisse anderer Disziplinen wie beispielsweise den Literaturwissenschaften (z. B. Edward Said (1978), der in seinem Werk »Orientalismus« die kolonialen Wurzeln des westlichen ›Orient‹-Diskurses dekonstruiert) oder Gayatri Chakravorty Spivak, die mit »Can the Subaltern Speak?« (1988) u. a. die Sprachlosigkeit der Subalternen adressiert).

Internationale Beziehungen im Film

Postkolonialismus und »Die Schlacht von Algier« (1966)

In den Jahren 1954–1962 kam es in Algerien zu einem brutalen Befreiungskrieg um die Unabhängigkeit des seit 1830 zum französischen Kolonialreich gehörenden Landes. Unter Führung der revolutionären Nationalen Befreiungsfront (FLN) unternahmen die Aufständischen einen blutigen Guerillakrieg gegen französische Siedler und kollaborierende Einheimische. Die französische Armee reagierte mit gnadenlosen Repressalien, die zahlreiche Massaker und systematische Folter beinhalteten. Als die Aussichtslosigkeit dieser Strategie immer offensichtlicher wurde, versuchte die französische Regierung unter Staatspräsident Charles de Gaulle (1958–1969) eine einigermaßen geordnete Unabhängigkeit umzusetzen, woraufhin sich eine paramilitärische Terrororganisation (»Organisation de l'armée secrète«; OAS) aus französischen Militärs und Siedlern bildete, die die Zivilbevölkerung terrorisierte und eine Vielzahl von Attentaten, unter anderem auf de Gaulle, verübte. In den Verträgen von Évian im März 1962 gestand die französische Regierung Algerien schließlich ein Unabhängigkeitsreferendum zu, welches eine überwältigende Mehrheit für die Loslösung von Frankreich erbrachte. Der Konflikt hatte mehrere hunderttausend Getötete und eine Massenflucht von Franzosen und Algeriern nach Frankreich zur Folge.
Eine der blutigsten Episoden der Auseinandersetzung war die Schlacht um Algier 1957, in der die FLN versuchte, im dicht besiedelten Zentrum der algerischen Hauptstadt durch Terror und Sabotage die französische Herrschaft zu

destabilisieren. Mit einer gnadenlosen Säuberungskampagne schlug die französische Armee diesen Aufstand nieder.

Die Ereignisse sind in dem pseudo-dokumentarischen, vielfach ausgezeichneten Spielfilm »Schlacht um Algier« von 1966 des italienischen Journalisten Gillo Pontecorvo höchst realistisch und packend dargestellt. Gezeigt wird Gewalt und Gegengewalt aus unterschiedlichen Perspektiven. Der Film war lange in Frankreich verboten. Die dort gezeigte Guerilla-Kriegführung und auch die dargestellten Gegenmaßnahmen dienten sowohl Gegnern des Vietnamkriegs als auch der amerikanischen Armee in ihrer »Counterinsurgency« Strategie im Irakkrieg als Lehrstück.

Der Film illustriert aber auch sogenannte postkoloniale Theorien, die in den IB zunehmend an Bedeutung gewinnen. Postkoloniale Ansätze hinterfragen die traditionelle, westlich-zentrierte und auf den Staat fokussierte IB, und versuchen, wie der Film, den Blick auf die Perspektiven der Betroffenen zu werfen und die Machtverhältnisse hinter dominanten Diskursen zu demaskieren.

Poststrukturalismus: Die Welt als Text

Traditionelle kritische Theorien machen ungerechte Herrschaftsverhältnisse an materiellen Ungleichheiten fest. Diese über lange Zeit verfestigten materiellen Strukturen sind dafür verantwortlich, dass dauerhafte Abhängigkeit, mangelnde Partizipation und strukturelle Ausbeutung unverändert Merkmale der internationalen Politik sind. Weshalb aber ist es so schwer, diese Zustände zu ändern? Viele Wissenschaftlerinnen argumentieren, dass dies daran liegt, dass die Art und Weise, wie über bestimmte Themen gesprochen wird (der dazu gehörende Diskurs), schon Abhängigkeitsverhältnisse produziert und auf Dauer stellt. Beispielsweise hat die amerikanische Politikwissenschaftlerin Roxanne Doty untersucht, wie Sprache und Praktiken (▶ 18. Schlüsselbegriff: ›Praktiken in den Internationalen Beziehungen‹) Nord-Süd Identitäten in hierarchischer Weise konstituieren.[57] Die Diskurse des Kolonialismus, der Entwicklungshilfe, der Menschenrechte etc. schaffen allein durch die ihnen innewohnenden Wertungen eine bestimmte Art der Beziehungen, die immer neu reproduziert wird. Doty nennt dies ›repräsentative Praktiken‹. Es sind also bestimmte Diskurse, die Identitäten und Verhältnisse zu quasi natürlichen Gegebenheiten machen und diese dadurch legitimieren. Die Offenlegung und Problematisierung dieser Diskurse ist das zentrale Anliegen der sogenannten poststrukturalistischen Ansätze der IB, die seit Ende der 1990er Jahre einen ausgesprochen produktiven Aufschwung genommen haben. Poststrukturalistische Ansätze bezweifeln die Möglichkeit universeller Regeln oder Wahrheiten, da es in ihrer Sicht keine Realität gibt, die nicht durch unsere eigenen Wahrnehmungen und Interpretationen geformt wird. Wissen und Wahrheiten sind subjektiv, und sie sind eher produziert als entdeckt.

---

57 Doty 1996.

Poststrukturalistinnen vertreten eine fundamentale Skepsis gegenüber etablierten Narrativen, da diese wesentlich durch vorgefasste Annahmen dessen, was wahr ist, vorgeprägt sind. Diese Annahmen sind in der Regel entscheidend durch diejenigen Personen oder Institutionen, die Definitionsmacht besitzen, geprägt. Wer die Deutungshoheit hat, der besitzt Macht. Poststrukturalisten hinterfragen deshalb auch die Art und Weise, wie die IB die Welt erforschen und versuchen, marginalisierte Interpretationen zu entdecken. Denn auch hier sehen sie, wie bestimmte Interpretationen und Sichtweisen dominant werden und alternative Sichtweisen gar nicht erst angesprochen werden. Dies ist der kritische Kern des Poststrukturalismus, und das zentrale Anliegen ist es, Alternativen aufzuzeigen. Kritisiert werden insbesondere westlich-europäische Perspektiven auf die internationale Politik, die zum Beispiel dazu führen, dass Interventionen in nicht-westlichen Gesellschaften als legitimes Mittel gelten, um dort eine als selbstverständlich interpretierte Politik durchzusetzen.

18. Schlüsselbegriff

Praktiken in den Internationalen Beziehungen

Der Begriff der Praktiken spielt eine zentrale Rolle in poststrukturalistischen Theorien. Gemeint sind damit Verhaltensroutinen, die auf geteiltem Wissen und regelmäßig eingeübten Verhaltensweisen beruhen, und so eine soziale Ordnung aufrechterhalten. So gehört die Praxis des Abschreitens militärischer Formationen bei Staatsbesuchen bei gleichzeitigem Abspielen der Nationalhymnen seit langem zur diplomatischen Praxis. Es gibt eine Vielzahl von derartigen, meist deutlich weniger spektakulären Praktiken, die empirisch beobachtet werden können und die durch häufige Wiederholung nicht nur Normen reproduzieren, sondern diese auch erst etablieren können. Internationale Verhandlungen, die Routinen in internationalen Organisationen, Diplomatie, die Entscheidungsfindung in der Außenpolitik von Staaten, usw. bündeln individuelle und kollektive Praktiken.
Inspiriert von soziologischen Theorien, zum Beispiel des französischen Gesellschaftstheoretikers Pierre Bourdieu, hat sich eine sehr fruchtbare Forschungstradition entwickelt, die eine Vielzahl von Fragen der internationalen Politik mit dem Konzept der Praktiken bearbeitet und damit die stark auf Diskurse fokussierte erste Generation der poststrukturalistischen Forschung ergänzt und erweitert.

Weiterführende Literatur:
Cornut 2017: http://internationalstudies.oxfordre.com/view/10.1093/acrefore/9780190846626.001.0001/acrefore-9780190846626-e-113/version/0 [02.12.2018].

Zusammenfassung

Kritische Theorien stellen in Frage, dass es eine Theorie der internationalen Politik ohne eine politische Agenda geben sollte, beziehungsweise dass dies möglich ist. Sie weisen auf Probleme und Phänomene hin, die von anderen Theorien vernachlässigt werden und rücken sie dadurch ins Blickfeld politikwissenschaftlicher Forschung und gesellschaftspolitischer Diskussionen. In diesem Sinne bilden sie eine unverzichtbare Ergänzung derjenigen Ansätze, die eine mehr oder weniger illusorische Wertneutralität anstreben. Den kritischen Theorien steht die Auffassung gegenüber, dass versucht werden sollte, eine werturteilsfreie Analyse anzustreben und dass sich die politischen Schlussfolgerungen erst aus der möglichst unvoreingenommen Betrachtung der Realitäten ergeben müsse. Dies ist eine lang anhaltende und unauflösbare Kontroverse in den Sozialwissenschaften und wer sich mit internationaler Politik beschäftigt, kommt letzten Endes nicht darum, sich damit auseinanderzusetzen. Nur indem der eigene Standpunkt und das eigene Erkenntnisinteresse offengelegt wird, kann das Potenzial der jeweiligen Theorieansätze voll ausgeschöpft werden.

Wissensfragen

- *Was wird unter ›Imperialismus‹ verstanden?*
- *Wie verstehen Dependenz- und Weltsystemtheorien das Verhältnis von Zentrum und Peripherie?*
- *›Hegemonie gepanzert mit Zwang‹. Inwiefern umschreibt dieses Konzept die neo-gramscianische Sicht auf die internationale Politik?*
- *Erklären Sie den Begriff ›Intersektionalität‹.*
- *Was bezeichnen ›Praktiken‹ in den poststrukturalistischen Theorien?*

Weiterführende Literatur

Zu marxistischen Theorien und Imperialismustheorien:

Heinrich, Michael (2010): Imperialismustheorie, in: Siegfried Schieder/Manuela Spindler (Hrsg.), *Theorien der Internationalen Beziehungen*, 3. Aufl., Opladen, S. 311–342.
Hobson, John A. (1902): Imperialism. A Study, New York.
Teschke, Benno/Wenten, Frido (2015): *Marxismus in den Internationalen Beziehungen*, in: Carlo Masala und Frank Sauer (Hrsg.), *Handbuch Internationale Beziehungen*, 2. Aufl., Wiesbaden, S. 107–140.

Zur Weltsystemtheorie:

Nölke, Andreas (2010): Weltsystemtheorie, in: Siegfried Schieder/ Manuela Spindler (Hrsg.), *Theorien der Internationalen Beziehungen*, 3. Aufl., Opladen, S. 343–370.
Wallerstein, Immanuel (1974): *The Modern World-System I. Capitalist Agriculture and the Origins of the European World-Economy in the Sixteenth Century*, New York.

Wallerstein, Immanuel (1980): *The Modern World-System II. Mercantilism and the Consolidation of the European World Economy, 1600–1750*, New York.
Wallerstein, Immanuel (1989): *The Modern World-System III. The Second Era of Great Expansion of the Capitalist World Economy, 1730s–1840s*, New York.
Wallerstein, Immanuel (2011): *The Modern World-System IV. Centrist Liberalism in Triumphant, 1789–1914*, New York.

Zum Neogramscianismus:

Bieler, Andreas/Morton, Adam David (2010): Neo-Gramscianische Perspektiven, in: Siegfried Schieder/ Manuela Spindler (Hrsg.), *Theorien der Internationalen Beziehungen*, 3. Aufl., Opladen, S. 371–385.
Cox, Robert (1981): Social Forces, States, and World Orders. Beyond International Relations Theory, in: *Millennium*, 10(2), S. 126–155.
Cox, Robert (1983): Gramsci, Hegemony and International Relations. An Essay in Method, in: *Millennium*, 12(2), S. 162–175.

Zu feministischen Theorien:

Enloe, Cynthia (2017): The Big Push. Exposing and Challenging the Persistence of Patriarchy, Oakland.
Sylvester, Christine (1994): Feminist Theory and International Relations in a Postmodern Era, Cambridge.
Beckman, Peter R./D'Amico, Francine (1994): *Women, Gender, and World Politics: Perspectives, Policies, and Prospects*, Westport.
Tickner, J. Ann (1992): *Gender in International Relations*, New York.
Weber, Cynthia (2005): *International Relations Theory. A Critical Introduction*, 2. Aufl., New York.

Zu postkolonialen Ansätzen:

Castro Varela, María do Mar/Dhawan, Nikita (2017): Postkoloniale Studien in den Internationalen Beziehungen: Die IB dekolonisieren, in: *Handbuch Internationale Beziehungen*, Wiesbaden, S. 233–256.
Hobson, John M. (2012): *The Eurocentric Conception of World Politics. Western International Theory, 1760–2010*, Cambridge.
Müller, Franziska (2016): Von Wissenproduktion, Weltordnung und ›worldism‹. Postkoloniale Kritiken und dekoloniale Forschungsstrategien in den Internationalen Beziehungen, in: Aram Ziai (Hrsg.) *Postkoloniale Politikwissenschaft: theoretische und empirische Zugänge*. Bielefeld, S. 236–254.
Said, Edward (1978). *Orientalism*. New York.
Spivak, Gayatri Chakravorty (1988): Can the Subaltern Speak?, in: Cary Nelson/Lawrence Grossberg (Hrsg.), *Marxism and the Interpretation of Culture*, Champaign, S. 271–313.

Zum Poststrukturalismus:

Wagner, Maren/Jetschke, Anja (2017): Poststrukturalismus, in: Anja Jetschke (Hrsg.), *Internationale Beziehungen. Eine Einführung*, Tübingen, S. 257–281.

4 Zentrale Themenfelder der internationalen Beziehungen

4.1 Internationale Politische Ökonomie

Lernziele

- *Kenntnis der zentralen Ereignisse und Strukturen der internationalen Wirtschaftsbeziehungen und ihrer Bedeutung für die globale Politik*
- *Verständnis der wichtigsten Konzepte und Theorien der Internationalen Politischen Ökonomie*
- *Entwicklung eines Bewusstseins für die Wechselwirkung zwischen Politik und Wirtschaft in der internationalen Politik und Kenntnis unterschiedlicher Formen dieser Wechselwirkung*

Währung und Sicherheit im Kalten Krieg

Am 24. Oktober 1961 reiste der stellvertretende amerikanische Verteidigungsminister Roswell Gilpatric zu Gesprächen mit seinem westdeutschen Pendant, Franz-Josef Strauß, nach Bonn. Im Schatten des Berliner Mauerbaus, der im August begonnen hatte, nahmen nur wenige Zeitungen Notiz von der Visite. Dennoch wurde an diesem Tag zwischen der Bundesrepublik und den USA ein Abkommen geschlossen, welches für die transatlantischen Beziehungen und darüber hinaus von großer Bedeutung war. Westdeutschland verpflichtete sich, in den nächsten zwei Jahren amerikanische Waffen im Wert von 1,3 Mrd. Dollar zu kaufen. Damit sollten die in D-Mark anfallenden Ausgaben der in Deutschland stationierten, mehr als 200 000 Mann starken amerikanischen Streitmacht ausgeglichen werden und somit die entsprechende negative Belastung der amerikanischen Zahlungsbilanz[58] beseitigt werden. Die Tatsache, dass die USA schon seit Jahren viel mehr im Ausland ausgaben als sie einnahmen, hatte zu enormen Defiziten geführt und den Dollar, der damals die Basis eines Systems fester Wechselkurse war, unter massiven Druck gesetzt. Die USA wollten aber auf keinen Fall abwerten, denn dies hätte das

---

58 In der Zahlungsbilanz werden alle wirtschaftlichen Transaktionen zwischen Inländern und Ausländern für einen bestimmten Zeitraum erfasst. Ist die Zahlungsbilanz von Land A gegenüber Land B positiv, bedeutet dies, dass mehr Geld von B nach A geflossen ist, als in die andere Richtung.

Währungssystem der Nachkriegszeit, das den wirtschaftlichen Aufschwung seit 1945 maßgeblich ermöglicht hatte, in eine tiefe Krise gestürzt. Zudem wäre es ein herber Schlag für das amerikanische Prestige gewesen. Die Deutschen nutzten diese Zwangslage, um Zugang zu hochmoderner Waffentechnologie zu erhalten sowie eine Garantie, dass die USA ihre Truppenstärke trotz inneramerikanischer Kritik an dieser enorm teuren Verpflichtung beibehielten. Gerade in den intensivsten Phasen des Kalten Kriegs waren die US-Truppen von höchster Symbolkraft und die lebende Verkörperung des amerikanischen Beistandsversprechens im Falle eines sowjetischen Angriffs. Das Strauß-Gilpatric Abkommen war also ein Deal, der beiden Seiten nutzte. So wurde es in den Folgejahren mehrfach verlängert. Die Bundeswehr wurde zum größten Kunden der US-Waffenindustrie und trug nicht unerheblich zur Finanzierung des Vietnamkriegs bei. Das Interesse, die amerikanische Sicherheitsgarantie nicht zu gefährden, führte zudem zu währungspolitischem Wohlverhalten, zum Beispiel durch den Kauf amerikanischer Staatspapiere, und trug entscheidend zur Verlängerung der Lebenszeit des Systems fester Wechselkurse bei.

Die sogenannten Devisenausgleichs- oder Offset-Abkommen zeigen auf exemplarische Weise und in vielen Facetten die enge Verknüpfung von Sicherheits- und Wirtschaftspolitik im Kalten Krieg.[59] Eine rein sicherheitspolitische oder rein wirtschaftliche Betrachtung der damit verbundenen militärischen, bündnispolitischen und währungspolitischen Fragen würde hier viel zu kurz greifen. Eben diese enge Wechselwirkung von Politik und Wirtschaft ist das Thema der **Internationalen Politischen Ökonomie** (IPÖ), die sich als eigenes Untersuchungsfeld aus und neben der Disziplin der IB zu Beginn der siebziger Jahre etablierte. Ökonomische Probleme im internationalen Raum als hochpolitische Fragen zu verstehen, und die wirtschaftlichen Bedingungen internationaler Politik systematisch zu bearbeiten: dies war und ist das grundlegende Ziel dieser Teildisziplin, die sich inzwischen enorm ausdifferenziert hat, und ein umfassendes Spektrum von Antworten auf fundamentale Fragen der globalisierten Welt anbietet.

Grundlagen der IPÖ

Für Gelehrte, die sich seit der frühen Neuzeit mit dem internationalen Wirtschaftsgeschehen befassten, wäre die Erkenntnis, dass Politik und Wirtschaft eng miteinander verknüpft sind, eine Binsenweisheit gewesen. Jean Baptiste Colbert (1619–1683), der Finanzminister des Sonnenkönigs Ludwig XIV, sah intensiven Handel und eine positive Außenhandelsbilanz als zentrale Determinanten staatlicher Macht an. Er steht damit für den **Merkantilismus**, der mit Hilfe der Instrumente der Exportförderung und des Protektionismus (d. h. Maßnahmen zum Schutz der einheimischen Produkte, wie Zölle und andere Handelsbarrieren) versuchte, eine positive Handelsbilanz und darauf aufbauende Reserven (vor allem an Edelmetallen) für den Staat zu erwirtschaften. Damit sollte das Einkommen des eigenen Staates im Verhältnis zu anderen Staaten vermehrt werden. Gegen diese

---

[59] Ihre Geschichte ist nachzulesen in: Zimmermann 2002.

relativ simple Sicht der Wirkung von Außenhandel wandte sich im 19. Jahrhundert der ökonomische Liberalismus, dessen bekanntester Vertreter Adam Smith (1723–1790) war. Nach Smith sollte der Staat von einer Steuerung der Wirtschaft möglichst absehen, da die individuelle Gewinnmaximierung der Bürger letztlich das Nationaleinkommen und die Produktivität sehr viel effektiver erhöhe. Auf ihn aufbauend entwickelte David Ricardo (1772–1832) die **Theorie der komparativen Kostenvorteile** (▶ 19. Schlüsselbegriff: ›Theorie der komparativen Kostenvorteile‹), die die grundsätzliche gedankliche Grundlage für die Gestaltung der internationalen Handelspolitik lieferte. Diese auf die globale Wirtschaftspolitik gerichtete Ausweitung des Wirtschaftsliberalismus wurde zum politisch einflussreichsten Paradigma für die Gestaltung der internationalen politischen Ökonomie. Es ging davon aus, dass die globale wirtschaftliche Verflechtung und die daraus resultierende Wohlstandsmaximierung auch eine kooperationsfördernde Wirkung auf zwischenstaatliche Beziehungen haben. Ein zunehmender wirtschaftlicher Austausch führt also zu mehr individuellem Wohlstand und fördert den internationalen Frieden.

Insbesondere die Übernahme der entsprechenden Ideen in der britischen Außenpolitik im 19. Jahrhundert war aufgrund der globalen Vormachtstellung des britischen Weltreichs von zentraler Bedeutung. Diese Vormachtstellung reichte erheblich weiter als frühere europäische Welthandelsimperien, die auf dem spanischen, portugiesischen und holländischen Seehandel mit den jeweiligen Kolonien beruhten. Dort bildete sich aber schon jenes globale, europäisch dominierte Wirtschaftssystem heraus, in dem, privatwirtschaftlich durch Gesellschaften wie die Dutch East India Company organisiert, Rohstoffe und Fertigprodukte in viel größerem Umfang als in früheren Zeiten über die Kontinente hinweg gehandelt wurden. Technologische Fortschritte und die industrielle Revolution verliehen der britischen Weltmacht eine erheblich schlagkräftigere Basis. Dies erlaubte es den Briten auch, ihren Außenhandel früher als andere Staaten zu liberalisieren und damit den Grundgedanken des Wirtschaftsliberalismus globale Geltung zu verschaffen. Von Bedeutung war hier insbesondere die Abschaffung der Zölle auf Kornimporte (gegen den Widerstand des Landadels) im Jahr 1846, die sogenannten ›Corn Laws‹, und der *Cobden Chevalier Vertrag* zwischen England und Frankreich von 1860, der das Meistbegünstigungsprinzip[60] in den gegenseitigen Handelsbeziehungen umsetzte. Abgestützt wurde die britische Hegemonie durch die zentrale Rolle des Pfund Sterling in der Weltwirtschaft, mit der City of London als Knotenpunkt der internationalen Finanzmärkte und als Kreditgeber bei Zahlungsschwierigkeiten von Staaten innerhalb des Systems. Ein System fester Wechselkurse, indem Handelsbilanzungleichgewichte durch Goldtransfers ausgeglichen wurden (der sog. Goldstandard), führte zu einem enormen Aufschwung des Welthandels und zu einer ersten Hochphase der wirtschaftlichen Globalisierung.

---

60 Das Meistbegünstigungsprinzip besagt, dass Handelsvorteile, die ein Vertragspartner einem Drittland gewährt, auch dem anderen Vertragspartner zugestanden werden. Dies verhindert schädliche Wettläufe zwischen Staaten um Handelsvorteile.

19. Schlüsselbegriff

Theorie der komparativen Kostenvorteile

Adam Smith hatte in seinem Hauptwerk »The Wealth of Nations« von 1776 argumentiert, dass Staaten nicht versuchen sollten, einen möglichst hohen Grad an wirtschaftlicher Autarkie (Selbstgenügsamkeit) zu erreichen, sondern sich vielmehr auf die Güter konzentrieren sollten, bei denen ihre Wettbewerbsfähigkeit am höchsten ist (Theorie der absoluten Kostenvorteile):[61]
»If a foreign country can supply us with a commodity cheaper than we ourselves can make it, better buy it of them with some part of the produce of our own industry, employed in a way in which we have some advantage.«
Darauf aufbauend, argumentierte David Ricardo, dass sich ein reger Außenhandel in der Tat für alle Volkswirtschaften lohnt, selbst für Staaten, die nur wenige oder gar keine Güter kostengünstiger als andere Staaten herstellen können. Er zeigte, dass Staaten, wenn sie sich auf diejenigen Güter konzentrieren, die sie relativ zu anderen Staaten am Günstigsten herstellen können, und den Rest importieren, auf jeden Fall vom Handel profitieren. Ricardo legte damit die ideelle Basis für den Freihandel als Prinzip der globalen Handelspolitik. Dieses Prinzip ist auch in den internationalen Organisationen, die die Wirtschaftsbeziehungen seit 1945 steuern, verkörpert.
Allerdings gab und gibt es auch erhebliche Kritik an der Theorie der komparativen Kostenvorteile. So würden **Länder**, die sich dauerhaft auf weniger fortgeschrittene Produkte konzentrieren, da sie dort relative Kostenvorteile haben, ihre technologische Entwicklung selbst behindern. Notwendig sei vielmehr eine **strategische Handelspolitik**, um die Sektoren zu schützen, die der globalen Konkurrenz noch nicht widerstehen können und sie so zu entwickeln. China gilt dafür als aktuelles Beispiel.

Literatur: Smith 1776; Ricardo 1817.

Die entsprechenden Gewinne waren allerdings höchst ungleich verteilt. Die Ausbeutung der abhängig Beschäftigten in den sich industrialisierenden Staaten sowie des Großteils der Bevölkerung der Kolonien im Zeitalter des Imperialismus wurde von marxistischen Theorien aufgegriffen, analysiert und kritisiert. Karl Marx und Friedrich Engels argumentierten, dass die kapitalistische Wirtschaftsordnung systematische Ausbeutungsverhältnisse zwischen den unterschiedlichen Klassen schaffen würde, die schließlich über die weltweite Expansion des Kapitals auch die internationale Wirtschaft prägen. Die Konsequenz waren Konflikte und Kriege um wirtschaftliche Ressourcen sowie die Ausdehnung eines ausbeuterischen Kolonialismus. Diese Zusammenhänge wurden insbesondere von den Theorien des Imperialismus untersucht (▶ Kap. 3.5).

---

61 Smith 1776, Buch IV, Section ii, 12.

Wie für die anderen klassischen Ansätze der politischen Ökonomie, war auch für die marxistischen Theorien eine Trennung der politischen von der wirtschaftlichen Sphäre nicht vorstellbar. In der Zeit der Weltkriege und insbesondere in den nachfolgenden Jahrzehnten entwickelten sich die Politikwissenschaft und die Wirtschaftswissenschaft jedoch zu eigenständigen Wissenschaften und bewegten sich in ihren Themen, Methoden und Wissenschaftsverständnissen zunehmend auseinander. Während sich die IB stark auf die Sicherheitspolitik und Fragen von Krieg und Frieden konzentrierte, wurde die Volkswirtschaftslehre zunehmend von der Suche nach quantitativen Modellen ökonomischen Handelns geprägt und von der Annahme, dass politische Intervention in die Märkte in der Regel suboptimale Ergebnisse erzeugt. Erst mit der Entwicklung der Internationalen Politischen Ökonomie als Teildisziplin der IB in den 1970er Jahren wurde diese künstliche Trennung überwunden. Die IPÖ argumentierte, dass politische und ökonomische Dynamiken gleich wichtig in der internationalen Politik sind und dass sie meist eng miteinander verknüpft sind. Sie differenzierte sich dabei zunächst in drei mehr oder weniger separate Theorietraditionen: eine **realistische**, eine **liberal-institutionalistische** und eine **marxistisch** geprägte Richtung, wobei letztere vor allem in den kontinentaleuropäischen Staaten und in Lateinamerika dominierte.

Im Folgenden werden ausgewählte zentrale Themenfelder der IPÖ an historischen und aktuellen Beispielen behandelt. Darin eingebunden werden die wichtigsten theoretischen Konzepte anhand historischer und aktueller Ereignisse und Problemstellungen vorgestellt. Wichtig ist, bei dieser Vorgehensweise nicht zu vergessen: Wenn ein Beispiel mit einer bestimmten theoretischen Perspektive verknüpft wird, dann bedeutet dies auf **keinen** Fall, dass es sich hier um die einzig mögliche Sichtweise handelt. Der Sinn von Theorien ist es ja gerade, unterschiedliche Wege aufzuzeigen, mit denen internationale Fragen beantwortet werden können. Wenn also im Folgenden die Weltwirtschaftskrise und das Bretton Woods System in der Perspektive des Realismus analysiert werden, so können diese Phänomene ebenso mit liberalen, marxistischen oder anderen Theorien interpretiert werden.

Zwischenstaatlicher Wettbewerb und Hegemoniestreben: Die Große Weltwirtschaftskrise und der Zusammenbruch des Bretton Woods Systems in realistischer Perspektive

Schwarz-weiße Bilder verzweifelter Aktienbesitzer, hungernder Arbeitsloser und streikender Arbeiter finden sich in jeder Geschichte des 20. Jahrhunderts. Sie repräsentieren meist die Weltwirtschaftskrise der 1930er Jahre, auch als große Depression bekannt. Nach einem verheerenden Börsencrash in New York im Oktober 1929 (›Schwarzer Oktober‹) breiteten sich die damit einhergehenden Folgen wie Investitionsrückgang, Banken- und Unternehmenspleiten, Kreditausfälle etc. schnell über die gesamte Welt aus. Insbesondere der Stopp amerikanischer Kredite führte in Europa zu einer langanhaltenden Rezession, die die krisenanfälligen Demokratien der Zwischenkriegszeit massiv schwächte. Davon profitierten extremistische Parteien, wie Hitlers NSDAP, die im Januar 1933 in Deutschland die Macht ergriff. In vielen Ländern waren die Folgen der Großen Depression bis in die Zeit des 2. Weltkriegs zu spüren.

Entsprechend groß war das Interesse an der Erforschung der Ursachen für den globalen Zusammenbruch. Einer der wichtigsten Beiträge war das Werk des amerikanischen Ökonomen und Wirtschaftshistorikers Charles P. Kindleberger (1973), »The World in Depression, 1929–1939«, eine Geschichte der Weltwirtschaft in der Zwischenkriegszeit.[62] Kindleberger hatte die große Weltwirtschaftskrise selbst unmittelbar miterlebt. 1910 in New York geboren, promovierte er Anfang der dreißiger Jahre an der Columbia Universität und arbeitete ab 1936 für das amerikanische Finanzministerium und die amerikanische Zentralbank, die Federal Reserve. Nach Ende des Krieges wechselte er in das amerikanische Außenministerium. Er leitete die für die deutsche und österreichische Wirtschaft zuständige Abteilung und war insbesondere auch beteiligt an der Umsetzung des Marshall-Plans, jenes Wiederaufbauprogramm, dem ein wesentlicher Anteil am Wiederaufstieg Europas zugeschrieben wird. Kindleberger war somit an zentraler Stelle an der Gestaltung der Nachkriegswirtschaftsordnung beteiligt, und dies festigte seine Überzeugung, dass Märkte politisch gestaltbar waren. Sein Werk präsentierte eine Theorie für den Erfolg und das Scheitern globaler wirtschaftlicher Kooperation, die später als **Theorie der hegemonialen Stabilität** (Hegemonic Stability Theory) bekannt wurde. Er geißelte darin die amerikanische Regierung für ihre Passivität und Selbstbezogenheit während der Weltwirtschaftskrise. Seiner Meinung nach hätten die USA einen Markt sowie Kredite für Volkswirtschaften in Schwierigkeiten bereitstellen müssen, statt die Kreditvergabe an europäische Staaten einzuschränken und Handelsbarrieren zu errichten. In seinem Standardwerk »The Political Economy of International Relations« von 1987 griff der amerikanische Politikwissenschaftler Robert Gilpin die Theorie der hegemonialen Stabilität auf und etablierte sie als einen prägenden Ansatz für die Debatte der 1970er und 1980er Jahre um die Bedingungen von Erfolg und Scheitern internationaler wirtschaftlicher Kooperation.

Der realistische Ansatz Gilpins diente insbesondere zur Erklärung der Krise des sogenannten **Bretton Woods Systems** in den frühen 1970er Jahren.[63] Mit diesem Begriff wird das aus formellen und informellen Institutionen und Regeln im Bereich der Handels-, Währungs- und Finanzpolitik bestehende Wirtschaftssystem bezeichnet, das in den grundlegenden Elementen auf einer Konferenz im Kurort Bretton Woods im US-Bundesstaat New Hampshire beruht. Auf dem Treffen im Jahre 1944 wurden unter amerikanisch-britischer Führung die Grundstrukturen des Wirtschaftssystems der Nachkriegszeit beschlossen. Ein wesentliches Element waren feste, aber in Notfällen veränderbare Wechselkurse der wichtigsten Weltwährungen (jedenfalls der westlichen Währungen), um so Handel zu erleichtern und Spekulationen zu unterbinden.

---

62 Vgl. dazu: Zimmermann 2018.
63 Gilpin 1987.

Diskussionsthema

Theorie der Hegemonialen Stabilität (Hegemonic Stability Theory)

Die Theorie der hegemonialen Stabilität, die wesentlich auf Charles P. Kindleberger (1973) zurückgeht, argumentiert, dass für die Schaffung und den dauerhaften Fortbestand eines Systems internationaler wirtschaftlicher Kooperation eine dominante Macht – ein wohlwollender Hegemon – notwendig ist. Dieser stellt zentrale öffentliche Güter, darunter Freihandel, bereit, deren Kosten beim Produzenten des öffentlichen Gutes (dem Hegemon) anfallen, deren Nutzen aber allen zu Gute kommt. Der Hegemon (ein Begriff, den Kindleberger selbst nicht verwendete) erbringt also die nötigen Vorleistungen, die bei langfristiger Kooperation notwendig sind: so öffneten die Vereinigten Staaten nach dem Zweiten Weltkrieg ihre Märkte europäischen Gütern, erlaubten ihren Partnerinnen aber gleichzeitig, ihre fragilen Volkswirtschaften bis zur Erlangung der Konkurrenzfähigkeit abzuschotten. Ein Hegemon ergreift auch die Vorreiterrolle bei der Verhandlung der gemeinsamen Regeln und sanktioniert Regelbrüche. Diese Aufgaben übernimmt er in wohlverstandenem Eigeninteresse, da er selbst am meisten von Stabilität profitiert. Erfüllt der Hegemon seine Aufgaben allerdings nicht, so droht der Zusammenbruch der Kooperation.

Die Theorie hegemonialer Stabilität erklärt Konflikt und Kooperation also nicht mit ökonomischer Interdependenz oder vorhandenen Institutionen, sondern mit der Führungsfunktion einer oder mehrerer dominanter Mächte im System. Sie ist damit den realistischen Theorien zuzuordnen. Allerdings haben Kritiker immer wieder darauf hingewiesen, dass Kooperation auch ohne einen eindeutigen Hegemon gelingen könne.

Diskussionsfrage: Braucht die europäische Zusammenarbeit eine hegemoniale Macht (früher Frankreich, jetzt Deutschland), um langfristig zu funktionieren?

Dieses System fester Wechselkurse hielt bis Anfang der 1970er Jahre. Nach einer langen Serie spekulativer Attacken auf die amerikanische Währung und einer Periode des zunehmenden Verlusts der amerikanischen Wettbewerbsfähigkeit hatte jedoch die amerikanische Nixon-Regierung 1971 ohne Konsultation mit den Verbündeten beschlossen, den Kurs des Dollars freizugeben sowie eine zehnprozentige Abgabe auf Importe zu erheben. Der Dollar war bis dahin fest an den Goldpreis gebunden. Die wichtigsten Währungen hatten sich ebenfalls dem System angeschlossen, und ihren Wert möglichst stabil an den Dollar gebunden. Durch multilaterale Institutionen, wie den IWF und die Weltbank, aber auch durch Kooperation der großen Wirtschaftsmächte sollte dieses auf der Philosophie des ›embedded liberalism‹ (▶ 20. Schlüsselbegriff: ›embedded liberalism‹) beruhende System stabil gehalten werden. In der Tat ereignete sich eine beispiellose wirtschaftliche Expansion, jedenfalls in den westlichen Staaten.

Der sogenannte Nixon-Schock schien nun die auf multilaterale Kooperation basierende Basis des Systems fundamental in Frage zu stellen. Die europäischen

Währungen begannen wild zu schwanken, und es drohte eine Welle des Protektionismus. Wie konnten die USA plötzlich so unverantwortlich handeln? Wissenschaftler wie Gilpin erklärten dies mit der durch den Vietnamkrieg und ökonomische Stagnation abnehmenden Hegemonie der USA, und warnten vor einer Wiederholung der Großen Depression. Um eskalierenden Wirtschaftswettbewerb zwischen Staaten zu verhindern, sei die Koordinationsrolle einer Führungsmacht notwendig.

Gilpin und andere Vertreter der Theorie der hegemonialen Stabilität gingen also davon aus, dass nicht nur im Bereich der Sicherheitspolitik, sondern auch auf wirtschaftlichem Gebiet der Wettbewerb um Macht die entscheidende Triebkraft staatlichen Handelns ist. Diese Dynamik könne nur durch eine Führungsmacht, die nicht nur auf den eigenen Vorteil bedacht sei, aufgehoben werden.

Diskussionsthema

Die Stunde der Europäer

Abb. 17: Die Karikatur aus der Süddeutschen Zeitung kommentiert den Nixon-Schock. Das Pendel der Uhr, aus der der Präsident schadenfroh herausblickt, trifft die Europäische Wirtschaftsgemeinschaft (wie die EU damals genannt wurde) und repräsentiert den Dollar. Die Textzeile unter der Karikatur fordert die Europäer zum Handeln und zu Gegenreaktionen auf. Die gemeinsame europäische Währung lag in der Luft.

Frage: Inwiefern spiegelt sich eine realistische Sichtweise in der Karikatur wieder? Entwickeln Sie entsprechende Hypothesen!

Eine ähnlich skeptische Sicht auf internationale Wirtschaftspolitik vertrat Albert O. Hirschman (1915–2015), der kürzlich hundertjährig verstorbene, berühmte Soziologe und Ökonom. In einer Studie über die Wirtschaftspolitik Deutschlands während des Zweiten Weltkriegs beschrieb er, wie die Nazis systematisch ihre überlegene Wirtschaftskraft nutzten, um andere Staaten wirtschaftlich abhängig zu machen. Je verwundbarer ein Staat ist (zum Beispiel, wenn dieser Staat einen großen Teil seiner Güter von einem anderen Staat bezieht, der auf diese Handelsbeziehungen nicht angewiesen ist), umso mehr sei dieser Staat erpressbar:[64]

> »Thus, the power to interrupt commercial or financial relations with any country, considered as an attribute of national sovereignty, is the root cause of the influence or power position which a country acquires in other countries, just as it is the root cause of the ›dependence on trade‹«.

Damit reformulierte Hirschman einen klassischen Gedanken merkantilistischer Handelspolitik. Nicht reine Exportüberschüsse zählen, sondern Autarkie oder Abhängigkeit. Es geht um Macht relativ zu anderen Staaten, nicht um den absoluten Umfang der Macht.

Diesen Gedanken hat die neorealistische Theorie aufgegriffen, und daraus Vorhersagen über die Wahrscheinlichkeit und Dauerhaftigkeit von internationaler wirtschaftlicher Kooperation getroffen. So sind nach Joseph Grieco (1988) Staaten bei internationalen Verhandlungen vor allem auf **relative Gewinne** aus. Dies bedeutet, dass sie auf die absoluten Gewinne aus Handelsabkommen verzichten, wenn ein potenziell rivalisierender Staat davon mehr profitiert. Da Sicherheit das oberste Ziel ist und mächtigere Staaten immer mögliche Konkurrenten in einem anarchischen System im Auge haben, erfordert es die Selbsterhaltung, diese nicht dadurch zu stärken, indem man ein für zwei Seiten zwar profitables, aber für die gegnerische Seite relativ profitableres Handelsabkommen eingeht. Aus dieser fundamentalen realistischen Annahme ergibt sich ein relativ skeptisches Bild im Hinblick auf die Möglichkeiten dauerhafter wirtschaftlicher Kooperation.

Denkfiguren des Realismus finden sich in sehr vielen Beiträgen zu internationalen Wirtschaftsfragen in der Presse, in den Medien und im Internet. Wer sie kennt, dem oder der gelingt es auch sehr viel besser, die hinter den Berichten stehenden Annahmen kritisch zu bewerten und zu hinterfragen. So wird Chinas Wirtschaftspolitik häufig als Teil einer Strategie im Streben nach der Weltmachtstellung verstanden. Es gibt aber auch alternative Interpretationsmöglichkeiten, mit denen diese weit verbreitete Annahme hinterfragt werden kann.

Interdependenz und Globalisierung: globale Handelspolitik in institutionalistischer Perspektive

Die wirtschaftliche Krise der 1970er Jahre bot den Hintergrund für eine lange Kontroverse, in der die neorealistische Sichtweise von Vertreterinnen des Institutionalismus scharf kritisiert wurde, und zwar mit dem Hinweis auf die kooperationsfördernde Wirkung von internationalen Organisationen und Regimen. Im Hintergrund stand die Frage nach der zukünftigen Politik der USA, die die globale Wirtschaftsordnung nach 1945 so entscheidend geprägt hatte. Trotz der krisenhaften Entwicklungen nahm die Verflechtung der Volkswirtschaften der Welt weiter zu. Dies schuf, nach Meinung der institutionalistischen Schule, einen hohen

---

64 Hirschman1960.

Grad an wirtschaftlicher **Interdependenz** (dieser Begriff bezeichnet die wechselseitige Abhängigkeit von Staaten, gerade auf wirtschaftlichem Gebiet).

Unter diesen Umständen seien Staaten auf Zusammenarbeit und Kooperation angewiesen. Der amerikanische Politikwissenschaftler Robert Axelrod zeigte in seinem Buch »Die Evolution der Kooperation« von 1987 auf der Basis von Computer-Simulationen, dass eine Strategie der gegenseitigen kooperativen Interaktion zu den besten Ergebnissen führt (Tit for Tat). Damit ist es rational für Teilnehmerinnen in Situationen, die spieltheoretisch modelliert werden können, mit einem ›freundlichen‹ Zug zu beginnen und diesen auch ebenso zu beantworten.

In der Tat: Anstatt zu kollabieren, wie von Skeptikern vorhergesagt, überdauerten die Institutionen des Bretton Woods Systems die Krise und es kam sogar zur Bildung von neuen Strukturen. Zu den wichtigsten gehörte die G7, ein Zusammenschluss der sieben größten Volkswirtschaften damals, dessen Ziel es war, ein Minimum an Koordination der jeweiligen Wirtschaftspolitiken sicherzustellen. In den frühen 1970er Jahren wurden die westlichen Industriestaaten mit massiven wirtschaftlichen Problemen konfrontiert, insbesondere als Folge des Zusammenbruchs des Währungssystems von Bretton Woods und des rasanten Anstiegs des Ölpreises als Folge der Nahostkonflikte. In dieser Situation begannen die Vertreter der mächtigsten Staaten sich zunehmend in informellem Rahmen zu treffen, um drängende Probleme ohne zu große öffentliche Aufmerksamkeit zu besprechen. So vereinbarten die Finanzminister der USA, Deutschlands, Großbritanniens und Frankreichs bei einem Gespräch in der Bibliothek des Weißen Hauses, sich zukünftig eng zu koordinieren (die sog. Library Group). Diese Gruppe wurde bald um Japan, Italien und Kanada erweitert und traf sich schließlich auch auf der Ebene der Staats- und Regierungschefs. 1976 wurde die G7 quasi offiziell begründet, und es begann eine Serie von jährlichen Gipfeltreffen, bei denen auch die Finanzminister sowie Zentralbankgouverneure beteiligt waren. Vereinbart wurden allgemeine Richtlinien für die Ausrichtung der jeweiligen Wirtschaftspolitik und eine koordinierte Währungspolitik, zum Beispiel im sogenannten Plaza-Abkommen von 1985. Bald nahm auch die EU als Institution an den Treffen teil. 1998 wurde Russland als offizielles Mitglied aufgenommen (aber ab 2014 wegen der Besetzung der Krim nicht mehr eingeladen). Als Reaktion auf die Kritik an der nicht repräsentativen Mitgliedschaft und als Folge der sogenannten Asienkrise, die viele Volkswirtschaften der Region in Mitleidenschaft zog, wurde ein größeres Forum ins Leben gerufen, das sich ab 1999 als G20 der wichtigsten Industrie- und Schwellenländer jährlich traf. Von größerer Bedeutung wurde die G20 aber erst mit dem wirtschaftlichen Aufstieg der Schwellenländer und insbesondere mit der Finanzkrise von 2008. Die G20 repräsentieren zur Zeit mehr als 90 % des globalen Bruttosozialprodukts und zwei Drittel der Weltbevölkerung.

Kennzeichnend für alle diese G-Foren ist eine informelle Struktur ohne feste Bürokratie. Die jeweiligen Gipfel werden von dem Land, das alternierend die Präsidentschaft innehat, organisiert. Als Ergebnis werden Gipfelerklärungen produziert, die die Mitglieder auf gemeinsame Ziele, vor allem, aber nicht nur, im wirtschaftlichen Bereich verpflichten sollen.

Theorien in der Anwendung

Sind große Gipfeltreffen sinnvoll?

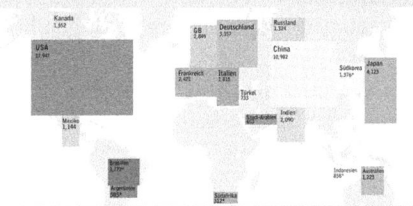

Abb. 18: G20-Mitgliedsstaaten nach BIP in laufenden Preisen (in Mrd. USD)

Diskussionsfrage: Sind die G7 und die G20 fähig, dauerhaft positive Ergebnisse für die Weltwirtschaft zu erzielen?

Diese Frage wird von den Theorien unterschiedlich beantwortet. Realistische Ansätze sehen Institutionen, noch dazu relativ informelle, skeptisch, da Staaten zu allererst ihre nationalen Interessen verfolgen. Während die G7 sich jedoch wenigstens durch eine geteilte Wirtschaftsphilosophie und ihre Mitgliedschaft im westlichen Sicherheitsbündnis auszeichneten, seien die Teilnehmerinnen an den G20 im Hinblick auf ihre Ressourcen und Ziele viel zu heterogen, um mehr als verbale Übereinstimmung zu produzieren. Ähnlich skeptisch sind liberale Theorien, die auf heterogene innenpolitische Interessen, höchst unterschiedliche politische Systeme sowie divergierende ökonomische Ideologien insbesondere bei den G20 hinweisen. Auch Konstruktivistinnen würden den letzten Punkt sehr stark machen. Optimistischer sind institutionalistische Theorien, die argumentieren, dass regelmäßige Treffen, Informationsaustausch und daraus resultierende Annäherungen von Sichtweisen durchaus Koordination begründen können, wenn auch das Fehlen einer formalen Organisationsstruktur deren Dauerhaftigkeit erschwert. Kritische Theorien weisen den G7 und G20 ebenfalls hohe Bedeutung zu (wie sich auch an zivilgesellschaftlichen Protesten zeigt), da sie in ihrer Sicht eine Ansammlung transnationaler herrschender Eliten verkörpern und damit zentrale Instrumente zur Verstetigung globaler Ungerechtigkeit.

Das zentrale Problem in den internationalen Institutionen der Weltwirtschaft ist es, alle teilnehmenden Akteure darauf zu verpflichten, die Regeln einzuhalten. Verhindert werden soll dabei sowohl bewusster als auch ungewollter Bruch der Vereinbarungen (voluntary and involuntary defection). So hat die neue Regierung von Präsident Donald Trump als eine der ersten Maßnahmen angekündigt, das NAFTA-Freihandelsabkommen mit Kanada und Mexiko zu kündigen oder fundamental neu zu verhandeln (voluntary defection). Ein ungewollter Bruch eines Abkommens liegt dagegen vor, wenn zum Beispiel innenpolitische Opposition die

Regierung dazu zwingt, Teile oder ein gesamtes Vertragswerk nicht einzuhalten, oder wenn es der Regierung an den Mitteln fehlt, die Bestimmungen einer internationalen Vereinbarung umzusetzen. Neben der Nichteinhaltung der Vereinbarungen ist ein weiteres Problem die Free-Rider Problematik, die gerade bei internationalen Handelsverträgen immer wieder auftritt. Eine gute Illustration bietet die Geschichte der OPEC, der 1960 gegründeten Organisation erdölexportierender Länder. Immer wieder haben einzelne Mitglieder das Ziel, durch eine Drosselung der Produktion den Preis auf stabiler Höhe zu halten, unterlaufen. Jeder Mitgliedstaat hat natürlich ein Interesse daran, hohe Preise durch eine klammheimliche Ausweitung der eigenen Förderung auszunutzen, während alle anderen sich an die vereinbarten Produktionsgrenzen halten. Dies ist klassisches Free-Rider Verhalten, wie es bei vielen internationalen Institutionen existiert.

Diese Probleme können jedoch, so jedenfalls institutionalistische Theorien, durch den Ausbau und das optimale Design internationaler Institutionen gelöst werden. So besitzen internationale Organisationen wie der IWF eine Überwachungsfunktion. Auch die WTO überprüft, ob die Mitgliedstaaten sich an die Regeln der Organisation halten und sanktioniert massive Verstöße. Zudem erleichtern es internationale Regeln, innenpolitische Anpassungen durchzusetzen. Ein Beispiel ist die Umsetzung der Unabhängigkeit von Zentralbanken in allen potenziellen Mitgliedstaaten der europäischen Währungsunion. Internationale Institutionen dienen auch zum Poolen (Zusammenlegen) von Ressourcen und zur Weiterverbreitung von Informationen. Die Weltbank stellt Gelder für Infrastrukturprojekte bereit und berät auch bedürftige Länder. Anfang 2018 war sie in mehr als 120 Ländern tätig. Schließlich bieten Institutionen eine Plattform zur Lösung von Verteilungskonflikten, die in der globalen Wirtschaft unvermeidbar sind.

Die enorme Ausweitung grenzüberschreitender Handelsströme, insbesondere im Verhältnis, zur globalen Produktion, wird deshalb auch auf die stabilen institutionellen Rahmenbedingungen zurückgeführt. Die nachfolgende Grafik illustriert die Entwicklung. Der Einbruch nach 2008, der auf die globale Finanzkrise und die Eurokrise zurückzuführen ist, zeigt aber auch, dass nicht nur das globale Welthandelsregime, sondern auch das Währungs- und Finanzsystem fundamentale Bestimmungsfaktoren des globalen Warenaustausches sind.

4 Zentrale Themenfelder der internationalen Beziehungen

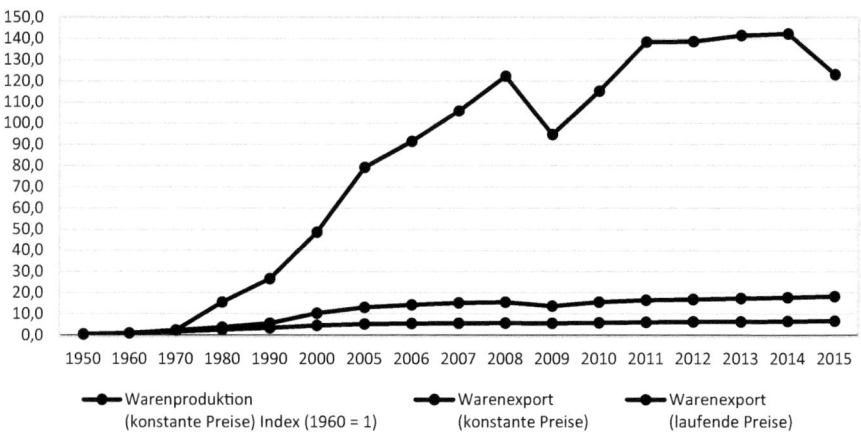

Abb. 19: Entwicklung des grenzüberschreitenden Warenhandels (Index (1960 = 1), Entwicklung in Prozent).

Infobox

Grundbegriffe der internationalen Handelspolitik

Zum Verständnis von Berichten über und Analysen von globalem Handel ist die Kenntnis zentraler Begriffe unverzichtbar. Hier sind einige von ihnen:

Zölle: Abgaben auf importierte Produkte
Nichttarifäre Handelshemmnisse (NTH): alle nicht auf reinen Abgaben basierenden Maßnahmen, durch die Staaten Importe erschweren oder verteuern, wie zum Beispiel mengenmäßige Beschränkungen (Quoten)
Infant-Industry Protection: Schutz aufstrebender, noch nicht wettbewerbsfähiger nationaler Industrien durch Zölle und NTH
Dumping: der Verkauf von Produkten auf internationalen Märkten unter dem Preis in ihren Heimatmärkten, um so Marktanteile zu gewinnen, lokale Produzenten zu verdrängen, und die Preise in Zukunft zu bestimmen
Antidumping-Maßnahmen: Verhängung von Zöllen und anderen restriktiven Maßnahmen, gegen Länder, denen Dumping vorgeworfen wird. Beispielsweise verhängte die EU 2013 Strafzölle auf chinesische Solarzellen und Solarmodule, da diese angeblich unter dem Herstellungspreis in Europa verkauft wurden.

Die innenpolitischen Grundlagen globaler Wirtschaftspolitik: Liberalismus und IPÖ

Die internationale Wirtschaftspolitik ist ganz offensichtlich eng mit nationalen ökonomischen Strukturen verknüpft. Schließlich sind grenzüberschreitende wirtschaftliche Transaktionen fundamental für Unternehmen wie Konsumenten, und damit ist auch die Politik, die diese Transaktionen gestaltet, von höchster Bedeutung. Täglich müssen Regierungen in der ganzen Welt Entscheidungen über die Öffnung und Schließung von Märkten, die Besteuerung von Unternehmen, grenzüberschreitende Investitionen, Arbeitsmigration, den Wechselkurs der Währung und so weiter treffen. Diese Entscheidungen haben massive Auswirkungen sowohl auf Akteure in den betroffenen Staaten als auch auf diejenigen in anderen Staaten. Liberale Theorien der IPÖ argumentieren, dass sich die Handlungen von Staaten ganz wesentlich aus dem gesellschaftlichen Ringen innenpolitischer Gruppen und Individuen ergeben. Dies basiert auf der Annahme, dass die Sorge um das wirtschaftliche Wohlergehen einer der Hauptantriebskräfte für Individuen ist.

Um die internationale Wirtschaftspolitik von Staaten zu verstehen, konzentrieren sich liberale Theorien also auf zwei zentrale Fragen:

Welches sind die wichtigsten betroffenen Akteure in einer Volkswirtschaft, wie stark sind sie betroffen, und was sind ihre Präferenzen im Hinblick auf das jeweilige internationale wirtschaftliche Problem? So werden zum Beispiel die Hersteller von deutschen Solarzellen und ihre Beschäftigten Zölle gegen die chinesische Billigkonkurrenz fordern, während Hausbesitzer diese Produkte möglichst günstig erwerben wollen.

Wie werden diese unterschiedlichen Interessen aggregiert? Das heißt: welches sind die Akteure mit dem meisten politischen Einfluss, und wie beeinflusst das politische System und die Gestaltung der jeweiligen Wirtschaftspolitik ihre Chancen die eigenen Präferenzen durchzusetzen? Ein politisch gut vernetzter Lobbyverband, bei dem es noch dazu um die Existenz geht (wie die Hersteller deutscher Solarzellen nach dem Aufkommen der chinesischen Konkurrenz), wird seinen Einfluss stärker zur Geltung bringen als die sehr viel zahlreicheren, aber schlecht organisierten Hausbesitzer, bei denen es allenfalls um einige Hundert Euro geht. In einem diktatorischen Regime dagegen ist die Organisationsfähigkeit von Wirtschaftsakteuren nicht so wichtig wie die Nähe zum Herrscher.

Die Verteilung von Gewinnen und Verlusten des internationalen wirtschaftlichen Geschehens erzeugt politische Konflikte, und für liberale Theorien sind diese Konflikte das zentrale Geschehen bei der Erklärung der internationalen politischen Ökonomie. Das sogenannte **Stolper-Samuelson Theorem**, entwickelt von zwei amerikanischen Wirtschaftswissenschaftlern, zeigt auf recht eingängige Weise, wie internationaler wirtschaftlicher Austausch diese Konflikte innerhalb von Staaten produziert. Danach spezialisieren sich Länder auf Produkte, bei denen die nötigen Faktoren zur Herstellung reichlich vorhanden sind. Beispiele wären die USA, die sich im letzten Viertel des 20. Jahrhunderts auf kapital- und technologie-intensive Güter, wie Informationstechnologie, spezialisierte, während China arbeitsintensive, aber wenig komplexe Produkte exportierte. Als Folge gerieten diejenigen Sektoren, auf die sich die betreffenden Länder nicht konzentrierten, unter Druck. In den USA betraf dies letztlich gering qualifizierte Industriearbeiter, die Produkte herstellten, die mit chinesischen Waren konkurrierten. Auch wenn der empirische Nachweis für das Theorem nicht so einfach ist, so illustriert es doch die möglichen Verteilungswirkungen globalen Wirtschaftspolitik, die natürlich von den negativ Betroffenen nicht so einfach hingenommen werden. Insofern ist es nicht erstaunlich, dass die Industriearbeiter des amerikanischen Nordostens die Präsidentschaftswahlen 2016 entschieden, indem sie für den Protektionisten Trump stimmten. Die rationalen Interessen politischer Akteure an der Stimmenmaximierung und wirtschaftlicher Akteure an der Gewinnmaximierung wirken so zusammen, und bilden aus liberaler Sicht die zentralen Erklärungsfaktoren der internationalen Wirtschaftspolitik von Staaten.

Die Annahme, dass die Akteure (in der überwiegenden Mehrzahl der Fälle) gemäß dieser rationalen Interessen handeln, die dann mit der Hilfe entsprechender Methoden (Analyse von Texten, Diskursen, quantitativen Daten, etc.) identifiziert werden können, erlaubt Vorhersagen über die Präferenzen, die von Staaten vertreten werden. Der Ansatz der Zweiebenenspiele, den wir im Kapitel über den Liberalismus kennengelernt haben, zeigt beispielhaft, wie diese Präferenzen auf der internationalen Ebene aufeinandertreffen und erlaubt Vorhersagen darüber, welcher Staat seine Präferenzen erfolgreich vertreten wird. Es gibt auch theoretische Ansätze, die liberale und institutionalistische Positionen bei der Erklärung der internationalen politischen Ökonomie vereinen, wie der maßgeblich von Stefan Schirm geprägte ›societal approach‹ (Schirm 2012).

Der starke Fokus auf innenpolitische Interessengruppen als zentrale Erklärungsfaktoren wird nicht geteilt von Ansätzen, die sich auf die institutionelle Struktur von Volkswirtschaften konzentrieren (die wesentlich mitbestimmt, welche Gruppen dominant sind) statt von einem freien Kräftemessen gesellschaftlicher Interessenvertretungen auszugehen. Beispielhaft dafür ist die **Vergleichende Kapitalismusforschung**.

In ihrem Buch »Varieties of Capitalism: The Institutional Foundations of Comparative Advantage« (2001) verglichen die Politikwissenschaftler David Soskice und Peter A. Hall zwei grundlegende Typen kapitalistischer Wirtschaftssysteme: liberale Marktwirtschaften (liberal market economies – LMEs), wozu die USA, Großbritannien oder Australien gehören, und koordinierte Marktwirtschaften (Coordinated Market Economies – CMEs), zum Beispiel Deutschland, Schweden, oder Japan. In LMEs übernimmt im Regelfall der Markt die Koordinierung der Aktivitäten von Firmen. Sie leihen sich Geld über offene Kapitalmärkte, bevorzugen kurzfristige, flexible Arbeitsverhältnisse statt langer Ausbildungszeiten der Beschäftigten, lehnen die dauerhafte Zusammenarbeit mit Gewerkschaften ab und stehen in scharfer Konkurrenz zu anderen Marktteilnehmern. In CMEs koordinieren Firmen ihre Aktivitäten mit anderen Akteuren, wie Staat, Banken, Gewerkschaften und anderen Firmen, versuchen ihre Belegschaft dauerhaft zu binden, auch durch intensive Ausbildung, und zielen auf langfristige Investitionen ab. Während in LMEs die meisten Firmen auf der Suche nach kurzfristigem Risikokapital sind, tendieren in CMEs Firmen dazu, geduldiges Kapital und stabile Bindungen an Kapitalgeber zu finden. Das ursprünglich stark auf westliche Industrieländer fokussierte Forschungsprogramm ist inzwischen erheblich erweitert worden, und hat mehrere weitere Vorschläge für Typen von Volkswirtschaften produziert, wie zum Beispiel die ›dependent market economies‹ in Osteuropa oder ›state-permeated economies‹ der großen Schwellenländer China, Indien und Brasilien.⁶⁵

Der Ansatz der Varianten des Kapitalismus zielt zwar hauptsächlich darauf ab, systematisch Volkswirtschaften miteinander zu vergleichen, liefert aber auch Anhaltspunkte für das Verständnis der Reaktion von Staaten auf Geschehnisse in den internationalen Finanzmärkten und auf ihre Strategien, das eigene Modell auf internationaler Ebene zu stärken. So kann zum Beispiel plausibel argumentiert werden, dass LMEs auf dem Gebiet der globalen Finanzmarktregulierung sehr stark für eine Liberalisierung argumentieren, die Kapitalgebern und Firmen die höchstmögliche Flexibilität sichert. CMEs hingegen würden die Freizügigkeit der Finanzmärkte eher einschränken, um so die bisherige Koordination zwischen Firmen und Banken nicht zu gefährden.

Internationale Währungspolitik

Zu den wichtigsten und fundamentalsten Aufgaben und Privilegien von Staaten gehört die Ausgabe und Verwaltung einer Währung. Diese dient als zentrales Medium des wirtschaftlichen Austausches, als Zahlungseinheit und als Instrument der Wertanlage innerhalb von Gesellschaften. Die Art und Weise, in der diese fundamentalen Funktionen von Währungen politisch gestaltet werden, hat enorme Konsequenzen für den Wohlstand von Staaten, Firmen und Individuen. Kaum ein wirtschaftliches Phänomen kann dermaßen tiefgreifende Auswirkungen haben wie der Zusammenbruch einer staatlichen Währung. Ein illustratives Beispiel ist die Hyperinflation im Deutschen Reich zu Beginn der 1920er Jahre, die zur Verarmung großer Bevölkerungsteile führte. Weniger dramatisch, aber ebenfalls fundamental sind die Auswirkungen der Niedrigzinspolitik der Europäischen Zentralbank im Zuge der Finanz- und Eurokrise, die die Sparer und Sparerinnen benachteiligt und verschuldete staatliche und private Akteure bevorteilt. Häufig führt eine politische Krise auch zu Währungskrisen. Je höher hingegen das Vertrauen in den Staat, desto solider ist die Währung und desto leichter kann sich dieser Staat verschulden. Die Geld- und Währungspolitik wird nie ausschließlich nach den Maßstäben wirtschaftlicher Effizienz betrieben; ihr liegen immer auch politische Entscheidungen zugrunde, die wegen ihrer Auswirkungen meist sehr umstritten sind.

Seit mehreren Jahrtausenden dienen Währungen auch dazu, den internationalen Warenaustausch zu erleichtern. Die unterschiedlichen Währungen sind deshalb eng miteinander verbunden. Ihr jeweiliger Wert wird durch den **Wechselkurs** ausgedrückt. Länder können sich entscheiden, ob sie ihren Wechselkurs frei auf den Märkten bestimmen lassen (was derzeit auf alle größeren Währungen zutrifft) oder ob sie den Wert ihrer Währung an eine größere Währung oder einen Pool von Währungen binden, und damit Stabilität gewinnen, aber Autonomie verlieren. Ein steigender Wechselkurs (Aufwertung) gegenüber einer anderen Währung erlaubt es

---

65 Nölke et al. 2015, 538–567.

den Besitzern der aufgewerteten Währung mehr Güter in dem Land, welches die andere Währung besitzt, zu kaufen. Politische und wirtschaftliche Ereignisse, Änderungen der Leitzinsen und Spekulation können starken Einfluss auf die Wechselkurse nehmen. Solche Schwankungen führen häufig zu politischen Konflikten: die Export- bzw. Importsektoren von Volkswirtschaften können schwer in Mitleidenschaft gezogen werden, und häufig gelten Abwertungen auch als starker Schlag für das nationale Prestige. Diese Konfliktpotenziale zeigen deutlich die Notwendigkeit internationaler Kooperation im internationalen Währungssystem auf. **Währungsstabilität** ist somit eines der wichtigsten öffentlichen Güter im internationalen System. Die Versuchung für Länder, durch Manipulationen Vorteile zu erlangen, ist groß. So hatten vor der Einführung des Euro Länder wie Italien oder Griechenland durch regelmäßige Abwertungen die Möglichkeit, ihre Exportsektoren wettbewerbsfähig zu machen, ohne schmerzhafte und möglicherweise politisch fatale Eingriffe in die eigene Wirtschaft. Auch die Bundesrepublik hat in den 1950er und 1960er Jahren den Kurs der DM gegen Aufwertungen verteidigt, um die Exporte nicht zu gefährden.

Das Spannungsfeld zwischen den Anforderungen innenpolitischer Zwänge und denen des internationalen Währungssystems führt häufig zu Instabilität. Im Gegensatz zu nationalen Systemen gibt es im internationalen Bereich keine oberste Autorität, die bestimmt, welche Währung für internationale Transaktionen verwendet werden soll und wie die Geldschöpfung von statten gehen soll. So hat sich historisch eine Struktur herausgebildet, die ständigem Wandel unterworfen ist und die zu den Grundpfeilern der globalen Politik zählt: das **internationale Währungssystem**. Dessen Bedeutung ist allein schon an den Geldmengen abzulesen, die dort täglich grenzüberschreitend hin und her geschoben werden. Die entsprechenden Summen sind in den letzten Jahrzehnten enorm gewachsen und belaufen sich auf mehrere Trillionen Dollar pro Tag!

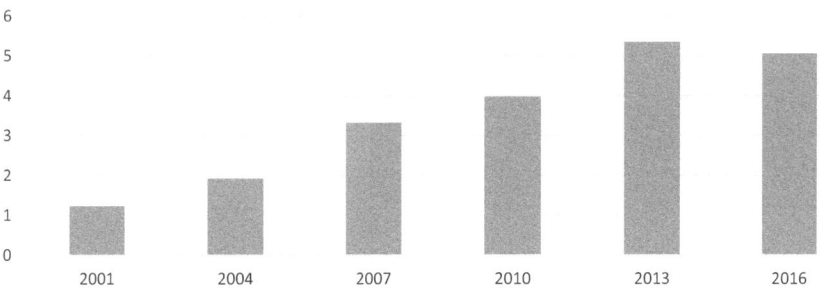

Abb. 20: Globaler Devisenhandel

Die folgende Tabelle zeigt die Bedeutung der wichtigsten Währungen. Zur Finanzierung des täglichen grenzüberschreitenden Warenaustausches sowie als Sicherheitspolster sammeln Staaten Währungsreserven an. Sie können dabei selbst bestimmen, in welchen Währungen sie diese Reserven halten. Diese Entscheidung hängt sowohl davon ab, für wie stabil bestimmte Währungen als auch der sie ausgebende Staat gehalten werden als auch wie bedeutend die Rolle der Währung im globalen Wirtschaftssystem ist. Ungefähr seit dem Ende des Zweiten Weltkriegs hat der amerikanische Dollar hier eine eindeutige Führungsrolle. Konstant um die zwei Drittel aller globalen Währungsreserven sind auf Dollar denominiert – ein nicht zu unterschätzendes Privileg, da das Halten von Währungsreserven letztlich ein Kredit an das ausgebende Land ist. An der dominanten Rolle des Dollar hat auch die Einführung des Euro nicht viel geändert. Zu ihren besten Zeiten betrug der Anteil der europäischen Währung an den globalen Reserven um die 25 %. Deutlich wird auch, dass andere Währungen weit davon entfernt sind, zur globalen Reservewährung zu werden, insbesondere der chinesische Renmimbi, und dies trotz des spektakulären wirtschaftlichen Aufstiegs Chinas. Ein weiterer Indikator für die Bedeutung einer Währung ist auch deren Anteil am Austausch zwischen Währungen. Auch hier ist der Dollar klar führend. Dies liegt auch daran, dass wichtige Rohstoffe, wie Öl, in Dollars abgerechnet werden.

Tab. 2: Die führenden Weltwährungen.
* Gesamtsumme der Prozentzahlen bei 200, da immer zwei Währungen in einen Handel involviert sind.

Währung	Anteil an den globalen Währungsreserven	Am meisten gehandelte Währungen*
US Dollar	64 %	87,6 %
Euro	19,7 %	31,4 %
Yen	4,2 %	21,6 %
Britisches Pfund	4,4 %	12,8 %
Renmimbi	1,1 %	4,0 %

Auch bei Währungskrisen entsteht ein Kooperationsproblem, da es einen sogenannten ›lender of last resort‹ geben muss – einen Geldgeber, der vermeidet, dass das gesamte System zusammenbricht. Der Dollar als globale Leitwährung löste nach den beiden Weltkriegen das britische Pfund ab. Im 19. Jahrhundert war Großbritannien, gestützt auf sein gewaltiges Kolonialreich, zum wichtigsten Kapitalgeber und zum lender of last resort geworden. Damit war das Land der zentrale Pfeiler des damaligen Währungssystems, des Goldstandards. In diesem System banden die Länder ihre Währungen in einem festen Verhältnis zum Goldpreis. Sie sorgten so für Währungsstabilität und einen nie dagewesenen Aufschwung des Handels. Wenn ein Land eine negative Zahlungsbilanz aufwies und die Währung dadurch unter Druck geriet, musste das Defizit in der Theorie aus den Goldreserven bedient werden oder die Währung musste durch eine restriktive Politik, zum Beispiel Zinserhöhungen, gestärkt werden. Mit dem Abstieg der britischen Hegemonialmacht als Folge der Weltkriege kollabierte auch der Goldstandard, trotz einiger Versuche in der Zwischenkriegszeit, ihn wiederherzustellen. Das System zerfiel in konkurrierende Währungsgebiete, die oft durch unilaterale Abwertungen versuchten, Vorteile zu erlangen (die sog. Beggar-thy-neighbour Politik). Dies war ein Hauptgrund für die Große Depression.

Die in der oben schon erwähnten Konferenz von Bretton Woods 1944 versammelten Nachkriegsplaner waren entschlossen, eine derartige Dynamik nicht mehr zuzulassen. Ergebnis war das Währungssystem von Bretton Woods mit dem Dollar im Zentrum eines Systems fester (aber anpassbarer) Wechselkurse, dessen Wert wiederum an Gold gebunden war. Gleichzeitig sollte durch die Kontrolle privater Kapitalströme und ein Netz von Institutionen, die im Notfall eingriffen und Kredit bereitstellten, die innenpolitische Handlungsfreiheit der Teilnehmer gesichert werden. Für diese dahinterliegende Philosophie hat sich der Begriff **embedded liberalism** (▶ 20. Schlüsselbegriff: ›embedded liberalism‹) durchgesetzt. Die Entwicklung neuer Marktinstrumente und Technologien, der Zufluss neuen Kapitals als Folge der Energiepreisexplosion, die immer größere Ausweitung des globalen Handels in der Nachkriegszeit, sowie der Aufstieg eines neuen neoliberalen Denkens, das Eingriffe in die Märkte ablehnte, führte dazu, dass die Finanzmärkte seit den sechziger Jahren zunehmend liberalisiert wurden. Die USA und Großbritannien nutzten dies, um New York und London zu den Zentren des globalen Finanzmarktkapitalismus zu machen. Die Europäer hingegen versuchten die Stabilität des gemeinsamen Binnenmarkts mit einer Serie von institutionellen Innovationen zu schützen, die Schwankungen zwischen den europäischen Währungen eindämmen sollten. Dies kulminierte in der Idee einer gemeinsamen Währung, deren Einführung zum ersten Mal 1969 vereinbart wurde. In den Turbulenzen der frühen 1970er Jahre war der Plan nicht umsetzbar, und weniger politisch diffizile Mechanismen, wie das Europäische Währungssystem (1978), folgten. Darin sollten die beteiligten Währungen innerhalb eines engen Bandes schwanken dürfen; bei Erreichen der Grenzen dieses Bandes wurde interveniert. Auch hier führten die unterschiedlichen Wirtschaftspolitiken der beteiligten Länder dazu, dass immer wieder Mitgliedstaaten ausschieden. 1991 schließlich wurde ein neuer Plan für eine gemeinsame Währung auf dem Gipfel von Maastricht vereinbart. Trotz vieler Zweifel gelang die Schaffung einer einheitlichen Währung. 2001 wurden die ersten Euro-Münzen und Banknoten verausgabt.

20. Schlüsselbegriff

Embedded Liberalism

Das Konzept des Embedded Liberalism (übersetzt ungefähr: ›Eingehegter Liberalismus‹) ist fundamental für das Verständnis der globalen Wirtschaftsbeziehungen nach 1945. Geprägt wurde es vom österreichisch-amerikanischen Politikwissenschaftler John G. Ruggie, der später stellvertretender UN-Generalsekretär wurde, in einem Artikel, der 1982 in der führenden IB-Zeitschrift »International Organization« erschien. Nach Ruggie war die grundlegende Philosophie des wesentlich von den USA geprägten Systems die Vorstellung, dass die Weltmärkte möglichst frei operieren sollten, insbesondere im Bereich des Handels, der durch protektionistische Maßnahmen, die oft noch aus der

Zeit der Weltwirtschaftskrise herrührten, gekennzeichnet war. Gleichzeitig sollten die Märkte aber in ein Netz von formellen und informellen Institutionen eingebettet sein, welches es den am System teilnehmenden Staaten erlaubte, ihre innenpolitischen wirtschaftlichen Ziele so zu verfolgen, dass diese nicht durch internationale Einflüsse unterminiert wurden. Dazu dienten insbesondere Kapitalverkehrskontrollen, die verhinderten, dass gegen Staaten spekuliert werden konnte, deren Politik den Märkten nicht gefiel. Dies hätte die fragilen Nachkriegsstaaten großen politischen Belastungen ausgesetzt und möglicherweise den Ausbau umfangreicher Sozialsysteme erschwert.

›Embedded Liberalism‹ ist ein Konzept, das liberale und konstruktivistische Elemente vereint. Es bezieht sich auf zum einen auf historische Erfahrungen und daraus abgeleitete Einstellungen und Ideen, zum anderen auf die Notwendigkeit innenpolitischer Stabilisierung angesichts der Gefahren ökonomischer Krisen.

Literatur: Ruggie 1982, 379–415.

Eine konstruktivistische Erklärung der Entstehung des Euro

Die erstaunliche Einführung einer gemeinsamen Währung in Europa resultierte in der größten jemals mit friedlichen Mitteln zustande gebrachten Währungsunion der Geschichte. Die teilnehmenden Staaten gaben damit ein ganz zentrales Mittel wirtschaftlicher Steuerung und letztlich auch politischer Macht aus der Hand. Warum? Dass viele unterschiedliche Antworten auf diese Frage in einer lebhaften wissenschaftlichen Kontroverse gefunden wurden, war nicht weiter erstaunlich.[66] Einige AutorInnen argumentierten, dass die Erklärung dafür in Machtungleichgewichten des internationalen Währungssystems, wie der Dominanz des Dollars und der Hegemonie der Deutschen Mark innerhalb Europas zu finden sei. Andere sahen im Druck innenpolitischer Gruppen oder in der Initiative internationaler Eliten und Expertinnen, zum Beispiel in der Europäischen Kommission, die treibende Kraft, und griffen damit liberale, institutionalistische und kritische Theorieelemente auf. Die Entstehung des Euro kann aber auch aus konstruktivistischer Sicht erklärt werden. So hat die amerikanische Politikwissenschaftlerin Kathleen McNamara in ihrem Buch »The Currency of Ideas« von 1999 argumentiert, dass die gemeinsame Währung das Resultat einer zunehmend von Politikern und Politikerinnen geteilten Sicht auf die Grundlagen solider Wirtschaftspolitik war. Nicht mehr im Trend lag eine sog. keynesianische Politik, in der der Staat eine zentrale Rolle bei der Regulierung der Wirtschaft spielte. Dagegen kam es zu einem neoliberalen Konsens, der auf die Kräfte des Marktes vertraute und die Geld- und Währungspolitik frei von staatlichen Eingriffen halten wollte. Diese Ideen dominierten schließlich auch in den Eliten von Staaten wie Frankreich und Italien, die bis dahin traditionell einer Reduzierung der Rolle des Staates skeptisch

---

66 Einen Überblick der Interpretationen bietet: Zimmermann 2001, 333–341.

gegenüberstanden. Insbesondere die wirtschaftlichen Erfolge der Bundesrepublik, die unter anderem auf die anti-inflationäre Ausrichtung der Wirtschaftspolitik mit der unabhängigen Bundesbank als Hüterin der Währung sowie auf staatliche Ausgabendisziplin zurückgeführt wurden, dienten als Erfolgsmodell. Die ideelle Konvergenz (›Angleichung‹) ermöglichte laut konstruktivistischer Argumentation die Einigung auf die Grundlinien der Währungsunion (siehe auch die bis heute beste Geschichte der Entstehung des Euro: Dyson/Featherstone 1999).

Internationale Finanzpolitik

Die ersten Jahre des Euro verliefen in einem relativ friedlichen wirtschaftlichen Umfeld. Am 7. August 2007 schockte die bis dahin stocksolide Europäische Zentralbank jedoch die Öffentlichkeit: sie pumpte die unerhörte Summe von 95 Mrd. Euro in den Geldmarkt. Dies war die bis dahin größte Operation für die EZB, und sie war im Hinblick auf das Finanzvolumen noch ein Drittel umfangreicher, als die Marktstützungsmaßnahmen in den Tagen nach den schockierenden Anschlägen vom 11. September. Wer die Wirtschaftsseiten der großen Tageszeitungen nicht aufmerksam gelesen und nicht mit dem gigantischen Anwachsen der Finanzmärkte seit den 1990er Jahren vertraut war, musste von dieser unvorstellbaren Größenordnung völlig überrascht sein. Die EZB begründete ihren Schritt mit Störungen im Interbankenmarkt, dem Markt, auf dem sich die Banken untereinander Geld leihen. Dieser drohte zusammenzubrechen, da viele Banken fundamentale Zweifel daran hatten, ob sie ausgeliehene Gelder wieder zurückbekämen. Für Banken sind diese Transfers essentiell, da ihre liquiden (flüssigen) Einlagen bei weitem nicht ausreichen, um alle Verbindlichkeiten abzudecken. Ein fehlender Zugang zum Kreditmarkt ist deshalb unmittelbar existenzbedrohend für jede Bank.

Woher kam das plötzliche Misstrauen 2007/2008? Die Probleme hatten ihren Ursprung im amerikanischen Immobilienmarkt. Dort war eine durch staatliche Förderung und neue Finanzinstrumente hervorgerufene Immobilienblase zu Ende gegangen. Lange hatten Finanzinstitute im Vertrauen auf steigende Preise immer mehr Immobilienkäufer ermuntert, Kredite aufzunehmen, um so ein Eigenheim zu finanzieren. Viele dieser Hypotheken waren von steigenden Hauspreisen und niedrigen Zinsen abhängig. Normalerweise sind Banken und Immobilienfinanzierer höchst zögerlich, Kredite an Kunden zu vergeben, die sich diese eigentlich nicht leisten können. Allerdings hatten findige Finanzmarktakteure eine Möglichkeit gefunden, diese Risiken (scheinbar) zu minimieren. Die Schuldverschreibungen wurden einfach mit anderen Schuldentiteln gebündelt und auf den globalen Finanzmärkten als sogenannte CDOs (Collateralized Debt Obligations) verkauft. Die langanhaltende Niedrigzinsphase seit dem sogenannten dotcom-Crash und den Anschlägen des 11. September machte es für Investoren in aller Welt attraktiv in diese neuen Finanzinstrumente, die sehr viel höhere Erträge als traditionelle staatliche Schuldpapiere versprachen, zu investieren. Allerdings basierte das Geschäft auf der Erwartung steigender oder zumindest stabiler Immobilienpreise. Als dies nicht mehr der Fall war, gerieten zunächst Immobilienfinanzierer, dann große Investmentbanken, anschließend internationale Großbanken, und damit verknüpft

Staaten in eine gefährliche Abwärtsspirale. Die plötzliche Pleite einer der größten Investmentbanken der Welt, Lehman Brothers, am 15. September 2008 führte zu weltweiter Panik. Nur massive staatliche Intervention auf Kosten von Steuerzahlern konnte eine Kernschmelze des Finanzsystems verhindern.

Internationale Beziehungen im Film

The Crisis of Credit Visualized (2009): https://vimeo.com/3261363

Dies ist ein elf Minuten langes Animations-Video eines Design-Studenten aus Kaliforniern, in dem auf äußerst eingängige Weise die Mechanismen hinter der Finanzkrise von 2008 beschrieben werden. Das Video zeigt, wie die Geschäftsmodelle von Banken funktionieren, wie Immobilienmärkte und Finanzmärkte zusammenhängen und weshalb der Crash unausweichlich war. Es erzielte bis heute Millionen von Clicks und war sogar Teil einer Ausstellung des New Yorker Museum of Modern Art.

Diskussionsfrage: Inwiefern ergibt sich aus den im Video geschilderten Entwicklungen ein Bedarf an internationaler, nicht nur nationaler, Regulierung, und welche Probleme entstehen beim Versuch, die notwendige Kooperation der relevanten Akteure zu erreichen?

Wie konnte es zu dieser Finanzkrise kommen? Weshalb gestattete die Politik Finanzmarktakteuren ihre riskanten Geschäfte? Auch auf diese Fragen bietet die IPÖ eine Reihe von Antworten, die weit über die in den Wirtschaftswissenschaften dominierende Sicht vom Marktversagen hinausreichen, und insbesondere die politischen Rahmenbedingungen im globalen und nationalen Raum in den Blick nehmen. Eine der wichtigsten Rahmenbedingungen, die die Finanzmarktkrise ermöglichten, war die in den letzten Jahrzehnten sprunghaft zunehmende Bedeutung des Finanzsektors in vielen westlichen Industriegesellschaften im Vergleich etwa zum produzierenden Gewerbe. Dieses Phänomen wird als **Finanzialisierung** bezeichnet.

Kritische Theorien der Finanzmärkte: Neogramscianismus und Finanzialisierung

Insbesondere die deutsche und britische IPÖ-Forschung hat sich seit der Finanzkrise intensiv damit auseinandergesetzt. Die deutschen Politikwissenschaftler Marcel Heires und Andreas Nölke führen die aus der Finanzialisierung resultierende Machtverschiebung zwischen Finanzsektor und Realwirtschaft auf mehrere Faktoren zurück. Dazu gehören die Deregulierung und Öffnung vormals national separierter Finanzmärkte, die Erfindung neuer finanzieller Instrumente, wie CDOs, die Teilnahme bisher relativ konservativer institutioneller Anleger mit riesigem Anlagevermögen (z. B. Versicherungen, Rentenfonds und Staatsfonds) auf dem offenen Markt, die Ausweitung der Möglichkeiten der Privatanleger sich an den Finanzmärkten zu beteiligen, sowie die Zunahme marktabhängiger Formen des Sparens und der Alterssicherung.[67] Es sind nicht zuletzt auch Staaten, die sich zunehmend über Finanzmärkte finanzieren, und dabei vom Vertrauen großer institutioneller Anleger und Bewertungsagenturen (sog. Rating Agencies) abhängig werden. Der Fall Griechenland ist ein offensichtliches Beispiel. Daraus ergibt sich aus der Sichtweise kritischer AutorInnen eine wachsende strukturelle Macht des Kapitals gegenüber der Arbeit, und eine Disziplinierung der Politik von Staaten im Hinblick auf die Privilegierung bestimmter Wirtschaftspolitiken. Eine der kritischen Theorien, die eine Erklärung für dieses Phänomen anbietet, ist der **Neogramscianismus**.

Die Grundlinien dieser Theorie haben wir schon im Kapitel 3.5 kennengelernt (▶ Kap. 3.5). Eine zentrale Analysekategorie bildet dabei ein (trans-)nationaler »historischer Block«, der dann gegeben ist, »wenn innerhalb einer historischen Konstellation ein – mehrere nationale Gesellschaftsräume übergreifendes – relativ kohärentes Zusammenspiel von ökonomischer Akkumulation, politisch-institutioneller Regulation und zivilgesellschaftlichen Diskursen erkennbar ist«.[68] Dieser Block übt eine Hegemonie aus, die nicht nur auf materielle Macht begründet ist, sondern auch eine dominante Stellung in der gesellschaftlichen Debatte hat. So hat der Aufstieg des sogenannten Shareholder-Kapitalismus und die Idee einer disziplinierenden Wirkung der Finanzmärkte bewirkt, dass die zunehmende Finanzialisierung in weiten Kreisen der Gesellschaften, insbesondere aber bei den dominanten Kräften, weitestgehend akzeptiert wurde. Die Finanzkrise hat jedoch dazu geführt, dass sich zunehmender zivilgesellschaftlicher Widerstand gegen diese Ideologie entwickelte. Eine sehr einflussreiche Erklärung dieses Zyklus hat ein ungarisch-österreichischer Denker mit dem Konzept des Double Movement geliefert.

Infobox

Karl Polanyi (1886-1964), The Great Transformation (New York: Farrar & Rinehart, 1944)

Der ungarisch-österreichischer Wirtschaftshistoriker und Sozialwissenschaftler erlebte einige der fundamentalsten Umbrüche des 20. Jahrhunderts hautnah mit: die Wirtschaftskrise der Jahrhundertwende, in der das väterliche Unternehmen zusammenbrach; den Zerfall des habsburgischen Vielvölkerstaats; die beiden Weltkriege mit dem Aufstieg der Faschismen, die katastrophalen Folgen der Weltwirtschaftskrise der 1930er Jahre, und zuletzt die Eskalation des Kalten Kriegs. In seinem Hauptwerk »The Great Transformation« (1944) argumentierte er, dass die Herausbildung der liberalen Marktwirtschaft, insbesondere

---

67 Heires/Nölke 2013.
68 Bieling, Hans-Jürgen (2011): *Varieties of Capitalism, Regulationstheorie und neogramscianische IPÖ – komplementäre oder gegensätzliche Perspektiven des globalisierten Kapitalismus?*, Hamburg: Universität Hamburg, https://www.ssoar.info/ssoar/bitstream/handle/document/36713/ssoar-2011-bieling-Varieties_of_Capitalism_Regulationstheorie_und.pdf?sequence=1 [02.12.2018].

die Transformation von Arbeit, Geld und Land in reine Ware, zu einer Herauslösung der Ökonomie von der Gesellschaft, in der sie kulturell eingebettet war, führte. Die sozialen Folgen waren katastrophal.

Auf dieser Grundlage identifizierte Polanyi die sogenannte Doppelte Bewegung (Double Movement). Denn die gesellschaftlichen Verwerfungen, die der wirtschaftliche Liberalismus hervorbringt, insbesondere die Auflösung der politischen Schutzmechanismen, welche die Exzesse des Marktes abmildern und eindämmen, führt unausweichlich zu einer gesellschaftlichen Gegenbewegung. Diese sucht sozialen Schutz gegen die negativen Folgen der Marktgesellschaft und kämpft für die Einhegung der Märkte.

Literatur: Polanyi 1944.

Theorien der Internationalen Politischen Ökonomie in praktischer Anwendung

In diesem Abschnitt werden alternative Theorien der IPÖ auf eine aktuelle Problematik angewandt. Die grundsätzliche Frage lautet: *Hat die WTO noch eine Zukunft?*

Die Welthandelsorganisation wurde als Nachfolgerin des General Agreements on Tariffs and Trade (GATT) 1995 gegründet. Das GATT war ein Regime, welches 1947 von zuerst 23 Staaten gegründet wurde, um Zölle und Handelsbarrieren abzubauen. Es entwickelte sich zu einem Verhandlungsforum, das nur wenige formale Strukturen aufwies und stattdessen auf grundlegende Normen und Prinzipien beruhte. Zentral war dabei die Meistbegünstigungsklausel, wonach Begünstigungen im Bereich des Handels, die einem Mitgliedstaat eingeräumt werden, auch allen anderen Mitgliedern zu Gute kommen müssen. Allerdings gab es auch viele Ausnahmen vom Dogma der Handelsliberalisierung, zum Beispiel bei regionalen Handelsabkommen oder für besonders schutzbedürftige Industrien. Zudem umfasst das GATT nur den Handel mit Gütern, und schloss zum Beispiel Dienstleistungen und sensible Industrien aus. Dennoch wurden in einer Serie von multilateralen Verhandlungsrunden (zum Beispiel Kennedy-Runde 1964–1967; Tokio-Runde 1973–1979; Uruguay-Runde 1986–1993) massive Handelserleichterungen vereinbart. Viele weitere Staaten traten dem GATT bei und sorgten für enorme Steigerungen des Welthandelsvolumens, die weit über dem Wachstum der Produktion lagen. Die zunehmende Dauer der Verhandlungsrunden deutet schon auf die immer höhere Komplexität der Verhandlungsmaterie hin, die sich nicht nur auf Zölle, sondern auch auf nichttarifäre Handelshemmnisse und intellektuelle Eigentumsrechte erstreckte. Um dem Rechnung zu tragen, wurde in den 1990er Jahren versucht, die relativ informelle Struktur des GATT in eine formale internationale Organisation zu überführen. 1995 wurde die WTO gegründet, in deren Kern ein Streitschlichtungssystem etabliert wurde, dass bei Verstößen gegen Abmachungen auch Sanktionen vorsah. Die WTO markierte einen entscheidenden Schritt in Richtung auf die Legalisierung des internationalen Handels. Alle zwei

Jahre findet nun eine Ministerkonferenz statt, es gibt ein festes Sekretariat mit Sitz in Genf, sowie ständige Arbeitsgruppen für zentrale Themen.

Die Hoffnungen auf einen weiteren signifikanten Schub der Handelsliberalisierung erfüllten sich allerdings nicht. Die 2001 initiierte Doha-Runde, die insbesondere die Probleme von Entwicklungsländern berücksichtigen sollte, kam nie zu einem Abschluss. Tiefgreifende Differenzen zwischen unterschiedlichen Staatengruppen (z. B. zwischen westlichen Industriestaaten und der sogenannten G20, eine Gruppe von Ländern, die gegen Agrarsubventionen in reichen Ländern kämpft) führten zu unvereinbaren Verhandlungspositionen. Auch auf dem Gebiet der intellektuellen Eigentumsrechte wurde eine Einigung verfehlt. Dazu kamen zunehmende, teils gewaltsame zivilgesellschaftliche Proteste gegen WTO-Treffen. Schließlich wandelten sich die USA unter Präsident Trump von einer der Hauptbefürworter der multilateralen Gestaltung der Weltmärkte zu einer radikal nationalistischen Positionierung. In diesem Sinne steht die WTO mittlerweile vor der Existenzfrage.

Planspiel

Blockade der WTO

Frage: Wie lässt sich die Blockade der WTO aus der Sicht unterschiedlicher theoretischer Perspektiven erklären, und wie sähen die wichtigsten Schritte eines entsprechenden Forschungsprozesses aus?
Formulieren Sie alternative Hypothesen in Gruppenarbeit!

- Gruppe A: Aus realistischer Sicht
- Gruppe B: Aus Sicht liberaler IB Theorien
- Gruppe C: Aus Sicht des Konstruktivismus
- Gruppe D: Aus der Sicht kritischer Theorien

Skizzieren Sie dann, wie diese Hypothesen überprüft werden könnten.

Zusammenfassung

Eines jener bis zum Abwinken immer wieder zitierten Bonmots der politischen Geschichte ist die Aussage des damaligen US-Präsidentschaftsbewerbers und späteren Präsidenten Bill Clinton: »Its the economy, stupid!«. Er wollte damit deutlich machen, dass es letztlich wirtschaftliche Faktoren sind, die die Wahlentscheidungen der Bevölkerung vor allem prägen, und der Wahlkampf sich deshalb darauf konzentrieren sollte. Die IPÖ als Teildisziplin der Internationalen Beziehungen geht ebenfalls davon aus, dass ökonomische Gegebenheiten und Konflikte hinter den meisten Streitfragen der internationalen Politik stehen und deshalb besondere Beachtung verdienen. Sie bedienen sich dabei theoretischer und konzeptioneller Instrumente sowohl aus den IB als auch aus der Vergleichenden Politikwissenschaft.

Dieses Kapitel sollte exemplarisch zeigen, wie vielfältig und relevant viele dieser Forschungen sind. Die Kenntnis der Grundzüge und fundamentalen Fragen der globalen politischen Ökonomie ist deshalb unverzichtbar.

Testfragen

- *Was ist der Grundgedanke des Merkantilismus?*
- *Was erklärt die Theorie der komparativen Kostenvorteile?*
- *Was besagt die Theorie der Hegemonialen Stabilität?*
- *Was versteht man unter dem Bretton Woods System?*
- *Erläutern Sie das Konzept des Embedded Liberalism und ordnen Sie es zeitlich ein!*
- *Nennen Sie die wichtigsten Schritte bei der Entstehung des Euro!*
- *Was ist Finanzialisierung?*

Basisliteratur

Axelrod, Robert (1987): *Die Evolution der Kooperation*, New York.
Bieling, Hans-Jürgen (2011): *Internationale Politische Ökonomie. Eine Einführung* (eingängige Einführung, besonders in die kritischen Theorien).
Dyson, Kenneth/Featherstone, Kevin (1999): *The Road to Maastricht. Negotiating Economic and Monetary Union*, Oxford.
Grieco, J. (1988): Anarchy and the Limits of Cooperation: A Realist Critique of the Newest Liberal Institutionalism, in: *International Organization* 42 (July): S. 485–508.
Hall, Peter A./Soskice, David (2001): *Varieties of Capitalism: The Institutional Foundations of Comparative Advantage*, Oxford.
Kindleberger, Charles P. (1973): *The World in Depression, 1929–1939*, Berkeley.
McNamara, Kathleen (1999): *The Currency of Ideas*, Ithaca.
Ravenhill, John (2017): *Global Political Economy*, 5. Aufl., Oxford (führende englischsprachige Einführung in die IPÖ).
Schirm, Stefan (2012): *Internationale Politische Ökonomie. Eine Einführung*, 3. Aufl., Stuttgart.

4.2 Internationale Sicherheit

Lernziele

- *Kenntnis unterschiedlicher Begriffe und Dimensionen von Sicherheit in der internationalen Politik*
- *Anwendung theoretischer Perspektiven in der Analyse von Problemen internationaler Sicherheit*
- *Kritische Reflektion von Sicherheitsdiskursen und -praktiken*

Dimensionen internationaler Sicherheit

Am 26. Januar 1991 wurde der Diktator Siad Barre gestürzt, der seit 1969 Somalia, ein Land am Horn von Afrika, regiert hatte. Barre floh vor einer Allianz von Clans, die seit Ende der achtziger Jahre schrittweise das ganze Land bis auf die Hauptstadt Mogadischu unter ihre Kontrolle gebracht hatten. Mit dem Ende des Kalten Kriegs hatten die Supermächte ihr Interesse an dem Land verloren, welches sowohl mit der Hypothek der kolonialen Vergangenheit als auch dem Erbe der Stellvertreterkonflikte der Supermächte leben musste. Dem Diktator gelang die Flucht nach Nigeria, wo er 1995 im Alter von 85 Jahren starb. Die Warlords und Aktivisten, die ihn vertrieben hatten, konnten sich jedoch nicht auf eine gemeinsame Regierung einigen, und so versank das Land in einen bis heute andauernden Bürgerkrieg. Als Folge der Kampfhandlungen kam es zu massiven Hungersnöten, die zusammen mit den Kämpfen bis zu einer halben Million Menschen das Leben kosteten. Nach langem Zögern installierte die UNO eine Mission (UNOSOM), die einen Waffenstillstand überwachen und Hilfsgüterkonvois beschützen sollte. Die Blauhelme dieser Mission kamen allerdings zunehmend unter Beschuss, und so entsandten die USA auf einen Beschluss des UNO-Sicherheitsrats hin eigene Truppen, die für Sicherheit sorgen sollten. Auch Deutschland beteiligte sich mit einer kleinen Einheit und nahm damit erstmals an einer bewaffneten UNO-Mission außerhalb des Bündnisgebiets teil. Die Situation blieb allerdings instabil. Versuche des amerikanischen Militärs, den Kriegsherrn Mohammed Aidid zu ergreifen, führten zur sogenannten Schlacht von Mogadischu im Oktober 1993. In deren Verlauf kamen 18 amerikanische Soldaten und mehrere hundert Somalis um, ein Ereignis, das 2001 in Ridley Scotts Film »Black Hawk Down« mit brutaler Intensität verfilmt wurde. Das Desaster führte dazu, dass die USA ihre Truppen aus Somalia abzogen.

In der Folgezeit wurde das Land zum Prototyp eines ›failed state‹, in dem die staatliche Ordnung dauerhaft zusammengebrochen war. Hungersnöte und Krankheiten verbreiteten sich. Somalia zerfiel in mehrere Teile, und Regionalmächte wie Äthiopien und Kenia intervenierten wiederholt. Ein zusätzliches Sicherheitsrisiko wurde das Aufkommen radikal-islamischer Milizen, insbesondere der Gruppe Al-Shabaab, die auch Verbindungen zu internationalen Terrornetzwerken hatte und brutale Terrorattacken in Somalia und seinen Nachbarstaaten durchführte. Zudem begann ab ca. 2005 als Folge des Zusammenbruchs der somalischen Marine (mit entsprechender Ausbeutung der Gewässer durch nicht-somalische Akteure), eine Welle von Attacken somalischer Piraten auf die internationale Schifffahrt am Horn von Afrika. Auch diese neuzeitliche Piraterie zog eine internationale Mission zum Schutz der Handelslinien nach sich, an der bis heute die deutsche Marine beteiligt ist.

Der tragische Fall Somalia zeigt es deutlich: Sicherheit ist wohl **das** zentrale Problem der internationalen Beziehungen, und dieses Problem hat viele unterschiedliche Dimensionen. Im Fall Somalia sind es zum Beispiel das Versagen internationaler Institutionen, die Privatisierung der Kriegführung durch Milizen, die humanitären Auswirkungen von Unsicherheit und ihre wirtschaftlichen Konsequenzen. Der Zusammenbruch der staatlichen Strukturen in vielen Ländern, die

Auswirkungen regionaler Instabilität, und die Persistenz globaler Sicherheitsrisiken illustrieren, dass die Herstellung von Sicherheit auch und gerade im internationalen Raum die Bedingung für ein menschenwürdiges Leben ist. Deshalb ist es nicht erstaunlich, dass eine Beschäftigung mit Problemen der internationalen Beziehungen lange Zeit fast ausschließlich Fragen von Krieg und Frieden umfasste. Die Disziplin ›Internationale Beziehungen‹ als universitäres Fach entstand bezeichnenderweise am Ende des Ersten Weltkriegs.

Inzwischen wird der Begriff der Sicherheit aber nicht nur in der Wissenschaft, sondern auch in den Sicherheitsstrategien von Staaten sehr viel breiter gefasst als nur im Spektrum zwischen Krieg und Frieden. Ein **erweiterter Sicherheitsbegriff** umfasst ganz unterschiedliche Elemente, die von nuklearer Bedrohung über wirtschaftliche Sicherheit bis zu den Gefahren reichen, die von globalen Epidemien und dem Klimawandel ausgehen. Die folgende Abbildung zeigt die Breite der Sachthemen, mit denen sich Sicherheitspolitik inzwischen auseinandersetzen muss.

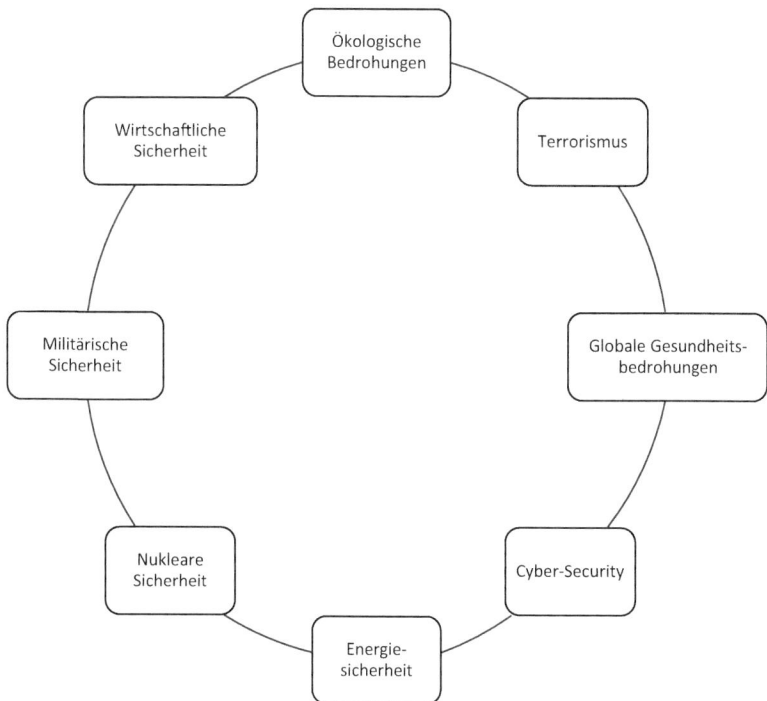

Abb. 21: Dimensionen der Sicherheit

20. Schlüsselbegriff

Erweiterter Sicherheitsbegriff

In einer Reihe viel zitierter Veröffentlichungen fasste der Frankfurter Politikwissenschaftler Christopher Daase die politikwissenschaftliche Forschung zum Begriff der Sicherheit zusammen und konstatierte, dass im Laufe der letzten Jahrzehnte sich das, was landläufig unter Sicherheit verstanden wird, erheblich erweitert habe, und zwar entlang von vier Dimensionen. Zum einen ginge es nicht mehr nur um militärische, sondern auch um wirtschaftliche, ökologische und humanitäre Sicherheit (Sachdimension). Auch die Bandbreite dessen, für wen oder was Sicherheit geschaffen werden soll (Referenzdimension), habe sich vom Staat über die Gesellschaft bis hin zum Individuum ausgeweitet. Sicherheit ist auch nicht mehr nur auf das eigene Territorium bezogen (Raumdimension). Vielmehr wird sie jetzt auch regional und global verstanden. Schließlich geht es nicht mehr nur um konkrete Bedrohungen, vor denen Sicherheit herrschen soll, sondern weit komplexer um die Reduzierung von Verwundbarkeit und Risiken (Gefahrendimension).

Auch die Politik hat inzwischen sich von einem rein auf Landesverteidigung und auf das Militärische konzentrierten Sicherheitsverständnis verabschiedet. So spricht die deutsche Regierung seit dem Weißbuch 2006 (Weißbücher sind periodisch erscheinende sicherheitspolitische Bestandsaufnahmen) von ›vernetzter Sicherheit‹. Sie meint damit die Notwendigkeit, unterschiedliche Instrumente (militärisch, polizeilich, entwicklungspolitisch, wirtschaftlich, etc.) in der Sicherheitspolitik sinnvoll zu bündeln und dies national, international und lokal.

Literatur: Daase 2010: http://www.sicherheitskultur.org/fileadmin/files/WorkingPapers/01-Daase.pdf [02.12.2018]; Wittkowsky 2011.

Die unterschiedlichen Sicherheitsdimensionen können sich zudem auf weit mehr Subjekte beziehen als nur auf Staaten. Lange Zeit war der Begriff der internationalen Sicherheit in einem engen Sinne auf Sicherheit zwischen Staaten bezogen. Inzwischen gilt auch die Sicherheit von Individuen, von Gruppen innerhalb von Gesellschaften und insbesondere die Sicherheit des Planeten als vordringliche Aufgabe der Politikgestaltung im internationalen System.

Wie internationale Sicherheit definiert wird, welche dieser Dimensionen als vordringlich betrachtet werden und welche Maßnahmen zur Bekämpfung der Bedrohungen notwendig und vorrangig sind, ist höchst umstritten. Es hängt eng damit zusammen, welches Verständnis von internationaler Politik und von den Ursachen internationaler Bedrohungen eingenommen wird. Damit ist man wieder bei theoretischen Annahmen und deren Perspektiven auf die grundsätzlichen Gesetzmäßigkeiten globaler Politik angelangt. Deshalb werden in diesem Kapitel die alternativen Blickwinkel der im ersten Teil des Buches behandelten Theorien auf internationale Sicherheit behandelt. Gleichzeitig werden die wichtigsten Dimensionen globaler Sicherheit anhand von Fallstudien vorgestellt.

Sicherheit und (neo)realistische Theorien

Sicherheit war seit jeher ein zentrales Thema der Beschäftigung mit internationaler Politik. Philosophen und Völkerrechtsjuristen beschäftigten sich spätestens seit dem Mittelalter intensiv mit Kriegsvermeidung und Kriegsführung. Eine systematische wissenschaftliche Untersuchung von Fragen internationaler Sicherheit begann aber erst im Rahmen der sogenannten ›Security Studies‹ in den Vereinigten Staaten nach dem Zweiten Weltkrieg. Die Security Studies hatten ihren Ursprung in der Erkenntnis, dass die Existenz von Atomwaffen und die Rivalität der Supermächte im Kalten Krieg eine existenzielle Bedrohungssituation hervorgerufen hatte, deren grundsätzliche Fragen nicht von Politikschaffenden, Militärs und strategischen Planern allein beantwortet werden konnten und sollten. Die Notwendigkeit einer abstrakten Analyse der entstehenden Probleme ergab sich schon daraus, dass Erfahrungswerte für nukleare Kriegsführung nicht vorhanden waren, und ein nuklearer Konflikt kaum praktisch vorstellbar war. Die Gefahr einer anhaltenden ideologischen Rivalität und der Aufbau einer staatlichen Infrastruktur, die die bisher relativ gering ausgebildete Staatlichkeit der USA unter dem Schlagwort des National Security State in einen permanenten Bereitschaftszustand versetzte, waren weitere zentrale Faktoren. Mit diesen Maßnahmen, unter anderem der Gründung eines Nationalen Sicherheitsrats (National Security Council), trug die amerikanische Regierung der Tatsache Rechnung, dass ›Sicherheitspolitik‹ sehr viel mehr umfasste als die Vorbereitung auf Kriege. Die Hoffnung war, dass durch rationale Planung und durch das spieltheoretische Modellieren von Konfliktszenarien die nukleare Katastrophe und die Niederlage im Systemwettbewerb verhindert werden konnte, ohne Nachteile im machtpolitischen Wettbewerb zu erleiden. Der nukleare Wettlauf und die Annahme einer unausweichlichen Mächterivalität zwischen den zwei verbliebenen Supermächten führte dazu, dass realistische Theorien zu dominanten Erklärungsansätzen der jungen IB wurden, da sie die Dynamik des Kalten Kriegs offenbar am besten beschrieben, beispielsweise mit Konzepten wie Mächtegleichgewicht oder Sicherheitsdilemma (▶ 8. Schlüsselbegriff: ›Sicherheitsdilemma‹, ▶ Kap. 3.1).

Wie kann staatliches Überleben in einer durch Anarchie geprägten internationalen Umwelt gesichert werden? Dies ist die zentrale Frage, mit der sich realistische und neorealistische IB-Theorien beschäftigen. Der Neorealismus geht davon aus, dass Staaten zum Erreichen ihrer Ziele (ihrer nationalen Interessen) weitestgehend rational handeln. Die grundsätzlichen Ziele aller Staaten, das Überleben und der dazu nötige Machterwerb, sind für alle gleich, unabhängig davon, ob sie demokratisch, autoritär, oder auf andere Weise verfasst sind. Innenpolitischen Gegebenheiten messen neorealistische Ansätze also relativ wenig Bedeutung zu. Es ist somit offensichtlich, dass Fragen militärischer Sicherheit bei dieser Perspektive im Mittelpunkt der internationalen Politik stehen: Krieg ist die unmittelbarste und existenziellste Bedrohung von Staaten. Militärische Kapazitäten stellen zudem die sichtbarste Machtressource dar, und militärische Drohungen sind das ultimative Druckmittel in internationalen Konflikten. Ökonomische Macht ist vor allem dadurch von Bedeutung, dass sie leicht in militärische Macht umgewandelt werden kann. Allerdings geraten Staaten durch die Anhäufung militärischer Macht in ein Sicherheitsdilemma, in dem die Unsicherheit über das Machtpotential und die Intentionen anderer Staaten zu Instabilität führt. Die Kernproblematik der internationalen Politik ist damit die friedliche Konfliktregulierung und das Management von Machtasymmetrien angesichts der beschriebenen Dynamik. Das atomare Zeitalter verlieh dieser Problematik eine ungeheure und sehr unmittelbare Brisanz.

Aufgrund der nur schwer vorstellbaren tatsächlichen Anwendung von Atomwaffen in einem Konflikt liegt ihr Wert vor allem in der Glaubwürdigkeit der Abschreckungswirkung. Dies erzeugte die Grundfrage der sogenannten **Abschreckungstheorie**. Unter welchen Bedingungen und in welchen Szenarien konnte ein vermeintlich unversöhnlicher Gegner von einem Angriff abgehalten werden? Von zentraler Bedeutung war hier die sogenannte Zweitschlagfähigkeit: der Gegner musste überzeugt sein, dass selbst bei einem Erstschlag noch genügend Potenzial im angegriffenen Land vorhanden war, um dem Angreifer inakzeptablen Schaden zuzufügen. Das Gleichgewicht würde somit durch eine Situation der gegenseitigen sicheren Vernichtung (mutual assured destruction; MAD) erreicht. Die reale Politik schien dieser Logik zu folgen. Nachdem das amerikanische Atomwaffenmonopol 1949 durch die erste russische Bombe gebrochen war, folgten Großbritannien 1952, Frankreich 1960 und China 1964. Auch bei der von den USA 1952 zum ersten Mal getesteten Wasserstoffbombe, die ein Vielfaches der Sprengkraft der frühen Atombomben hatte, zog die Sowjetunion ein Jahr später nach. Für die Neorealisten handelt es sich dabei um rational erklärbares internes Balancing durch Aufrüstung (▶ Kap. 3.1 zu diesem Konzept). Das Mächtegleichgewicht wurde letztlich durch glaubwürdige Abschreckung stabilisiert.

Internationale Beziehungen im Film

Abschreckungstheorie

Der Film ›Dr. Strangelove‹ (▶ Kap. 3.1) schildert die verzweifelten Bemühungen der US-Regierung, einen durch einen verrückten General ausgelösten atomaren Angriff auf die Sowjetunion vor dem ersten Abwurf einer Bombe zu stoppen. Im Laufe der hektischen Beratungen mit dem russischen Botschafter wird deutlich, dass die Sowjetunion eine sogenannte Doomsday-Bombe als ultimative Abschreckungswaffe konstruiert hat, die automatisch und unwiderruflich bei einem atomaren Angriff ausgelöst wird und alles Leben auf der Erde vernichtet. Es entspinnt sich folgender Dialog zwischen dem fiktiven Präsidenten, der den Sinn einer derartigen Waffe nicht versteht, und seinem Chef-Wissenschaftler:

»President Merkin Muffley: How is it possible for this thing to be triggered (ausgelöst) automatically and at the same time impossible to untrigger?
Dr. Strangelove: Mr. President, it is not only possible, it is essential! That is the whole idea of this machine, you know. **Deterrence is the art of producing in the mind of the enemy the FEAR to attack.** And so, because of the automated and irrevocable decision-making process which rules out human meddling, the Doomsday machine is terrifying and simple to understand ... and completely credible and convincing.«

Das Problem dieser durchaus nachvollziehbaren rationalen Logik war im Film, dass auf der amerikanischen Seite ebenso rationale Verfahrensabläufe gegnerische Sabotage bei Vergeltungsangriffen verhindern sollten. Diese führten dazu, dass die US-Regierung selbst den Angriff nicht mehr stoppen konnte. Das Unheil nahm unausweichlich seinen Lauf.

Diskussionsfragen: Inwiefern spiegelt sich die hier auf den Punkt gebrachte Logik der Abschreckungstheorie in aktuellen Konflikten, wie der Krise um das nordkoreanische Atomwaffenprogramm? Welche Rationalitäten treffen aufeinander?

Auf dieser Logik beruhten auch die Bemühungen, durch massiv befestigte, unterirdische Abschussrampen oder durch ständig auf See befindliche atomar bewaffnete U-Boote die Zweitschlagfähigkeit sicherzustellen. In der Tat ereignete sich in den Jahrzehnten des Kalten Kriegs keine atomare Auseinandersetzung. Allerdings kam es zu einer Vielzahl von Stellvertreterkriegen, in denen die Großmächte auf weniger riskante Weise ihren Kampf um Einflusssphären ausfechten konnten.

Diese Stellvertreterkriege sollten auch bei den amerikanischen Verbündeten Befürchtungen im Hinblick auf die amerikanische Schutzgarantie beseitigen. Für Deutschland erforderte es die Logik der Abschreckung, dass ein sowjetischer Angriff eine amerikanische Antwort nach sich ziehen würde. Dies wurde dadurch wahrscheinlich, dass amerikanische Truppen, teilweise mit nuklearen Gefechtsfeldwaffen ausgerüstet, an der Nähe der vermuteten Frontlinie stationiert waren. Die Verteidigungsbündnisse, welche beide Seiten während des Kalten Kriegs konstruierten, dienten somit ebenfalls der Herstellung des Gleichgewichts (external balancing).

Der Glaube an die rationale Planbarkeit militärischer Konflikte wurde durch den katastrophalen Verlauf des Vietnam-Kriegs und die gerade noch vermiedene Eskalation in der Kubakrise schwer erschüttert. Ein automatisch sich einstellendes Gleichgewicht des Schreckens als zentraler Mechanismus der Sicherheit schien auf Dauer weder moralisch noch praktisch akzeptabel. So versuchten die Supermächte bald nach Beginn des Kalten Kriegs auch über institutionelle Mechanismen die Wahrscheinlichkeit bewaffneter Konflikte zu reduzieren.

Diskussionsthema

Sollten der Iran und Nordkorea die Bombe bekommen?

Seit vielen Jahren befürchtet die internationale Staatengemeinschaft, dass zu den bisherigen Nuklearmächten bald neue Staaten hinzustoßen werden, die möglicherweise eine unberechenbare und aggressive Außenpolitik betreiben. Im Zentrum dieser Debatte stehen vor allem die Bemühungen des Iran und Nordkoreas, ein nukleares Waffenarsenal aufzubauen. Insbesondere das iranische Atomwaffenprogramm hat aufgrund der offenen Intention iranischer Hardliner,

Israel zu zerstören, enorme Befürchtungen vor eventuellen Präventivschlägen von Seiten Israels und einem atomaren Rüstungswettlauf in der Region hervorgerufen. Durch Sanktionen und Verhandlungen versuchen die anderen großen Mächte, den Iran und auch Nordkorea davon abzuhalten, sich nuklear zu bewaffnen.

In einem viel diskutierten Artikel von 2012 in der amerikanischen »Foreign Affairs« argumentierte Kenneth Waltz, der bekannteste Vertreter des Neorealismus, dass diese Politik ein Fehler sei. Vielmehr sei es im Sinne der globalen Stabilität sehr viel besser, die jeweiligen Atomwaffenprogramme nicht mit allen Mitteln zu verhindern. Waltz argumentierte:

»... by reducing imbalances in military power, new nuclear states generally produce more regional and international stability, not less. ... Although it is impossible to be certain of Iranian intentions, it is far more likely that if Iran desires nuclear weapons, it is for the purpose of providing for its own security, not to improve its offensive capabilities (or destroy itself). Iran may be intransigent at the negotiating table and defiant in the face of sanctions, but it still acts to secure its own preservation ... When it comes to nuclear weapons, now as ever, more may be better.«

Diskussionsfrage: Welche Argumente sprechen für, und welche gegen das Argument von Waltz, dass mehr Nuklearmächte mehr internationale Stabilität mit sich bringen?

Literatur: Waltz 2012, 2–5.

Institutionalismus und Sicherheit

Das erste nukleare Abrüstungsabkommen war der Atomteststoppvertrag von 1963. Die Atomwaffentests der fünf Atommächte in den 1950er Jahren (USA, UdSSR, China, Großbritannien, Frankreich) hatten zu einem weltweiten Anstieg an Radioaktivität geführt. Der Vertrag verbot alle atomaren Tests, die nicht unterirdisch durchgeführt wurden. 1996 wurde ein umfassender Teststopp unterzeichnet, dem allerdings viele relevante Staaten nicht beigetreten sind. Zudem wurden im Laufe der Jahrzehnte atomwaffenfreie Zonen geschaffen, wie zum Beispiel die Antarktis oder der Meeresboden. Auch Deutschland sollte im 2+4 Vertrag nach der Wiedervereinigung zur atomwaffenfreien Zone werden.[69]

---

69 Auf deutschem Territorium lagern allerdings immer noch einige US-Sprengköpfe.

Infobox

Nuclear Non-Proliferation Treaty (NPT; Nuklearer Nichtverbreitungsvertrag)

Der 1968 von 59 Staaten geschlossene NPT ist das wichtigste Instrument zur Verhinderung nuklearer Proliferation, d. h. der Verbreitung nuklearwaffenfähigen Materials. Inzwischen sind 191 Staaten Mitglieder des Vertrags. Deutschland trat erst nach erbitterter innenpolitischer Debatte, in der es um die Abschreckung einer möglichen sowjetischen Invasion ging, bei. Die Nuklearwaffenstaaten Indien, Israel, Nordkorea und Pakistan hingegen sind nicht Mitglieder. Der Vertrag verbietet die Weitergabe von atomwaffenfähigem Material durch die Nuklearstaaten und verpflichtet die anderen Staaten darauf, keine Atomwaffen zu entwickeln. Die friedliche Nutzung der Kerntechnik ist erlaubt. Überprüft wird der Vertrag durch die IAEO (Internationale Atomenergie-Organisation) mit Sitz in Wien. Die IAEO sendet Inspektoren in die Nuklearanlagen der Mitgliedstaaten, um die Einhaltung des Vertrags zu überwachen. Zudem findet seit 1975 in fünfjährigem Turnus eine Überprüfungskonferenz der Mitgliedstaaten statt.

Der relativ geringe Anstieg der Zahl der Atommächte seit Abschluss des Vertrags wird auch auf den Vertrag zurückgeführt, der wichtige Funktionen internationaler Institutionen erfüllt, wie die Herstellung von Transparenz, die Festlegung bestimmter Normen, Regeln und Verfahren, und die Bereitstellung von Informationen.

Informationen zum NPT: https://www.un.org/disarmament/wmd/nuclear/npt/ [02.12.2018].

Die institutionalistische Theorie argumentiert, dass durch derartige vertragliche Bindungen die Dynamik des Sicherheitsdilemmas durchbrochen werden kann. Sicherheit im anarchischen System ist also nicht nur möglich durch Gleichgewichtssituationen wie das Gleichgewicht des Schreckens im Kalten Krieg, sondern auch durch gemeinsame Institutionen und Bündnisse. In der Tat versuchten Staaten mit einer Reihe von Abrüstungsverträgen, insbesondere durch den Nichtverbreitungsvertrag, seit den 1960er Jahren den Rüstungswettlauf, nicht nur auf nuklearem Gebiet, zu kontrollieren. Dazu gehören auch die SALT I (1972) und SALT II (1979) Verträge, mit denen die Anzahl der nuklearen Trägersysteme limitiert wurde. Die Verträge beruhen darauf, dass es technologisch in vieler Hinsicht schwieriger ist, sichere Raketensysteme für den Transport von Atomsprengköpfen zu entwickeln als die Sprengköpfe selbst. Der Logik der MAD entsprach hingegen der Anti-Ballistic Missile Treaty (ABM) von 1972, mit dem die Zahl der Raketenabwehrwaffen limitiert wurde. Deren Entwicklung droht nämlich die Zweitschlagfähigkeit zu unterminieren, und somit einen präventiven nuklearen Erstschlag denkbarer zu machen. Der Austritt der US-Regierung von George W. Bush aus dem ABM-Vertrag 2001 war ein erheblicher Faktor in der neuerlichen Verschärfung der russisch-amerikanischen Rivalität im 21. Jahrhundert, gefolgt unter anderem durch den Austritt Russlands aus dem START II Vertrag von 1993, der der Reduzierung von Atomwaffen diente.

Realistische und neorealistische Theorien würden argumentieren, dass diese Verträge nur Machtrealitäten wiederspiegeln und nur geringe Bindungswirkung haben. Der Institutionalismus weist darauf hin, dass nicht nur auf dem Gebiet der militärischen Sicherheit, sondern auch auf viele anderen sicherheitsrelevanten Themenfeldern vertragliche Strukturen existieren, durch die Bedrohungen kontrolliert und Probleme des kollektiven Handelns überwunden werden.

Neben diesen Verträgen gibt es weltweit eine Vielzahl von Organisationen, deren Ziel die Sicherheit der Mitglieder ist, wie z. B. die NATO, die OSZE, die Shanghai Cooperation Organization (SCO) oder der ANZUS-Pakt zwischen Australien, Neuseeland und den USA. Die wichtigste globale Sicherheitsorganisation ist aber ohne Zweifel die UNO.

Theorien in der Anwendung

Die Vereinten Nationen (UNO) als kollektive Sicherheitsorganisation

Die UNO wurde nach dem Zweiten Weltkrieg mit der Aufgabe begründet, den Weltfrieden und die internationale Sicherheit zu wahren. Damit wurde sie zum zentralen Baustein eines Systems kollektiver Sicherheit, in dem Staaten ihre nationalen Interessen im Idealfall einem höheren Ziel, der Gewährleistung internationaler Sicherheit, unterordnen. Die Gleichheit und nationale Souveränität aller Staaten, die friedliche Schlichtung von Streitigkeiten, und der Verzicht auf Gewaltanwendung gehören zu den Gründungsprinzipien. Zentrales Organ ist der Sicherheitsrat, in dem fünf ständige und zehn nicht-ständige Mitglieder die wichtigsten Fragen globaler Sicherheit beraten. Wenn ein Konflikt zur Gefahr für den Weltfrieden wird, hat der Sicherheitsrat als letzten Ausweg die Möglichkeit, Militäreinsätze zu billigen (Kapitel 7 der UNO-Charta). Der Sicherheitsrat beschließt auch friedenserhaltende oder friedensunterstützende Missionen. Die UNO kann zudem Wirtschaftssanktionen verhängen, wenn keine Verhandlungslösungen gefunden werden, und sie unterstützt Post-Konfliktstaaten auf dem Weg zu einem anhaltenden Frieden. Inzwischen sind die Vereinten Nationen auch einem erweiterten Sicherheitsbegriff verpflichtet, der ein großes Spektrum an Bedrohungen umfasst.

Die UNO als System kollektiver Sicherheit war in der Zeit des Kalten Kriegs weitgehend blockiert. Auch danach wurde ihr oft eine selektive und ineffiziente Vorgehensweise vorgeworfen. Eine institutionalistische Sichtweise würde argumentieren, dass das UNO-System jedoch einen regel-basierten Rahmen für internationale Sicherheitspolitik bereitstellt, an dessen Normen und Grundsätzen sich die meisten Staaten orientieren und der zudem Mechanismen für eine friedliche Konfliktregulierung bereitstellt, die konfliktreduzierend wirken.

Testfrage: Welche Kritikpunkte würden alternative theoretische Sichtweisen an dieser Interpretation üben?

Liberalismus: Die Sicherheit von Gesellschaften

Die Stabilisierung des bipolaren Systems des Kalten Kriegs und die Wirtschafts- und Energiekrisen der 1970er Jahre wendeten den Blick auf eine Dimension der Sicherheit, die im Schatten des nuklearen Wettlaufs zwar nicht vergessen, aber aus dem Blick geraten war: die Stabilität von Gesellschaften. Nach dem Ende des II. Weltkriegs hatten die interventionistischen Wohlfahrtsstaaten des Westens und die staatlich gelenkten Volkswirtschaften des östlichen Blocks eine gesellschaftliche Stabilisierung im Vergleich zur turbulenten Zwischenkriegszeit erreicht. Die zunehmende weltweite wirtschaftliche Verflechtung (Interdependenz) führte jedoch zu neuen Verwundbarkeiten, die sich deutlich im Zusammenbruch des Währungssystems fester Wechselkurse (Bretton Woods System) und in der Ölkrise zeigten. Massive Verluste an Lebensqualität und Wohlstand als Folge globaler Interdependenz wurden zu einer möglichen Bedrohung, deren Bekämpfung internationale Koordination erforderte.

Energiesicherheit

Im Oktober 1973 begann mit einem Überraschungsangriff Ägyptens und Syriens auf Israel der sogenannte Jon-Kippur Krieg, bei dem sich die militärische Situation schnell zu Gunsten Israels neigte, welches auch von den meisten westlichen Staaten unterstützt wurde. Um Druck auf den Westen auszuüben, drosselten die Mitgliedstaaten der Organisation erdölexportierender Länder (OPEC) die Ölproduktion, mit der Folge einer massiven Erhöhung des Ölpreises. Damit wurde die Abhängigkeit von Industriegesellschaften von fossiler Energie schlagartig ins öffentliche Bewusstsein gerückt. In der Bundesrepublik kam es zu autofreien Sonntagen, an denen die Bürger ihr Auto in der Garage lassen mussten. In anderen Ländern gab es Schlangen vor den Zapfsäulen. Die höheren Energiepreise führten auch zu einer wirtschaftlichen Rezession, die nur langsam überwunden wurde. Das Thema Energiesicherheit, insbesondere in Gesellschaften, die ihren Bedarf nicht aus eigenen Reserven decken können, war ganz offensichtlich ein zentraler Bestandteil der Sicherheitspolitik. Das Interesse an einer stabilen Versorgung lässt die Absicherung der Lieferwege sowie die politische Situation in den energieproduzierenden Regionen zu unmittelbaren Fragen der nationalen Sicherheit werden. Deutlich wurde dies auch in Europa während der ukrainisch-russischen Spannungen im letzten Jahrzehnt, als es teilweise zu einer Blockade der Erdgaslieferungen über die durch ukrainisches Gebiet führenden Pipelines kam.

Energiesicherheit hat natürlich nicht nur eine innenpolitische Dimension. Sie lässt sich auch unter dem Blickwinkel globaler Machtrivalitäten untersuchen, zum Beispiel im Hinblick auf die Kontrolle über Rohstoffvorkommen. Die liberale Perspektive auf Sicherheit nimmt jedoch vor allem inner-gesellschaftlich erzeugten Interessen in den Blick, und versucht zu analysieren, wie sich strategische Handels- und Energiepolitik und die Schaffung internationaler Institutionen in diesen Feldern daraus ableitet.

Failed (or Fragile) States

Auch die in Kapitel 3.2 behandelte Theorie des demokratischen Friedens (▶ Kap. 3.2) interpretiert die Kriegsneigung von Staaten als Funktion innenpolitischer Strukturen. Stabile demokratische Strukturen führen demnach zu einer abnehmenden Kriegsneigung, zumindest gegenüber anderen Demokratien. Eine spiegelbildliche Argumentation ist mit dem Begriff der ›failed states‹ verknüpft, der in den 1990er Jahren entstand und rasch hohe Popularität erlangte. Darunter wurden Staaten verstanden, die fundamentale Funktionen in den Bereichen Wohlfahrt, Sicherheit und Rechtsstaatlichkeit nicht mehr ausüben können, und damit nicht nur für die eigene Bevölkerung zu einer Gefahr werden, sondern diese Instabilität auch in angrenzende Regionen exportieren. Dieses Argument ist stark durch europäisch geprägte Vorstellungen eines idealen Staates unterfüttert, und kann deshalb auch zur Legitimation von Eingriffen in die Souveränität eines ›failed state‹ führen, zu Recht oder Unrecht. Aufgrund der negativen Konnotation hat sich in letzter Zeit der Begriff ›fragile state‹ durchgesetzt. Dennoch kritisieren viele Autoren diese Terminologie als diskursive Konstruktion einer Sicherheitsbedrohung, die auf sehr vagen Kriterien beruht und die bestimmte Formen von Staatlichkeit privilegiert. Indices wie der Fragile State Index, auf dem beispielsweise Somalia seit vielen Jahren immer auf den hintersten Rängen zu finden ist, haben dennoch einen starken Einfluss auf die internationale Debatte. Sie zeigen wie Vorstellungen von Sicherheit und Unsicherheit entstehen und sich verfestigen können – ein zentrales Erkenntnisinteresse konstruktivistischer Theorien.

Infobox

Länder-Rankings

Ein wichtiges Hilfsmittel in der vergleichenden Analyse von Staaten sind Länder-Rankings anhand bestimmter Indikatoren. Obwohl diese Rankings methodisch umstritten sind, bieten sie doch Anhaltspunkte für die Analyse unterschiedlicher Komponenten staatlichen Handelns, und lassen somit auch Rückschlüsse auf die internationale Position der betreffenden Staaten zu. Anbei zwei aktuelle Beispiele mit den am schlechtesten bewerteten Staaten.

Quellen der Daten:
http://fundforpeace.org/fsi/ [02.12.2018]; https://www.bti-project.org/de/startseite/ [02.12.2018]

Fragile States Index 2018		Bertelsmann Transformationsindex 2018 (Durchschnittswert)	
Der vom US Think-Tank Fund for Peace publizierte Index (bis 2013 Failed States Index) listet alle souveränen Staaten anhand von zwölf wirtschaftlichen, sozialen und politischen Indikatoren, und misst deren Verwundbarkeit im Hinblick auf Staatszerfall. Höhere Werte sind negativ.		Der Index vergleicht die Qualität der Governance in 129 Ländern im Hinblick auf Rechtsstaatlichkeit und soziale Marktwirtschaft. Je geringer der Wert, desto geringer die Qualität des Staatshandelns.	
Südsudan	113,4	Somalia	1,34
Somalia	113,2	Syrien	1,57
Jemen	112,7	Jemen	1,72
Syrien	111,4	Eritrea	1,84
Zentralafrikanische Republik	111,1	Nordkorea	2,16
Dem. Rep. Kongo	110,7	Südsudan	2,27

Die Konstruktion von Sicherheit

Die rationalistischen Theorien der IB (Realismus, Institutionalismus, Liberalismus) gehen davon aus, dass Sicherheit und Unsicherheit prinzipiell messbar sind, und es eine vielleicht schwer bestimmbare, aber deutlich feststellbare Grenze zwischen Sicherheit und Unsicherheit gibt. Staatliche Aufgabe war es danach, diese Schwelle zum Zustand der Sicherheit zu erreichen, wobei die Mittel sowie das Referenzsubjekt (Sicherheit wofür) umstritten waren. Erst in den letzten fünfundzwanzig Jahren begann die Forschung sich dafür zu interessieren, wie diese Sicherheitsdefinitionen entstehen und ob sie nicht größtenteils gesellschaftlich konstruiert sind. Dies entspricht dem konstruktivistischen Blick auf die internationale Politik. Was Sicherheit im internationalen System ist, ist danach nicht eindeutig durch nationale Interessen festgelegt, sondern unterliegt Konjunkturen, die sich wandeln und immer wieder neu definiert werden.

Peter J. Katzenstein, ein deutschstämmiger Politikwissenschaftler, der an der Cornell University im US-Bundesstaat New York lehrt und zu den bedeutendsten IB-Theoretikern gehört, veröffentlichte 1996 einen Sammelband, der zu einem der meist zitierten Werke in den Sicherheitsstudien wurde: »The Culture of National Security«. Danach ist nationale Sicherheit nicht eine von der Struktur des internationalen Systems und den darin herrschenden Machtverhältnissen vorgegebene feste Größe, sondern eng verknüpft mit Normen und kollektiven Identitäten. Unter Normen versteht Katzenstein »kollektive Erwartungen über angemessenes Verhalten innerhalb einer bestimmten Identität«. Die deutsche und japanische Außenpolitik sind gute, im Sammelband in einer Fallstudie analysierte, Beispiele. Beide Staaten haben als Resultat historischer Lernprozesse eine Kultur des Antimilitarismus entwickelt, die sie ausgesprochen skeptisch gegenüber der Anwendung militärischer Mittel in ihrer Außenpolitik macht. Kultur und Identitäten sowie die darauf basierenden Normen sind also wichtige Faktoren, die entscheidend mitbestimmen, wie Akteure ihre Interessen definieren, selbst auf dem zentralen Gebiet der nationalen Sicherheit. Ein weiterer Beitrag im Sammelband stammt von der Politikwissenschaftlerin Nina Tannenwald. Sie befasst sich mit der Frage, weshalb es nach den Atombombenabwürfen auf Hiroshima und Nagasaki keine weiteren Einsätze von Atomwaffen gab und weshalb der Besitz von Atomwaffen weiterhin auf wenige Staaten beschränkt ist. Tannenwald argumentiert, dass es eine Art nukleares Tabu gibt, wonach diese Waffen besonders unmoralisch und unzivilisiert sind. Diese Norm hat weltweit Auswirkungen und limitiert die Verbreitung und vor allem den Einsatz dieser Waffen.

Geteilte Werte können auch die Basis für Sicherheitsallianzen sein. Forschungen haben zu zeigen versucht, dass diese Allianzen nicht nur als Reaktion auf rationale Abwägungen von Bedrohungen entstehen und weiterexistieren, sondern auch auf der Basis gemeinsamer, sich durch Interaktion verstärkender Werte. Die NATO ist ein Beispiel für eine derartige pluralistische Sicherheitsgemeinschaft.

21. Schlüsselbegriff

Die NATO als pluralistische Sicherheitsgemeinschaft

Die NATO, 1949 gegründet während des Kalten Kriegs, kann als eine Antwort auf die Großmachtrivalität zwischen den USA und der Sowjetunion verstanden werden. Die gegenwärtig 29 Mitgliedstaaten bilden ein kollektives Sicherheitsbündnis mit einer Beistandsgarantie im Falle des Angriffs auf ein Mitglied. Die Bündelung der Kapazitäten verschafft so allen Mitgliedstaaten mehr Sicherheit und schreckt mögliche Angriffe ab. VertreterInnen des Konstruktivismus würden allerdings argumentieren, dass dieses Verständnis zu kurz greift, insbesondere angesichts des Fortbestehens der NATO auch nach dem Ende des Kalten Kriegs. Ihnen zufolge ist die Organisation eine Gemeinschaft, die auf geteilten Normen, Werten, Regeln und Interessen beruht und in vieler Hinsicht auch identitätsstiftend wirkt. Auf der Basis dieser gemeinsamen Werte konnte die NATO auch nach dem Verlust des zentralen Existenzgrunds – der Abschreckung der Sowjetunion - weiter funktionieren und sich auf neue Aufgabenfelder konzentrieren. Dies beinhaltete auch die Abgrenzung gegenüber Staaten, die grundlegende Werte, auf die sich die NATO-Mitglieder berufen verletzen, oder zu verletzen scheinen.

Der Begriff der pluralistischen Sicherheitsgemeinschaft stammt von dem amerikanischen Politikwissenschaftler Karl Deutsch, der damit die Kooperation von Staaten nicht nur auf der Basis geteilter Interessen, sondern auch auf der Basis geteilter Werte zu fassen suchte.

In seinem Buch »Writing Security« von 1992 argumentiert der australische Politikwissenschaftler David Campbell, dass die Identität eines Staates vor allem durch den Bezug auf existenzielle Bedrohungen konstruiert wird. Gegen diese Bedrohung bietet der Staat Schutz und Sicherheit, und legitimiert sich selbst auf diese Weise.

Mit diesem Argument lenkt Campbell das Augenmerk darauf, was Sicherheit ›macht‹ und nicht mehr nur darauf, was sie ›ist‹. Während die rationalistischen Theorien Probleme internationaler Sicherheit mit jeweils unterschiedlicher Gewichtung identifizieren und alternative Lösungsmöglichkeiten skizzieren, geht es bei Campbell und vielen ähnlichen Forschungen mit dieser Stoßrichtung darum, wie und weshalb etwas zu einem Sicherheitsproblem wird und damit politische Konsequenzen auslöst.

Diesen Prozess wird heute allgemein mit dem recht ungelenken Begriff der **Versicherheitlichung** (securitization) bezeichnet. Der Begriff ist eng verknüpft mit der sogenannten Kopenhagener Schule um die Politikwissenschaftler Ole Wæver, Jaap de Wilde und Barry Buzan. In »Security: A New Framework for Analysis« (1997) definierten sie Versicherheitlichung als einen diskursiven Vorgang, in dem ein Problem aus dem normalen politischen Prozess dadurch herausgehoben wird, dass es als Sicherheitsproblem erklärt wird und zu seiner Bearbeitung außergewöhnliche Maßnahmen als notwendig erachtet werden. Durch ihren Sicherheitsdiskurs versuchen sogenannte Sicherheitsakteure, das für die Autorisierung und Legitimation der geplanten Maßnahmen notwendige Publikum zu überzeugen. Etwas wird dabei zu einer existenziellen Bedrohung erklärt. Es hängt also nicht von der Natur der Bedrohung, sondern von der Überzeugungskraft des Sprechakts ab, ob ein Problem als Sicherheitsproblem akzeptiert wird. Komplementär dazu ist der Begriff der Entsicherheitlichung, der umschreibt, wie die Thematik wieder im normalen politischen Prozess verhandelt wird. Ein in der Forschung häufig zitiertes Beispiel eines Prozesses der Versicherheitlichung ist die Begründung des Irakkriegs von 2003 durch die US-Regierung von George W. Bush. Durch die Behauptung, der Irak besitze Massenvernichtungswaffen und sei auch gewillt, diese einzusetzen, versuchte die Regierung, nationale und internationale Unterstützung für ihr Ziel eines bewaffneten Regimewandels zu erzeugen. Diese Strategie war beim nationalen Publikum erfolgreich, da der Kongress den Einmarsch unterstützte, scheiterte aber auf internationaler Ebene, da der UNO-Sicherheitsrat den Angriff mehrheitlich ablehnte.

Sicherheit und globale Gesundheitsrisiken

Seit Beginn des Jahrtausends ist der Begriff der Global Health Security ein häufig gebrauchtes Schlagwort in der internationalen Debatte. Die zunehmende globale Vernetzung über Handel, Migration, Umweltrisiken, etc. sowie die am 11. September 2001 offensichtlich unkalkulierbar gewordene terroristische Gefahr, die auch den Einsatz biologischer Waffen denkbar machte, brachten das Thema auf die globale Agenda. Die Weltgesundheitsorganisation WHO beschäftigt sich immer häufiger mit dem Thema globaler Gesundheitspolitik unter dem Sicherheitsaspekt. Mögliche Pandemien, wie HIV/AIDS, Ebola oder Influenza gelten damit nicht nur als Thema öffentlicher Gesundheitspolitik, sondern als internationale Sicherheitsfrage. Gerade an dieser Thematik lässt sich die Dynamik der Versicherheitlichung sehr gut zeigen. 2014 brach in den westafrikanischen Ländern Guinea, Sierra Leone und Liberia die hochansteckende, tödliche Seuche Ebola aus, an der in kurzer Zeit mehr als 27 000 Menschen erkrankten und 11 000 starben. In der Folgezeit befasste sich selbst der UNO-Sicherheitsrat mit der Seuche und verabschiedete einstimmig die Resolution 2177. Dort hieß es: »... the unprecedented extent of the Ebola outbreak in Africa constitutes a threat to international peace and security.« Diese Definition einer Seuche als Sicherheitsproblem erfordert natürlich auch spezielle Antworten, die nicht nur im Bereich der üblichen Gesundheitspolitik liegen, sondern alle Ressourcen des nationalen Sicherheitsapparats erfordern. Ob eine Bedrohung also als Sicherheitsproblem definiert wird und damit außergewöhnliche Maßnahmen erfordert, oder als eine Frage, die mit ›normalen‹ technologischen und bürokratischen Routinen bearbeitet wird, ist von hoher politischer Relevanz. Ein populärer Ansatz der Forschung zu Versicherheitlichung, die sogenannte Pariser Schule, sieht eben in diesen Routinen und Praktiken schon eine Sicherheitslogik verankert, die zu nicht mehr hinterfragten Lösungen führt und entdemokratisierend wirkt (die Grundzüge der unterschiedlichen ›Schulen‹ in der Forschung zur ›Versicherheitlichung‹ sind z. B. bei Nyman (2018) nachzulesen).

Theorien in der Anwendung

Abb. 22: Versicherheitlichung

Im Herbst 2017 waren bundesweit Poster wie das hier Dargestellte an deutschen Plakatwänden zu sehen. Darauf warb die Bundeswehr für YouTube Clips, die sie als Arbeitgeber präsentierten. Das abgebildete Plakat nimmt Bezug auf den Bundeswehreinsatz in Mali, der dazu dienen soll, das Land zu stabilisieren. Die Kampagne wirbt also nicht nur für den Arbeitsplatz Bundeswehr, sondern auch für den umstrittenen Einsatz. Durch die Bezugnahme auf die persönliche Sicherheit jedes einzelnen Bürgers wird diese außergewöhnliche Maßnahme legitimiert - ein illustratives Beispiel für ein Element eines Prozesses der Versicherheitlichung, der nicht nur über Sprechakte, sondern auch über visuelle Darstellungen umgesetzt wird.

Kritische Sicherheitsstudien

Wie allgemein in den sogenannten kritischen Theorien der IB wird auch bei kritischen Sicherheitstheorien der Schwerpunkt darauf gelegt, wie durch bestimmte Sicherheitspraktiken gesellschaftliche Ordnungen, die oft ungerecht verfasst sind, konstruiert und aufrecht erhalten werden. Das Erkenntnisinteresse richtet sich also auf die Überwindung, und nicht nur die Erklärung des Status Quo. Kritisiert wird dabei insbesondere das staatliche Monopol bei der Definition von Sicherheitsproblemen, da dies erst staatliche Macht verfestigt. So beschreibt der Waliser Politikwissenschaftler Ken Booth in seinem Buch »Security and Emancipation«

(1991) als Abwesenheit von Bedrohungen des Individuums, durch staatliche und nicht-staatliche Akteure. Das Ziel ist die Emanzipation von diesen Bedrohungen:[70]

> »Security can only be achieved by people and groups if they do not deprive others of it. ›Security‹ means the absence of threats. Emancipation is the freeing of people (as individuals and groups) from those physical and human constraints which stop them carrying out what they would freely choose to do. War and the threat of war is one of those constraints, together with poverty, poor education, political oppression and so on. Security and emancipation are two sides of the same coin. Emancipation, not power or order, produces true security. Emancipation, theoretically, is security«

Zu den theoretischen Perspektiven, die auf dieser Position aufbauend, grundlegende Strukturen kritisieren, die Gewalt und Unrecht reproduzieren, gehören insbesondere **feministische Theorien**. Sie argumentieren, dass viele der Kategorien und Denkfiguren, mit denen über internationale Politik nachgedacht wird, von stark geschlechtlich konnotierten Bildern geprägt sind, die Rolle von Frauen aber vernachlässigt oder negiert wird. »Where are the women?« fragte Cynthia Enloe, eine der profiliertesten Autorinnen feministischer IB (1990). Feministische Theorien kritisieren Krieg als Männlichkeitsritual, das meist auch mit sexualisierter Gewalt einhergeht. Ereignisse wie die massenweise Entführung junger Frauen durch die Terrorgruppe Boko Haram in Nigeria erinnern an den vieltausendfachen Missbrauch von Frauen in bewaffneten Konflikten seit der Antike, in denen diese Aggression bewusst als Mittel der Kriegführung und Demütigung des Gegners eingesetzt wurde. Auch der Kolonialismus ist geprägt durch sexuelle Ausbeutung. Viel Aufsehen erregt haben auch wiederholte Berichte über sexualisierte Gewalt, die durch UN-Peacekeeping-Truppen in den Gebieten ausgeübt wird, in denen sie eigentlich zur Friedenssicherung beitragen sollten. Sehr häufig, auch in der internationalen Politik, ist die Verwendung geschlechtlicher Stereotypen als Bedrohungsnarrativ, wie es nach der »Flüchtlingskrise« und der Kölner Silvesternacht 2015–2016 in der Bedrohung durch ausländische, dunkelhäutige Männer ausgedrückt wurde. Feministische Theorien unternehmen dagegen den Versuch einer Analyse, die nicht auf maskulinen oder femininen Normen beruht, sondern genderneutral ist und das Bewusstsein für die gesellschaftliche Konstruiertheit von Geschlechterrollen schärft.

Cyber-Sicherheit und die Theorien der IB

Neue Technologien schaffen auch neue Unsicherheiten. Die rapide und ungebremste Ausweitung digitaler Kommunikationstechnologien im 21. Jahrhundert und die damit einhergehenden immer größeren Möglichkeiten der Kontrolle und Verbreitung von Information und Desinformation, der Eingriffe in Netzwerke und der Überwachung von Staaten, Gruppen und Personen haben dazu geführt, dass Cyber-Security zu einem der wichtigsten Felder internationaler Sicherheitspolitik wurde. Früher bestenfalls lokal eingebundene Computernetzwerke, die

---

70 Booth 1991, 319.

von außen kaum zugänglich waren, sind inzwischen global vernetzt und damit verwundbar für Attacken aller Art. So könnten Krankenhäuser, Elektrizitäts- und Wasserwerke lahmgelegt werden. Das Funktionieren der digitalen Infrastruktur hochgradig verlinkter Gesellschaften ist von überlebensnotwendiger Bedeutung. Aufgrund dessen wird in den westlichen Industriegesellschaften die Bedrohung durch Cyber-Warfare oder Cyber-Spionage als eines der größten Sicherheitsrisiken betrachtet.

Das Mächtegleichgewicht zwischen den Großmächten ist in diesem Bereich schwer abzuschätzen, da offene Gesellschaften generell verwundbarer sind. Die klassisch realistische Perspektive betont die Notwendigkeit von Abschreckung und Aufrüstung und sieht im digitalen Wettlauf die moderne Variante des Sicherheitsdilemmas am Werk. Problematisch ist allerdings, dass die Abschreckungsdoktrin ins Leere läuft, wenn die Quelle der Attacke nicht mit Sicherheit bekannt ist, wie dies gerade bei vielen Cyber-Attacken der Fall ist. Zur Eindämmung dieses Wettlaufs gibt es bis jetzt nur recht wenige Institutionen, zum Beispiel die ICANN (Internet Corporation for Assigned Names and Numbers). Eine Governance des Cyberspace, die versucht, unkalkulierbare Eskalation zu verhindern, ist aber nur in Ansätzen vorhanden.[71] Diese kann auch im Grunde nur unter Einbeziehung privater Akteure, insbesondere der Internet-Giganten, wie Microsoft, Amazon, Google, etc. gelingen. Damit ist man aber auch wieder in den Zwischenbereich von nationaler Sicherheit und Industriespionage angelangt, der die Kooperation selbst zwischen eigentlich verbündeten Staaten in diesem Bereich erschwert. Kritische Perspektiven verweisen zudem darauf, dass die Militarisierung des Cyberspace und die Versicherheitlichung der potenziellen Risiken zu einer enormen Ausweitung staatlicher Eingriffsrechte, bis hin zur völligen Kontrolle von Individuen führen könnte. Dennoch sind offensichtliche Attacken bisher die Ausnahme und auch in den großen bewaffneten Konflikten der letzten zwei Jahrzehnte spielte diese Art von Angriffen bis jetzt nur eine minimale Rolle.

Infobox

Stuxnet

Der 2010 entdeckte Computerwurm Stuxnet gilt als das bisher aufwendigste und komplizierteste Schadprogramm zur Sabotage der Steuerung von Industrieanlagen. Aufgrund der Tatsache, dass die Zielsetzung nicht die illegale Beschaffung von Informationen war und dass der Großteil der infizierten Computer sich im Iran befand, wird angenommen, dass das iranische Programm zur Entwicklung von Nuklearwaffen das Ziel des Wurms war. Betroffen waren nämlich auch die Steuerungssysteme iranischer Nuklearanlagen, was zu irreparablen Schäden an Tausenden uran-anreichernder Zentrifugen führte.

---

71 Mascolo 2018, 9.

Aufgrund des großen Programmierungsaufwands und der Tatsache, dass die USA und Israel die Hauptkritiker des Iran waren, wird vermutet, dass das Schadprogramm von einem dieser Länder oder in Kooperation beider entwickelt wurde. Stuxnet war in vieler Hinsicht ein Weckruf, der Regierungen der ganzen Welt die möglichen Gefahren durch Cyber-Attacken vor Augen führte.

Zusammenfassung

Sicherheit ist einer der absolut zentralen Schlüsselbegriffe der internationalen Politik und die Suche nach ihr stand am Beginn des heutigen Staatensystems. Während Sicherheit früher vor allem militärisch verstanden wurde, werden inzwischen die Vielschichtigkeit und die breit gefächerten Dimensionen der Sicherhit anerkannt und erforscht. Dabei geht es insbesondere auch darum, wie Sicherheit definiert und welche politischen Auswirkungen diese Definitionen haben.

Wissensfragen

- *Was versteht man unter dem Erweiterten Sicherheitsbegriff?*
- *Welches Dilemma bezeichnet das Sicherheitsdilemmma?*
- *Was beinhaltet der Nichtverbreitungsvertrag?*
- *Warum werden ›Failed States‹ in der internationalen Politik als Sicherheitsproblem gesehen?*
- *Was meint die Forschung, wenn sie davon spricht, dass ein Thema ›versicherheitlicht‹ wird?*
- *Welche Kritik üben feministische Theorien an der traditionellen Sicherheitsforschung?*
- *Was ist Cyber-Security?*

Basisliteratur

Booth, Ken (1991): Security and Emancipation, *Review of International Studies*, 17(4), S. 313–326.
Campbell, David (1992): *Writing Security: United States Foreign Policy and the Politics of Identity*, Minneapolis.
Enloe, Cynthia (1990): *Bananas, Beaches and Bases: Making Feminist Sense of International Politics*, Oakland.
Katzenstein, Peter J. (1996): *The Culture of National Security: Norms and Identity in World Politics*, New York City.
Nyman, Jonna (2018): Securitization, in: Paul D. Williams/Matt Mc Donald (Hrsg.), *Security Studies*, London, S. 100–113.
Wæver, Ole/de Wilde, Jaap/Buzan, Barry (1997): *Security: A New Framework for Analysis*, London.

4 Zentrale Themenfelder der internationalen Beziehungen

4.3 Regionale Integration

Lernziele

- *Kennenlernen verschiedener Dimensionen regionaler Integration*
- *Verständnis der Entwicklung theoretischer Konzepte der Regionalismusforschung*
- *Überblick über Analyse- und Forschungsansätze zu Regionalorganisationen und Regionalisierungsprozessen*
- *Kenntnis empirischer Phänomene regionaler Integration*
- *Anwendung der IB Theorien auf Regionalorganisationen*

Einführung

Sechs Menschen treffen das erste Mal in ihrem Leben auf einen Elefanten – den sie nicht sehen können. Die Menschen sind Akademikerinnen und möchten mehr über den Forschungsgegenstand »Elefant« herausfinden. Was macht ihn aus, welche Form, Größe, Textur hat er und aus welchen Teilen besteht er? Jede Person trifft auf einen Teil des Elefanten und so beschreibt eine Person den Rüssel als Schlange, eine andere das Ohr als Fächer, und so weiter. Alle kommen zu unterschiedlichen Aussagen über die Natur des Elefanten, indem sie ihr bisheriges Wissen nutzen, um dieses für sie neue Phänomen zu beschreiben. Obwohl sie sich über die gesammelten Eindrücke austauschen, kommen sie nicht zu einer gemeinsamen Aussage darüber, was genau dieser Elefant ist.

Abb. 23: Der Theorieelefant

Dieses Gleichnis stammt von dem US-amerikanischen Wissenschaftler Donald J. Puchala[72] und basiert auf einer indischen Kindergeschichte. Puchala hat diese Geschichte verwendet, um die weltweit sehr unterschiedlichen Sichtweisen und Verständnisse der Forscherinnen auf das relativ neue Phänomen der Erforschung von regionalen Integrationsprozessen zu thematisieren und zu problematisieren. Diese unterschiedlichen Sichtweisen und Analyseansätze zum Regionalismus werden wir zum Ende des Kapitels kennenlernen, wenn wir die Großtheorien der Internationalen Beziehungen anwenden.

Zunächst folgt ein Überblick über die Regionalismusforschung in ihrer zeitlichen Entwicklung, während im darauffolgenden Abschnitt des Kapitels verschiedene Dimensionen und Analyseebenen dieses Forschungsbereichs besprochen werden. Beide Entwicklungen stehen im Zusammenhang miteinander und ermöglichen eine ganzheitlichere Betrachtung des Forschungsgebiets. Die verschiedenen Analyseebenen und Ansätze zur Beforschung von Regionalorganisationen (▶ 22. Schlüsselbegriff: ›Regionalorganisationen‹) und Regionalisierungsprozessen können in diesem Kapitel nicht erschöpfend diskutiert werden, sollen aber einen Überblick über das Forschungsfeld ermöglichen und zur weiteren Recherche einzelner Aspekte anregen. Anschließend werden die Theorien der Internationalen Beziehungen (Neo-) Realismus, Institutionalismus, Liberalismus und Konstruktivismus jeweils kurz besprochen und auf die Analyse einer Regionalorganisation angewandt. Zum besseren Verständnis des Forschungsfeldes werden wir Beispiele von vielen verschiedenen Regionalorganisationen sowie einzelne Prozesse der Regionalisierung besprechen.

22. Schlüsselbegriff

Regionalorganisation

Als Regionalorganisationen werden in der Regel Organisationen bezeichnet, die drei oder mehr aneinandergrenzende Länder umfassen und in mehr als einem Politikfeld auf regionaler Ebene kooperieren.

Weltweit gibt es heutzutage mehr als 60[73] **Regionalorganisationen**, in denen die Mitgliedsstaaten auf wirtschaftlicher, politischer und/oder kultureller Ebene zusammenarbeiten. Damit ist regionale Zusammenarbeit eine der wichtigsten Erscheinungsformen internationaler Kooperation. Schon in der 1945 verabschiedeten Charta der Vereinten Nationen wurde Regionalorganisationen eine wichtige Rolle zugesprochen. Artikel 52 legt fest, dass internationale Konflikte zunächst durch eine Regionalorganisation beigelegt werden sollten, bevor sie an den Sicherheitsrat der VN weiter verwiesen werden. Von einigen Wissenschaftlerinnen

---

72 Puchala 1971, 267–284.
73 Da die Definition von Regionalorganisation nicht einheitlich ist, ist es schwierig eine genaue Zahl festzulegen.

wurde bereits das Zeitalter und die Welt der Regionen ausgerufen (z. B. Katzenstein 2005). In der nachfolgenden Grafik[74] ist die Zunahme von Regionalorganisationen seit 1945 veranschaulicht. Eine Weltkarte des Regionalismus[75] (siehe Homepage zum Buch), die für alle Kontinente und transkontinental diejenigen Regionalorganisationen darstellt, die für die jeweilige Region am relevantesten sind, zeigt eindrucksvoll die Bedeutung der Thematik für die internationale Politik.

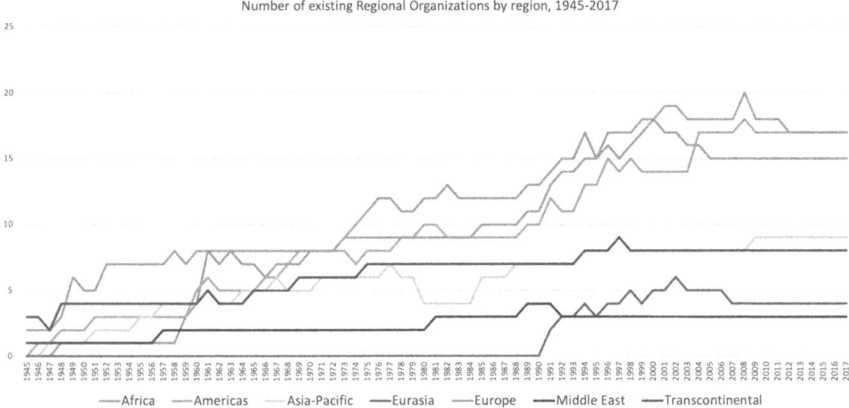

Abb. 24: Die Anzahl existierender Regionalorganisationen nach Region, 1945–2015

Die Anzahl der Staaten in einer Regionalorganisation reicht von sechs Staaten, wie beispielsweise in der Ostafrikanischen Gemeinschaft (East African Community, EAC), über 28 in der Europäischen Union (European Union, EU) bis hin zu 55 in der Afrikanischen Union (African Union, AU). Wie auf der Weltkarte (siehe Homepage) ersichtlich, sind viele Staaten in mehr als einer Regionalorganisation Mitglied. Die Zusammenarbeit gestaltet sich sehr unterschiedlich und reicht von einem gemeinsamen Außenzoll, einer gemeinsamen Währung, bis hin zu einer einheitlichen Außen- und Sicherheitspolitik. Die Prozesse der Zusammenarbeit sind ebenfalls spezifisch in jeder Regionalorganisation, wobei es aber durchaus

---

74 In Grafik »Die Anzahl existierender Regionalorganisationen nach Region, 1945–2015« wird die Anzahl der Regionalorganisationen dargestellt. Allerdings umfasst die Definition hier mindestens zwei benachbarte Staaten; Zusammenarbeit in mindestens einem Politikfeld; und einen Grad der Institutionalisierung, der regelmäßige Treffen und Regeln für die Entscheidungsfindung verlangt. Weitere Grafiken finden Sie auf der Homepage des Forschungsvorhabens »Comparative Regional Organizations Project« der Universität Göttingen: http://lehrstuhlib.uni-goettingen.de/crop/information.html [02.12.2018].

75 Gemäß der obenstehenden Definition wurde eine Auswahl von Regionalorganisationen getroffen. Aufgrund der Zugehörigkeit vieler Länder zu mehreren Regionalorganisationen war eine Abbildung aller ausgewählten Organisationen nicht möglich. Daher wurde nach dem Ermessen der Autorin des Kapitels eine Auswahl an Regionalorganisationen getroffen. Die Abbildung erhebt daher keinen Anspruch auf Vollständigkeit, kann aber als Überblick und Veranschaulichung dienen.

Ähnlichkeiten bezüglich der Prozesse und Integrationsschritte gibt. Ebenso ist jede Regionalorganisation in ihrer institutionellen Ausgestaltung einzigartig, und dennoch gibt es auch hier teilweise verblüffende Ähnlichkeiten. Neben formalen Regionalorganisationen gibt es informelle Regionalisierungsprozesse, die ebenso Teil dieses Forschungszweiges sind.

Infobox

Definitionen in der Regionalismusforschung

Die grundlegenden Begriffe, die in diesem Forschungsfeld verwendet werden, sind sehr vielfältig. Jeder Begriff, wie Regionalismus und Integration, stellt eigentlich einen eigenen ›Elefanten‹ dar und konfrontiert Wissenschaftler mit der Herausforderung, sich auf eine Definition zu einigen. Falls man von so etwas wie einem Konsens in der Diskussion um grundlegende Begriffe sprechen kann, haben sich folgende Definitionen herauskristallisiert.

- **Regionalismus** (im Englischen *regionalism*) wird in der Regel als ein Prozess bezeichnet, bei dem vor allem Staaten den Aufbau und die Erhaltung formeller regionaler Institutionen und Organisationen steuern.
- **Regionalisierung** (*regionalisation*) wird in der Regel als Prozess zunehmender wirtschaftlicher, politischer, sozialer und/ oder kultureller Interaktionen zwischen geographisch oder kulturell zusammenhängenden Staaten und Gesellschaften definiert.
- **(Regionale) Integration** bezeichnet den Prozess der dauerhaften Verlagerung von politischer Macht und Entscheidungen von der nationalstaatlichen auf die regionale Ebene. Diesen Prozessen und ihren Ergebnissen gehen für gewöhnlich dezentralisierte bi- oder multilaterale Kooperationsprozesse voraus.

Entwicklung der Regionalismusforschung

Die wissenschaftliche Debatte zur Regionalismusforschung hat sich in den letzten Jahrzehnten enorm entwickelt. Sie kann im Hinblick auf das Verständnis von Regionalismus und Regionalisierung laut Söderbaum[76] in vier Perioden eingeteilt werden: früher, alter, neuer und vergleichender Regionalismus. Die Phasen kategorisieren sowohl die wissenschaftlichen Debatten auf theoretischer Ebene als auch die empirischen Entwicklungen weltweit. Oft wird auch von drei Regionalismuswellen gesprochen: erstens zwischen 1957 und 1967; zweitens ab der zweiten Hälfte der 1980er Jahre; und drittens seit Anfang der 2000er Jahre. Diese Trends werden auch in der Grafik »Die Anzahl existierender Regionalorganisationen nach Region, 1945–2015« abgebildet.

---

76 Söderbaum 2016.

4 Zentrale Themenfelder der internationalen Beziehungen

Die Zeit des **frühen Regionalismus** beschreibt Prozesse und Ereignisse, die das Fundament für heutige Regionalisierungsprozesse und Regionalorganisationen bereitet haben. In Europa gab es bereits im 16. Jahrhundert Bestrebungen, die europäischen Mächte zu vereinigen. Jedoch erst Mitte des 19. Jahrhunderts fand die Idee eines vereinten Europas immer mehr Zuspruch. Pan-Kontinentale oder Pan-Regionale Bewegungen entstanden weltweit im späten 19. Jahrhundert und frühen 20. Jahrhundert. Diese Pan-Regionalismen können als eine Mischung aus geopolitischen, sozio-ökonomischen und kulturellen sowie teilweise auch funktionalen Ansätzen und Zielen begriffen werden und helfen uns die heutigen Regionalismen zu verstehen. Frühe Regionalismen in Afrika stehen größtenteils im Zusammenhang mit Kolonialismus und den durch die Kolonialmächte aufgezwungenen regionalen Organisationsstrukturen in den besetzten Gebieten.

> **Infobox**
>
> **Panafrikanismus und afrikanische Regionalorganisationen**
>
> Die Panafrikanischen Bewegungen begannen bereits im 19. Jahrhundert. Im Jahr 1900 wurde die erste Panafrikanische Konferenz in London abgehalten. Nach der Unabhängigkeit Ghanas fand 1958 die erste All-African People's Conference statt. Ghanas Präsident Kwame Nkrumah setzte sich mit anderen unabhängigen afrikanischen Ländern für eine kontinentale Integrationsbewegung ein. 1963 wurde die Organisation für Afrikanische Einheit (Organization of African Unity, OAU) gegründet, die sich für die Souveränität afrikanischer Staaten und bessere Lebensbedingungen einsetzte. Innerhalb der Panafrikanischen Bewegung gab und gibt es durchaus verschiedene Interessen und Ideen. Eine der neueren Entwicklungen innerhalb der Afrikanischen Union (African Union, AU), der Nachfolgeorganisation der OAU, gegründet 2001, ist die Etablierung eines kontinentalen Wirtschaftsraums. Acht von der AU anerkannte Regionalorganisationen sollen bis 2028 einen gesamtafrikanischen Wirtschaftsraum ermöglichen. Diese acht Regionalorganisationen sind auf der Weltkarte auf der Homepage zum Buch abgebildet.

Der Begriff des **alten Regionalismus** umfasst erstens Debatten in Europa nach dem Zweiten Weltkrieg und die sich parallel dazu entwickelnden Theorien wie Föderalismus, Funktionalismus, Neofunktionalismus und (liberalem) Intergouvernementalismus (siehe »Theorien in der Anwendung«). Zweitens konnten nach dem Zweiten Weltkrieg und den konfliktreichen und gewaltsamen Übergangsprozessen vieler Länder des globalen Südens in die Dekolonialisierung, Regionalisierungsprozesse und Regionalismen in Afrika, Asien und Lateinamerika beobachtet werden. Dabei gab es Unterschiede in den Debatten: Während die europäische Diskussion sich vornehmlich um regionale Integration und die Vermeidung von Krieg drehte, ging es in den Ländern des globalen Südens um regionale Kooperation, staatlich geförderte Industrialisierung, Nationenbildung und Entwicklung. Der

Staat galt als zentraler Akteur für die Gründung von Regionalorganisationen. Die Debatten in südamerikanischen und afrikanischen Ländern waren stark von den politischen Aspekten regionaler Integration geprägt und forderten ein radikales Umdenken, nicht nur geringe Veränderungen bzw. Anpassungen der Wirtschaftspolitik. Besonders auf dem afrikanischen Kontinent muss die regionale Integration im Kontext der Dekolonialisierung gesehen werden. Zwei unterschiedliche Entwicklungen lassen sich ausmachen: einerseits Regionalisierung als Zusammenschluss gegen die Apartheidregierung in Südafrika, indem die angrenzenden Länder die Entwicklungskonferenz des südlichen Afrika (Southern African Development Coordination Conference, SADCC) gründeten, um wirtschaftlich unabhängig von Südafrika zu sein und sich politisch als Anti-Apartheid Bewegung zu positionieren. Andererseits gab es aber auch Fortsetzungen der von den Kolonialmächten angestoßenen und erzwungenen Prozessen auf regionaler Ebene.

Theorien in der Anwendung: Europäische Integrationstheorien

Die EU ist im Hinblick auf den Grad der Integration die am weitesten fortgeschrittene Regionalorganisation (RO) Entsprechend früh und intensiv wurde die Debatte darüber geführt, wie dieses Phänomen erklärt werden kann. Die beiden wichtigsten Theorien, Neofunktionalismus und Intergouvernmentalismus, dienen auch als Referenz für die Erklärung der Entwicklung anderer ROs.

Neofunktionalismus

Der Neofunktionalismus geht davon aus, dass verschiedenste Gruppen in den beteiligten Ländern ein vor allem wirtschaftliches, aber auch politisches Interesse an Integrationsprozessen haben und diese daher fördern. Sobald erste Integrationsbemühungen erfolgreich sind und institutionalisiert wurden – hier orientierten sich Forscher wie Ernst Haas (1968), der als Begründer des Neofunktionalismus gilt, an der Europäischen Kohle- und Stahlgemeinschaft – verselbstständigen sich diese, und es kommt zu sogenannten Spillover Effekten. Funktionaler Spillover bedeutet, dass Integration in einem Politikfeld zur funktionalen Notwendigkeit weiterer Integration in einem anderen Politikfeld führt, nämlich dann, wenn sich die Gewinne aus der Integration mehrerer Sektoren positiver gestalten und/oder die Integration nur eines Sektors negative Auswirkungen hat. Die Liberalisierung des regionalen Marktes kann beispielsweise dazu führen, dass Produktregulierungen harmonisiert werden müssen, um Konsumentinnen zu schützen; die Marktöffnung zieht also einen funktionellen Zwang nach sich, weitere regionale Regelungen zu treffen. Politischer Spillover bedeutet, dass die Akteurinnen, die von der Integration profitieren, weitere Integrationsschritte fordern und fördern, indem sie sich transnational vernetzen und so neue regionale Identitäten entstehen. Diese können sich ebenso verselbstständigen und nicht intendierte weitere Integrationsprozesse befördern. Der institutionelle Spillover beschreibt die Verselbstständigung der regionalen Institutionen, die transnationale Netzwerke fördern und so gleichsam zu weiteren Integrationsschritten beitragen. Die Integration folgt also nicht einem Bauplan, sondern dem Prinzip »form follows function« – die institutionelle Struktur wird durch das jeweilige Sachproblem bestimmt.

Liberaler Intergouvernementalismus

Die Theorie des Liberalen Intergouvernementalismus nach Andrew Moravcsik (1993; 1998) argumentiert auf der Basis von Annahmen, die wir von der IB-Theorie des Liberalismus bereits kennen, und geht auf die, maßgeblich von Stanley Hoffmann (1966; 1982) geprägte, Theorieströmung des Intergouvernementalismus zurück. Regierungen europäischer Staaten reagierten demnach auf den Druck nationaler und transnationaler Interessengruppen, um die Integration voranzutreiben. Sie blieben aber diejenigen Akteurinnen, die Integration antreiben oder verhindern, je nachdem ob diese mit ihren nationalen Zielen und Interessen übereinstimmt. Damit widerspricht der liberale Intergouvernementalismus den Kernaussagen des Neofunktionalismus. Entscheidungsprozesse auf nationaler Ebene sind von Selektions- und Externalisierungs-Dynamiken gekennzeichnet; auf internationaler oder regionaler Ebene setzen die Nationalstaaten dann diese Präferenzen durch. Moravcsik verwendet die Logik des »Zwei-Ebenen-Spiels«, um Verhandlungsergebnisse und Integrationsprozesse zu erklären (▶ Kap. 3.3). Auch in Bezug auf das institutionelle Design der Regionalorganisation widersprechen diese Annahmen denen des Neofunktionalismus. Die Ausgestaltung der europäischen Institutionen hängt davon ab, wie die Mitgliedstaaten den Beitrag der RO zu Verhandlungen bzw. die Einhaltung der Verhandlungsergebnisse einschätzen und wie hoch die erwarteten und tatsächlichen Gewinne aus der regionalen Integration sind. Je höher die Gewinne und je eher andere Regierungen von Regelverletzungen abgehalten werden können, desto eher werden Regierungen bereit sein, Kompetenzen an die Regionalorganisation zu übertragen. Es gibt also keinen Automatismus; auch Stagnation oder Rückschritte der Integration sind jederzeit möglich.

Literatur: Haas 1958; Hoffmann 1966, 862–915; Moravcsik 1998.

Neuer Regionalismus umfasst die Zeit nach dem Ende des Kalten Kriegs, mit dem Aufkommen der Globalisierung und vielfältigen Trends und Entwicklungen auf regionaler Ebene. Den empirischen Trend können wir in der Grafik »Die Anzahl existierender Regionalorganisationen nach Region, 1945–2015« sehen, die einen deutlichen Anstieg von Regionalorganisationen seit dem Ende der 1980er und dem Anfang der 1990er Jahre verzeichnet. Gleichzeitig hat sich auch das Spektrum der theoretischen Ansätze zur Analyse von Regionalismen und Regionalorganisationen deutlich vergrößert. Rationalistische Theorien standen nun vermehrt in Konkurrenz zu eher konstruktivistisch beeinflussten Theorien und Ansätzen. Sie untersuchten Regionalorganisationen vor allem in Bezug auf ihre Entstehung, ihre Ausgestaltung und ihren Einfluss.

Zu konstruktivistisch beeinflussten Theorieströmungen können Ansätze der sogenannten ›New Regionalism Theory‹ gezählt werden – sie signalisieren eine Abkehr von der staatszentrierten Analyse des alten Regionalismus und dem Fokus auf die europäische Integration. Der Fokus lag hier auf der Analyse der wachsenden Anzahl regionaler Handelsabkommen; dem offenen Regionalismus in Bezug auf die Wirtschaftspolitik; Regionalorganisationen, die nicht von einer Hegemonialmacht gesteuert werden, sondern sich aus der Region herausbilden; dem Aufschwung von vielfältig orientierten und pluralistischen Regionalismen, die nicht in erster Linie wirtschaftliche oder sicherheitspolitische Interessen zum Ziel haben, die sich durch unterschiedliche institutionelle Designs auszeichnen sowie die zunehmende Bedeutung verschiedener Akteurinnen wie Unternehmen und der Zivilgesellschaft. Neuer Regionalismus beschreibt daher einerseits die empirischen Phänomene neuer Regionalismen, und andererseits eine theoretische Strömung oder Forschungsagenda. Laut einiger Vertreterinnen dieser theoretischen Strömung führt die Globalisierung und die daraus entstehenden Herausforderungen für Länder des globalen Südens dazu, dass sich diese zusammenschließen, um im internationalen System konkurrenzfähig zu bleiben, aber auch um soziale und bürgernahe Regionalismen zu entwickeln.

Diskussionsthema

Rolle zivilgesellschaftlicher Akteurinnen in Ostafrika

Organisierten zivilgesellschaftlichen Akteuren, wie Nichtregierungsorganisationen, Gewerkschaften und Verbänden von Anwältinnen wird eine zunehmend wichtige Rolle bei der Gründung und Entwicklung von Regionalorganisationen zugesprochen – so auch innerhalb der Ostafrikanischen Gemeinschaft (East African Community, EAC). Viele zivilgesellschaftliche Organisationen in Ostafrika haben sich seit der Gründung der EAC deutlich stärker transnational vernetzt und verfolgen zunehmend eine regionale Agenda. So gibt es beispielsweise einen Dachverband, der zivilgesellschaftliche Belange vertritt, und regelmäßige Treffen mit hochrangigen Vertreterinnen der EAC, wie zum Beispiel das jährliche Treffen des Generalsekretärs mit zivilgesellschaftlichen und privatwirtschaftlichen Akteurinnen. Im Vertrag zur Gründung der EAC (1999) wird die Rolle dieser Akteurinnen positiv hervorgehoben und verschiedene Partizipationsmöglichkeiten innerhalb der Strukturen der EAC festgeschrieben, wie die Funktion als Beobachter bei Sitzungen verschiedener EAC Organe. Jedoch ist die tatsächliche Einflussnahme der (organisierten) Zivilgesellschaft der ostafrikanischen Länder stark eingeschränkt, aufgrund fehlender personeller und finanzieller Ressourcen und (hoher) Hürden durch die EAC Bürokratie.

Diskussionsfrage: Wie könnten zivilgesellschaftliche Akteurinnen effektiver mit der EAC oder auch anderen Regionalorganisationen zusammenarbeiten?

Mit dem Begriff regionale Integration wurde von der (europäischen) Regionalismusforschung lange Zeit der Prozess beschrieben, dass Souveränität von Staaten (nach und nach) auf die regionale Ebene – an eine supranationale Organisation – abgegeben wird; unter anderem deshalb, weil der europäische Integrationsprozess der Referenzpunkt für die Theorieentwicklung war. Bisher wurde in keiner Regionalorganisation außer der EU de facto dieser Grad an Supranationalität erreicht, während dies de jure (also in den Verträgen) durchaus angestrebt wird. Daraus wurde lange Zeit geschlossen, dass die EU als Modell für andere Regionalorganisationen gelten kann, jedoch nicht mit ihnen vergleichbar ist. Von vielen Wissenschaftlern wurde implizit und explizit angenommen, dass Regionalorganisationen im globalen Süden als »unterentwickelt« bzw. weitestgehend gescheitert gelten müssen. Auch die alte und neue Regionalismusforschung hatte zunächst Regionalismen im globalen Süden als einzelne Fallbeispiele untersucht. Der wissenschaftliche Diskurs hat sich mittlerweile weiterentwickelt. Dazu gehört auch, dass es seit der Jahrtausendwende immer mehr Bestrebungen gibt, Regionalismen miteinander zu vergleichen und die EU hier nicht mehr als sui generis begriffen wird – die Phase des **vergleichenden Regionalismus**. Diese Phase zeichnet sich durch die Anerkennung der verschiedenen Dimensionen und Formen, die Regionalisierungsprozesse und Organisationen annehmen können, aus. Auch die Erforschung der Beziehungen zwischen verschiedenen Regionalismen und Regionalorganisationen hat seither an Aufmerksamkeit gewonnen. Darüber hinaus hat der Austausch zwischen Wissenschaftlerinnen aus den verschiedenen Disziplinen zugenommen und führt zu zunehmender methodischer Vielfalt, beispielsweise durch vergleichende Analysen von Regionalismen im globalen Süden.

Infobox

Diffusion

Die bisher besprochenen Theorien regionaler Integration, so verschieden sie auch sind, haben gemeinsam, dass sie Regionalorganisationen (ROs) als unabhängige Phänomene begreifen. Demgegenüber nehmen Vertreterinnen der Diffusionsforschung an, dass Organisationen nicht unabhängig voneinander entstehen und sich entwickeln. Normen, Ideen und das institutionelle Design können durch direkte und indirekte Einflussnahme übertragen (diffundiert) werden. ROs können also sowohl voneinander lernen oder andere nachahmen (indirekte Diffusion) als auch von anderen beeinflusst werden durch Anreize bzw. Sanktionen, oder Zwang (direkte Diffusion).

Für einen Überblick siehe: Risse 2016, 87–108.

Forscherinnen dieses Forschungsstrangs haben in den letzten Jahren vermehrt Teile von oder ganze ROs unter dieser Prämisse untersucht. Beispielsweise zeigen regionale Gerichtshöfe, die meist als Streitschlichtungsorgan zwischen den Mitgliedsstaaten, aber auch in Bezug auf die Umsetzung der Vertragsdokumente handeln, weltweit große Ähnlichkeiten. Es wird angenommen, dass der Europäische Gerichtshof einigen Gerichtshöfen von ROs als Vorbild dient. In den seltensten Fällen jedoch wird ein Modell gänzlich übernommen; viel eher wird es teilweise »lokalisiert«, also an lokale Gegebenheiten angepasst.

Literatur: Alter 2012, 135–154.

Forschungs- und Analyseansätze

Nachdem wir uns einen Überblick über die zeitliche Entwicklung der Regionalisierungsforschung verschafft haben, betrachten wir im Folgenden verschiedene Forschungs- und Analyseansätze. Wir nähern uns dem Elefanten aus verschiedenen Richtungen und Perspektiven. Die vorgestellten Ansätze können uns helfen, Regionalismen und Regionalisierungsprozesse besser zu verstehen. Sie sind jedoch nur ein Ausschnitt aus der reichhaltigen Auswahl an Instrumenten und sollen zur weiteren Beschäftigung anregen.

Institutionelles Design

Wie in der Einleitung angesprochen, existieren Regionalorganisationen in verschiedenen Formen und die Ausprägung des Institutionalisierungsgrades ist unterschiedlich hoch. Institutionalisierung von Kooperationsprozessen zwischen Staaten und ihren Gesellschaften kann man sich am ehesten auf einem Kontinuum vorstellen, mit den unterschiedlichsten Ausprägungen zwischen bi- oder multilateraler Kooperation bis hin zu stark verrechtlichter bzw. institutionalisierter Integration auf regionaler Ebene. Bei der Übertragung von Entscheidungsmacht an eine Regionalorganisation unterscheidet man in der Regel zwischen zwei Arten: supranational und intergouvernemental. **Supranationale** Organisationen kennzeichnet, dass Staaten Autorität zur Beschlussfassung an diese Organisationen übertragen – dies wird auch als **Delegation** bezeichnet. Ein neu geschaffenes Organ erhält somit Entscheidungskompetenzen. Bei **intergouvernementalen** Organisationen werden die Entscheidungskompetenzen nicht übertragen, sondern liegen bei den Staaten bzw. den Regierungen oder ihren Vertreterinnen (beispielsweise Ministerinnen) – auch ›pooling‹ (Bündelung) genannt. Hier werden gemeinschaftliche und verbindliche Entscheidungen im Rahmen von Verhandlungen getroffen. Es gibt viele Regionalorganisationen, bei denen sich diese beiden Formen mischen. So ist ein Organ wie die Europäische Kommission supranational organisiert, während der Europäische Rat intergouvernemental agiert. Die Entscheidungsfindung innerhalb einer Organisation kann ein Ansatzpunkt zu einem Vergleich des institutionellen Designs von Organisationen sein. Das Design von Organisationen ist allerdings deutlich vielschichtiger, setzt sich aus verschiedenen Organen und Institutionen zusammen und konstituiert sich aus ihrem Zusammenspiel. Regionale Gerichtshöfe wurden bereits angesprochen; daneben haben viele Regionalorganisationen Parlamente, ein Exekutivorgan, und ein institutionalisiertes Forum für die Staats- und Regierungschefinnen; sowie sektorale bzw. thematische Ausschüsse. Mit welchen Funktionen und Befugnissen diese ausgestattet sind und wie sie im Verhältnis zueinander stehen ist zentraler Ansatzpunkt der Erforschung ihres Designs. Die Dimension der Kompetenzverteilung innerhalb der Regionalorganisation wird als **vertikale Integration** oder **Vertiefung** regionaler Integration beschreiben. Die zentrale Frage lautet nach dem »wie« der Ausgestaltung und der Umsetzung der Integration auf regionaler Ebene.

Außenwirkung

Die oben besprochenen Analyseinstrumente sind augenscheinlich auf die innere Verfasstheit von Regionalorganisationen ausgelegt. Allerdings ist die innere Struktur einer Regionalorganisation nicht unabhängig von ihrer Außendarstellung. Diese kann mit dem Konzept der **Akteurschaft** (▶ 23. Schlüsselbegriff: ›actorness‹) beschrieben werden. Da eine Regionalorganisation in Bezug auf andere Akteure im internationalen System kein klar definierter Akteur ist, im Gegensatz zu einem Nationalstaat, gibt es verschiedene Ansätze, die Akteursqualität einer Regionalorganisation zu ermitteln. Die meisten Ansätze gehen davon aus, dass die Präsenz oder Anerkennung der Regionalorganisation – also ihre Sichtbarkeit für andere Akteurinnen – zur Akteurschaft beiträgt. Hinzu kommen Kriterien wie Kohärenz und Leistungsfähigkeit. Beide haben eher mit der inneren Verfasstheit der Organisation zu tun, tragen aber zur Akteursqualität bei, denn sie geben Hinweise auf die Außendarstellung und Handlungsfähigkeit. Mit den vorausgehenden Überlegungen können wir dem »was« in Bezug auf die Regionalorganisation auf den Grund gehen: Was ist das für eine Art von Regionalorganisation?

23. Schlüsselbegriff

Actorness

Das Konzept der ›Actorness‹ von Jupille und Caporaso (1998) ist mit Blick auf die EU entwickelt und baut auf vier Kriterien auf. Erstens, Anerkennung (recognition) der Regionalorganisation durch andere Staaten oder Organisationen. Zweitens, Autorität (authority), die die Regionalorganisation im Sinne von (rechtlicher) Kompetenz zum Handeln ermächtigt. Drittens, Autonomie (autonomy), welche die Unabhängigkeit von anderen Akteuren ausmacht. Viertens, Kohärenz/Kohäsion (cohesion) oder der Grad, in dem die Organisation in der Lage, konsistente Richtlinien zu formulieren und nach Außen zu artikulieren. Die Autoren schlagen vor, dass actorness als ein Kontinuum verstanden werden sollte und die vier Kriterien miteinander verwoben sind. Die Anerkennung der EU (bzw. Regionalorganisation) durch andere Akteurinnen kann als ein Prozess der Sozialisierung verstanden werden und transformiert somit die Identitäten sowohl der EU (bzw. Regionalorganisation) als auch ihres Gegenübers.

Literatur: Jupille/Caporaso1998, 213–229.

Rolle verschiedener Akteurinnen

Ein weiterer Analyseansatz, um das Phänomen der Regionalorganisation und regionaler Integration besser zu verstehen und erklären zu können, ist die Analyse der Rolle verschiedener Akteurinnen. Theoretische Strömungen wie der Neue Regionalismus sowie Ansätze des Institutionalismus, Liberalismus und Konstruktivismus beziehen explizit nicht-staatliche Akteurinnen in ihre Analyse ein. In der Regel wird unterschieden zwischen zivilgesellschaftlichen und privatwirtschaftlichen Akteure, die abgesehen vom Staat Einfluss auf die Etablierung und Ausgestaltung von Regionalorganisationen haben. Diese Akteure können national, transnational oder international organisiert sein. Zivilgesellschaftliche Akteurinnen umfassen in der Regel Nichtregierungsorganisationen, Gewerkschaften, Kirchen, und Berufsverbände, während privatwirtschaftliche in der Regel Unternehmen sind. Eine weitere Kategorie sind regionale und internationale Organisationen – besonders bei der Ausgestaltung des institutionellen Designs und der Ausrichtung von Regionalorganisationen, beispielsweise die Vereinten Nationen, die Welthandelsorganisation und die Weltbank. Sogenannte Geberorganisationen (von »Entwicklungshilfe«), die wiederum von Regierungen oder Regionalorganisationen – meist der Europäischen Union – gesteuert werden, können an dieser Stelle auch eine Rolle spielen. Beispielsweise erhalten einige afrikanische Regionalorganisationen Budget- und/oder technische Unterstützung von europäischen Staaten und der EU selbst. Immer mehr Forscherinnen beschäftigen sich daher mit der Frage, welche Rolle und welchen Einfluss diese externen Akteure auf die Regionalisierungsprozesse und die regionale Integration haben. Auch die Frage nach der Erweiterung der Regionalorganisation und den Anforderungen an neue Mitgliedsländer ist ein zentraler Ansatz in der Analyse von Regionalorganisationen. Dies nennt man die **horizontale Dimension** oder spricht von **Erweiterung** des territorialen Geltungsbereichs.

Politikfelder

Neben der Klärung der Frage nach dem »wer« integriert, ist die Frage danach »was« integriert wird, eine der zentralen Forschungsanliegen. Die verschiedenen Politikfelder können grob in Wirtschaft, Währung, Sicherheit, Kultur, Umwelt, Infrastruktur und Soziales, unterschieden werden. Meist kann man die einzelnen Politikfelder nicht klar voneinander unterscheiden, da sie eng miteinander verwoben sind – sowohl auf nationaler, wie auch auf regionaler Ebene. Dennoch kann es ein Analyseansatz sein, einzelne Integrationsschritte, wie einen gemeinsamen

Markt, eine Freihandelszone oder die gemeinsame Sicherheitspolitik einer Regionalorganisation, zu untersuchen. Eine zentrale Forschungsfrage ist hier, warum ein Politikfeld in der Regionalorganisation (neu) reguliert wird. Welche Faktoren führen dazu, dass eine gemeinsame regionale Währung angestrebt wird? Warum wird die Sicherheitspolitik vergemeinschaftet? Hier spricht man von **sektoraler Integration** oder der *Ausdehnung* einer Regionalorganisation, wenn sie sich weiterer Politikfelder annimmt.

Infobox

Freihandelszone

bezeichnet einen gemeinsamen Wirtschaftsraum, in dem Waren ohne Zölle gehandelt werden. Es gibt einen gemeinsamen Außenzoll, der auf alle Waren angewandt wird, die von außen in die Freihandelszone (Free Trade Area, FTA) eingeführt werden. Ein Beispiel ist die nordamerikanische Freihandelszone NAFTA (North American Free Trade Area). Ihr gehören die USA, Kanada und Mexiko an.

Theorien der Internationalen Beziehungen und regionale Integration

Im Folgenden werden wir die grundlegenden Theorien der Internationalen Beziehungen, die im ersten Teil dieses Buches besprochen wurden, auf die Frage nach den Ursachen der Entstehung einer Regionalorganisation anwenden. Um Antworten auf diese Fragen zu erhalten, bilden wir theoriegeleitete Hypothesen. Das bedeutet, wir formulieren mindestens eine plausible Annahme, die auf einer (IB) Theorie basiert. Diese Hypothesen abschließend zu überprüfen ist nicht möglich im Rahmen dieses Einführungsbuches. Für die Beantwortung einer Forschungsfrage ist es aber hilfreich, die oben angesprochenen Aspekte genauer zu betrachten und sie wie Bausteine zusammen zu setzen. Die Fragen, die dabei hilfreich sind, lauten: Welche Akteure spielen laut der Theorie die zentrale Rolle und was sind ihre Beweggründe? Warum entschließen sich Akteurinnen, auf regionaler Ebene zu kooperieren? Wie ist die Beziehung zwischen diesen Akteurinnen und der Struktur des internationalen Systems? Wirken die Strukturen auf die Akteure oder andersherum (und wie)?

Die Erforschung von Regionalorganisationen innerhalb des politikwissenschaftlichen Teilgebietes der Internationalen Beziehungen und unter Anwendung der klassischen Theorien der Internationalen Beziehungen macht nur einen kleinen Teil der Regionalismusforschung aus. Sie ist vielmehr ein eigenes Forschungsgebiet an der Schnittstelle verschiedener Disziplinen, wie beispielsweise der Politikwissenschaft, Wirtschaftswissenschaft und Rechtswissenschaft. Die nachfolgende Analyse anhand der klassischen IB-Theorien kann daher nur als Grundlage verstanden werden.

(Neo-) Realismus

Laut realistischer Theorien sind die relevanten Akteurinnen im anarchischen internationalen System Staaten, die egoistisch und zweckrational ihre Interessen verfolgen. Sie sind dabei an relativen Gewinnen und der Wahrung ihrer Macht bzw. Sicherheit interessiert. So können sich Hegemonialmächte herausbilden: Staaten, die über signifikant mehr Machtmittel verfügen als (alle) anderen Staaten. Ein Hegemon kann Staaten mit weniger Macht dazu zwingen bzw. Druck aufbauen, sich ihm anzuschließen, um sich gegen eine andere Hegemonialmacht abzusichern (Ko-operative Bandwagoning Strategie). Bandwagoning kann allerdings auch von kleineren Staaten als Strategie angewandt werden, um sich gegen andere Bedrohungen abzusichern und vom Anschluss an eine Hegemonialmacht zu profitieren. Die Herausbildung einer Hegemonialmacht kann jedoch auch dazu führen, dass sich Staaten mit weniger Machtmitteln zusammenschließen, um gegen den Hegemon zu bestehen (Balancing Strategie). Beide Strategien wurden im Kapitel zu Realismus und Neorealismus besprochen und lassen sich auch auf der regionalen Ebene anwenden.

Eine Hypothese aus Sicht des Neo-Realismus könnte also lauten: Eine Hegemonialmacht fördert durch ihr sicherheitspolitisches Interesse die Gründung einer Regionalorganisation. Ein konkretes empirisches Beispiel für die Rolle eines (externen) Hegemonialstaates sind die USA nach dem Zweiten Weltkrieg und ihr Einfluss bei der Etablierung und Stabilisierung der Europäischen Kohle- und Stahlgemeinschaft und später der Europäischen Gemeinschaft. Als Hegemon mit klaren sicherheitspolitischen Interessen in Europa haben die USA zur Gründung der Regionalorganisation beigetragen, um so ihre Verbündeten zu stärken und die eigenen Lasten bei der Stabilisierung Europas nach dem Krieg zu verringern. Als Beispiel für eine regionale Hegemonialmacht auf dem afrikanischen Kontinent wird oft die Rolle Südafrikas für die Südafrikanische Entwicklungsgemeinschaft (Southern African Development Community, SADC) und Nigerias für die Westafrikanische Wirtschaftsgemeinschaft (Economic Community of West African States, ECOWAS) angeführt. Beide Staaten sind die wirtschaftlich und militärisch mächtigsten Staaten in ihren jeweiligen Regionen. Sie spielen eine signifikante Rolle für die Entwicklung und das Bestehen der Regionalorganisationen.

Institutionalismus

Institutionalistinnen gehen davon aus, dass das internationale System durch zunehmende Interdependenz gekennzeichnet ist, was dazu führt, dass die Notwendigkeit für Zusammenarbeit von Staaten steigt, um eigene Interessen durchzusetzen. Da die Akteurinnen an absoluten Gewinnen interessiert sind, haben sie ein Interesse daran, Kooperationshindernisse zu überwinden und sich auf internationaler und regionaler Ebene zusammenzuschließen, denn so können sie (ökonomische) Gewinne maximieren. Auf regionaler Ebene wird die Zusammenarbeit durch den Schatten der Zukunft und die erhöhte Interdependenz wahrscheinlicher. Globalisierung trägt somit nach institutionalistischen Annahmen zu regionaler Integration bei, denn grenzüberschreitende Mobilität, ökonomische Verknüpfungen und handelspolitische Fragen können erfolgversprechender innerhalb einer Regionalorganisation verhandelt werden, als auf multilateraler Ebene, da die Kooperationshürden innerhalb einer Organisation geringer sind.

Eine Hypothese könnte also lauten: Regierungen gründen Regionalorganisationen, weil sie verbesserte Zusammenarbeit in Bezug auf grenzüberschreitende Herausforderungen sowie den Abbau von Handelshemmnissen ermöglichen. Ein empirisches Beispiel ist die ›East African Community‹ (EAC). Sie wurde 1999 (erneut) von den drei ostafrikanischen Ländern Kenia, Tansania und Uganda gegründet, und hat seitdem einen gemeinsamen Markt geschaffen. Dieser zeichnet sich dadurch aus, dass Waren, Dienstleistungen, und Kapital größtenteils frei zirkulieren und sich Arbeitnehmerinnen frei bewegen können. Die EAC Mitgliedsstaaten sahen sich in den 1990er Jahren, wie viele Staaten, mit den Herausforderungen der Globalisierung konfrontiert. Sie konnten auf bestehende Netzwerke und Verbindungen aus der Kolonialzeit und der ersten EAC (1967–1977) zurückgreifen; dies ermöglichte den erneuten Zusammenschluss Ende der 1990er Jahre. Die erste EAC zerbrach unter anderem, weil die Staats- und Regierungschefs große politische und ideologische Differenzen nicht überwinden konnten, während die Herausforderungen durch die Globalisierung und die wirtschaftliche Interdependenz die drei Ostafrikanischen Länder nach vielen Jahren wieder zusammenbrachte.

Liberalismus

Liberale Theorieansätze konzentrieren sich auf innerstaatliche Akteure, wie Lobby-Gruppen, Gewerkschaften, Ministerien, Nichtregierungsorganisationen und Firmen. In Selektionsprozessen werden die dominanten nationalen gesellschaftlichen Interessen gefiltert und durch Externalisierung auf die internationale bzw. regionale Ebene übertragen. Ähnliche Interessen gesellschaftlicher Akteurinnen in unterschiedlichen Ländern, die aneinandergrenzen, können die Kooperation auf regionaler Ebene ermöglichen. Wirtschaftsunternehmen profitieren davon, dass durch den Ausbau der Infrastruktur zwischen zwei Ländern und dem Abbau von Handelshemmnissen ihre Waren günstiger verkauft werden können und ihnen ein größerer Markt offensteht.

Eine Hypothese, die sich auf diese Akteurinnen bezieht, könnte lauten: Wirtschaftsunternehmen und Wirtschaftsverbände üben Druck auf die Regierungen aus, einer Regionalorganisation beizutreten, die Zölle abgeschafft hat. Inwiefern diese Unternehmen Einfluss auf die Entscheidungen der Regierungen haben, eine Regionalorganisation zu gründen oder ihr beizutreten, hängt von ihrem Zugang zu den Regierungen und ihrer Handlungsfähigkeit ab. Andere Akteure, wie Gewerkschaften können auch Interesse an regionaler Integration haben, da soziale Standards und die Rechte von Arbeiterinnen auf regionaler Ebene angepasst werden und Regionalorganisationen Einfluss auf die Nationalstaaten ausüben können. Die Präferenzen der verschiedenen Akteurinnen und ihre tatsächliche Einflussnahme kann anhand des Zwei-Ebenen-Spiels modelliert werden – auf der nationalen und der regionalen Ebene. Vertreter des liberalen Intergouvernmentalismus (siehe »Theorien in der Anwendung: Europäische Integrationstheorien«)

haben gezeigt, dass die europäischen Integrationsprojekte nach wie vor maßgeblich durch die nationalstaatlichen Akteure bzw. durch die Nationalstaaten gesteuert werden.

Konstruktivismus

Laut konstruktivistischer Theorieansätze verfolgen gesellschaftliche und staatliche Akteurinnen ihre Ziele nach der Logik des angemessenen Handelns. Durch Sozialisierungsprozesse entstehen Norm- und Wertegemeinschaften auf internationaler und regionaler Ebene. Staaten mit ähnlichen Werten formen eher Institutionen und Organisationen, und haben ein Interesse diese zu erhalten. Die Gründung einer Regionalorganisation kann also aufgrund gemeinsamer Werte und Normen erfolgen und trägt so erneut zu Sozialisierungsprozessen, zum Beispiel bei Mitgliedskandidaten, bei. Regionalorganisationen werden jedoch nicht als gegeben hingenommen, sondern sind immer von den jeweiligen Akteurinnen konstruiert und können dementsprechend auch dekonstruiert werden.

Eine Hypothese könnte lauten: Regionalorganisationen entstehen, wenn Gesellschaften bestimmte Werte teilen und die gesellschaftlichen sowie staatlichen Akteure eine Mitgliedschaft in der Regionalorganisation zuträglich für ihre Rolle im internationalen System halten. Am Beispiel der Regionalorganisation Gemeinsamer Markt des Südens (*Mercado Común del Sur*, MERCOSUR) zeigt sich, dass die Demokratisierungsprozesse in Argentinien und Brasilien in den 1980er und 1990er Jahren dazu beigetragen haben, dass sich die südamerikanischen Länder – gemeinsam mit Uruguay und Paraguay – zum Mercosur zusammenschlossen. Das Selbstbild als demokratischer Staat und die Ausgestaltung der Regionalorganisation als demokratische Gemeinschaft gingen Hand in Hand und dienten als eine wichtige Begründung für die Entstehung des MERCOSUR. Auch die als gemeinsames Schicksal empfundenen Auflagen der IWF Kreditprogramme für viele südamerikanische Länder in den 1980er Jahren einte die Gründungsmitglieder und wirkte identitätsstiftend.

Theorien in der Anwendung

Brexit

Unter Brexit versteht man den Prozess, der durch das Referendum des Vereinigte Königreichs Großbritanniens und Nordirlands (UK) am 23. Juni 2016 eingeleitet wurde, in dem sich knapp 52 Prozent der britischen Bürger für den Austritt aus der Europäischen Union aussprachen. Der Ausdruck steht für »*british exit*«, also der britische Austritt aus der gemeinsamen internationalen Institution. Mit dieser Entscheidung besiegelten die Briten das Ende der Mitgliedschaft in der EU, die mit dem Beitritt zur Europäischen Wirtschaftsgemeinschaft (einem Vorläufer der EU) 1973 begonnen hatte. Die Entscheidung der britischen Bevölkerung stürzte in Folge nicht nur die Regierung unter David Cameron in große Probleme, da

diese sich ausdrücklich für ein Bleiben in der EU ausgesprochen hatte, sondern führte auch in der EU zu einer neuen Welle der Verunsicherung.
Die Verhandlungen zwischen Großbritannien und der EU gestalteten sich äußerst schwierig, was nicht zuletzt auf die innere Zerrissenheit des UK zurückzuführen ist. Die Nachfolgerin von Cameron, Theresa May, leitete im März 2017 den Austrittsprozess rechtlich in die Wege. Laut Artikel 50 des Vertrags über die Europäische Union sollte der Austritt des Vereinigten Königreichs bis März 2019 abgeschlossen sein. Großbritannien wird somit der erste Staat, der die Europäische Union wieder verlässt.
Für die Entscheidung der Briten, die EU zu verlassen, können unterschiedliche Hypothesen aus IB Theorien gebildet werden. Laut institutionalistischer Annahmen sind vor allem interne Problemen der EU als internationale Organisation an sich und der daraus resultierenden sinkenden Attraktivität der EU der Grund für den Brexit. Realistische Erklärungen sehen den Hauptgrund in einer sich verändernden internationalen Machtstruktur, bei der dem Vereinigten Königreich durch seine Mitgliedschaft in der EU (relative) Nachteile gegenüber anderen Staaten entstehen. Dass sich die internen nationalen Präferenzen innerhalb der UK geändert haben, würden Vertreterinnen der liberalen Theorie für die Austrittsentscheidung als Erklärung für plausibel halten. Für Konstruktivisten sind es Werte, Ideen, und Normen, die das britische Volk zu ihrer Entscheidung bewegt haben. Demnach haben sich 52 % der Briten gegen die EU entschieden, um sich von den Werten und Normen, welche die EU propagiert, zu distanzieren und die eigene Identität zu stärken.

Zusammenfassung

Dieses Kapitel gibt einen Überblick über die politikwissenschaftliche Forschung zum Phänomen der regionalen Integration. Bi- und multilaterale Kooperation geht institutionalisierten Formen der Integration, wie Regionalismus und regionaler Integration meist voraus. Lange lag der Fokus der wissenschaftlichen Analyse von Regionalorganisationen theoretisch wie empirisch in Europa, obwohl bereits vor der Gründung der Europäischen Regionalismen Regionalisierungsprozesse und Regionalorganisationen in anderen Teilen der Welt existierten. Die theoretische Debatte hat sich besonders seit den 1990er Jahren diversifiziert. Neben den Theorien der Internationalen Beziehungen, die durchaus Regionalisierungsprozesse erklären können, ist die Regionalismusforschung ein eigenständiger Forschungsstrang in der Politikwissenschaft, der Wirtschaftswissenschaft, den Regionalwissenschaften und weiteren wissenschaftlichen Forschungsfeldern. Analyseansätze und Fragestellungen der politikwissenschaftlichen Forschungsbereiche reichen von der Frage nach der Etablierung und dem institutionellen Design einer Regionalorganisation, über die Analyse einzelner Integrationsschritte und Politikfelder, bis hin zur Frage nach der Rolle verschiedener Akteurinnen für Regionalisierungsprozesse und Regionalorganisationen. Das vorliegende Kapitel soll das Handwerkszeug bereitstellen, das Phänomen besser zu verstehen und erklären zu können.

Wissensfragen

- *Was ist der Unterschied zwischen Regionalisierung, Regionalismus und regionaler Integration?*
- *Wie hat sich die Analyse von Regionalorganisationen und Regionalisierungsprozessen seit den 1960er Jahren verändert?*
- *Welche Forschungsfragen sind zentral für die Analyse von Regionalorganisationen?*
- *Formulieren Sie weitere Hypothesen, um die Entstehung von Regionalorganisationen zu erklären.*

Basisliteratur

Acharya, Amitav (2012): Comparative Regionalism: A Field Whose Time has Come?, in: *The International Spectator: Italian Journal of International Affairs*, 47(1), S. 3–15.

Börzel, Tanja/Risse, Thomas (2016): *Oxford Handbook on Comparative Regionalism*, Oxford.

Hoffmann, Stanley (1982): Reflections on the Nation-State in Western Europe Today, in: *Journal of Common Market Studies*, 21(1–2), S. 21–37.

Hurrell, Andrew (1995): Regionalism in Theoretical Perspective, in: Louise Fawcett/Andrew Hurrell (Hrsg.), *Regionalism in World Politics: Regional Organization and International Order*, Oxford, S. 37–73.

Katzenstein, Peter J. (2005): *A World of Regions. Asia and Europe in the American Imperium*, Ithaca.

Moravcsik, Andrew (1993): Preferences and Power in the European Community: A liberal-Intergovernmentalist Approach, in: *Journal of Common Market Studies* 31(4), S. 473–524.

Shaw, Timothy M./Grant, Andrew/Cornelissen, Scarlett (2011): *The Ashgate Research Companion to Regionalisms*, Oxon.

4.4 Umweltschutz und Nachhaltigkeit im globalen Raum

Lernziele

- *Wissen um die wichtigsten Problemfelder der globalen Umweltpolitik.*
- *Erklärung von Misserfolg und Erfolg internationaler Kooperation auf diesem Gebiet.*
- *Kenntnis der Bedingungen unter denen internationale Vereinbarungen zum Umweltschutz national umgesetzt werden.*

The Great Pacific Garbage Patch (GPGP)

Das »Große Pazifische Müllfeld«, in Wissenschaftskreisen unter der Abkürzung GPGP (Great Pacific Garbage Patch) bekannt, ist eine riesige schwimmende Müllhalde aus Plastikabfällen aller Art, die sich im Nordpazifik zwischen Hawaii und Kalifornien gebildet hat. Laut einer im März 2018 in der Zeitschrift »Scientific Reports« veröffentlichten Studie eines internationalen Forscherteams ist der GPGP erheblich größer als bisher gedacht, wiegt um die 79 000 Tonnen und bedeckt eine Fläche, die mehr als viermal der Größe Deutschlands entspricht. Er wächst weiterhin rapide. Dies ist nicht erstaunlich, denn die weltweite Verwendung von Plastik nimmt stetig zu und ist inzwischen bei ca. 320 Millionen Tonnen pro Jahr angelangt. Ein erheblicher Teil davon ist nach einmaligem Gebrauch Müll. Davon wird wiederum nur ein relativ kleiner Prozentsatz verbrannt oder wiederverwertet. Der Rest landet in der Natur: auf Müllhalden, in der Landschaft oder eben in den Gewässern dieser Erde.[77] Laut Umweltprogramm der UNO könnten bei anhaltendem Trend im Jahre 2050 mehr Plastikabfälle als Fische in den Ozeanen schwimmen. Der größte Teil des Plastikmülls im Meer stammt aus den Ballungsgebieten Asiens, also von dort, wo die meisten Konsumgüter von Handys bis zu Billigspielzeug für die globalen Märkte hergestellt werden. Riesige Inseln aus Plastikabfällen gibt es inzwischen aber auch in anderen Meeresregionen.

Im Dezember 2017 wurde in der UNO eine Resolution eingebracht, die zur Reduzierung des in die Meere eingebrachten Plastikmülls aufrief. Es gelang der Weltgemeinschaft allerdings nicht, sich auf bindende Zielzahlen zu einigen, die die Länder auch zu aktiven Maßnahmen statt reiner Willensbekundungen verpflichtet hätten. Die USA, China, Indien und viele lateinamerikanische Länder (trotz der Existenz von garbage patches auch in der Karibik) wandten sich strikt dagegen, ungeachtet drängender öffentlicher Appelle vieler NGOs. Und obwohl auch die G7 auf einem ihrer Gipfeltreffen schon zu einer Bearbeitung dieses Problems aufgerufen hatten, ist die notwendige internationale Zusammenarbeit auf diesem Gebiet bis jetzt minimal. Bei den Widerständen gegen eine Kooperation geht es um eingefleischte Konsumgewohnheiten, die enormen Kosten der Entsorgung und der Umstellung von Produktion, sowie um Fragen der Kontrolle und Überwachung. Dies sind typische Probleme der internationalen Zusammenarbeit, sobald es um globale Gemeinschaftsgüter wie etwa eine saubere Umwelt geht. In kaum einem anderen Feld der internationalen Politik kommen diese schwer lösbaren Koordinationsprobleme so offensichtlich, so häufig und mit so schwerwiegenden und langfristigen Konsequenzen zum Tragen. Umso wichtiger ist es, die Mechanismen und Schwierigkeiten internationaler Zusammenarbeit in dieser Frage zu verstehen.

---

77 Lebreton et al. 2018: https://www.nature.com/articles/s41598-018-22939-w [02.12.2018].

Die Entwicklung der Globalen Umweltpolitik

Viele Jahrhunderte lang hat die Menschheit die negativen Auswirkungen menschlichen Zusammenlebens auf die Umwelt als unvermeidlich hingenommen. Die üblen sanitären Zustände in den großen antiken und mittelalterlichen Städten, die Verwendung der Flüsse als Kloaken und die steigende Luftverschmutzung mit Beginn der Industrialisierung im 19. Jahrhundert wurden als lokale Probleme gesehen, auch wenn sich die resultierenden Epidemien oft rasant ausbreiteten. Dies begann sich nach dem Zweiten Weltkrieg zu ändern, als die grenzüberschreitenden Folgen ökologischer Katastrophen zunehmend deutlich wurden. Der nukleare Fall-out der Atomwaffentests des Kalten Kriegs, die katastrophalen Folgen der immer wiederkehrenden Havarien von gigantischen Öltankern, das Phänomen des ›Sauren Regens‹, die Auswirkungen des massiven Einsatzes von Pflanzengiften, wie DDT, führten zu zunehmend öffentlich wirksamen Protesten der betroffenen Bevölkerung und darüber hinaus. In den USA wurde 1970 mit der Environmental Protection Agency die erste explizit mit Umweltfragen befasste Behörde eingerichtet.

1972 wurde im Auftrag des Club of Rome eine durch den amerikanischen Ökonomen Dennis L. Meadows und sein Team erstellte Studie mit dem Titel ›Die Grenzen des Wachstums‹ publiziert, in der auf der Basis von Computermodellen Szenarien für die Entwicklung der Weltwirtschaft und die dazu nötige Ressourcennutzung erstellt wurden. Die Studie prognostizierte, dass bei unveränderter Ausbeutung der natürlichen Ressourcen viele Rohstoffe in naher Zukunft erschöpft sein würden und die Umwelt unwiderbringlich geschädigt würde. Die alarmierenden Vorhersagen wurden in Buchform zu einem Weltbestseller. Dieser trug dazu bei, dass das Umweltthema fest in der internationalen Debatte verankert wurde, auch wenn viele der alarmierenden Vorhersagen (bis jetzt) nicht eintrafen.

Das steigende Umweltbewusstsein in vielen Ländern sowie die Erkenntnis der grenzüberschreitenden Natur der meisten ökologischen Probleme führte dazu, dass auch die UNO sich des Themas annahm. Die UN Conference on the Human Environment, die in Stockholm 1972 stattfand, war die erste umfassende Konferenz zu Umweltthemen mit weltweiter Beteiligung. Sie spielte eine Schlüsselrolle bei der Institutionalisierung einer globalen Umweltpolitik. Diese Institutionalisierung hatte, unter anderem, folgende Dimensionen:

Die Konferenz nahm eine Erklärung mit Prinzipien globaler Umweltpolitik an, die eine Reihe von Normen nach einiger Zeit fest in der internationalen Debatte verankerten. Dazu gehörte das Verursacherprinzip, wonach Staaten eine Verantwortung für die Folgen haben, die aus ökologischem Missmanagement resultieren und über die eigenen Grenzen hinaus auftreten. Des weiteren wurden bestimmte Lebensräume, wie zum Beispiel die Tiefsee, als gemeinsames Erbe der Menschheit deklariert. Außerdem wurde das Prinzip der Balance zwischen wirtschaftlicher Entwicklung und ökologischer Regulierung, auf dem die Entwicklungsländer bestanden, anerkannt. Letztere hatten befürchtet, dass es bei der Konferenz eigentlich darum ginge, ihren wirtschaftlichen Aufstieg zu behindern.

Die Gründung des United Nations Environment Programme (UNEP), das die Problematik dauerhaft in der UNO verankerte, trug dazu bei, wissenschaftliche

Expertise zu bündeln und zu verbreiten, und die Organisation diente als dauerhaftes Gesprächs- und Verhandlungsforum.

Die Konferenz führte zudem dazu, dass sich viele nationale und regionale Akteure vernetzten und so dem Thema eine Dauerhaftigkeit verliehen, und zwar auch ohne den oft kurzfristigen Handlungsdruck, der von ökologischen Katastrophen ausging.

In der Folgezeit entstanden eine ganze Reihe von Abkommen und Konventionen (▶ 24. Schlüsselbegriffe: ›Abkommen und Konventionen‹), häufig mit UNEP in einer führenden Rolle, zum Beispiel zur Verhinderung der Verklappung toxischen Abfalls im Ozean, zur Reduzierung der Luftverschmutzung oder zur Eindämmung des Handels mit gefährdeten Tieren (Convention on International Trade in Endangered Species; CITES). Diese und viele andere Abkommen waren oft auch auf die Bemühungen einer Vielzahl von nationalen und international vernetzten Umweltbewegungen und NGOs zurückzuführen, die in diesen Jahren entstanden.

24. Schlüsselbegriffe

Internationale Verträge: ein Glossar

Verträge und Konventionen: Verträge sind internationale Vereinbarungen in schriftlicher Form, die dem Völkerrecht unterliegen. Konventionen umfassen meist eine größere Zahl von Staaten, werden unter der Schirmherrschaft von internationalen Organisationen, wie der UNO, abgeschlossen und betreffen ein Thema, welches für große Teile der Welt von Bedeutung ist.

Unterzeichnung: Die Unterzeichnung eines internationalen Vertrages oder Konvention bedeutet, dass die unterzeichnende Regierung mit dem Ergebnis der Verhandlungen einverstanden ist und sich im Normalfall bemüht, dieses Ergebnis auf nationaler Ebene ratifizieren zu lassen.

Erklärung: In einer Erklärung legt ein Staat die Gründe dar, weshalb er Vertragspartei geworden ist und stellt die Bedeutung des Vertrags oder einzelner Bestimmungen aus dem Vertrag klar.

Ratifikation: Unter Ratifikation versteht man die Verabschiedung eines internationalen Abkommens im Parlament oder anderen gesetzgebenden Instanzen. Erst dadurch wird das Abkommen rechtlich bindend für den ratifizierenden Staat.

In vielen Ländern entwickelten sich auch mehr oder weniger erfolgreiche grüne Parteien, die gegen die Zerstörung der Umwelt im lokalen und globalen Raum kämpften, häufig mit einem starken Fokus auf die Gefahren der Atomenergie. 1986 geschah dann tatsächlich, wovor die Anti-Atomkraft-Bewegung schon lange gewarnt hatte: Der GAU (größter anzunehmender Unfall). Bei einer Havarie im ukrainischen Reaktor Tschernobyl wurde einer derartige Menge an nuklearer Strahlung freigesetzt, dass die nähere Umgebung auf unbestimmbare Zeit unbewohnbar wurde und große Teile Europas von einer nuklearen Wolke überzogen wurden, die dafür sorgte, dass die Strahlungswerte alarmierend anstiegen. Der Mythos einer sauberen, für die Umwelt folgenlosen Energienutzung war offenkundig falsch.

Zur selben Zeit tagte unter dem Vorsitz der früheren norwegischen Premierministerin Gro Harlem Brundtland die von der UNO eingesetzte World Commission on Environment and Development. Diese veröffentlichte 1987 den sogenannten Brundtland Report, der insbesondere das Thema der ›nachhaltigen Entwicklung‹ (sustainable development) auf die Agenda setzte.[78] Das Konzept versuchte Formen der wirtschaftlichen Entwicklung zu umschreiben, deren Folgen nicht auf Kosten künftiger Generationen gingen. Entwicklung sollte nicht mehr in einem offensichtlichen Gegensatz zum Umweltschutz stehen, wie noch auf der Konferenz von Stockholm. Das Konzept der nachhaltigen Entwicklung war breit genug, um alle möglichen Anliegen darunter zu fassen. Insofern ist es als eine sehr generelle Norm zu verstehen, aus der sich kaum konkrete Handlungsanweisungen ableiten lassen. Vor allem war weiterhin unklar, ob sich eine nachhaltige Entwicklung nicht nur auf künftige Generationen in der zeitlichen Dimension, sondern auch auf existierende Ungleichheiten in der räumlichen Dimension bezieht. ›Nachhaltige Entwicklung‹ stand auch im Zentrum des sogenannten ›Earth Summit‹, der nächsten großen UNO-Konferenz zur Umwelt, die in Rio de Janeiro 1992 stattfand. 175 teilnehmende Länder zeigten die inzwischen enorme Bedeutung des Themas. Die mehr als 1400 teilnehmenden NGOs waren ein eindrucksvolles Zeichen für die immer wichtigere Rolle von zivilgesellschaftlichen Gruppen. Auf diesem Gipfel wurden die ersten Vereinbarungen zum Klimawandel und zur Biodiversität getroffen. Keine Einigung wurde dagegen über den Schutz von Waldgebieten erzielt, da insbesondere die Länder mit tropischen Urwäldern ihre Nutzungsrechte nicht einschränken lassen wollten.

Zehn Jahre nach dem Earth Summit fand ein weiterer Gipfel im südafrikanischen Johannesburg statt. Hier ging es vor allem um die politischen Fragen hinter der Umweltzerstörung sowie um die Gestaltung der politischen Zusammenarbeit zwischen Staaten und privaten Akteuren, die für eine nachhaltige Entwicklung notwendig war. Inzwischen war deutlich geworden, dass Staaten alleine die globalen Umweltprobleme nicht lösen konnten, und auf die Zusammenarbeit mit zivilgesellschaftlichen Organisationen und wirtschaftlichen Akteuren angewiesen war. Gegenwärtig steht insbesondere die Frage nach einer wirksamen Bekämpfung des Klimawandels im Zentrum der internationalen Debatte. Simultan werden eine Vielzahl anderer Probleme im Umweltbereich global und regional verhandelt.

IB-Theorien und die internationale Umweltpolitik

Der kurze Überblick der Entwicklung der internationalen Umweltpolitik hat schon gezeigt, dass es sich um ein außerordentlich komplexes Politikfeld handelt. Die Vielzahl an Akteuren (Staaten, internationale Organisationen, Regionen, Unter-

---

78 World Commission on Environment and Development 1987.

nehmen, NGOs, Parlamente, Gerichte, Wissenschaft, etc.), der grenzüberschreitende und sich ständig wandelnde Charakter der Probleme, die Vielfalt der zu berücksichtigenden Gesichtspunkte zwischen Politik, Ökonomie und Ökologie, sowie die Komplexität der Lösungen verdeutlichen dies. Zwar sind Staaten die zentralen Akteure bei der Verhandlung und Umsetzung internationaler Vereinbarungen. Zudem koordinieren sie die Aktivitäten von Institutionen und Individuen, formulieren neue Ideen und propagieren Lösungen (oder Widerstände). Meist reicht allerdings unilaterales Handeln nicht aus. Internationale Institutionen spielen ebenfalls eine unverzichtbare Rolle als Initiatoren und Verhandlungsforen. Sowohl als Verursacher von Umweltproblemen als auch als Entwickler von Lösungen sind Unternehmen von größter Bedeutung in diesem Politikfeld. Oft bündeln sie auch wirtschaftliche und technische Expertise, die auch in staatlich finanzierten Institutionen definieren, wann ein Umweltproblem zu einer Gefährdung der Natur wird und wie es angegangen werden muss. Von zentraler Bedeutung sind aber auch insbesondere die Aktivitäten von Nichtregierungsorganisationen in diesem Feld (wie Greenpeace oder der WWF), insbesondere bei der Mobilisierung von umweltpolitischen Interessen.

Angesichts der Vielschichtigkeit des Problemfelds können alle im ersten Teil des Buches behandelten theoretischen Perspektiven zur Beantwortung der entstehenden Fragen beitragen. Je nachdem aus welchem theoretischen Blickwinkel globale Umweltprobleme betrachtet werden, werden bestimmte Akteure zu bevorzugten Untersuchungsobjekten. Dem Neorealismus zuneigende Wissenschaftlerinnen werden ihren Fokus auf die Rolle von Staaten und internationalen Organisationen richten. Sie sind skeptisch, dass Staaten im Interesse übergeordneter Ziele ihre Machtansprüche zurückstellen und beispielsweise freiwillig auf ökonomische Vorteile gegenüber ihren Konkurrenten verzichten. Die Haltung der USA zum Klimaschutzabkommen könnte zum Beispiel damit erklärt werden. Ähnlich skeptisch sind kritische, insbesondere marxistische Ansätze, die von der strukturellen Dominanz von Kapitalinteressen ausgehen und argumentieren, dass der reiche Norden seine Überlegenheit gegenüber dem armen Süden auch durch Vereinbarungen auf dem Umweltgebiet zementieren will. Auch liberale Theorien mit dem Fokus auf die innenpolitischen Determinanten internationaler Politik sehen Kooperation als schwierig an, da in der Umweltpolitik viele unterschiedliche Lobbygruppen mit von Staat zu Staat ganz unterschiedlichen Interessen es sehr kompliziert machen, alle Staaten auf eine einheitliche Position zu verpflichten. Optimistischer sind neo-institutionalistische Ansätze, die die Wirksamkeit globaler Umweltregime betonen, und auch die konstruktivistische Forschung, die sich mit der Verbreitung von Normen beschäftigt. Hier wird entweder durch gemeinsame Institutionen oder durch eine geteilte Sichtweise auf globale Umweltprobleme eine gewisse Harmonie der Interessen erzeugt. Eine wichtige Rolle spielen hier insbesondere ›epistemische Gemeinschaften‹ (▶ 25. Schlüsselbegriff: ›epistemische Gemeinschaften‹) als wissensbasierte Netzwerke, die Umweltprobleme identifizieren, publizieren und mögliche Lösungen erarbeiten.

Negative Externalitäten und die Tragödie der Allmende

Die meisten globalen Umweltprobleme können als sogenannte **negative Externalitäten** der globalen Güterproduktion begriffen werden. Dieses aus den Wirtschaftswissenschaften stammende Konzept beschreibt Kosten, die bei der Herstellung eines Gutes anfallen, aber nicht in dessen Preis reflektiert sind. Ein Beispiel sind giftige Abwässer, die an nicht streng regulierten Standorten oft einfach in die Flüsse gelangen und dort zum Absterben von Organismen sowie zu gesundheitlichen Schäden an Menschen führen. Müssten die Hersteller ihre Entsorgungskosten selbst tragen, würde die Herstellung ihres Produkts sich erheblich verteuern. Diese Art negativer Externalitäten, in denen der Gewinn privaten Akteuren zufällt, die langfristigen Kosten aber auf die Allgemeinheit verteilt werden, lassen sich gerade international nur schwer regulieren. Wer übernimmt zum Beispiel die immensen Schäden, welche die durch den Klimawandel verursachte Erderwärmung in tiefgelegenen Küstenanrainerstaaten verursachen wird? Ähnliche Fragen werden hinsichtlich eines gemeinschaftlichen Gutes, wie etwa der (intakten) Erdatmosphäre, wiederholt aufgeworfen. Das Problem der schonenden Nutzung einer allgemeinen Ressource wie der Umwelt wird oft auch mit dem Konzept der **Tragik der Allmende** umschrieben.

25. Schlüsselbegriff

Epistemische Gemeinschaften

Bei der Identifikation der Ursachen globaler Umweltprobleme und der Entwicklung von Lösungsmöglichkeiten ist meist hohe wissenschaftliche Kompetenz notwendig. Insbesondere so komplexe Phänomene wie der Klimawandel oder die globalen Auswirkungen des Einsatzes von Pestiziden oder Gentechnik können ohne die Wissenschaft gar nicht erklärt werden. Häufig sind es auch Wissenschaftler, die als erste auf bestimmte Probleme aufmerksam machen, und die dann die Zusammenarbeit mit Betroffenen, mit interessierten gesellschaftlichen Gruppierungen und politisch Verantwortlichen suchen, um die öffentliche Debatte zu beeinflussen. Diese Zusammenschlüsse werden in den IB als ›epistemische Gemeinschaften‹ bezeichnet, ein Begriff, den der amerikanische IB-Theoretiker Peter M. Haas geprägt hat. Er beschreibt epistemische Gemeinschaften als «*network of professionals with recognized experience and competence in a particular domain and an authoritative claim to policy-relevant knowledge within that domain or issue area...*»

Abb. 25: Der aktuelle (Nov. 2018) Stand der Doomsday Clock (2 vor 12: geringster Abstand seit 1953).

(Haas 1992: S. 3). Ein Beispiel dafür sind die WissenschaftlerInnen, die seit 1945 das »*Bulletin of Atomic Scientists*« herausgeben. Viele der Gründungsmitglieder hatten am Manhattan-Project, der Entwicklung der amerikanischen Bombe, mitgearbeitet, warnten nun aber vor den Folgen des atomaren Rüstungswettlaufs. Das *Bulletin* veröffentlicht auch eine Uhr, die sogenannte *Doomsday Clock*, deren Zeiger kurz vor Zwölf stehen, mit großem oder kleinem Abstand, je nachdem, wie hoch die Gefahr eines globalen Atomkriegs von den Herausgebern eingeschätzt wird.

1968 publizierte der amerikanische Mikrobiologe Garrett Hardin in der berühmten Wissenschaftszeitschrift Science einen Artikel mit dem Titel »The Tragedy of the Commons«. Die deutsche Übersetzung ›Die Tragik der Allmende‹ verwies auf die mittelalterliche Form des Gemeinschaftseigentums, das von den Angehörigen der Gemeinschaft gleichberechtigt benutzt werden durfte, etwa ein auf dem Gemeindegebiet liegender See, an dem alle Bewohner Fischereirechte hatten. In seinem Artikel weitete Hardin diese Idee des Gemeinschaftsguts auf weltweite Ressourcen aus, die nicht einer spezifischen Gruppe (z. B. einem Staat) zuzuordnen sind, sondern der Weltgemeinschaft. Beispiele sind die Weltmeere, die Atmosphäre, der Weltraum oder die Antarktis. Das Problem dieser Ressourcen ist, dass die individuell rationale Nutzung dieser Ressourcen zu kollektiver Irrationalität führen kann. So haben die Nutzer des gemeinde-eigenen Sees ein Interesse daran, ihren eigenen Ertrag zu maximieren, nicht aber daran, die Kosten für die Nichtnutzung zu zahlen, insbesondere wenn nicht klar ist, ob auch andere diese Kosten im selben Maße tragen. Die Gewinne werden privatisiert, die langfristigen Kosten externalisiert, d. h. auf die Gemeinschaft abgewälzt. Wenn dieser Dynamik nicht Einhalt geboten wird, so ist die rasche, völlige Erschöpfung der Ressource unausweichlich. Die hier skizzierte Problematik lässt sich nicht nur auf Umweltprobleme wie die Zerstörung des Regenwalds, sondern auch auf Finanzmärkte, Rüstungsexporte, usw. anwenden. Eine Möglichkeit, diesem Problem zu begegnen, ist die Privatisierung, die Hardin selbst vorschlug. Jedoch kann man auch von privaten Akteuren nicht immer einen schonenden Umgang mit der Ressource erwarten, und viele Güter sind auch kaum aufzuteilen. Eine weitere Möglichkeit ist es, eine Regierung einzurichten, die die Ressource verwaltet. Dies ist im internationalen Raum die Option einer globalen ökonomischen *Governance*, durch internationale Organisationen, Regimes, Konventionen etc., die den Zugang zur und die Ausbeutung der gefährdeten Ressource einschränken sollen.

Globale Umweltregime

In Kapitel 3.2 (▶ Kap. 3.2) haben wir eine zentrale Form internationaler Institutionen kennengelernt: sogenannte Regime, die aus Prinzipien, Normen, Regeln und Entscheidungsfindungsmechanismen in einem bestimmten Politikbereich bestehen. Gerade im Umweltbereich sind Regime eine der häufigsten Formen von grenzüberschreitenden Problemlösungsmechanismen.

Ein berühmtes Beispiel ist das internationale Ozonregime. In den 1970er Jahren entdeckten Wissenschaftlerinnen, dass Fluorkohlenwasserstoffe (FCKW), wie sie zum Beispiel in den Kühlaggregaten von Kühlschränken und in vielen Sprays verwendet wurden, in die Atmosphäre aufstiegen, sich dort nach einigen Jahrzehnten chemisch veränderten und dann den Ozongehalt in der Atmosphäre reduzierten. Die vollständige Zerstörung der Ozonschicht wäre eine gravierende Bedrohung für Pflanzen, Tiere und Menschen. Letztere wären zum Beispiel von steigenden Hautkrebserkrankungen betroffen. 1985 wurde festgestellt, dass die Ozonschicht in der Erdatmosphäre, die die Oberfläche des Planeten vor schädlicher UV-Strahlung schützt, ein Loch über der Antarktis aufwies. Schnell wurde auch deutlich, dass dieses Loch sich rapide vergrößerte. Die Ursache dafür war der gestiegene FCKW-Ausstoß in den Nachkriegsjahren. Die Erkenntnisse erregten weltweite Aufmerksamkeit. Dadurch, dass es der epistemischen Gemeinschaft aus Wissenschaftlern, NGOs und besorgter Öffentlichkeit gelang, eine allgemein geteilte Einschätzung von Ursache und Wirkung herzustellen, wurden relativ schnell internationale Maßnahmen gegen die alarmierende Entwicklung möglich. Dabei übernahmen die USA eine Vorreiterrolle und nützten ihre Marktmacht mit der Drohung, keine Produkte, die FCKW verwendeten, für den heimischen Markt zu importieren.

Auf einem Treffen in Wien 1985 verabschiedeten 20 Staaten eine Rahmenkonvention zur Bekämpfung des Ozonlochs, in der es noch keine festen Vereinbarungen gab, auf der aber die Existenz des Problems allgemein anerkannt sowie die Schritte zu dessen Bekämpfung identifiziert wurden. Das nach dem Sitzungsort benannte Montreal Protokoll von 1987 formulierte schließlich bindende Ziele zur rapiden Reduktion des Ausstoßes von FCKW. Auf Folgetreffen wurden diese Ziele weiter verschärft, und ein völliger Verzicht vereinbart. Nach und nach schlossen sich alle Staaten den Vereinbarungen an. Ein zentrales Problem war, wie die Kosten der Umstellung verteilt werden sollten, insbesondere im Hinblick auf technologisch rückständige Länder, die die entsprechenden Lasten nicht tragen konnten. Letztlich wurde ein Fonds eingerichtet, der diese Länder finanziell unterstützen sollte. Fundamental für die erfolgreiche Bildung des Ozon-Regimes war auch, dass die Industrie schon früh gleichwertige, aber klimaneutrale Ersatzstoffe entwickelt hatte, so dass auch die Wirtschaft mehrheitlich hinter den Vereinbarungen stand.

Das Ozon-Regime gilt als das erfolgreichste umweltpolitische Regime. Der FCKW-Ausstoß ist um 95 % zurückgegangen, seit 2012 ist das Ozonloch dabei zu schrumpfen und wissenschaftliche Vorhersagen prognostizieren sein Verschwinden bis 2050. Auf jährlichen Treffen der teilnehmenden Staaten wird der Ist-Zustand bewertet und überprüft, ob sich weiterhin alle an die Vereinbarungen halten. Dass dies nicht selbstverständlich ist, bewiesen Meldungen im Mai 2018 über wissenschaftliche Untersuchungen, die eine unbekannte, vermutlich in Südostasien liegende Quelle von FCKW identifizierten, die seit 2012 für eine erheblich langsamere Abnahme der Substanz als prognostiziert gesorgt hatte. Hier zeigt sich, dass die Bindungswirkung von Regimen letztlich davon abhängt, wie die beteiligten Staaten die vereinbarten Prinzipien und Regeln umsetzen, bzw. inwieweit sie in der Lage sind dies auch zu tun. Dessen ungeachtet ist das Ozonregime das Musterbeispiel für ein insgesamt funktionierendes Umweltregime. Sehr viel weniger günstig ist die Situation bei der Bekämpfung des vermutlich gravierendsten ökologischen Problems unserer Zeit, des globalen Klimawandels.

Theorien in der Anwendung

Liberalismus: Die amerikanische Haltung zum Klimaschutz

Amerikanische Forscherinnen waren wesentlich an der Entdeckung und Erforschung des Klimawandels beteiligt. Zudem ist das Land von den Folgen unmittelbar betroffen, wie zum Beispiel die katastrophalen Hochwasser im Süden des Landes nach Hurricane Katrina 2005 zeigten. Dennoch hat sich das Land als Bremser bei der Schaffung eines Klimaschutzregimes erwiesen. 1997 verabschiedete der amerikanische Senat die Byrd-Hagel Resolution, in der er erklärte, keinem Abkommen zuzustimmen, das die USA wirtschaftlich benachteiligt und das die großen Schwellenländer von Reduktionen verschont. Damit war die Ratifikation des Kyoto-Abkommens, welches die Regierung unter Bill Clinton im Januar 1998 unterzeichnete, höchst unsicher geworden. Als im Jahr 2001 mit George W. Bush ein erklärter Skeptiker des Klimawandels Präsident wurde, verkündete die Regierung als einen ihrer ersten Schritte, dass sie das Abkommen dem Kongress nicht zur Ratifikation vorlegen würde. Diese Position reflektierte nicht nur eine ideologische Opposition gegen internationale Bindungen, insbesondere auf dem Umweltgebiet, sondern auch die Tatsache, dass das Erreichen der Klimaziele für die USA sehr viel kostspieliger als für die europäischen Staaten würde. Dazu kommt der große Einfluss wirtschaftlicher Interessen im amerikanischen politischen System, und das Fehlen substanzieller grüner Parteien.

Diese Faktoren schränken die Handlungsfreiheit - oder, in der Sprache der Zweiebenenspiele, das Win-Set – der amerikanischen Regierung stark ein. Selbst wenn es ihr gelingt, ein zufriedenstellendes Abkommen auf internationaler Ebene zu erreichen, so ist doch die Ratifikation dieses Abkommens in einem zutiefst gespaltenen politischen System ausgesprochen schwierig. Je mehr potenzielle Blockaden es gibt, - und bei internationalen Verträgen ist insbesondere der Senat ein fundamentaler Vetospieler -, desto schwieriger wird es, Überlappungen zwischen international und national akzeptablen Ergebnissen zu finden.

Klimawandel als Problem der internationalen Politik

Der derzeit brisanteste und umstrittenste Bereich der internationalen Umweltpolitik ist die Frage des Klimawandels. Es geht dabei um die von Menschen verursachte Erderwärmung durch den Ausstoß von Treibhausgasen, wie Methan und Kohlendioxid. Diese Treibhausgase gab es immer schon und sie sorgen dafür, dass die von der Erdoberfläche reflektierte Sonnenstrahlung nicht in das Weltall entweicht. Allerdings hat sich ihr Ausstoß in den letzten Jahrzehnten vervielfacht. Der resultierende Temperaturanstieg führt zum Schmelzen der Gletscher und Pole, zur Ausbreitung von Wüsten, zum Schwinden der Artenvielfalt und zur Zunahme von starken Wetterumschwüngen. Experten prognostizieren, dass durch das Ansteigen des Meeresspiegels viele Küstengebiete unbewohnbar werden mit der Konsequenz einer gewaltigen Zunahme der Migrationsströme. Die Probleme wurden ähnlich wie das Schwinden der Ozonschicht schon früh von der Wissenschaft beschrieben. Fundamental war hier insbesondere die Rolle des Intergovernmental Panel on Climate Change (IPCC) als epistemische Gemeinschaft, die in ihrem ersten Bericht 1990 eine Reduzierung von 60 % der klimaschädlichen Emissionen weltweit forderte. Allerdings trafen die wissenschaftlichen Empfehlungen des IPCC auf sehr viel höhere Skepsis als die entsprechenden Forschungen zum Ozonloch.

Die Vereinten Nationen befassten sich seit den 1980er Jahren mit der Frage. 1992 wurde eine UN- Rahmenkonvention zum Klimawandel (UNFCCC – UN Framework Convention on Climate Change) auf dem UN-Gipfel in Rio von 153 Staaten (einschließlich der EU) unterzeichnet. Viele politische und wirtschaftliche Akteure bezweifelten aber weiterhin, dass der Klimawandel auf menschliche Aktivitäten zurückgeht. Die erforderlichen Umstellungen waren zudem sehr viel kostspieliger, und die Ursachen sowie Folgen des Phänomens erheblich vielgestaltiger als beim relativ eingängigen Ozon-Problem. Die Wirtschaft war dementsprechend skeptisch, und wichtige Lobbys machten mobil gegen zu weitreichende Klimaziele.

Die UNFCCC hatte keine festen Ziele oder Maßnahmen beinhaltet. Diese sollten auf der dritten Konferenz der Unterzeichner der Konvention vereinbart werden, welche 1997 in Kyoto stattfand. Auch hier wurde die Welt in entwickelte und weniger entwickelte Länder (sog. Annex I und Annex II Länder) aufgeteilt, wobei erstere die Klimaziele zunächst erreichen sollten, um so den Boden für die Reduzierung der Treibhausgase dieser Länder zu bereiten. Schwellenländer wie China, Indien und Brasilien gehörten der zweiten Gruppe an. Auf Folgekonferenzen wurden die Klimaschutzziele weiter präzisiert. In den Vereinbarungen wurden auch Mechanismen festgeschrieben, die es den einzelnen Ländern erlauben sollten, die selbstgesteckten Ziele zu erreichen, wie z. B. der Emissionshandel. Damit das Kyoto-Protokoll in Kraft treten konnte, mussten mindestens 55 Staaten, die zudem mindestens 55 % der globalen Emissionen repräsentieren, das Vertragswerk ratifizieren. Die USA unter George W. Bush verweigerten 2001 jedoch die Ratifizierung des Protokolls mit dem Argument, dass die großen Schwellenstaaten dadurch enorme wirtschaftliche Vorteile erlangen würden. So trat das Kyoto-Protokoll erst 2005 nach der Ratifikation durch Russland in Kraft.

2009 in Kopenhagen sollte eine Nachfolgeregelung für das 2012 auslaufende Kyoto-Protokoll gefunden werden. Die Konferenz, mit 27 000 Teilnehmern eine der größten der Geschichte, scheiterte aber kläglich an Konflikten zwischen den Großmächten sowie am Widerstand einiger Entwicklungsländer. Erst im Dezember 2015 gelang in Paris eine neue Vereinbarung, nach der der Anstieg der globalen Erderwärmung auf zwei Grad begrenzt werden soll. Es gab allerdings keine Einigung auf Sanktionen, falls Staaten sich nicht an die Ziele hielten. Im Umfeld der Konferenz setzten sich auch viele nicht-staatliche Akteure, wie Unternehmen, ambitionierte Klimaziele.

Der Klimaschutz ist das vielleicht komplexeste Problem internationaler Kooperation, das je existierte. Ein lebenswertes Klima ist ein unbezweifelbares öffentliches Gut, das allerdings nur durch kollektive Problemlösungen gesichert werden kann. In einer Zeit, in der die Priorität nationaler Interessen mit Vehemenz vor den Interessen der globalen Gemeinschaft vertreten wird, werden die resultierenden Dilemmata kollektiven Handelns beinahe unüberwindlich.

Die Debatte über den Klimaschutz zeigt allerdings auch beispielhaft, wie sich umweltpolitische Normen verbreiten und auf welche Hindernisse sie dabei treffen. Politikwissenschaftlich bezeichnet man diesen Prozess als Diffusion. Damit wird umschrieben, wie bestimmte Praktiken von einer politischen Einheit über unterschiedliche Mechanismen zu anderen Einheiten wandern.

Normenwandel und Diffusion

Eine der zentralen Herausforderungen der globalen Umweltpolitik ist der Schutz der Weltmeere, vielleicht die wichtigste gemeinschaftliche Ressource für die Menschheit. Da große Teile der Ozeane extra-territoriale Gebiete sind, ist die Gefahr einer kompetitiven und nicht nachhaltigen Ausbeutung entsprechend groß. Dies zeigte sich beispielhaft in der Geschichte des Walfangs, bei dem schon zu Beginn des 20. Jahrhunderts offensichtlich wurde, dass die kommerzielle Jagd mit modernen Methoden zur Ausrottung der Wale führen würde. So wurde schon in den 1930er Jahren mit der globalen Kontrolle des Walfangs begonnen, die 1946 in der Internationalen Konvention zur Regulierung des Walfangs mündete. Im Laufe der folgenden Jahrzehnte wurden die Quoten für die Walfangnationen massiv gekürzt, und viele Bestände erholten sich wieder. Die jährliche Neuverhandlung der Fangquoten bleibt aber weiterhin eines der umstrittensten Themen der globalen Umweltpolitik.

Das wichtigste Regime zur Regulierung wirtschaftlicher, ökologischer und sicherheitspolitischer Fragen, die die Weltmeere betreffen, ist aber die United Nations Convention on the Law of the Sea (UNCLOS). Die 1973 geschlossene Konvention, die aber erst 1994 vollständig in Kraft trat, richtete sogenannte Exclusive Economic Zones ein, d. h. Gebiete innerhalb von 200 Seemeilen Entfernung von der Küste eines Anrainerstaates, in denen dieser Staat weitestgehend frei über die Ausbeutung und den Schutz der natürlichen Ressourcen bestimmen durfte. Zudem wurde ein internationaler Seegerichtshof (mit Sitz in Hamburg) und eine Internationale Meeresbodenbehörde, die sich mit tieferen Meeresregionen befasst, geschaffen. Damit war ein genereller Rahmen für weitergehende Abkommen geschaffen, die in jüngster Zeit immer mehr auch durch das Prinzip der nachhaltigen Nutzung der Meere geprägt sind.

Auch internationale Organisationen können Mitglieder der UNCLOS werden. Dies gilt beispielsweise für die EU, die aufgrund der Gemeinsamen Fischereipolitik, ähnlich wie bei der Gemeinsamen Agrar- und Handelspolitik, die alleinige Kompetenz der Vertretung der Mitgliedstaaten nach Außen hat. Nicht nur in der UNCLOS, sondern auch in einer Vielzahl von regionalen Organisationen zur Regulierung der Fischerei (Regional Fisheries Management Organisations; RFMOs) ist die EU Mitglied und versucht aktiv die Politik mitzugestalten. Dieses Interesse war vor nicht allzu langer Zeit fast ausschließlich kommerziell motiviert, d. h. die EU versuchte, günstige Konditionen für den Zugang der europäischen Fischereiflotte zu Fischereizonen im Hoheitsgebiet anderer Länder zu erreichen. Als Folge des alarmierenden Zustands nicht nur der europäischen Fischgründe und zunehmender Proteste aus Zivilgesellschaft und Politik, ist die Gemeinsame Fischereipolitik inzwischen umfassend reformiert worden. Das Prinzip der Nachhaltigkeit wurde zum Leitbild für alle Bereiche der Fischereipolitik erklärt, und wird auch tatsächlich zunehmend umgesetzt, wenn auch weiter viele kritische Fragen bleiben. Ausdrücklich versucht die EU diesem Prinzip auch international Geltung zu verschaffen. Wie effektiv und auf welchen Mechanismen beruhend eine derartige Weiterverbreitung von Normen und Praktiken geschieht, damit befasst sich die Forschung zu **internationaler Diffusion.** Dieser Begriff bezeichnet den Prozess, in dem Politiken in einer Einheit sich durch Interaktion mit einer anderen Einheit über Zeit und Raum ausbreiten, beispielsweise demokratische Normen, regionale Integration oder auch umweltpolitische Einstellungen.

Das Nachhaltigkeitsgebot in der EU-Fischereipolitik ist ein Beispiel, an dem sich sehr gut die unterschiedlichen Formen und Mechanismen internationaler Diffusion zeigen lassen. So gibt es unterschiedliche Ursachen von Diffusion: unter anderem materieller Zwang, Verhandlungen und die freiwillige Übernahme einer als Vorbild empfundenen Politik (▶ Abb. 24). Zwang übt die EU beispielsweise mit ihrer Regulierung gegen illegale, undokumentierte und unregulierte (IUU) Fischerei aus, indem sie weltweit Sanktionen gegen Staaten ausspricht, die IUU-Fischerei betreiben. Zudem verhandelt die EU Partnerschaftsabkommen mit Drittländern, in denen das Nachhaltigkeitsprinzip in den Ländern verankert werden soll, in denen die EU Zugangsrechte erwirbt. Als Vorbild versucht die EU durch die Propagierung nachhaltiger Ziele in RFMOs zu wirken, und stellt in allen drei Bereichen auch Mittel für die aktive Verbreitung dieser Ziele bereit. Über die Mechanismen Zwang, Wettbewerb, aktives Lernen und Nachahmung wirkt sich diese Politik dann bei erfolgreicher Diffusion auf unterschiedliche Elemente der Politik in der Zielgesellschaft aus. Sie kann die entsprechenden Sprachregelungen und Diskurse ändern, sich in neuen informellen Regeln und Praktiken niederschlagen oder in formelle Gesetze und Regulierung gegossen werden. Schließlich können auch neue formale Institutionen geschaffen werden, die die neuen Politiken ausführen und überwachen, wie zum Beispiel eine Umweltbehörde. Die wohl folgenreichste Diffusion ist es wohl, wenn die Zielgesellschaft die entsprechende Politik auch voll akzeptiert und nicht mehr hinterfragt. Mit dieser relativ simplen Typologie lassen sich viele Einzelthemen der globalen Umweltpolitik analysieren. Davon zu unterscheiden ist natürlich eine Politik, die auf Prozesse im nationalen Raum zurückgeht. Diese wird erst dann eine Frage internationaler Politik, wenn sie internationale Prozesse beeinflusst.

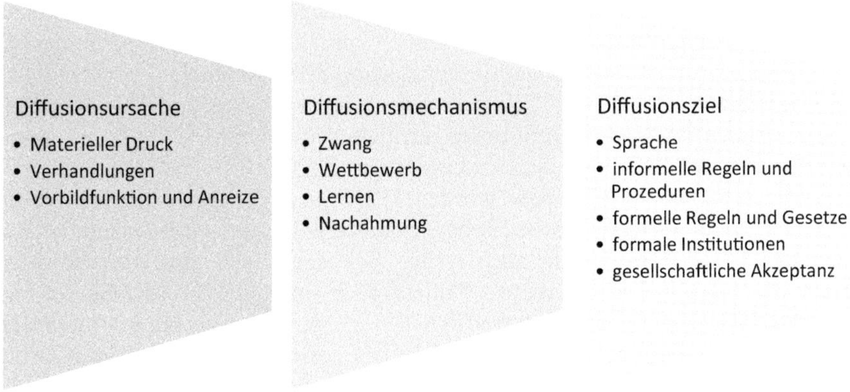

Diffusionsursache	Diffusionsmechanismus	Diffusionsziel
• Materieller Druck • Verhandlungen • Vorbildfunktion und Anreize	• Zwang • Wettbewerb • Lernen • Nachahmung	• Sprache • informelle Regeln und Prozeduren • formelle Regeln und Gesetze • formale Institutionen • gesellschaftliche Akzeptanz

Abb. 26: Diffusion umweltpolitischer Normen

Zusammenfassung: Internationale Politik im Anthropozän

Im Jahr 2000 verwendeten amerikanische Wissenschaftler erstmals den Begriff ›Anthropozän‹, um eine neue Epoche der Menschheit zu bezeichnen, in der die von Menschen verursachten Eingriffe die Umwelt unwiderruflich prägen und eine davon unberührte, autonome Natur kaum noch existiert. Dieses Zeitalter folgt dem Holozän, jener geologischen Epoche nach Ende der letzten Eiszeit vor 12 000 Jahren, in der relativ stabile Umweltbedingungen die Entwicklung der Zivilisation ermöglichten, auf der Basis der Nutzung der Ressourcen, die die Natur bereitstellte. Wie zu Beginn des Kapitels am Beispiel des GPGP gezeigt, finden sich inzwischen aber selbst in den abgelegensten Meeresgegenden gigantische Mengen an von Menschen produzierten Abfällen, die die Lebensräume verändern. Auch das Festland ist inzwischen zum größten Teil von menschlichen Eingriffen überformt. Der Klimawandel zeigt, dass dies auch für die Atmosphäre gilt, und selbst für den Weltraum, in dem inzwischen reichlich Schrott die Erde umkreist. Die Folge ist ein bisher nicht dagewesener Grad an globaler Interdependenz, in denen Entwicklungen in weit voneinander entfernten Gesellschaften enorme wechselseitige Auswirkungen haben können, zukünftige Generationen weit mehr als bisher von gegenwärtigen Entwicklungen betroffen sind, eine nie dagewesene Zahl an Lebensformen verschwindet und die Abschätzung globaler Risiken immer schwieriger wird (Biermann 2014). In einer staatlich verfassten und von Grenzen aufgeteilten Welt ist diesen grenzüberschreitenden Entwicklungen und den von ihnen ausgehenden Bedrohungen nur durch internationale Zusammenarbeit beizukommen.

Wir haben aber in diesem Kapitel gesehen, wie hoch die Kooperationshindernisse gerade auf diesem Gebiet sind. Häufig gibt es nicht einmal ein gemeinsames Problembewusstsein. Die grundlegende Ursache der meisten Umweltprobleme, die weiterhin ansteigende Überbevölkerung bei fortschreitender Angleichung der Konsumgewohnheiten, ist zum Beispiel kaum ein Thema der internationalen Politik. In vielen Teilbereichen und Einzelproblemen der Umwelt sind zwar durchaus respektable Erfolge erreicht worden, aber oft handelt es sich um Reparaturmaßnahmen, die dauerhaftes intensives Management erfordern, wie im Fall der Wildreservate Afrikas und im Grunde bei den meisten weltweiten Naturschutzgebieten, und nicht um eine Herstellung eines ursprünglichen Zustands. Der erforderliche Bedarf an internationalen Institutionen mit den in Kapitel 3.2 erwähnten komplexen Kooperationshürden ist entsprechend hoch. Das Thema wird somit eine ganz zentrale Frage jeder Beschäftigung mit internationaler Politik bleiben. Leider wird der überwiegende Teil der Leser und Leserinnen dieses Buchs (nämlich Studierende) aber wahrscheinlich damit leben müssen, dass es der Menschheit nicht gelungen ist, wesentliche Teile des natürlichen Erbes zu retten.

Testfragen

- *Wie erklären IB-Theorien die Schwierigkeiten beim Zustandekommen globaler Umweltvereinbarungen?*
- *Was ist das Ozon-Regime?*
- *Erklären Sie den Begriff ›negative Externalitäten‹.*
- *Was sind ›epistemische Gemeinschaften‹?*
- *Nennen Sie ein aktuelles Beispiel für die ›Tragödie der Allmende‹.*
- *Weshalb ist es so schwer, ein umfassendes Klimaschutzabkommen zu erreichen?*
- *Was versteht man unter internationaler Diffusion?*

Basisliteratur

Biermann, Frank (2014): The Anthropocene: A Governance Perspective, in: *The Anthropocene Review*, 1(1), S. 57–61.
Haas, Peter M. (1992): Introduction: Epistemic Communities and International Policy Coordination, in: *International Organization*, 46 (1), S. 1–35.
Hardin, Garrett (1968): The Tragedy of the Commons, in: *Science*, 162(3859), S. 1243–1248.
Meadows, Dennis L./Meadows, Donella H./Milling, Peter/Zahn, Erich (1972): *Die Grenzen des Wachstums: Bericht des Club of Rome zur Lage der Menschheit*, München.
Pattberg, Philipp H./Zelli, Fariborz (2015): *Encyclopedia of Global Environmental Governance and Politics*, London.

4.5 Menschenrechte und Migration in den Internationalen Beziehungen

Lernziele

- *Kenntnis grundlegender internationaler Menschenrechtsregime und der internationalen Debatte über diese Thematik*
- *Wissen um die Migrationsproblematik als Herausforderung internationaler Politik*
- *Anwendung theoretischer Perspektiven in der Analyse internationaler Menschenrechte und der internationalen Migrationspolitik*

Menschenrechte und internationale Politik

Laut Angaben des UN-Hochkommissariats für Flüchtlinge (UN High Commissioner for Refugees, UNHCR) sind seit August 2017 über 723 000 Angehörige der Volksgruppe der Rohingya aus Myanmar geflohen. Die Rohingya, eine überwiegend muslimische Minderheit im größtenteils buddhistischen Myanmar, leiden seit langer Zeit unter erheblicher Diskriminierung. Seit 1982 verbietet ihnen ein Gesetz, die Staatsbürgerschaft von Myanmar zu erhalten, was sie zu Staatenlosen macht. Vermehrt in den 2000er Jahren und aktuell seit August 2017 werden sie zudem militärisch bedroht, und unter massiven Menschenrechtsverletzungen aus dem Land vertrieben. Meist versuchen sie, sich in das benachbarte Bangladesch zu retten, wo sie dann in menschenunwürdigen Lagern unterkommen.

Deniz Yücel, ein deutsch-türkischer Journalist, wurde 2017 bei seiner Arbeit als Korrespondent für die Zeitung »Die Welt« in der Türkei festgenommen und in Einzelhaft verwahrt. Sowohl Yücel selbst als auch sein deutscher Arbeitgeber legten eine Beschwerde vor dem Europäischen Gerichtshof für Menschenrechte gegen das Vorgehen des türkischen Staats ein. Der Gerichtshof reagierte und forderte die türkische Regierung mehrfach dazu auf, sich zu dem Fall zu äußern. Erst nach langer Zeit folgte eine Stellungnahme der türkischen Regierung und weitere vier Monate später wurde der Journalist nach einem Jahr Untersuchungshaft freigelassen. Das Verfahren gegen ihn wegen »Terrorpropaganda« läuft jedoch weiter. Yücel ist nur einer von vielen Journalisten, die in den letzten Jahren in der Türkei mit Berufsverbot belegt oder gar verhaftet wurden.

Beide Fallbeispiele haben einen direkten Bezug zum Thema dieses Kapitels: dem internationalen Menschenrechtsschutz. In beiden Beispielen werden die Rechte von Menschen verletzt: beim ersten Beispiel sind es das Recht auf ein angemessenes Leben, auf Nationalität und auf Schutz vor physischer Gewalt. Beim zweiten Beispiel sind es die Rechte auf Meinungs- und Pressefreiheit, das Recht auf ein öffentliches und faires Strafverfahren sowie das Recht, nicht willkürlich festgenommen zu werden. All diese Rechte sind Teil internationaler bindender Verträge. Sie finden sich in der »Allgemeinen Erklärung der Menschenrechte« wieder, die die

Generalversammlung der Vereinten Nationen 1948 verabschiedet hat, und die seither als Meilenstein in der Verrechtlichung von Menschenrechten gilt.[79] Die Fallbeispiele zeigen die internationale Dimension von Menschenrechten und ihre Grenzen. Die Behandlung der Rohingya führte zu weltweiten Protesten, und die UN bezeichnete die Vertreibungen als »ethnische Säuberung«.[80] An der Situation der Rohingya haben diese Proteste allerdings wenig geändert. Der Fall Yücel hingegen fand in einem stärker verrechtlichten Kontext statt, und führte auch deshalb zu vergleichbarer Aufmerksamkeit. Beide Fälle hingegen zeigen, dass eine effektive internationale Umsetzung von Menschenrechten vor enormen Hindernissen steht.

Entstehung des internationalen Menschenrechtsregimes

Die Durchsetzung der Idee internationaler Menschenrechte wird häufig eng verknüpft mit dem Entstehen der Vereinten Nationen nach dem Ende des Zweiten Weltkriegs. Die bereits erwähnte Allgemeine Erklärung der Menschenrechte von 1948 bildet tatsächlich immer noch einen Eckpfeiler des internationalen Menschenrechtsschutzes. Dennoch sollte man nicht vergessen, dass die Erklärung von 1948 und auch die darauffolgenden Verträge zum Schutz der Menschenrechte nicht in einem luftleeren Raum entstanden sind, sondern das Ergebnis eines langen geschichtlichen Prozesses darstellen.

Oft werden die Magna Charta von 1215 oder die English Bill of Rights von 1689 als Gründungstexte genannt. Diese beiden Dokumente dienten aber dazu, einer gewissen politischen Schicht (in der Magna Charta englischen Grundbesitzern, in der Bill of Rights den Protestanten) einige (wenige) Rechte gegenüber den Herrschenden zuzugestehen. Dennoch können diese Texte als erste Versuche, universelle Prinzipien durchzusetzen, gesehen werden. Der grundlegende Unterschied zu dem, was wir heute unter Menschenrechten verstehen, liegt darin, dass heutige Menschenrechte für alle Individuen ohne jegliche Diskriminierung im Sinne von Geschlecht, Hautfarbe, sexueller Orientierung, etc. gelten sollten. Angelegt sind diese Rechte auch in philosophischen Abhandlungen aus dem 17. und 18. Jahrhundert. Texte von John Locke (»Second Treatise of Government«, 1690), Jean-Jacques Rousseau (»Le Contrat Social«, 1762) oder Thomas Paine (»Rights of Man«, 1791) handeln von einem Gesellschaftsvertrag zwischen Regierungen und ihren Untertanen, durch den sowohl die Regierung als auch die Untertanen Rechte und Pflichte zugestanden bekommen. Diese Verrechtlichung charakterisiert auch heute noch die Beziehungen zwischen Staat und Einwohnern und bildet zumindest einen Teil der Menschenrechte. Auch Immanuel Kants kategorischer Imperativ (»Handle nur nach derjenigen Maxime, durch die du zugleich wollen kannst, dass sie ein

---

79 Im Detail: Recht auf Leben (Art. 3), Recht auf Nationalität (Art. 15); Recht auf Meinungsfreiheit (Art. 19), Recht auf gerechtes, öffentliches Verfahren (Art. 10), Recht nicht willkürlich festgenommen zu werden (Art. 9). Für den Originaltext, siehe United Nations Office of the High Commissioner for Human Rights (1948): https://www.ohchr.org/EN/UDHR/Documents/UDHR_Translations/eng.pdf, [02.12.2018].
80 UN News (11.09.2017): https://news.un.org/en/story/2017/09/564622-un-human-rights-chief-points-textbook-example-ethnic-cleansing-myanmar, [02.12.2018].

allgemeines Gesetz werde.«) kann als frühe Inspiration für die Menschenrechtsidee verstanden werden. In der Amerikanischen Unabhängigkeitserklärung von 1776 wurden zum ersten Mal in einem offiziellen Dokument Menschenrechte festgehalten:

> »We hold these truths to be self-evident, that all men are created equal; that they are endowed by their Creator with certain unalienable rights; that among these are life, liberty and the pursuit of happiness.«

In der Französische Revolution wurden diese Prinzipien wenig später wieder aufgegriffen. Die Erklärung der Menschen- und Bürgerrechte von 1789 besagte, dass alle Menschen von Geburt an gleich an Rechten und frei sind, und dass es das Ziel jeder politischen Ordnung sein müsse, die »natürlichen und unveräußerlichen Rechte der Menschen« zu schützen. Dazu gehörten Freiheit, Eigentum, Sicherheit und Widerstand gegen Unterdrückung. Gemeinsam ist diesen Deklarationen, dass sie Menschenrechte als natürliche Rechte ansehen, die Menschen von Geburt an zustehen, und die sie vor der Willkür von Herrschern schützen. Sie schlossen jedoch weiterhin Frauen und Minderheiten von diesen Rechten aus.

Die Menschenrechte, von denen wir heute reden, gehen einen Schritt weiter: sie entstehen nicht »natürlich« und richten sich mehr nur gegen die Willkür der Herrschenden, sondern sind rechtlich durch internationale Verträge festgelegt und basieren auf dem Prinzip der Nicht-Diskriminierung. Das heißt, kein Mensch darf von den Rechten ausgeschlossen werden. Damit haben sie zumindest juristisch gesehen einen stärker bindenden Status und können von den Individuen, für die sie gelten, auch vor unabhängigen Institutionen und vor allem vor Gerichtshöfen, geltend gemacht werden.[81]

Infobox

Der Widerspruch zwischen Souveränität der Staaten und Menschenrechtsidee

Bei Menschenrechtsverletzungen kommt es häufig vor, dass Staaten sich darauf berufen, es handele sich bei den Geschehnissen um interne Angelegenheiten, in die sich andere Staaten nicht einzumischen haben. Tatsächlich könnte man argumentieren, dass zwei Artikel der UN-Charta sich widersprechen: Zum einen ruft die UN in Artikel I zum Schutz der Menschenrechte auf (Art. 1, § 3), zum anderen garantiert sie ihren Mitgliedern, dass interne Angelegenheiten weiterhin Sache eines jeden Mitglieds sind, solange sie nicht den internationalen Frieden gefährden (Art. 2, § 7). Auch der australische Denker Hedley Bull (1977: 146) hat in seinem Standardwerk »The Anarchical Society«, das die sogenannte ›Englische Schule‹ der IB mitbegründete, dieses Spannungsverhältnis beschrieben: »Carried to its logical extreme, the doctrine of human rights

---

81 Für eine ausführlichere geschichtliche Herleitung der Menschenrechte, siehe auch Clapham 2015, 1–40 oder Ishay 2008.

and duties under international law is subversive of the whole principle that mankind should be organized as a society of sovereign states. For, if the rights of each man can be asserted on the world political states over and against the claims of his states, and his duties proclaimed irrespective of his position as a servant or a citizen of that state, then the position of the state as a body sovereign over its citizens, and entitled to command their obedience, has been subject to challenge, and the structure of the society of sovereign states has been placed in jeopardy.«

Genau diese Problematik betrifft auch die Frage der Schutzverantwortung (responsibility to protect oder kurz auch häufig R2P), die der UN-Sicherheitsrat 2005 als Doktrin anerkannt hat. Schutzverantwortung soll Bevölkerungen schützen, die andernfalls der Willkür ihres eigenen Staates ausgesetzt wären. Sobald die Bevölkerung eines Staates von diesem bedroht wird, hat die internationale Gemeinschaft die Verantwortung diese Bevölkerung vor dem eigenen Staat zu schützen. Das bedeutet, dass die Schutzverantwortung der anderen Staaten in diesem Fall die Souveränität eines Staates klar einschränkt.

Quellen: Bellamy 2016; Bull 1977.

Wie gehen wir als Forscherinnen im Feld der Internationalen Beziehungen nun mit diesem Phänomen um? Hier stellt sich zunächst die Frage, ob Menschenrechte eigentlich ein internationales Problemfeld sind: geht es nicht primär um die bereits beschriebene Beziehung zwischen dem Staat und den dort lebenden Individuen? Menschenrechte tragen jedoch mehrere Dimensionen in sich, die sie zu einem Problemfeld der internationalen Politik und somit auch der Internationalen Beziehungen machen. Zum einen leben wir in einer globalisierten Welt, in der die Rechte eines Staatsbürgers nicht nur von seinem eigenen Staat, sondern auch von anderen Staaten respektiert werden sollten. Im Fall des deutsch-türkischen Journalisten beispielsweise hatte die Inhaftierung direkte Auswirkungen auf die Beziehungen zwischen der deutschen und der türkischen Regierung. Zum anderen haben sich Staaten in den Vereinten Nationen (oder auch in Regionalorganisationen) zusammengefunden, um Menschenrechte international vertraglich zu schützen. Durch diese internationalen Verträge sind dann die individuellen Rechte eines jeden Menschen eine bindende Vereinbarung zwischen Staaten, deren Missachtung auch Konsequenzen für ihre politischen Beziehungen hat und in manchen Fällen sogar zu rechtlichen Verfahren führen kann.

Zu dieser rechtlichen Dimension von internationalen Menschenrechten kam es allerdings erst nach dem Ende des Zweiten Weltkrieges. Zwei Prozesse fanden hier zeitgleich statt, die wichtige Auswirkungen auf den Schutz von Menschenrechten hatten: das Eingeständnis, dass die Rechte (und Pflichten) von Soldaten im Krieg (beispielsweise von Verwundeten oder Gefangenen) und die Zivilbevölkerung im Kriegsfall geschützt werden müssen und die Erkenntnis, dass Menschenrechte auch in Friedenszeiten besonderen Schutz brauchen. Beide Prozesse haben eine wachsende Zahl an Verträgen und Konventionen zwischen Staaten auf den Weg gebracht und werden hier kurz erläutert (und jeweils mit Bezug auf die Gegenwart untersucht).

Menschenrechte in Kriegszeiten

Direkt im Anschluss an den Sieg über den Nationalsozialismus wurde der Ruf nach Verurteilung der begangenen Verbrechen laut. Insbesondere durch die Entdeckung der Konzentrationslager und der dort herrschenden unfassbaren Verletzungen von Menschenrechten, sah sich die internationale Staatengemeinschaft – natürlich hauptsächlich die Siegermächte – in der Pflicht, diese Verbrechen gesondert zu bestrafen. Hierbei ist zu beachten, dass Verbrechen, die während eines bewaffneten Konflikts geschahen, eigentlich unter gesonderten Bedingungen ablaufen und bis dato selten geahndet wurden. Dennoch gab es auch bereits während der beiden Weltkriege Bestimmungen für das Verhalten im Krieg (*jus in bello*), das sogenannte humanitäre Völkerrecht, welches in den Haager Abkommen von 1907 festgelegt waren. Zu diesem Zeitpunkt galt aber auch, dass das Abkommen nur gültig war, wenn alle am Krieg beteiligten Staaten das Dokument explizit ratifiziert hatten. Das alliierte Militärgericht in Nürnberg setzte 1946 aber fest, dass zumindest die Teile, die in der Anlage der Haager Landkriegsordnung festgehalten sind, für alle Kriegsparteien gelten, egal ob sie dem Abkommen beigetreten waren. Dieses Phänomen, dass internationale Regelungen auch gelten können, ohne dass ein Staat einer Konvention beigetreten ist, nennt man Völkergewohnheitsrecht (englisch *Soft Law*), welches beim Menschenrechtsschutz häufig eine Rolle spielt.

In der Anlage des Haager Abkommens wurde beispielsweise festgehalten, dass Kriegsgefangene menschlich zu behandeln sind, aber auch das Verbot von Plünderungen in besetzten Gebieten. Bei den Kriegsverbrecherprozessen in Nürnberg wurden auch andere Verbrechen als verurteilungswürdig definiert. So wurden 24 deutsche Kriegsverbrecher – unter ihnen zum Beispiel Hermann Göring (Oberbefehlshaber der deutschen Luftwaffe) und Joachim von Ribbentrop (Reichsaußenminister) – angeklagt, Verbrechen gegen den Frieden, Kriegsverbrechen, sowie Verbrechen gegen die Menschlichkeit verübt zu haben. Der Prozess machte schnell deutlich, dass weitere internationale Abkommen nötig sein würden, um in Zukunft eine Wiederholung der Schrecken des Zweiten Weltkriegs zu verhindern. 1949 wurden in Genf vier weitere Konventionen verhandelt und unterschrieben, die die Rechte von nicht mehr am Krieg beteiligten Personen im Kriegszustand betreffen. Die vier Konventionen behandeln die Rechte von Kriegsverwundeten und -kranken im Feld und auf See (Konventionen I und II), sowie die Rechte von Kriegsgefangenen (Konvention III) und die Rechte von Zivilisten im Krieg (Konvention IV). Seit 1977 regeln zwei Zusatzprotokolle auch interne (also innerstaatliche) Konflikte, die bis dato ausgeblendet waren.

In der Mitte der 1990er Jahre erhielt die Strafverfolgung von Kriegsverbrechen neuen Aufschwung: die Verbrechen, die sowohl in den Konflikten in Ex-Jugoslawien als auch in Somalia begangen wurden, machten erneut deutlich, dass ein internationales Strafgericht für Verbrechen gegen die Menschlichkeit nötig war. So wurden in den 1990er Jahren mehrere Ad-Hoc Tribunale zur Verfolgung von Kriegsverbrechen gebildet.

Nach dem Zusammenbruch der Sowjetunion und damit des Ostblocks kam es auch im ehemaligen Jugoslawien zu Umbrüchen. Durch nationale Unabhängigkeitsbestrebungen (zunächst von Slowenien, gefolgt von Kroatien und Bosnien-Herzegowina) wurden die Spannungen so groß, dass schließlich ein Bürgerkrieg ausbrach. Während dieser Zeit wurden viele Grausamkeiten von allen Seiten begangen. Traurige Berühmtheit hat beispielsweise das Massaker von Srebrenica erlangt, als serbische Truppen im Juli 1995 eine ganze Region in Bosnien-Herzegowina ethnisch von der muslimischen Minderheit zu säubern versuchten und dabei innerhalb weniger Tage mindestens 7 000 Jungen und Männer des Dorfes Srebrenica hinrichteten. Um dieses und andere Verbrechen zu ahnden, wurde ein Internationaler Strafgerichtshof für das ehemalige Jugoslawien eingesetzt. Insgesamt 90 Personen wurden seit der Tätigkeit des Tribunals 1993 verurteilt.[82] Unter ihnen sind auch die Verantwortlichen für das Massaker von Srebrenica.

Fast gleichzeitig wurde auch der Internationale Strafgerichtshof für Ruanda geschaffen. In Ruanda brach 1990 ein Bürgerkrieg aus, bei dem sich die beiden Hauptbevölkerungsgruppen des Landes – Hutu und Tutsi – gegenüberstanden. 1994 kam es zu einem Völkermord an den Tutsi, bei dem innerhalb von 100 Tagen zwischen 800 000 und einer Million Menschen zu Tode kamen und etwa 70 Prozent der Tutsi getötet wurden. Vergewaltigungen wurden als gezieltes Mittel zur Vernichtung der jeweiligen anderen Ethnie eingesetzt. Laut UN-Kinderhilfswerk wurden zwischen 250 000 und 500 000 Mädchen und Frauen in der Zeit des Bürgerkriegs vergewaltigt. Der 1994 eingesetzte Internationale Strafgerichtshof für Ruanda verurteilte 62 Personen. Vergewaltigung wurde erstmals als Mittel des Genozids anerkannt.[83]

Mit dem Sondergerichtshof für Sierra Leone, der den Bürgerkrieg aufklären sollte, der das Land von 1991 bis 2002 erschütterte, wurde zum ersten Mal ein Gerichtshof geschaffen, der sowohl bei Völkerrechtsverbrechen als auch bei Verstößen gegen nationales Recht aktiv werden konnte. Prominentester Verurteilter dieses Gerichtshofs ist Charles Taylor, der erste (ehemalige) Staatschef, der je verurteilt wurde. Taylor war Regierungschef von Liberia und wirkte aktiv im Bürgerkrieg mit. Unter anderem ist der Gerichtshof auch dafür bekannt, zum ersten Mal explizit den Einsatz von Kindersoldaten zu verurteilen.

Auch wenn die Strafverfolgung von Verbrechen im Kriegsfall durch die Ad-Hoc Tribunale erfolgreich vorangetrieben wurde, wurden bald viele Stimmen laut, dass eine permanente Institution notwendig sei, die immer in solchen Fällen aktiv werden kann, ohne dass erst in langen und komplizierten Verhandlungen eine neue Institution geschaffen werden muss. Dies führte zu der Gründung des Internationalen Strafgerichtshofs (International Criminal Court, ICC), der durch die Unterzeichnung des Statuts von Rom 1998 gegründet wurde und 2002 seine Arbeit aufnahm. Der Gerichtshof hat die Möglichkeit, alle Fälle von Kriegsverbrechen zu untersuchen, die nach 2002 passiert sind - jedoch nur von den Staaten, die das Statut ratifiziert haben. Genau hier liegt aber auch die Crux der Institution: einige wichtige Staaten, unter anderem die Vereinigten Staaten von Amerika

---

[82] Brammertz 2017: http://www.spiegel.de/politik/ausland/uno-kriegsverbrechertribunal-zu-jugoslawien-endet-wir-muessen-den-opfern-zuhoeren-a-1185488.html [02.12.2018].
[83] United Nations 2018: http://unictr.irmct.org/en/tribunal [02.12.2018].

oder China, sind nicht Mitglied im ICC und können demnach auch nicht für ihre Taten im Irak oder in Afghanistan verurteilt werden. Zur Zeit der Entstehung des ICC haben die USA sogar versucht, Staaten von der Ratifikation des Statuts abzuhalten und als Gegenleistung eine Erhöhung der Entwicklungszusammenarbeit in Aussicht gestellt. Insgesamt haben zur Zeit (Dezember 2018) 123 Staaten die Autorität des ICC anerkannt, im Falle von Verbrechen gegen die Menschlichkeit, Aggression, Genozid und Kriegsverbrechen, Individuen zur Rechenschaft zu ziehen, die zum Zeitpunkt des Verbrechens eine führende Position innehatten.

Diskussionsfrage

Der ICC – westliches Machtinstrument oder internationaler Schutz vor Kriegsverbrechen?

Mehrere Staaten waren von Anfang an gegen eine permanente internationale Institution zur Verfolgung von massiven Menschenrechtsverletzungen, beispielsweise Indien und China, aber auch die Vereinigten Staaten (wenn diese auch zumindest anfänglich das Statut von Rom unterschrieben haben, seither aber betont haben, dass sie es nicht ratifizieren werden). Dem ICC wird häufig vorgeworfen, ein Machtinstrument des Westens zu sein, bei dem nur Angehörige armer und kleiner Staaten verurteilt werden, wohingegen die mächtigsten Akteure nicht zur Rechenschaft gezogen werden können. Wegen dieser Proteste überlegte beispielsweise die Afrikanische Union, ihre Mitglieder dazu aufzufordern, gemeinsam wieder aus dem ICC auszutreten. Diese Forderung entstand, als Omar al-Bashir, amtierender Präsident des Sudan, vor den Internationalen Gerichtshof geladen wurde (und auch verurteilt wurde), obwohl der Sudan nicht Mitglied des ICC ist. Dies war möglich, weil der UN-Sicherheitsrat die Situation im süd-sudanesischen Krisengebiet Darfur als so kritisch ansah, dass er den ICC beauftragte, die Situation aufzuklären und die Verantwortlichen zu verurteilen. Allerdings steht die Legitimität des UN-Sicherheitsrats schon länger in Frage, weil er immer noch das Vetorecht der Siegermächte des Zweiten Weltkriegs garantiert. Die fünf Vetomächte können somit recht sicher sind, nie vom ICC untersucht zu werden.

Diskutieren Sie: Ist der ICC ein westliches Machtinstrument oder doch eine notwendige Institution zum Schutz vor internationalen Kriegsverbrechen?

Menschenrechte in Friedenszeiten

Der vorherige Abschnitt hat erläutert, wie sich das humanitäre Recht für den Kriegsfall seit dem Ende des Zweiten Weltkriegs verändert hat. Wie sieht die Situation im Friedensfall aus? Welche Garantien haben Individuen, ihre Rechte international geltend zu machen – und welche Rechte haben sie überhaupt?

In der UN-Charta, dem Gründungsdokument der Vereinten Nationen, wurden 1945 vier fundamentale Ziele festgelegt. Eines dieser vier Ziele lautet:[84]

»To achieve international co-operation in solving international problems of an economic, social, cultural, or humanitarian character, and in promoting and encouraging respect for human rights and for fundamental freedoms for all without distinction as to race, sex, language, or religion.«

Um an der Umsetzung dieses Zieles zu arbeiten, wurde im Dezember 1946 in New York die UN-Menschenrechtskommission gegründet, deren Aufgabe es zunächst war, eine gemeinsame Erklärung der Menschenrechte zu erarbeiten. Eleanor Roosevelt, die damalige amerikanische First Lady, war eine der treibenden Kräfte, trotz des drohenden Kalten Krieges. Zwei Jahre später – am 10. Dezember 1948 – wurde die Erklärung feierlich von der UN-Generalversammlung verabschiedet. Der 10. Dezember wird auch heute noch als Menschenrechtstag gefeiert. Die Kommission setzte ihre Arbeit weiter fort und versuchte, einen internationalen Vertrag über Menschenrechte auf den Weg zu bringen, der rechtlich stärker bindend ist als eine Erklärung der UN-Generalversammlung. Wegen des Kalten Krieges, wurden aus dem geplanten Vertrag allerdings nur zwei Pakte, die knapp zwanzig Jahre nach der Erklärung unterschrieben wurden.

26. Schlüsselbegriff

Die internationale Menschenrechtscharta (International Bill of Rights)

Am 10. Dezember 1948 stimmte die UN-Generalversammlung mit 48 Ja-Stimmen (bei 8 Stimmen Enthaltung; neben dem sowjetischen Block auch Jugoslawien, Saudi-Arabien und Südafrika) für die Internationale Erklärung der Menschenrechte. Da es sich bei ihr aber lediglich um eine Resolution der Generalversammlung handelt, hat sie einen unverbindlichen rechtlichen Status. Rechtlich verbindlich wurden viele Inhalte erst in zwei internationalen Pakten über Bürgerliche und Politische Rechte (»Zivilpakt«) und über wirtschaftliche, soziale und kulturelle Rechte (»Sozialpakt«), die 1976 in Kraft getreten sind. Die Aufteilung in zwei Pakte erklärt sich durch den Kalten Krieg: während der Westen unter Führung der USA die bürgerlichen und politischen Rechte stark machte, sprach sich der sowjetisch beeinflusste Block für soziale und wirtschaftliche Rechte (zum Beispiel von Arbeitern) aus. Zunächst wurden demnach die Pakte auch jeweils nur vom jeweiligen Lager ratifiziert. Mittlerweile haben allerdings 171 Staaten den Zivilpakt und 168 Staaten den Sozialpakt ratifiziert, so dass man fast von einer universellen Anerkennung sprechen kann. Staaten, die keinen der beiden Pakte ratifiziert haben, sind unter anderen die Vereinigten Arabischen Emirate, der Jemen sowie Saudi-Arabien und der Südsudan. Bezeichnend ist jedoch auch, dass die USA zwar 1977 den Sozialpakt unterschrieben, ihn aber nicht

---

84 UN 1945; Art. 1. § 3.

ratifiziert haben (für die rechtlichen Unterschiede zwischen diesen Prozeduren, siehe auch Glossar zu internationalen Verträgen im Kapitel 4.4).
Drei optionale Protokolle wurden diesen beiden Pakten zugefügt, die nur für Unterzeichner gelten, darunter das Protokoll für die Abschaffung der Todesstrafe, das zum Beispiel von allen europäischen Staaten ratifiziert wurde. Zwei weitere Protokolle erweitern die Verbindlichkeit der Ausschüsse, die für die Überwachung der Pakte verantwortlich sind.

Mit der Dekolonialisierung in den 1960er Jahren und der schnell wachsenden Mitgliederzahl der Generalversammlung erhöhte sich der Druck auf die Vereinten Nationen, weitere Menschenrechtsverträge auf den Weg zu bringen. So wurden nicht nur die relativ allgemeinen Pakte von 1966 unterzeichnet, sondern auch noch Verträge verfasst, die sich mit den Menschenrechten von unterschiedlichen Gruppen oder in speziellen Situationen befassten. UN-Konventionen befassten sich beispielsweise mit den Rechten von Frauen (1979), Kindern (1989) und Menschen mit Behinderung (2006). Die folgende Tabelle gibt einen Überblick über die wichtigsten UN-Menschenrechtsverträge und dem jeweiligen Stand der Ratifizierung.

Zur Überwachung dieser Verträge wurden Ausschüsse gegründet, die regelmäßig Berichte von den Unterzeichnerstaaten einfordern, in denen sie die Situation der Menschenrechte in ihrem eigenen Land darstellen sollen. Diese Berichte werden anschließend von unabhängigen Expertinnen geprüft und analysiert. Dabei werden meist auch sogenannte Schattenberichte von Nichtregierungsorganisationen mit in die Beurteilung einbezogen. Die Expertengruppe kann allerdings nur Verletzungen der Menschenrechte aufzeigen, diese aber nicht sanktionieren. Einige Verträge haben Zusatzprotokolle, bei denen Individuen, deren Heimatland den Vertrag ratifiziert hat, an den Ausschuss einen Antrag zur Prüfung der Sachlage stellen können. Ein Beispiel ist das Zusatzprotokoll zum Vertrag zur Beseitigung jeder Form von Diskriminierung der Frau, das im Dezember 2000 in Kraft getreten ist. Frauen, die in Staaten leben, die dieses Zusatzprotokoll ratifiziert haben (aktuell 109), können den Ausschuss für die Beseitigung der Diskriminierung der Frau auf ihre Situation aufmerksam machen (beispielsweise, wenn Frauen nicht das gleiche Recht auf politische Partizipation bekommen wie Männer).

Auch wenn alle UN-Verträge über solche überprüfenden Ausschüsse verfügen, kommt es immer wieder zu drastischen Menschenrechtsverletzungen weltweit. Neben den Ausschüssen bemüht sich die UN außerdem durch die Menschenrechtskommission (seit 2006 ersetzt durch den Menschenrechtsrat) um unabhängige Berichterstattung über die Menschenrechte weltweit.

Infobox

Tab. 3: Die wichtigsten UN-Konventionen zum Schutz der Menschenrechte

Name der Konvention	Datum	Anzahl Staaten, die die Konvention ratifiziert haben
Völkermordkonvention	1948/ 1951	142
Internationalen Übereinkommen zur Beseitigung jeder Form von Rassendiskriminierung, CERD	1965/ 1969	179
Übereinkommen zur Beseitigung jeder Form von Diskriminierung der Frau, CEDAW	1979/ 1981	189
Übereinkommen gegen Folter, CAT	1984/ 1987	164
Übereinkommen über die Rechte des Kindes, CRC	1989/ 1990	196
Übereinkommen zum Schutz der Rechte aller Wanderarbeitnehmer/innen und ihren Familienangehörigen, CMW	1990/ 2003	52
Übereinkommen über die Rechte von Menschen mit Behinderung, CRPD	2006/ 2008	177
Übereinkommen zum Schutz aller Personen vor dem Verschwindenlassen, CED	2006/ 2010	58

Ein aktuelles Update über die Ratifikationen gibt es auf der dafür eingerichteten Webseite mit interaktiver Karte des UN Hohen Kommissars für Menschenrechte:
UN High Commission for Human Rights (2018): *Status of Ratification. Interactive Dashboard*, http://indicators.ohchr.org/ [02.12.2018].

Der Menschenrechtsrat hat das Mandat, als internationales Forum für den Austausch um Menschenrechtsfragen zu fungieren. Bekannt sind seine Untersuchungen durch die relativ große Prominenz von den Sonderberichterstattern, zum Beispiel Felipe González Morales, der Sonderberichterstatter für Migrantinnen, der immer wieder in den Medien auftaucht. Um zu verhindern, dass einige Länder nie vom Menschenrechtsrat untersucht werden (so wie es bei der Kommission der Fall war), hat er auch die Aufgabe, in einem universellen regelmäßigen Prüfverfahren alle Mitgliedstaaten der UN zu untersuchen. Staaten, die viele Verträge ratifiziert haben, haben also eine hohe Dichte an Berichten zu schreiben (pro Vertrag einen Bericht etwa alle vier bis fünf Jahre, sowie den allgemeinen Bericht an den Menschenrechtsrat). Dazu gehören in den letzten Jahren insbesondere auch Themen im Zusammenhang mit Migration.

Migration, Menschenrechte und Internationale Beziehungen

Die große Fluchtbewegung des Jahres 2015 gehört zu den prägendsten Ereignissen der europäischen Nachkriegsgeschichte. Ihre Nachwirkungen führten nicht nur innenpolitisch zu anhaltenden Turbulenzen, sondern hatten auch international massive Auswirkungen. Die erbitterten innereuropäischen Konflikte um die Aufteilung der Kosten, der weltweite Aufschwung xenophober Ressentiments, die intensive europäische Diplomatie gegenüber Ursprungs- und Transitländern, die durchaus wahrscheinliche Notwendigkeit erheblicher wirtschaftlicher und vielleicht auch militärischer Interventionen in Post-Konfliktregionen sind Themen, die die internationale Politik auf Jahre hinaus intensiv beschäftigen werden. Aber sie sind keine neuen Herausforderungen: Migration ist seit jeher ein fundamentaler Bestandteil der internationalen Politik und beeinflusst diese grundlegend. So führte schon die Völkerwanderung in der Spätantike zum Zerfall des Römischen Imperiums. Da Migrationsbewegungen mindestens von der Suche nach einem besseren Leben, oft aber schlicht von dem Versuch zu überleben, motiviert sind, da sie immer auch Fragen der Toleranz und Güterteilung in den Zielgesellschaften hervorrufen, und da die Flüchtenden oft Lebensgefahr, Menschenhandel und Sklaverei ausgesetzt sind, ist die Migrationspolitik aufs engste verknüpft mit der Thematik der internationalen Menschenrechte. Dies betrifft insbesondere die Frage, inwieweit nationale Rechte auch über die Grenzen hinaus und für Nichtbürger eines Staates gelten. Zudem betrifft grenzüberschreitende Migration auch fundamentale Fragen der Souveränität (zum Beispiel Grenzkontrolle) und der nationalen Identität. Schließlich ist sie auch wirtschaftlich von erheblicher Bedeutung. So bilden finanzielle Überweisungen durch Migrantinnen an Familienmitglieder in ihren Herkunftsländern oft eine der wichtigsten Einnahmequellen dieser Länder.

Die Expansion Europas seit dem 15. Jahrhundert ging mit einer globalen Migration der Europäer einher. Oft hatte dies die Verdrängung und völlige Marginalisierung der Bevölkerung, die bislang in den Siedlungsgebieten lebte, zur Folge bis hin zur Auslöschung ganzer Bevölkerungsteile, wie in den Fällen der indigenen Bewohner Nord- und Mittelamerikas oder der Aborigines in Australien. Die Ausdehnung der Kolonialgebiete veränderte und beeinflusste die gesellschaftlichen und wirtschaftlichen Strukturen langfristig und nachhaltig massiv. Zwischen 1830 und 1930 wanderten 50–60 Millionen Europäer aus, davon zwei Drittel nach Nordamerika (Oltmer 2017). Aber auch in anderen Weltregionen gab es umfangreiche Migrationsphänomene. So gibt es in vielen asiatischen Ländern eine große Diaspora von aus China stammenden Menschen, die oft starker Diskriminierung ausgesetzt waren.

Der Zweite Weltkrieg führte ebenfalls zu vielen weltweiten Fluchtbewegungen und Vertreibungen. Dazu gehörte die Gründung des Staats Israel durch die dem Holocaust entkommenen Juden und die daran anschließenden kriegerischen Auseinandersetzungen, die ihrerseits wieder zu einer Massenflucht der Palästinenser führte. An letzterem Beispiel zeigt sich auch, dass der Großteil der Migration in benachbarte Länder erfolgt, wie Libanon oder Jordanien, die dann oft vor beinahe unüberwindbare Probleme gestellt werden, wie zur Zeit als Nachbarstaaten

Syriens. Umfangreiche Migration nach Europa begann erst mit der Auflösung der Kolonialreiche, in dessen Folge sowohl dort ansässige Europäer und ihre Nachfahren als auch Einheimische aus unterschiedlichsten Gründen nach Europa emigrierten. Kriegerische Unruhen und Naturkatastrophen führen insbesondere in Afrika immer wieder zu großen Fluchtbewegungen, nach denen die Menschen dann oft auf lange Zeit in riesigen Flüchtlingscamps in der Nähe des Ursprungsterritoriums unter teilweise menschenunwürdigen Umständen unterkommen. Die meisten Geflüchteten bleiben jedoch als Binnenflüchtlinge im eigenen Land oder in angrenzenden Staatsgebieten. Das zur Zeit (Dezember 2018) größte Geflüchtetenlager der Welt, Cox's Bazaar, liegt in Bangladesch und beherbergt mehr als 600 000 Menschen, vor allem Rohingya, die aus Myanmar flohen. Laut UNHCR gibt es 2017 weltweit 68,5 Millionen Geflüchtete.[85]

Dadurch stellt sich auch die Frage der Verantwortung der internationalen Gemeinschaft. Seit dem Ende des Ersten Weltkriegs gibt es Versuche, diese Problematik auf internationaler Ebene zu lösen. Hier spielten insbesondere die Vereinten Nationen eine zentrale Rolle. Es gibt mittlerweile einen recht unübersichtlichen Flickenteppich von bilateralen und multilateralen Vereinbarungen, um Migrationsfragen international zu steuern. Staaten sind nur sehr zögerlich bereit, in Fragen der Zuwanderung Souveränität abzugeben, wie die aktuelle Debatte in der EU zeigt. Zur globalen Governance der Flüchtlingspolitik zählt neben den UN-Organisationen auch die Internationale Organisation für Migration (International Organization for Migration, IOM), die über 160 Mitgliedstaaten hat und sich mit allen Fragen der Migration auseinandersetzt. Die Internationale Arbeitsorganisation (International Labour Organization, ILO) setzt sich für die Rechte von Arbeitsmigranten ein. Zudem gibt es regionale Foren, auf denen sich Staaten zum Thema Migration austauschen (Regional Consultative Processes), und die seit 2007 jährlich unter dem Label »Globale Foren zu Migration und Entwicklung« stattfindenden.

Infobox

UN-System zum Schutz von Geflüchteten

Die Verantwortung der Staatengemeinschaft für den Schutz von Geflüchteten ist ein schon lange anerkanntes Prinzip. Schon im Völkerbund gab es ein Flüchtlingskommissariat, welches lange Zeit von dem berühmten norwegischen Polarforscher und Friedensnobelpreisträger Fridtjof Nansen geleitet wurde. Als Reaktion auf die Vertreibungen nach dem Zweiten Weltkrieg wurde auch bei der neu geschaffenen UN 1950 ein Hochkommissariat für Flüchtlinge (UNHCR) gegründet. Ihr steht der UN Kommissar für Flüchtlinge vor (zur Zeit der Italiener Filippo Grandi). Das UNHCR hat ihren ursprünglichen Fokus auf

---

85 UNHCR (19.06.2018): *Figures at a Glance*, http://www.unhcr.org/figures-at-a-glance.html [02.12.2018].

Europa bald ausgeweitet und unterhält seit den 1950er Jahren eine Vielzahl von Einrichtungen vor Ort, um die Versorgung von Geflüchteten zu gewährleisten. Die zweite Säule des internationalen Flüchtlingsregimes bildet die Genfer Flüchtlingskonvention von 1951, die Rechtsschutz für Menschen bieten soll, die keinen diplomatischen Schutz durch ihr Heimatland mehr bekommen, insbesondere politisch Verfolgte.

Das UN System umfasst zwar eine internationale Verantwortung, Geflüchteten Schutz zu gewähren, hat aber keine bindende Kompetenz, die entsprechenden finanziellen Lasten gerecht zu verteilen. So werden gerade die Anrainerstaaten von Krisenregionen mit ihren Problemen oft alleine gelassen. Die Flüchtlingskrisen des Jahres 2015 führten dazu, dass die Bemühungen für ein verbindlicheres internationales Regelwerk intensiviert wurden. 2016 verabschiedeten die 193 UN-Mitgliedstaaten die New Yorker Erklärung für Flüchtlinge und Migranten (*New York Declaration for Refugees and Migrants*), in der die Notwendigkeit einer verstärkten Zusammenarbeit auf globaler Ebene anerkannt wurde, insbesondere einer verbesserten Lastenteilung. Das Ziel ist ein Globaler Migrationsvertrag (*Global Compact for Migration*). Allerdings wird dieser Vertrag ebenfalls nicht rechtlich bindend sein, und die USA unter Präsident Trump und selbst europäische Staaten wie Ungarn und Österreich sind schon aus den Verhandlungen ausgestiegen. Auch in Deutschland ist die Ratifikation umstritten. Bis zu einer tatsächlichen internationalen Regulierung der Migrationspolitik ist es noch ein weiter Weg.

Literatur: Bertelsmann Stiftung (2016): *Global Migration Governance: Deutschland als Mitgestalter internationaler Migrationspolitik*, https://www.svr-migration.de/wp-content/uploads/2017/07/SVR-FB_Migrationspolitik.pdf [02.12.2018].

Menschenrechte und IB-Theorien

Welche Aussagen treffen die in diesem Buch vorgestellten IB-Theorien zu den Menschenrechten? Der folgende Abschnitt analysiert jeweils ein prominentes Menschenrecht durch die Brille einer der IB-Großtheorien und gibt Hinweise, welche Elemente und Problematiken gut und welche weniger gut mit der jeweiligen Theorie erläutert werden können.

Menschenrechtsverletzungen Saudi-Arabiens und die internationale Gemeinschaft. Eine realistische Erklärung

Im Oktober 2018 wurde die Weltöffentlichkeit durch ein Verbrechen aufgewühlt, welches eher einem düsteren Polit-Thriller als der diplomatischen Realität entsprungen zu sein schien. Der prominente saudische Regimekritiker Jamal Kashoggi war bei dem Versuch, Papiere für seine bevorstehende Heirat im saudischen Konsulat in Istanbul abzuholen, von einem eigens eingeflogenen Killerkommando gefoltert und getötet worden. Die türkische Regierung veröffentlichte nach und nach makabre Details der Geschehnisse, die angeblich über Kashoggis Smart-Watch, möglicherweise aber auch über türkische Abhöreinrichtungen, aufgenommen worden waren. Damit wurden wieder einmal die menschenverachtenden Praktiken, für die das Königreich Saudi-Arabien schon lange umstritten war, ans Tageslicht gerückt. Dies galt nicht nur für die Innenpolitik, in der die Unterdrückung von Frauen, Regimekritikern und Minderheiten weithin kritisierte Praxis ist, sondern auch für die Außenpolitik des weltweit größten Ölproduzenten. Seit März 2015 greift eine von Saudi-Arabien geführte Militärallianz militärisch massiv im Nachbarland Jemen ein. Die Bombardierungen und Land- und Seeblockaden haben zu einer humanitären Katastrophe mit Millionen von Binnenflüchtlingen, dem Ausbruch von Seuchen wie Cholera und der Ausbreitung von Hungersnöten geführt.

Angesichts dieser Bilanz stellt sich die Frage, weshalb die internationale Gemeinschaft nicht entschieden gegen diese Menschenrechtsverletzungen vorgeht. Realistische und neorealistische Theoretiker sähen keine Schwierigkeit, diese Frage auf der Basis ihrer theoretischen Annahmen zu erklären: angesichts der geopolitischen Bedeutung Saudi-Arabiens und seines Energiereichtums liegt es nicht im nationalen Interesse anderer Staaten, durch die Verfolgung der angesprochenen Menschenrechtsverletzungen die Beziehungen zu diesem Land zu gefährden. Auch wenn viele Staaten die Situation in Saudi-Arabien immer wieder anprangern, so ist es nach (neo)realistischer Sicht nur dann zu erwarten, dass diese Proteste und entsprechende Gegenmaßnahmen genuin sind, wenn die Menschenrechtsverletzungen die eigenen Interessen oder Machtposition untergraben. Meist dienen demnach solche Anklagen den eigenen Machtinteressen – eine häufig geäußerte Kritik an der westlichen Menschenrechtspolitik. Für den (Neo)realismus sind die relativ gemäßigten Reaktionen auf Menschenrechtsverstöße Saudi-Arabiens also nicht nur wenig verwunderlich; letztlich sind sie sogar legitim, denn souveräne Staaten haben die Pflicht im anarchischen internationalen System ihre eigene Machtposition zu wahren und entsprechend ihre Interessen zu verteidigen. Auch wenn diese (neo-) realistische Einschätzung der Wirksamkeit von Menschenrechten sehr populär ist (vgl. auch das folgende Textfeld IB im Film), so bieten doch andere IB Theorien viele Argumente, die dagegensprechen.

Internationale Beziehungen im Film

»Hotel Ruanda« und die Haltung der internationalen Gemeinschaft

Der 2004 erschienene, mehrfach Oskar-nominierte Film Hotel Ruanda porträtiert die wahre Geschichte eines Hotelmanagers, dem es gelingt, während des Völkermords in dem ostafrikanischen Land, dem 1994 etwa eine Million Menschen zum Opfer fielen, 1 200 Menschen vor dem sicheren Tod zu retten. Immer wieder wird in dem dramatischen und aufwühlenden Film auch die Weigerung anderer Staaten kritisiert, während des Mordens militärisch und diplomatisch entschieden zu intervenieren. Da keine wesentlichen nationalen

Interessen gefährdet seien, war keine Macht bereit, das Risiko eines Eingreifens auf sich zu nehmen.
Der Film zeigt so eine nahezu zynische Haltung der Großmächte gegenüber Menschenrechtsverletzungen und bedient sich dabei, wie auch viele andere Filme mit einer ähnlichen Problematik, einer realistischen Argumentation.

Diskussionsfrage: Die Reaktion von auswärtigen Mächten auf Menschenrechtsverletzungen im Globalen Süden, wie sie in vielen Filmen beschrieben wird, entspricht meist der Weltsicht (neo)realistischer Theorien. Sind Staaten wirklich so gleichgültig gegenüber Menschenrechtsverletzungen in anderen Ländern, wie es in vielen Filmen beschrieben wird?

Italien und Seenotrettung im Mittelmeer: Eine Erklärung aus Sicht des Liberalismus

Im Sommer 2018 kam es an der italienischen Mittelmeerküste wiederholt zu dramatischen Szenen: Geflüchtete Menschen wurden von Seenotrettungsbooten internationaler Hilfsorganisationen vor dem Ertrinken gerettet. Diese Boote durften dann aber nicht an italienischen Häfen anlegen. Oft mussten sie stattdessen lange auf offener See bleiben oder andere Länder aufsuchen, in der Hoffnung, irgendwann die Menschen an Land bringen zu können. International wurde die Haltung der italienischen Regierung scharf kritisiert, zumal Italien lange an vorderster Front bei der Seenotrettung mitgeholfen hatte. Zudem hatten die meisten Geflüchteten gar nicht das Ziel, in Italien Asyl zu beantragen. Weshalb also diese plötzliche Verschärfung der Politik, die gleichzeitig auch internationale Normen sowie europäische Grundwerte ignoriert?

Liberale IB-Theorien würden diese Verstöße gegen internationale Regeln mit dem Blick auf nationale Einflussfaktoren erklären: die seit der Finanzkrise von 2008 anhaltende Stagnation Italiens, die Unzufriedenheit über die Austeritätspolitik der EU und die dadurch verschärfte Arbeitslosigkeit im Land, sowie wachsende Präsenz von Immigranten boten offensichtliche Gelegenheiten für populistische Parteien, eine Politik voll Ressentiments gegen Minderheiten, aber auch gegen die herrschende politische Klasse, umzusetzen. In den Parlamentswahlen vom März 2018 erzielten zwei dieser Parteien, die fremdenfeindliche Lega Nord und die populistische Fünf-Sterne-Bewegung (Movimento Cinque Stelle; M5S) hohe Gewinne. Italien hatte sich schon seit langem von Europa allein gelassen gefühlt. Aufgrund der langen, offenen Grenze ist das Land ein Hauptankunftsort für Geflüchtete, und nach EU-Regeln (sog. Dublin III Verordnung) müssen diese dort Asyl beantragen, wo sie zuerst ankommen. Genau diese fehlende europäische Lastenteilung hatten die populistischen Parteien problematisiert, und nach einigen Wirren formten die Lega und M5S eine Regierung, die mit einer radikalen Symbolpolitik versuchte, ihre innenpolitische Lage zu festigen. Die harte Haltung in der Aufnahmefrage war dabei zentral. Solange die innenpolitischen Kräfteverhältnisse und die öffentliche Meinung in Italien sich nicht entscheidend ändern, so die liberale Sicht, solange wird Italien trotz internationaler Kritik mit seiner restriktiven Politik fortfahren. Institutionalistische Argumente hingegen würden erwarten, dass sich auf lange Sicht die in der EU festgelegten Verfahrensregeln und Normen durchsetzen können.

Liberale Ansätze können demnach gut erklären, wie eine außenpolitische Handlung mit internen Aushandlungsprozessen oder Konflikten zusammenhängt. So wird auch deutlich, weshalb einige Staaten entschiedenere Verfechter von Menschenrechten sind und andere nicht.

Europäische Migrationspolitik aus Sicht des Institutionalismus

Der Krieg in Syrien sowie andauernde Konflikte, mangelnde Perspektiven und politische Unterdrückung in vielen Staaten Afrikas und des Nahen und Mittleren Ostens führten 2015/16 dazu, dass mehr Menschen als in den vergangenen Jahrzehnten nach Europa flüchteten. Die EU sah sich unvorbereitet damit konfrontiert und war schlichtweg überfordert. Im Prinzip existierte eine gemeinsame Migrationspolitik, die sich im sogenannten Dublin-System manifestierte. Danach mussten Geflüchtete in den Staaten Asyl beantragen, in denen sie zuerst ankamen. Zudem bekennt sich die EU und ihre Mitgliedstaaten in Verträgen, Konventionen und offiziellen Äußerungen zu einer an international vereinbarten Grundsätzen der Menschenrechte orientierten Flüchtlingspolitik. Als diese Prinzipien und das institutionelle System aber unter Druck gerieten, gelang es der EU nicht zu reagieren, und eine gemeinsame und effektive Antwort auf die Krise zu entwickeln, beispielsweise eine adäquate Umverteilung der Menschen und finanzielle Lastenteilung. Die Mitgliedstaaten setzten ihre nationalen Interessen entschieden durch. Einige Kernannahmen des Institutionalismus helfen, das Scheitern der Bemühungen für eine gemeinsame Politik zu erklären.

Trotz der hohen Interdependenz aufgrund der offenen Grenzen innerhalb Europas handelte es sich beim europäischen Flüchtlingsregime um ein relativ schwach institutionalisiertes System mit geringer rechtlicher Verbindlichkeit, wenig präzise formulierten Vorgaben für den Krisenfall und ohne großes eigenes Budget. Dies lag daran, dass der Bereich der Einwanderungspolitik eine Kernkompetenz souveräner Staaten ist, bei denen sie nur in sehr begrenztem Maße bereit sind, autonome Handlungsfähigkeit zugunsten gemeinsamer Entscheidungsfindung abzugeben.[86] Die gemeinsame Flüchtlingspolitik kann als ein Nullsummenspiel modelliert werden, in dem es keinen Ausgleich für die Aufnahme von Geflüchteten gibt, die von den meisten Verantwortlichen als Last begriffen werden, falls sich ein Staat bereit erklärte oder gezwungen sah, viele Geflüchtete aufzunehmen, während andere Staaten aufgrund ihrer geographischen Lage oder mangelnden Attraktivität diese Lasten nicht zu tragen hatten. Es

---

[86] Genschel, Philipp/Jachtenfuchs, Markus (2018): From Market Integration to Core State Powers. The Eurozone Crisis, the Refugee Crisis and Integration Theory, in: *Journal of Common Market Studies*, 56(1), S. 178-196.

gab insbesondere keinen finanziellen Ausgleichsmechanismus für dieses Nullsummenspiel. Rational kalkulierende Akteure sahen also, im Gegensatz zum gemeinsamen Markt in Europa, keine gemeinsam zu realisierenden zusätzlichen Gewinne aus einer Vergemeinschaftung der Flüchtlingspolitik und lehnten letzteres ab. Konstruktivistische Annahmen, dass eine Harmonisierung der Interessen durch zunehmend geteilte Werte die Gegensätze der Interessen aufheben könnten, würden Institutionalisten ablehnen.

Macht der Überzeugung: Menschenrechte in der internationalen Politik aus Sicht des Konstruktivismus

Seit Beginn des 20. Jahrhunderts hatte sich in Südafrika ein institutionalisiertes, staatlich organisiertes System der Rassendiskriminierung entwickelt, welches unter dem Begriff ›Apartheid‹ (dt.: Getrenntheit) die Vorherrschaft der weißen Bevölkerungsminderheit absichern sollte. Von Beginn an hatte sich die diskriminierte schwarze Bevölkerung oder People of Color gegen dieses Unrechtsregime gewehrt, mit Friedensnobelpreisträger Nelson Mandela als Symbolfigur. Aber auch international kam das Land immer mehr unter Druck. Die UN hatten sich seit ihrer Gründung immer wieder gegen die Apartheid ausgesprochen, und diese als Verbrechen gegen die Menschlichkeit deklariert. Zahlreiche NGOs und die Kirchen befassten sich mit der Thematik, und auch in westlichen Staaten wurde die Kritik immer lauter, mit einer sprunghaften Zunahme von Sanktionen und Boykotten seit den 1970er Jahren. Seit Beginn der 1990er Jahre begann das Apartheid-Regime dann zu bröckeln, und 1994 kam mit Mandela der erste schwarze Präsident an die Macht.

Im Mai 2018 begann die Regierung Trump, Geflüchtete an der mexikanischen Grenze abzufangen und getrennt voneinander in Gewahrsam zu nehmen. Innerhalb eines Monats sollen so insgesamt 2 342 Kinder von ihren Eltern getrennt worden sein. Diese Politik wurde national und international massiv kritisiert und hielt nicht lange an. Am 20. Juni 2018 unterzeichnete Donald Trump ein Dekret, das die Trennung der Kinder von ihren Eltern verbot und vorsah, beide gemeinsam zu inhaftieren. Damit akzeptiert die US-Regierung zumindest anteilig die Relevanz des Menschenrechtes der Kinder, nicht von ihren Eltern getrennt zu sein. Dieses Recht ist in Artikel 9 des UN-Übereinkommen über die Rechte der Kinder von 1989 festgelegt, welches die USA zwar unterschrieben, aber nie ratifiziert haben.

Auch die Freilassung des deutsch-türkischen Journalisten Deniz Yücel ist ein Beispiel für die potenzielle Macht internationaler Menschenrechte. Weshalb und unter welchen Bedingungen verändern Staaten ihre Politik als Folge internationalen Drucks? Laut Konstruktivismus sind Politikänderungen auf die Auswirkung internationaler Normen zurückzuführen.

In einer vielzitierten Studie haben deutsche und amerikanische Forscherinnen ein Modell entwickelt, wie Menschenrechte sich international verbreiten (Risse et.al. 1999). Durch transnationalen Aktivismus und die Aktivitäten sogenannter Norm-Entrepreneure wird gerade in Unrechtsstaaten die innenpolitische Opposition gestärkt und so können Menschenrechtsnormen breitere internationale Geltung erlangen. Eine ›Norm-Kaskade‹ in Zielstaaten von Repression über Verweigerungshaltung hin zu taktischen Konzessionen, dann entsprechender Implementation von Menschenrechtsregeln und schlussendlich der Internalisierung der Normen kann so in Gang gesetzt werden. Zwar haben die Autorinnen in einem späteren Werk (Risse et al. 2013) die Bedingungen dieses Automatismus eingeschränkt (so ist die Umsetzung von Menschenrechten in Staaten mit geringer administrativer Leistungsfähigkeit oft unmöglich), aber die Wirkmacht des Menschenrechtsgedankens ist in vielen konstruktivistisch inspirierten Studien inzwischen demonstriert worden.

So würde im Falle Trump eine konstruktivistische Argumentation die weite Verbreitung des UN-Übereinkommens über Kinderrechte als Grund dafür angeben, dass die Regierung Trump sich dem nationalen, aber auch internationalen Druck gebeugt hat. Kein anderes Menschenrechtsabkommen ist so zahlreich ratifiziert (mit 196 Staaten hat es eine fast universelle Quote). Die Werte und Normen, die sich also in diesem Dokument widerspiegeln, so würden Konstruktivisten mit Sicherheit argumentieren, erfreuen sich globaler Anerkennung und binden somit auch die Vereinigten Staaten, selbst wenn diese rein rechtlich gesehen nicht dazu gezwungen werden könnten. Konstruktivistinnen würden also argumentieren, dass durch die Sozialisation der Werte, die sich in dem Übereinkommen finden, immer mehr Staaten die Inhalte akzeptieren. Fraglich bleibt allerdings, ob es tatsächlich einen Wertewandel in der US-Regierung gab, oder es sich um ein Zugeständnis gegenüber der republikanischen Partei und der Öffentlichkeit handelt. Konstruktivisten würden eine ähnliche Argumentation auf das Ende des Apartheidregimes und die Freilassung von Deniz Yücel anwenden.

Der Konstruktivismus eignet sich also gut, um zu erklären, wie sich Menschenrechte verbreiten (durch Sozialisation und die langwierige Entwicklung sozialer Normen und Werte) und um zu zeigen, dass Menschenrechte (obwohl es sich für Realisten beispielsweise »nur« um Werte und Normen handelt) enormen Einfluss auf politisches Handeln haben können.

Menschenrechte aus Sicht der kritischen Theorien

Welche Interessen stehen hinter den Forderungen nach Einhaltung der Menschenrechte, die von vielen, gerade westlichen, Ländern und internationalen Institutionen beinahe täglich publiziert werden? Viele kritische und poststrukturalistische Theorien sehen dahinter Machtansprüche, die über einen moralisierenden Diskurs ausgetragen werden. Schon zu Zeiten des Kalten Kriegs wurde die Betonung der individuellen Rechte von Seiten des Westens als Angriff auf die kollektiven Werte, für die sozialistische Staaten standen, gesehen. Ein Konzept, welches häufig verwendet wurde, um eine kritische Analyse dominanter Menschenrechtsdiskurse durchzuführen, ist das Verständnis von Macht, welches der französische Philosoph Michel Foucault entwickelt hat. Danach äußert sich Macht nicht nur in direktem Druck basierend auf materieller Überlegenheit, sondern sie wird auch durch nicht (mehr) hinterfragte Konventionen und dominante Normen ausgedrückt, die konformes Verhalten ›produzieren‹. So werden zum Beispiel militärische Interventionen durch Menschenrechte legitimiert, selbst wenn sie ohne völkerrechtliche Zustimmung der UN erfolgen. Ein oft zitiertes Beispiel ist die Kosovo-Intervention der NATO 1998. Der westliche Menschenrechtsdiskurs ist deshalb nach Ansicht vieler kritischer Theorien kein zeitlos gültiges Kompendium universeller Rechte, sondern fundamental von Machtrelationen geprägt.

> **Planspiel**
>
> **Menschenrechte – universell oder westlich geprägt?**
>
> Vertreten Sie die Position von (selbst gewählten) Staaten in unterschiedlichen Weltregionen und diskutieren Sie, ob Menschenrechte universell gelten oder ob sie historisch durch westliche Gesellschaften geprägt wurden. Am besten nutzen Sie für Ihre Diskussion einen offiziellen Text einer Konvention und diskutieren die Menschenrechte, die darin vorkommen und prüfen Sie auf ihre Universalität. Die beiden UN-Pakte von 1966 eignen sich sehr gut für diese Diskussion. Wie können Sie Ihre Position auf internationaler Ebene durchsetzen?

Zusammenfassung

Menschenrechte sind in einem fundamentalen Dilemma in einem System souveräner Staaten gefangen. Sie betreffen zum einen explizit die Verantwortung des Staates gegenüber den Staatsbürgern. Gleichzeitig verweisen sie aber auch auf die Werte einer internationalen Gemeinschaft und stellen somit ganz konkret die Frage, ob es letztere überhaupt gibt. Wer bestimmt, was Menschenrechtsverletzungen sind, ab wann rechtfertigen sie Eingriffe in die staatliche Souveränität von Staaten, wer autorisiert diese Eingriffe und wer führt sie durch? Alle diese Fragen sind fundamental umstritten, wie dieses Kapitel an vielen Beispielen gezeigt hat.

> **Wissensfragen**
>
> - *Was versteht man unter R2P?*
> - *Was ist der Unterschied zwischen dem UN-Menschenrechtsrat und dem UN-Menschenrechtsausschuss?*
> - *Was ist der International Bill of Rights?*
> - *In welchem Bezug stehen Menschenrechte zu staatlicher Souveränität?*
> - *Welche Funktion hat der Internationale Strafgerichtshof?*
> - *Wie hängen die Themen Menschenrechte und Migration zusammen?*

Basisliteratur

Clapham, Andrew (2015): *Human Rights. A Very Short Introduction*, 2. Aufl., Oxford.
Donnelly, Jack (2017): Human Rights, in: John Baylis et.al. (Hrsg.), *The Globalization of World Politics*, 7. Aufl., Oxford, S. 497–513.

Ishay, Micheline R. (2008): *History of Human Rights. From Ancient Times to the Globalization Era*, 2. Aufl., Berkeley.
Oltmer, Jochen (2017): *Migration. Geschichte und Zukunft der Gegenwart*, Darmstadt.
Risse, Thomas/Ropp, Stephen C./Sikkink, Kathryn (1999): *The Power of Human Rights: International Norms and Domestic Change*, Cambridge.
Risse, Thomas/Ropp, Stephen C./Sikkink, Kathryn (2013): *The Persistent Power of Human Rights: From Commitment to Compliance*, Cambridge.
United Nations (1945): *UN Charter*, http://www.un.org/en/sections/un-charter/chapter-i/index.html [02.12.2018].
Wilmer, Franke (2015): *Human Rights in International Politics: An Introduction*, Boulder.

4.6 Entwicklung und internationale Beziehungen

Lernziele

- *Kenntnis der wichtigsten Entwicklungstheorien*
- *Verständnis von Ursachen und Bekämpfungsstrategien globaler Ungleichheit*
- *Einblick in den Aufstieg der BRIC(S)-Staaten und in die aktuelle deutsche Entwicklungspolitik*

Globale Ungleichheiten

Denken Sie an die letzte Recherche, die Sie für Ihr Studium gemacht haben. Haben Sie dazu Ihr Handy genutzt? Oder das Internet? Sicherlich würden Sie der Aussage zustimmen, dass ein Leben heutzutage ohne Mobiltelefon kaum vorstellbar ist. In vielen Ländern der Welt ist die Nutzung eines Handys (oder anderer elektronischer Geräte) aber immer noch ein Luxus. Beispielsweise haben in der Demokratischen Republik Kongo nur 36 von 100 Menschen einen Handyvertrag (und das ist nicht gleichzusetzen mit Smartphone!). Auf Madagaskar sind es sogar nur knapp 32 von 100 Menschen. In Deutschland gibt es 126,3 Handyverträge pro 100 Menschen – das heißt im Durchschnitt hat die deutsche Bevölkerung mehr als einen Handyvertrag pro Kopf. Noch eindrücklicher wird das Gefälle, wenn man sich anschaut, wieviel Prozent der Bevölkerung das Internet nutzen. Nur fünf Prozent der Bevölkerung im Tschad nutzen das Internet. In Deutschland liegt diese Zahl bei 89,6 %.[87]

Das sind nur zwei (technische) Beispiele, anhand derer entscheidende Unterschiede zwischen den Ländern dieser Welt festgestellt werden können. Selbstver-

---

[87] United Nations Development Program 2018: http://hdr.undp.org/sites/default/files/2018_human_development_statistical_update.pdf [02.12.2018].

ständlich kommen viele weitere Dimensionen hinzu, allen voran das weltweite Armutsgefälle. Häufig führt die Analyse dieser Unterschiede auch zu einer Einteilung der Länder in ›entwickelte‹ Industrieländer – wie Deutschland, und sich entwickelnde Länder – wie Tschad oder Madagaskar. Doch was bedeutet Entwicklung und Armut? Und wie erfasst man solche abstrakten Begriffe konkret, um Vergleichbarkeit überhaupt herzustellen? Mit diesen und weiteren Fragen beschäftigt sich das folgende Kapitel. Dazu wird zunächst dargestellt, welche theoretischen Annahmen in den letzten 70 Jahren die Entwicklungspolitik geprägt haben und welchen Einfluss diese Annahmen auf die Entwicklungsstrategien, die häufig von internationalen Institutionen, aber auch von Staaten propagiert wurden, hatten. Im Anschluss werden einige der aktuellsten Debatten in Bezug auf das Thema Entwicklung – bestehende globale Ungleichheiten, die UN-Entwicklungsziele, der Aufstieg der BRICS-Staaten, ein Exkurs in die deutsche Entwicklungspolitik, sowie die Kritik an Entwicklungszusammenarbeit – erläutert und jeweils mit der Erklärung einer IB-Theorie verknüpft.

Entwicklungstheorien und internationale Beziehungen

Bald nach dem Ende des Zweiten Weltkriegs wurde das Themenfeld Entwicklung und Unterentwicklung für die internationalen Beziehungen weltweit als relevantes Problem anerkannt. Zunächst geschah dies mit dem Argument, dass sogenannte unterentwickelte Länder ein Problem für den Frieden und die Sicherheit der internationalen Politik darstellen. 1948 wurde in der UN-Menschenrechtserklärung (▶ Kap. 4.5) festgehalten, dass jeder Mensch das Recht auf einen angemessenen Lebensstandard besitzt, d. h., in der Lage zu sein sollte, sich und seiner Familie Wohlergehen und Gesundheit zu gewährleisten, einschließlich Nahrung, Kleidung, Wohnung, ärztlicher Versorgung und notwendigen sozialen Leistungen.[88] Die reale Situation der Menschen war 1948 in der Tat noch weiter entfernt von diesem Ideal als das heute der Fall ist. Aber auch heute leiden beispielsweise noch 821 Millionen Menschen unter Hunger: jeder neunte Mensch legt sich nachts hungrig schlafen.[89]

Das Ende des Zweiten Weltkriegs brachte einen weiteren entscheidenden Einschnitt: zumindest formal wurden alle Völker dieser Welt gleichgestellt, somit dem bis dahin vorherrschenden Gedankengut der Unterteilung in ›barbarische‹ und ›zivilisierte‹ Völker ein Ende gesetzt, und nun von weniger entwickelten und weiter entwickelten Ländern ausgegangen. Eng damit verknüpft war auch das Ende der Kolonialzeit und die Dekolonialisierung, die auch durch die beiden Supermächte des Kalten Krieges, der Sowjetunion und der Vereinigten Staaten, vorangetrieben wurde, da beide keine Kolonialmächte waren. Die Dekolonialisierung wurde von beiden Seiten auch als Chance genutzt, die neu entstandenen unabhängigen Staaten für das eigene Lager zu gewinnen, was häufig auch mit der Gewährleistung von Entwicklungshilfe verbunden war.

---

[88] United Nations Office of the High Commissioner for Human Rights 1948: https://www.ohchr.org/EN/UDHR/Documents/UDHR_Translations/eng.pdf [02.12.2018].
[89] World Food Programme 2018: http://www1.wfp.org/zero-hunger [02.12.2018].

4.6 Entwicklung und internationale Beziehungen

Mit der Feststellung, dass es entwickelte und weniger entwickelte Länder gab, kam natürlich auch die Frage auf, wie man die weniger entwickelten Länder auf ihrem Weg unterstützen könnte. An der Veränderung der diesbezüglichen Konzepte ist zu erkennen, dass die internationale Gemeinschaft hier häufig ihr angenommenes Wissen überarbeitete und anerkannte, dass die Theorien, die zunächst als zutreffend galten, nicht funktionierten. Der anschließende Abschnitt liefert nur einen skizzenartigen Überblick über den geschichtlichen Ablauf dieser theoretischen Trends, weil jede dieser Initiativen einen großen Einfluss auf die internationalen Beziehungen gehabt hat und auch die Beziehungen zwischen den unterschiedlichen Ländergruppen nachhaltig geprägt hat und bis heute prägt.

Zunächst wurde Entwicklung als Modernisierung konzipiert. Einflussreich hierfür war unter anderem die Antrittsrede des amerikanischen Präsidenten Harry Truman, der im Januar 1949 verkündete, dass technische Unterstützung und Kapitaltransfer die entscheidenden Lösungsmechanismen seien, um die unterentwickelten Länder auf den gleichen Stand wie die anderen Länder zu bringen. Die Vereinten Nationen gründeten die Weltbank mit genau diesem Auftrag. Der Marshall-Plan, der Westeuropa durch Kapitalspritzen aus den USA wieder auf den Weg des Wiederaufbaus gebracht hatte, war dabei Vorbild. Walt W. Rostow brachte mit seinem Buch »The Stages of Economic Growth« dieses Entwicklungsbild auf den Punkt: nach seinem Ansatz entwickelt sich eine Nation von einer ›traditionellen Gesellschaft‹ über drei weitere Stufen bis zu einem Staat mit einem ›hohen Massenkonsum‹[90]. Durch externes Kapital sollte also zunächst erreicht werden, dass die Entwicklungsländer langsam aber sicher das Niveau der Industriestaaten erreichen können. Die Konsequenz dieses Gedankens waren Kapitalinvestitionen von Seiten der Industriestaaten, häufig mit politischer Ausrichtung, wenn man glaubte, dass sie das jeweilige politische Lager des Kalten Krieges stärkten. So unterstützten die USA beispielsweise die national-chinesische Bewegung von Chiang Kai-shek, um ein kommunistisches China zu verhindern (und später zu unterminieren), und zwar lange nachdem diese Bewegung sich als hoffnungslos unterlegen gegenüber den kommunistischen Kämpfern unter Mao Zedong gezeigt hatte (später zog sich diese Bewegung dann auf die Insel Formosa zurück und gründete den Staat Taiwan, auf den China weiterhin Anspruch erhebt).

Mit stetiger Dekolonialisierung und zunehmender Repräsentation aller Staaten innerhalb der UN-Vollversammlung wurden in den 1960er Jahren erste Gegenentwürfe zu diesem Modernisierungsgedanken laut. Gleichzeitig wurde in der UN die erste UN-Dekade für Entwicklung ausgerufen, um vermehrt auf das Problem der Unterentwicklung aufmerksam zu machen. Sie wurde nun nicht mehr als in den jeweiligen Gesellschaften angelegtes Defizit gesehen, sondern vielmehr als Konsequenz einer häufig durch die Kolonialzeit verursachten Abhängigkeit. Diese könne nur dann überwunden werden, wenn die Staaten sich aktiv daraus befreiten, auch, um die negativen Langzeitfolgen der Kolonialzeit zu bewältigen. Diese Theorierichtung, die sogenannten Dependenztheorien (▶ Kap. 3.5), wurden unter anderem durch Paul Prebisch und Hans W. Singer entwickelt und war (und ist) insbesondere

---

90 Rostow 1960.

in Lateinamerika populär. Prebisch selbst war erster Generalsekretär der UN Konferenz für Handel und Entwicklung, eine Institution, die 1964 gegründet wurde, um den Anliegen der Entwicklungsländer mehr Gewicht zu geben als es die bestehenden Organisationen, wie das GATT, die Weltbank und der IWF lieferten (▶ Kap. 4.1). Die Dependenztheorien argumentierten, dass jedes Land eine gewisse Abkopplung vom Weltmarkt für eigene Entwicklung bräuchte, um danach auf diesem bestehen zu können.

Die Kritik der Depedendenz-Theoretiker führte im Endeffekt auch zu einem Umdenken in der Weltbank und ihr verwandten Institutionen, wenn auch nicht zu Eingeständnissen an die geforderten Konsequenzen des Dependencia Ansatz. Innerhalb der westlichen Entwicklungspolitik gab es also eine Bewegung hin zum sogenannten »basic needs Ansatz«, bei dem soziale Ungleichheit und Armut als Hauptthemmnis für Entwicklung identifiziert wurden und Entwicklung durch soziale Anpassungsmaßnahmen und einer Umverteilung von Reichtum (natürlich basierend auf Wachstum) erreicht werden sollte. Bekannt wurde dieser Ansatz unter dem Titel der sogenannten Strukturanpassungsprogramme (SAP), die die Weltbank und der IWF in den 1970er und 1980er Jahren propagierten. Parallel zum Umdenken bei den leitenden Köpfen der beiden Bretton Woods Institutionen litten Entwicklungsländer (aber auch Industrienationen) massiv unter dem hohen Ölpreis, der durch die Ölkrise 1973 ausgelöst worden war. Eine endlose Spirale an Verschuldung und wirtschaftlicher Stagnation in den Ländern, die vorab als Hoffnungsträger gegolten hatten, beispielsweise lateinamerikanische Länder wie Mexiko und Argentinien, war die Folge. Der »Washington Consensus« von IWF und Weltbank sah vor, diesen Ländern weiterhin Kapital zur Verfügung zu stellen, dieses aber sehr eng an ökonomische Konditionen – wie die Liberalisierung der Märkte, Privatisierung und Deregulierung – zu knüpfen. Gekoppelt mit einer Freigabe der Wechselkurse auf dem Weltmarkt sollten diese Länder konkurrenzfähig gemacht werden, ohne dass sie große Kapitalinvestitionen von den ebenfalls durch die Wirtschaftskrise angegriffenen Industrienationen benötigten. Das gewünschte Wachstum, dass durch die SAP erreicht werden sollte, blieb jedoch häufig aus und die ökonomischen Reformen brachten auch meist nicht den gewünschten durchschlagenden Erfolg. Tatsächlich argumentieren viele, dass die SAPs viele Empfängerländer nur stärker in die Krise und in die Abhängigkeit von westlicher Hilfe und Investitionen trieben.

Die Weltbank selbst hat in den 1990er Jahren anerkannt, dass die ökonomische Konditionalität allein nicht ausreicht, um Entwicklung voranzutreiben. In einem vielzitierten Artikel von 1990 argumentierten Mitarbeiter der Weltbank, dass der Misserfolg der SAP häufig an den politischen Strukturen und weniger an den wirtschaftlichen Strukturen lag.[91] Ähnlich argumentieren David Dollar und Jakob Svensson 2001, nämlich dass der Erfolg oder Misserfolg von SAPs am Willen der Empfängerländer hängt, die Reformen auch wirklich ernst zu nehmen und diese auch als sinnvoll zu betrachten. Sie argumentieren auch, dass die Bretton Woods Institutionen deshalb selektiver in der Auswahl ihrer Empfängerländer sein sollten. Nur solche Länder sollten unterstützt werden, die auch tatsächlich das Potential

---

91 World Bank 1989.

und den Willen für Reformen hätten.[92] Diese Art der Argumentation ist eng verknüpft mit einem weiteren Trend, der in den 1990er und 2000er Jahren der wirtschaftlichen Konditionalität folgte: die politische Konditionalität oder der sogenannte Good Governance Ansatz, bei dem die Staaten als Empfänger ausgesucht werden, die vielversprechende politische Bedingen bereits erfüllen, wie eine demokratische Regierung und Wahlen, die Achtung der Menschenrechte, usw. Dies führte dazu, dass einzelne Länder als ›gute Empfängerländer‹ deklariert wurden und dann teilweise mit Investitionen überladen wurden, so zum Beispiel der ›donor darling‹ Ghana.

Ergänzt und erweitert wurde dieser Ansatz von einer weiteren internationalen Institution, die für Vergabekriterien von multilateraler Entwicklungszusammenarbeit zentral ist: die Organisation für wirtschaftliche Zusammenarbeit und Entwicklung (Organisation for Economic Cooperation and Development, OECD).[93] Diese ging davon aus, dass sich Entwicklungszusammenarbeit primär um die Bekämpfung von extremer Armut und der Erreichung einiger wichtiger Grundbedürfnisse – wie eine Grundbildung und elementare Gesundheitsversorgung – orientieren sollte. Daraus entstanden sind die ›Millennium Development Goals‹ (MDG), deren Nachfolger (die Sustainable Development Goals, SDG) auch heute noch als Maßstab für internationale und nationale Entwicklungspolitik gelten (mehr dazu unter dem Theorieabschnitt Institutionalismus). Die neue Tendenz, die sich primär in der Bekämpfung von extremen Armutserscheinungen ausdrückt, wurde auch in den UN verinnerlicht, die nun nicht mehr von Dekaden der Entwicklung, sondern von Dekaden der Armutsbekämpfung sprachen. Die erste ausgerufene Dekade fing 2006 an. Wir befinden uns aktuell in der dritten Dekade, die bis 2027 läuft.

Infobox

Wie misst man Entwicklung? Human Development und Multidimensional Poverty Index

Die Vereinten Nationen haben mehrere Wege gefunden, Armut zu messen. Zum einen gibt es seit 1990 den Index für menschliche Entwicklung (Human Development Index, HDI), der drei Dimensionen untersucht und misst: Lebenserwartung (wie groß ist die Lebenserwartung bei Geburt), Bildung (wie viele Jahre kann man auf Schulbildung hoffen, was ist das Mittel an tatsächlichen Schuljahren), wirtschaftliche Dimension (wie groß ist das Bruttosozialprodukt pro Kopf und wie verhält es sich im Verhältnis zum Rang des HDI).
Seit Bestehen des Indexes steht Norwegen an der Spitze. Deutschland steht 2017 auf Rang fünf der Liste aller Länder und hat gegenüber den Vorjahren einen Rang verloren. Was bedeutet das heruntergebrochen auf die einzelnen Indikatoren? In Schnitt, kann ein Baby, das in Deutschland geboren wird, erwarten,

---

92 Dollar/Svensson 2001, 894–917.
93 OECD Development Assistance Committee 1996: https://www.oecd.org/dac/2508761.pdf [02.12.2018].

81,2 Jahre auf der Welt zu sein und könnte potentiell insgesamt 17 Jahre Bildung genießen. Im Durchschnitt erwirbt jedes Kind 14,1 Jahre Bildung und darf auf ein durchschnittliches Pro Kopfeinkommen von 46.136 US-Dollar im Jahr hoffen. Ein Baby, das stattdessen im Tschad auf die Welt kommt, hat eine durchschnittliche Lebenserwartung von 53,2 Jahren, könnte insgesamt acht Jahre Schulbildung genießen, erhält durchschnittlich 2,3 Jahre Schulbildung und hat ein Pro-Kopfeinkommen von 1.750 US-Dollar im Jahr, das sind drei Prozent des Pro-Kopfeinkommens des deutschen Babys. Tschad steht auf der Liste auf Rang 186. Nur der Südsudan, der Niger und die Zentralafrikanische Republik schneiden schlechter ab.

Zwanzig Jahre später, also 2010, wurde der HDI durch weitere Indikatoren ergänzt: den Multidimensional Poverty Index (MPI), der nicht-einkommensbezogene Armut misst, der Inequality HDI, der auch Ungleichheit miteinbezieht und der Gender Inequality Index, der die Ermächtigung von Frauen miteinbezieht, sowie der Gender Development Index, der seit 2014 die HDIs von Männer und Frauen vergleicht.

Interessant sind alle Indikatoren, aber vielleicht am unbekanntesten ist der MPI. Ähnlich wie der HDI splittet auch der MPI Armut in drei Dimensionen auf: Gesundheit, Bildung und Lebensstandard. Alle drei Dimensionen bekommen das gleiche Gewicht, machen also jeweils ein Drittel des Gesamtindex aus. Wer einem Drittel dieser Indikatoren entspricht, gilt als multidimensional arm. Im großen Unterschied zum HDI werden hier aber nicht quantifizierbare Elemente gemessen, wie Jahre der Schulbildung, sondern es geht um die tatsächlich gelebte Armut. Der Index erhebt ganz gezielt die spezifischen Entbehrungen, die Armut mit sich bringt. Beispielsweise wird für den Indikator Gesundheit erhoben, ob ein Kind oder eine Person über 70 im Haushalt unternährt ist und ob in den letzten fünf Jahren ein Kind unter fünf Jahren innerhalb der Familie gestorben ist. Beim Indikator Bildung wird beispielsweise erfragt, ob kein Kind im Haushalt die Schule besucht. Um die letzte Dimension – den Lebensstandard – greifbar zu machen, wird unter anderem erhoben, ob es ein motorisiertes Gefährt gibt, oder ob der Haushalt über ein elektronisches Gerät – Radio, Fernseher, Telefon, Computer, Motorrad, Kühlschrank – verfügt. Nur wenn ein Haushalt über kein motorisiertes Gefährt und über kein einziges dieser elektronischen Geräte verfügt, gilt er als multidimensional arm.

Diskussionsfrage: Welche Indikatoren finden Sie relevant, um Armut zu messen?

Quellen: United Nations Development Program 2018: http://hdr.undp.org/sites/default/files/2018_human_development_statistical_update.pdf [02.12.2018].
Mehr Informationen zum MPI gibt es auf der UN-Webseite:
United Nations Development Programme (2018): http://hdr.undp.org/en/2018-MPI [02.12.2018].

Die oben skizzierte Debatte zeigt eines sehr klar: dass die internationale Gemeinschaft immer wieder neu definiert hat, was Entwicklung bedeutet und wie sie erreicht werden kann, und dass Entwicklungspolitik immer sehr eng mit dem eigenen politischen Verständnis der Staaten und internationalen Institutionen verknüpft ist. Die nachfolgenden Abschnitte illustrieren nun einige der aktuellen Debatten im Themenbereich Entwicklung und analysieren diese jeweils aus dem Blickwinkel einer der bereits in Teil III dieses Buches vorgestellten IB-Theorien.

IB-Theorien und Entwicklung

Realismus und globale Ungleichheit

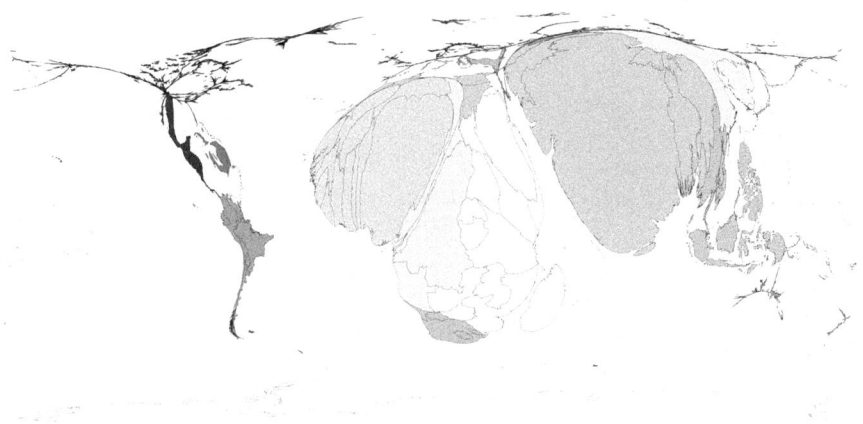

Abb. 27: Verzerrte Weltkarte: Anteil aller Menschen, die laut Weltbank in größter Armut leben[94]

Die obere Karte (▶ Abb. 27) zeigt den Anteil der Menschen, die nach Angaben der Weltbank in größter Armut leben. Größte Armut bedeutet nach Definition der Weltbank, wenn eine Person mit weniger als 1.9 US-Dollar pro Tag auskommen muss, um alles Nötige – also auch Unterkunft, Essen und Wasser – zu bezahlen. Die Karte zeigt deutlich, dass die Proportion der ärmsten Menschen sich besonders stark auf der südlichen Hemisphäre und insbesondere auf dem afrikanischen Kontinent, sowie dem indischen Subkontinent ballt. Die westlichen Staaten hingegen verschwinden auf der Karte fast, und auch Lateinamerika und China sind wesentlich kleiner auf der Karte, als sie es auf einer normalen Weltkarte wären.

---

94 Die Karte zeigt die Situation im Jahr 2016 und basiert auf den Daten des UNDP-Berichts. Diese Weltkarte gibt es, neben vielen anderen spannenden Karten, auf Worldmapper 2018: https://worldmapper.org/maps/absolute-poverty-2016/?_sft_product_cat=general,income [02.12.2018].

Natürlich macht die Ungleichheit in der Verteilung von Wohlstand nicht Halt vor Landesgrenzen. Auch innerhalb der Länder gibt es große, teilweise wachsende Ungleichheiten. Laut den Vereinten Nationen verdienen die reichsten 10 % der Weltbevölkerung 40 % des gesamten Welteinkommens.

Eine neorealistische Analyse nimmt die unterschiedlichen Ressourcen eines Staates ins Auge (insbesondere die militärischen Ressourcen), um den globalen Status, die jeweilige Sicherheits-Perzeption und die internationale Strategie zu erklären. Wie würde also eine Neorealistin die globale Ungleichheit und das Nord-Süd-Gefälle erklären? Seit dem Ende des Kalten Krieges haben die USA eine relative Monopolstellung im internationalen Gefüge (eventuell sogar immer noch eine unipolare Vormachtstellung). Das bedeutet im Gegenschluss natürlich auch, dass eine Fülle an weltweiten Ressourcen sich dort und in anderen westlichen Staaten anhäuft. Es wäre aber keinesfalls im Interesse der USA oder der anderen wohlhabenden Staaten, etwas an dieser ungleichen Verteilung der Ressourcen zu ändern, da sie ihre Vormachtstellung nicht aufgeben wollen. Es ist somit rationales Verhalten, den Status Quo aufrecht erhalten zu wollen. Dies vermag zumindest ansatzweise erklären, warum die Ungleichheit auch nach vielen Dekaden der Armutsbekämpfung bestehen bleibt und sich nicht – oder nur minimal – zu verschieben scheint.

Für (neo-)realistische Theorien ist das globale Wohlstandsgefälle und die ungenügenden Anstrengungen der reichen Staaten leicht erklärbar: es gibt kein großes Interesse daran, dieses Gefälle durch eine Umverteilung von Ressourcen auszugleichen. Entwicklungspolitik wird als Machtinstrument eingesetzt.

Institutionalismus und die Millennium Development Goals

Im September 2000 kamen in New York zahlreiche Staatsmänner und -frauen zusammen, um auf dem Millenniumsgipfel die Millenniums-Entwicklungsziele (Millennium Development Goals, MDGs) zu verabschieden und mit dem Erreichen dieser Ziele die Situation in Entwicklungsländern bis zum Jahr 2015 zu verbessern. Acht Ziele wurden damals vereinbart, darunter zum Beispiel die Armut global um die Hälfte und die Kindersterblichkeit um zwei Drittel zu senken. Einige der ambitionierten Ziele wurden tatsächlich umgesetzt: beispielsweise wurde die Anzahl der Menschen, die in extremer Armut leben, um über die Hälfte reduziert. Im Vergleich zu 1990 halbierte sich die Anzahl der gestorbenen Unter-Fünfjährigen auf 6 Millionen: die anvisierte Reduzierung um zwei Drittel wurde aber nicht erreicht. Weitaus schlechter sehen die Zahlen bei der Sterblichkeit von Müttern aus: die angestrebte Reduzierung der Müttersterblichkeit um 75 Prozent wurde weit verfehlt und konnte nur knapp halbiert werden. Dennoch wurde die Situation vieler Menschen in dieser Periode erheblich verbessert.[95]

---

[95] Einen detaillierten Ergebnisbericht kann man hier einsehen: UN 2015: http://www.un.org/millenniumgoals/2015_MDG_Report/pdf/MDG%202015%20rev%20(July%201).pdf [02.12.2018].

Institutionalisten würden argumentieren, dass die Vereinten Nationen als internationale Organisation dazu beigetragen haben, Staaten dazu zu bewegen, etwas gegen die globale Armut zu unternehmen – etwas, das nicht primär in dem Interesse der Industriestaaten liegen würde. Die UN haben also auf ein Problem aufmerksam gemacht und mit ihrer Kampagne auch erreicht, dass sich die Staaten daran beteiligen und das Problem globaler Armut auch als ihr eigenes Problem definieren und somit anerkennen, dass sie in einer gewissen Interdependenz (wenn auch in asymmetrischer Interdependenz) zu ärmeren Staaten stehen. Dadurch, dass die Verwaltung der Kampagne, sowie die Erhebung und das Marketing der greifbaren Ergebnisse bei den UN lagen, haben die Staaten gemeinsam sehr viel mehr erreicht als einzelne Staaten das hätten leisten können. So haben die UN die Transaktionskosten für die Staaten erheblich gesenkt.

Dennoch sind auch die relativ erfolgreichen UN MDGs häufig in Kritik geraten, weil unter anderem davon ausgegangen wurde, dass Entwicklung nur in den ärmeren Ländern relevant ist (und Aktionismus nur dort nötig ist), wohingegen Armut kein Problem sei, was auch die reicheren Länder der Welt betreffe. Außerdem wurde kritisiert, dass die UN durch die MDGs versuchten, Armut zu quantifizieren und damit entscheidende strukturelle Aspekte der globalen Ungleichheit – wie beispielsweise ungleiche Handlungsbeziehungen oder ungerechte Wertschöpfungsketten – außer Acht gelassen haben. Unter anderem deswegen haben die UN mit einer neuen Kampagne 2015 17 neue Ziele für nachhaltige Entwicklung (Sustainable Development Goals, SDGs) beschlossenen, die nun einen erneuten internationalen Versuch starten, Entwicklung international zu fördern. Institutionalisten würden darin eine Verstetigung der MDGs sehen, da weiterhin auf das Problem aufmerksam gemacht wird und die Federführung der Kampagne weiterhin bei den Vereinten Nationen liegt.

Planspiel

Verhandlung innerhalb der UN zum Thema Entwicklung

Es wurde lange überlegt, welche Kampagne nach dem Ablaufen der MDGs 2015 die Aufmerksamkeit weiterhin auf Probleme wie Armut und Ungleichheit lenken könnte. Zudem sollte die Nachfolgekampagne auch nicht die erwähnten Schwachstellen der MDGs reproduzieren. Langwierige internationale Verhandlungen waren nötig, bis die SDGs schließlich verabschiedet werden konnten. Ein kleines Planspiel ermöglicht es, diesen Prozess nachzuvollziehen und dabei auch zu verstehen, wie schwierig internationale Zusammenarbeit ist. Hierfür versetzen Sie sich in die Lage von unterschiedlichen Playern, die die SDGs mitgestaltet haben. Teilen Sie sich dafür in folgende Kleingruppen auf, die jeweils Vertreterinnen von folgenden Gruppen sind:

- Industriestaaten, zum Beispiel Deutschland und USA
- BRICS-Staaten, zum Beispiel China und Brasilien
- Entwicklungsländer, zum Beispiel Tschad und Bangladesch

- UN-Mitarbeiter (zum Beispiel Vertreter oder Vertreterin des Wirtschafts- und Sozialrats der UN, UN-Generalsekretär, sowie Pressesprecherin der MDGs)
- Vertreter und Vertreterinnen von NGOs (zum Beispiel von der Welthungerhilfe)

Überlegen Sie genau, was Ihre Position für eine Nachfolgekampagne der MDGs ist. Lesen Sie hierfür in Vorbereitung auf das Planspiel etwas über die Kritik an den MDGs und diskutieren Sie in der Gruppe genau, wie sich Ihr Player zu dieser Kritik verhalten würde. Überlegen Sie auch, welche Allianzen Sie eventuell schließen können, um die Nachfolgekampagne in Ihrem Sinne gestalten zu können. Wenn Sie mit der Kleingruppendiskussion fertig sind, treffen Sie sich im Plenum und diskutieren Sie alle Ihr Anliegen. Wie sehen Ihre Nachfolge-MDGs aus?

Es lohnt sich, diese dann mit den tatsächlichen SDGs zu vergleichen. Was sieht anders aus als in Ihrer Verhandlung und wie können Sie sich diese Unterschiede erklären?

Infomaterial zum Planspiel und zur anschließenden Diskussion finden Sie hier: Köhler, Gabriele 2015, 243–248 = https://dgvn.de/fileadmin/publications/PDFs/Zeitschrift_VN/VN_2015/Heft_6_2015/02_Beitrag_K%C3%B6her_VN_6-15_24-11-2015.pdf [02.12.2018].

Für die tatsächlichen Nachfolger-Ziele:
UN 2015: *Agenda for Sustainable Development Goals,* https://sustainabledevelopment.un.org/content/documents/21252030%20Agenda%20for%20Sustainable%20Development%20web.pdf [02.12.2018].

Konstruktivismus und die BRICS-Staaten

Verfechter des Entwicklungsansatzes haben einige Erfolgsgeschichten, mit denen sie ihren Optimismus begründen können: beispielsweise das East Asian Miracle, der Aufstieg der sogenannten Tigerstaaten, Südkorea, Taiwan und Singapur in den 1980er Jahren, sowie darauffolgend das wirtschaftliche Wachstum in den Pantherstaaten Indonesien, Thailand, Philippinen und Malaysia, die alle enorme Entwicklungsschübe machten, ohne dass sie Fokus der Entwicklungspolitik gewesen wären. Diese Beispiele sind heute jedoch weniger bekannt (und teilweise wurden die Erfolge auch durch die anschließende Asienkrise 1997 relativiert) als die der sogenannten BRIC(S)-Staaten.

Die Abkürzung BRICs stand ursprünglich für Brasilien, Russland, Indien und China und wurde zunächst 2001 von Jim O'Neill, Vorsitzender von Goldman Sachs, einer amerikanischen Investmentbank, ins Leben gerufen mit der Behauptung, dass großes Potential in den vier Ländern liegen könnte.[96] 2003 wurde die Kernaussage noch pointierter und die Investmentbank argumentierte, dass die

---

96 O'Neill 2001: https://www.goldmansachs.com/insights/archive/archive-pdfs/build-better-brics.pdf [02.12.2018].

4.6 Entwicklung und internationale Beziehungen

BRIC-Staaten gemeinsam in den nächsten 50 Jahren die größten Industriestaaten mit ihrem Bruttoinlandprodukt überholt haben werden und dass sich demnach eine Investition in diese Länder mehr als lohnen könnte.[97] Interessant für die internationalen Beziehungen ist aber nicht nur, dass diese Länder demnach ein hohes Entwicklungspotential aufweisen. Spannend wurde die Angelegenheit als sich 2006, drei Jahre nach Erscheinen des Artikels, die vier Nationen erstmals zu einem BRICs-Gipfeltreffen zusammentaten und sich damit auch als politische Schwergewichte zu zeigen suchten. Seither treffen sich die BRIC-Staaten einmal jährlich zu ihren Gipfeltreffen und positionieren sich dort sehr eindeutig gegenüber dem politischen und wirtschaftlichen Geschehen auf der internationalen Bühne.

Seit 2011 wurde auch Südafrika in die Gruppe aufgenommen und der Begriff BRIC um das S ergänzt. 2018 wurde bereits der 10. Gipfel abgehalten. In der Abschiedserklärung des Gipfels 2018 sprachen sich die BRICS für eine Reform der UN aus und bekräftigten ihre eigene internationale Rolle:[98]

> »We ... reaffirm the need for a comprehensive reform of the UN, including its Security Council, with a view to making it more representative, effective and efficient, and to increase the representation of the developing countries so that it can adequately respond to global challenges. China and Russia reiterate the importance they attach to the status and role of Brazil, India and South Africa in international affairs and support their aspiration to play a greater role in the UN.«

Wie würden Konstruktivisten dieses Beispiel interpretieren? Aus konstruktivistischer Sicht haben die Schwellenländer sich die von Goldman Sachs erfundene Identität der BRICs-Staaten zu eigen gemacht, sowohl was die Eigendefinition als auch die möglichen Gegner betrifft. Wenn man sich die Gruppe genauer betrachtet, werden die Grenzen der Gemeinsamkeiten schnell sichtbar: zwar verfügen sie alle über ähnliche wirtschaftliche, politische und militärische Ressourcen, verzeichneten alle lange ein großes wirtschaftliches Wachstum, teilen die Einschätzung, dass ihnen international und regional eine größere Rolle zustehen sollte, und haben ähnliche Probleme mit der Vormachtstellung der USA. Dennoch wiegen die Unterschiede schwer: so ist das wirtschaftliche Gewicht sehr verschieden zwischen beispielsweise Südafrika und dem Rest der Gruppe, allen voran natürlich China. Dies illustriert beispielsweise die folgende Karikatur, die erschien, als Südafrika 2013 zum ersten Mal einen BRICS-Gipfel als Gastgeber ausrichtete:

---

97 Die These war, dass Brasilien, Indien, Russland und China die G6-Staaten bis etwa 2040 an Wirtschaftsmacht überholt haben werden. Die G6-Staaten sind alle Staaten der G7 mit der Ausnahme von Kanada. Wilson/Purushothaman 2003: https://www.goldmansachs.com/insights/archive/archive-pdfs/brics-dream.pdf [02.12.2018].
98 BRICS 2018: http://www.brics2018.org.za/sites/default/files/Documents/JOHANNESBURG%20DECLARATION%20-%2026%20JULY%202018%20as%20at%2007h11.pdf [02.12.2018].

Abb. 28: Südafrika und die restlichen BRIC-Staaten

Aus der Karikatur wird deutlich, welche Sonderrolle Südafrika innerhalb der bereits etablierten BRIC-Gruppe hat – als Fahrer des missglückten Safariausflugs ist Südafrika weit davon entfernt, in die wohlhabende ›Touristen-Gruppe‹ der BRIC-Länder integriert zu sein.

Zu den unterschiedlichen wirtschaftlichen Ressourcen kommt die unterschiedliche kulturelle und historische Entwicklung. Beispielsweise wurde Russland nie kolonialisiert, China nur anteilig, Indien, Südafrika und Brasilien hingegen schon. Was jedoch am meisten überraschen könnte, wenn man sich die vermeintliche Einigkeit der BRICS-Staaten bei Gipfeltreffen anschaut, sind die sehr unterschiedlichen politischen Systeme: Russland und China haben nicht die beste Bilanz, wenn es um Demokratie geht. Brasilien und Südafrika sind ebenfalls relativ instabil. Andrew Hurrell (2006) hat diese Unterschiede und Gemeinsamkeiten herausgearbeitet und argumentiert, dass Russland, Südafrika und China eigentlich Ausnahmen der Gruppe sind, Brasilien und Indien jedoch als ideale BRICS gelten könnten: Sie verfügen sowohl über den Willen, zur Großmacht zu werden, gehören aber gleichzeitig noch glaubwürdig zur Gruppe der Entwicklungsländer. Diese Argumentation zeigt aber auch deutlich, wie konstruiert die Gruppenkonstellation tatsächlich ist und macht es umso interessanter, dass sie nun bereits seit zehn Jahren Bestand hat und ihre Kooperation immer weiter auszuweiten scheint. So trifft sie sich auch auf dem Niveau der Vertreterinnen der fünf Außenministerien und der Wirtschafts- und Finanzminister, um einheitliche Positionen zu erarbeiten und hat seit 2015 eine eigene Entwicklungsbank, die New Development Bank.

Diskussionsfrage

Inwieweit verändert der Aufstieg der BRICS das Nord-Süd-Gefälle langfristig?

Auch wenn das wirtschaftliche Gewicht einiger BRICS-Staaten in den letzten Jahren durch unterschiedliche politische und wirtschaftliche Krisen abgenommen hat, argumentiert Andrew Hurrell 2018, dass die politische Gegenposition dieser Staaten gegenüber den westlichen, dominierenden Industriestaaten weiterhin besteht.

Diskussionsfragen: Diskutieren Sie, inwieweit der Aufstieg der BRICS das Nord-Süd-Gefälle langfristig aufbrechen könnte? Wie würde eine veränderte Weltordnung im Sinne der BRICS aussehen?

Quelle: Hurrel 2018, 89-101.

Liberalismus und das Beispiel deutscher Entwicklungspolitik

Liberale Theorien der IB lenken den Blick auf die innerstaatliche Außenpolitik. Im Kontext dieses Kapitels ist es dann meist die Entwicklungspolitik, die häufig als ein zentraler Aspekt der Außenpolitik gesehen wird. Liberale Theoretikerinnen fragen dann, wie die Entwicklungspolitik eines Staates zustande kommt, welche Akteure in dem Prozess involviert sind und welche Interessen im Endeffekt nach außen getragen werden. Die meisten industrialisierten Staaten (mittlerweile aber auch viele Schwellenländer) haben eine auswärts gerichtete Entwicklungspolitik, mit der sie beispielsweise den Forderungen der UN (zum Beispiel im Rahmen der MDGs oder SDGs) nachkommen oder sich im europäischen Kontext zu einer gemeinsamen EU-Entwicklungspolitik einigen.

Deutschland ist eines der wenigen Länder, das ein eigenes Ministerium für Entwicklung hat, das »Bundesministerium für wirtschaftliche Zusammenarbeit und Entwicklung« (BMZ). Interessanterweise entstand das Ministerium nur, um ein Gleichgewicht an Ministerposten zu gewährleisten, als die CDU 1961 zum ersten Mal seit Bestehen der Bundesrepublik in der Bundestagswahl die absolute Mehrheit verlor und eine Koalition mit der FDP eingehen musste, die schon seit Längerem die Gründung eines eigenständigen Ministeriums für Entwicklungsarbeit gefordert hatte. Traditionell wird das Ministerium immer von den Koalitionspartnern der schwächeren Fraktion besetzt. Aktuell liegt es in den Händen der CSU unter Gerd Müller.[99] Auch wenn das BMZ die Hoheit über die deutsche Entwicklungspolitik hat, hat es keineswegs das Monopol. Relevante entwicklungspolitische Entschlüsse entstehen auch im Auswärtigen Amt oder im Bundes-

---

[99] Ausnahmen sind die SPD-Regierungen unter Willi Brandt und Helmut Schmidt, bei denen das BMZ meist in SPD-Hand lag.

ministerium für Verteidigung, weswegen diese unterschiedlichen Vetospieler auch immer eine Rolle bei Politiken des BMZ haben. Das BMZ hat zusätzlich mit der »Deutschen Gesellschaft für Internationale Zusammenarbeit« (GIZ) eine Kooperationspartnerin für die Implementation von vielen Entwicklungsprojekten. Außerdem sind in Deutschland viele weitere innerstaatliche Vetospieler involviert, wie beispielsweise Interessensvertretungen der Wirtschaft, NGOs wie die »Deutsche Welthungerhilfe« und der »Deutsche Caritasverband«, sowie viele kirchliche NGOs (wie zum Beispiel »Brot für die Welt«), die sich unter dem Dachverband »Verband Entwicklungspolitik und humanitäre Hilfe« (VENRO) zusammengeschlossen haben, um einen größeren Einfluss auf die Politik ausüben zu können.

2017 verkündete das BMZ eine neue Entwicklungsstrategie, unter dem Namen »Marshall-Plan mit Afrika«, in Anlehnung an den Marshall-Plan der Nachkriegszeit. Mit der unterschiedlichen Benennung Marshall-Plan *mit* Afrika versucht das BMZ auszudrücken, dass eine Entwicklung nur gemeinsam mit den zu entwickelten Staaten stattfinden kann. Um einen Eindruck in die aktuelle deutsche Entwicklungspolitik zu bekommen, geben die nachfolgenden Boxen die zehn Punkte des Marshall-Plans wieder. Anschließend kann diese Strategie aus dem Blickwinkel der liberalen IB-Theorien – angeleitet mit Fragen in der Box – analysiert werden.

Infobox

Marschall-Plan mit Afrika, Initiative der Bundesrepublik Deutschland, Teil 1

Wir brauchen jetzt einen neuen Zukunftsvertrag mit Afrika – Bis zum Jahr 2050 wird sich die Bevölkerung Afrikas auf dann 20 Prozent der Weltbevölkerung verdoppeln … Gerade die europäischen Staaten können mit Wissen, Innovation, moderner Technik und direkter Teilhabe zur Bewältigung der gewaltigen Herausforderungen beitragen.
Afrika braucht afrikanische Lösungen – Die Staaten Afrikas haben mit der Gründung der Afrikanischen Union (AU) und der neuen Partnerschaft für die Entwicklung Afrikas (NEPAD) ermutigende Zeichen für einen Neuanfang gesetzt. … Deutschland und Europa müssen die afrikanischen Staaten beim Wort nehmen und die Zusammenarbeit in einer … Qualität gestalten. Die jahrzehntelange Geber-Nehmer-Mentalität gilt es abzulösen – durch eine partnerschaftliche und wirtschaftliche Kooperation, die auf Eigeninitiative und Eigenverantwortung setzt. Afrika ist dabei Europas Partner …
Vorfahrt für Jobs und Chancen für die Jugend – Afrikas Jugend muss eine Zukunft in Afrika haben. … Bald werden mehr als 2 Milliarden Menschen dort leben. Dafür werden jedes Jahr 20 Millionen neue Jobs benötigt … Dies … ist die zentrale Herausforderung. Afrikas Jugend braucht zugleich einen Austausch mit Europa. Europa braucht ein Konzept, das legale Wege der Migration ermöglicht und irreguläre Migration und Schleusertum bekämpft.

Investitionen für unternehmerische Entfaltung – Jobs schafft auf Dauer und im erforderlichen Umfang nicht der Staat, sondern die private Wirtschaft ... Dafür müssen förderliche Rahmenbedingungen vor Ort, aber auch neue Instrumente zur Mobilisierung und Sicherung von Investitionen geschaffen werden. Ergänzt werden sie durch Vorschläge für Steueranreize für Unternehmen, neue Anlageformen wie beispielsweise Afrikafonds und Infrastrukturanleihen.
Wertschöpfung statt Ausbeutung – Afrika muss mehr sein, als der Kontinent der Rohstoffe. Motor des Marshallplans ist eine neue Wirtschaftspolitik, deren Schwerpunkte die Diversifizierung der Wirtschaft, der Aufbau von Produktionsketten, die gezielte Förderung von Landwirtschaft sowie kleinen und mittleren Unternehmen, die Aufwertung des Handwerks und damit die Schaffung eines neuen Mittelstands sind. Europa muss dies mit einer Stärkung des Zugangs zum EU-Binnenmarkt und dem Abbau bestehender Handelshemmnisse unterstützen.
Politische Rahmenbedingungen fördern und fordern – Rechtsstaatlichkeit, politische Teilhabe von Männern und Frauen sowie eine effiziente Verwaltung frei von Korruption sind Grundlage für eine nachhaltige wirtschaftliche Entwicklung. Nicht nur die Eliten eines Landes sollen vom wirtschaftlichen Aufschwung profitieren, sondern alle. Dies gilt es zu fördern und täglich einzufordern.
Reformpartnerschaften statt Gießkannenprinzip – Mit der Agenda 2063 haben sich die Mitglieder der Afrikanischen Union zu konkreten Reformen bekannt. Wir nehmen Afrika beim Wort und werden die Entwicklungszusammenarbeit in Zukunft besonders mit den Partnern intensivieren, die diese Reformen für gute Regierungsführung, den Schutz der Menschenrechte und wirtschaftliche Entwicklung umsetzen.

Infobox

Marschall-Plan mit Afrika, Initiative der Bundesrepublik Deutschland, Teil 2

Ein gerechter globaler Ordnungsrahmen – Reformen in Afrika müssen durch Reformen in Europa und auf globaler Ebene ergänzt werden: Dazu zählen insbesondere ein gerechter Handel, der Kampf gegen illegale Finanzströme und der Stopp von Waffenlieferungen in Krisengebiete. Neue Formen der politischen Kooperation erfordern auch eine Stärkung der Zusammenarbeit europäischer und afrikanischer Institutionen: ein ständiger Sitz der afrikanischen Staaten im Sicherheitsrat der Vereinten Nationen sowie eine Aufwertung in allen internationalen Organisationen und Verhandlungen wie zum Beispiel bei der Welthandelsorganisation (WTO).
Staatliche Entwicklungsgelder (ODA) alleine sind nicht die Lösung – Mit öffentlicher Entwicklungszusammenarbeit ist sehr viel erreicht worden. Für

die Bewältigung von Herausforderungen einer neuen Dimension reicht dies nicht aus. Stattdessen sollen diese Mittel zukünftig stärker Antreiber und Förderer privater Investitionen sein. Die afrikanischen Staaten müssen darüber hinaus deutlich mehr Eigenmittel – zum Beispiel ein höheres Steueraufkommen – mobilisieren.

Diskussionsfrage: Diskutieren Sie anhand dieser zehn Punkte des »Marshall-Plans mit Afrika«, inwieweit die Ziele der deutschen Bundesrepublik realistisch sind. Beziehen Sie die vorher diskutierten Erkenntnisse der Entwicklungstheorie mit ein. Überlegen Sie außerdem, welche innenpolitischen Prozesse liberale Theoretikerinnen als Grundlage für diese Politik sehen würden. Wer waren die wichtigsten Akteure und wo finden sich deren Interessen in den zehn Punkten wieder?

Quelle: BMZ 2017: http://www.bmz.de/de/laender_regionen/marshallplan_mit_afrika/inhalt/10_thesen/index.jsp [02.12.2018]. Hier können Sie auch den vollständigen Text herunterladen

Kritische Theorien und der Aufstieg der BRICS-Staaten, sowie Kritik an dem Konzept ›Entwicklung‹

Eine Anwendung der kritischen Theorien fällt in diesem Kapitel leicht. Als Beispiel können Sie sich an das Planspiel aus dem Kapitel Kritische Theorien (▶ Kap. 3.5) erinnern, welches die Weltsystemtheorie auf die BRICS-Staaten überträgt. Aber auch andere kritische Theorien können gut den Aufstieg der BRICS-Staaten analysieren und eventuell auch Argumentationspotential für eine mögliche Verzögerung dieses Aufstiegs liefern.

Ein weiteres verlockendes Beispiel, bei dem kritische Theorien ein hohes Erklärungspotential aufweisen, ist die Entwicklungszusammenarbeit allgemein. Versuchen Sie beispielsweise die Ansätze der neogramscianischen Theorie (insbesondere die Annahme der Machtdominanz durch stille Anerkennung dieser Macht durch Konsens) anzuwenden, um zu erklären, warum Entwicklungszusammenarbeit immer noch existiert und warum sie nicht zu den deklarierten Ergebnissen führt. Noch weitgehender ist die Kritik an Entwicklungszusammenarbeit aus der Sicht postkolonialer Theorien.

Theorien in der Anwendung

Postkoloniale Kritik an Entwicklungszusammenarbeit und dem Konzept ›Entwicklung‹

Postkoloniale Theorien würden zunächst argumentieren, dass Entwicklungszusammenarbeit ein Relikt der Kolonialzeit ist und weiterhin das Hauptziel verfolgt, die ehemaligen Kolonialstaaten in einer gewissen wirtschaftlichen und politischen Abhängigkeit zu halten.

Postkoloniale Theoretiker, wie Aram Ziai, argumentieren jedoch wesentlich weiter und hinterfragen das Konzept von Entwicklung selbst:
»›Entwicklung‹ stellt demnach abstrakt ein Bündel von miteinander verknüpften und normativ positiv aufgeladenen Prozessen dar, die in einigen Regionen stattfanden und in anderen nicht. Diese Definition lässt sich einerseits pragmatisch als Arbeitsgrundlage verwenden, bietet andererseits aber auch hinreichend Anschauungsmaterial für eine (postkoloniale) Kritik, die darin mündet, den Begriff nur in Anführungszeichen zu verwenden. Denn hier werden Prozesse, die in Europa, den europäischen Siedlungskolonien in Nordamerika (und später auch in einigen Ländern Asiens) stattfanden, zur historischen Norm erklärt; ihr Ausbleiben bzw. ihre Unvollständigkeit wurden als erklärungsbedürftig definiert und zur Grundlage einer wissenschaftlichen Disziplin. Partikulare historische Prozesse erscheinen so unter Ausblendung ihrer Schattenseiten als menschheitsgeschichtlicher Fortschritt und die eigene Gesellschaft als ideale Norm, während andere Gesellschaften als defizitäre Versionen derselben kategorisiert werden (›unterentwickelt‹).«

Aus dieser Kritik des Entwicklungsbegriffs heraus wird deutlich, dass die klassischen Entwicklungsstrategien beispielsweise der UN laut postkolonialen Theorien nicht zum Ziel haben, die ›Entwicklung‹ in den ärmeren Staaten zu verbessern, sondern, wenn überhaupt, auf defizitäre Umstände in anderen Ländern aufmerksam zu machen und diese, wenn möglich, der westlichen Norm anzupassen.

Quelle: Ziai 2010: http://www.zeitschrift-peripherie.de/120_03_Ziai.pdf [02.12. 2018].

Zusammenfassung

Entwicklung tangiert alle Aspekte, die auch in den anderen Kapiteln in diesem Buch diskutiert werden: Sicherheit spielt eine große Rolle, denn wie kann ohne Sicherheit Entwicklung stattfinden. Die massive Armut in der Welt kann auch als Sicherheitsrisiko für die internationale Staatengemeinschaft konstruiert werden. Die hier erläuterten Prozesse können zudem nur richtig verstanden und eingeordnet werden mit den nötigen Einblicken in die Prozesse der Internationalen Politischen Ökonomie. Entwicklung selbst wurde als Menschenrecht ausgerufen und viele der Aspekte, durch die Entwicklung gemessen wird (beispielsweise durch elementare Schulbildung oder Zugang zu ärztlicher Versorgung), sind heute als Menschenrechte etabliert. Die Schädigung des weltweiten Klimas hat ebenfalls Auswirkungen auf die Beziehungen zwischen den Nationen und stellt häufig diejenigen vor elementare Probleme durch Naturkatastrophen, die es sich am wenigsten leisten können und die dann in Konsequenz wieder Unterstützung von besser gestellten Staaten brauchen. Und Entwicklung hat auch eine starke regionale Komponente: so schließen sich beispielsweise südafrikanische Staaten zur Southern African Development Community zusammen, um gemeinsam die Entwicklungsprobleme der

Region zu lösen. Kurz gesagt, Entwicklung ist ein zentrales Thema der IB und spielt in vielen Debatten eine maßgebliche Rolle.

Das Kapitel hat kurz erläutert, welche theoretischen Verständnisse von Entwicklung seit dem Ende des Zweiten Weltkriegs den Diskurs in diesem Themengebiet und somit die Realität der Entwicklungspolitik geprägt haben. Anschließend wurden wichtige Debatten aufgegriffen, die aus Sicht der IB-Theorien erklärt und analysiert wurden. Es gibt aber natürlich noch zahlreiche weitere Fragen, die sich aus diesem Themengebiet ergeben: so könnte man zum Beispiel diskutieren, ob Entwicklungszusammenarbeit überhaupt funktionieren kann und welche anderen Wege es aus der globalen Ungleichheit geben könnte. Außerdem könnte man sich die nationalen Entwicklungspolitiken unterschiedlicher Geberländer genau anschauen, um zu analysieren, welche Werte, Ideen und Interessen dahinterliegen. Ein weiteres spannendes Thema ist die Entwicklungspolitik innerhalb der südlichen Hemisphäre, die sogenannte Süd-Süd-Kooperation. Unterscheidet sich diese maßgeblich von der traditionellen westlichen Entwicklungspolitik?

Wissensfragen

- *Was verbirgt sich hinter dem ›Human Development Index‹ und wie unterscheidet er sich vom ›Multidimensional Poverty Index‹?*
- *Erläutern Sie das Konzept der Modernisierungstheorie und ordnen Sie es zeitlich ein!*
- *Mit welchen Thesen arbeitet die ›Dependenz-Theorie‹?*
- *Was versteht man unter Strukturellen Anpassungsprogrammen und in welcher Verbindung stehen sie zum ›Good Governance Ansatz‹?*
- *Erklären Sie kurz das Entstehen der BRIC(S)-Staaten und deren Bedeutung für die IB.*

Basisliteratur

Grugel, Jean/Hammett, Daniel (2016): The Palgrave Handbook of International Development, London.

Hurrell, Andrew (2006): Hegemony, Liberalism and Global Order. What Space for Would-Be Great Powers?, in: International Affairs 82(1), S. 1–19.

Nuscheler, Franz (2012): Lern- und Arbeitsbuch Entwicklungspolitik: Eine grundlegende Einführung in die zentralen entwicklungspolitischen Themenfelder Globalisierung, Staatsversagen, Armut und Hunger, Bevölkerung und Migration, Wirtschaft und Umwelt, Bonn.

Stewart, Frances/Ranis, Gustav/Samman, Emma (2018): Advancing Human Development: Theory and Practice, Oxford.

Anhang

Abkürzungen

ABM	Anti-Ballistic Missile Treaty/ Vertrag über die Begrenzung von antiballistischen Abwehrraketen
ASEAN	Association of Southeast Asian Nations
AU	Afrikanische Union
BMZ	Bundesministerium für wirtschaftliche Zusammenarbeit und Entwicklung
BRICS-Staaten	Brasilien, Russland, Indien, China, Südafrika
CDO	Collateralized Debt Obligation
CETA	Comprehensive Economic and Trade Agreement (EU-Kanada)
CITES	Convention on International Trade in Endangered Species
CME	Coordinated Market Economy
EAC	East African Community
ECOWAS	Economic Community of West African States
EG	Europäische Gemeinschaft
EGKS	Europäische Gemeinschaft für Kohle und Stahl
EP	Europäisches Parlament
EU	Europäische Union
FAO	Food and Agricultural Organisation (Vereinte Nationen)
FCKW	Fluorkohlenwasserstoffe
FLN	Front de Libération Nationale/ Nationale Befreiungsfront
FTA	Free Trade Area
GATT	General Agreement on Tariffs and Trade/ Allgemeines Zoll- und Handelsabkommen
GAVI	Global Alliance for Vaccines and Immunization
GIZ	Deutsche Gesellschaft für Internationale Zusammenarbeit
GPGP	Great Pacific Garbage Patch
IAEO	Internationale Atomenergie-Organisation
IB	Internationale Beziehungen
ICANN	Internet Corporation for Assigned Names and Numbers
ICBL	International Campaign to Ban Landmines
ICC	Internationaler Strafgerichtshof (International Criminal Court)
ILO	International Labor Organisation
IO	Internationale Organisation

IOM	Internationale Organisation für Migration
IPCC	Intergovernmental Panel on Climate Change
IPÖ	Internationale Politische Ökonomie
IS	Islamischer Staat
IWF	Internationaler Währungsfond (IMF)
KSZE	Konferenz für Sicherheit und Zusammenarbeit
LME	Liberal Market Economy
M5S	Movimento Cinque Stelle (Fünf-Sterne-Bewegung)
MAD	Mutually Assured Destruction
MDG	Millenniums-Entwicklungsziele (Millennium Development Goals)
MENA-Region	Middle East and North Africa
MERCOSUR	Mercado Común del Sur
NATO	North Atlantic Treaty Organization
NEPAD	Neue Partnerschaft für die Entwicklung Afrikas
NGO	Non-Governmental Organization
NPT	Treaty on the Non-Proliferation of Nuclear Weapons (Nuklearer Nichtverbreitungsvertrag)
NTH	Nichttarifäre Handelshemmnisse
OAS	Organisation de l'armée secrete
OAU	Organization of African Unity
ODA	Official Development Assistance (Öffentliche Entwicklungszusammenarbeit)
OECD	Organisation für wirtschaftliche Zusammenarbeit und Entwicklung
OPEC	Organization of the Petroleum Exporting Countries
OSZE	Organisation für Sicherheit und Zusammenarbeit in Europa
PLO	Palestinian Liberation Organisation
PPP	Public Private Partnerships
R2P	Responsibility to Protect
RFMO	Regional Fisheries Management Organisations
SACU	Southern African Customs Union
SADCC	Southern African Development Coordination Conference
SALT I	Strategic Arms Limitation Talks
SAP	Strukturanpassungsprogramme
SCO	Shanghai Cooperation Organization
SDG	Ziele für nachhaltige Entwicklung (Sustainable Development Goals)
SDI	Strategic Defence Initiative
SEATO	South East Asia Treaty Organisation
TTIP	Transatlantic Trade and Investment Partnership
UN bzw. UNO	United Nations bzw. United Nations Organisation (Vereinte Nationen)
UNCLOS	United Nations Convention on the Law of the Sea
UNDP	UN Development Programme
UNEP	UN Environment Programme

UNESCO	UN Educational, Scientific and Cultural Organisation
UNFCCC	UN Framework Convention on Climate Change
UNHCR	UN-Hochkommissariat für Flüchtlinge
UNICEF	UN Children's Fund/ Kinderhilfswerk der Vereinten Nationen
UNLOCK	UN Laboratory for Organizational Change and Knowledge
UNOSOM	United Nations Operation in Somalia
VENRO	Verband Entwicklungspolitik und Humanitäre Hilfe
WTO	World Trade Organisation

Literaturverzeichnis

Acharya, Amitav (2012): Comparative Regionalism: A Field Whose Time has Come?, in: *The International Spectator: Italian Journal of International Affairs*, 47(1), S. 3–15.
Allert, Tilman/Dausien, Bettina/Mey, Günter/Reichertz, Jo/Riemann, Gerhard (2014): Forschungswerkstätten – Programme, Potenziale, Probleme, Perspektiven, in: Günter Mey, Katja Mruck (Hrsg.), *Qualitative Forschung: Analysen und Diskussionen*, Wiesbaden, S. 314.
Alter, Karen (2012): The Global Spread of European Style International Courts, in: *West European Politics*, 35(1), S. 135–154.
Altvater, Elmar/Mahnkopf, Birgit (1996): *Grenzen der Globalisierung. Ökonomie, Ökologie und Politik in der Weltgesellschaft*, Münster.
Axelrod, Robert (1987): *Die Evolution der Kooperation*, New York.
Axelrod, Robert (2006): *The Evolution of Cooperation*, 2. Aufl., New York.
Axelrod, Robert/Keohane, Robert O. (1985): Achieving Cooperation under Anarchy. Strategies and Institutions, in: *World Politics* (38), S. 226–254.
Beckman, Peter R./D'Amico, Francine (1994): *Women, Gender, and World Politics: Perspectives, Policies, and Prospects*, Westport.
Bellamy, Alex/Dunne, Tim (2016): *Oxford Handbook on the Responsibility to Protect*, Oxford.
Bieler, Andreas/Morton, Adam David (2010): Neo-Gramscianische Perspektiven, in: Siegfried Schieder/Manuela Spindler (Hrsg.), *Theorien der Internationalen Beziehungen*, 3. Aufl., Opladen, S. 371–385.
Bieler, Andreas/Morton, Adam David (2018): *Global Capitalism, Global War, Global Crisis*, Cambridge.
Bieling, Hans-Jürgen (2011): *Internationale Politische Ökonomie. Eine Einführung*, Wiesbaden.
Biermann, Frank (2014): The Anthropocene: A Governance Perspective, in: *The Anthropocene Review*, 1(1), S. 57–61.
Boeckh, Andreas (1984): Dependencia-Theorien, in: Dieter Nohlen (Hrsg.), *Lexikon Dritte Welt*, Reinbek, S. 137-144.
Booth, Ken (1991): Security and Emancipation, *Review of International Studies*, 17(4), S. 313–326.
Börzel, Tanja/Risse, Thomas (2016): *Oxford Handbook on Comparative Regionalism*, Oxford.
Bull, Hedley (1977): *The Anarchical Society*, New York.
Burns, Nicholas (2017): G20 Allies Learn to Work With, and Around, Donald Trump, in: Financial Times, 10.07.2017, S. 2.

Campbell, David (1992): *Writing Security: United States Foreign Policy and the Politics of Identity*, Minneapolis.
Carr, Edward Hallett (1939): *The Twenty Years' Crisis: 1919–1939: An Introduction to the Study of International Relations*, New York.
Charnysh, Volha/Lloyd, Paulette/Simmons, Beth A. (2015): Frames and Consensus Formation in International Relations: The Case of Trafficking in Persons, in: *European Journal of International Relations*, 21, S. 323–351.
Clapham, Andrew (2015): *Human Rights. A Very Short Introduction*, 2. Aufl., Oxford.
Castro Varela, María do Mar/Dhawan, Nikita (2017): Postkoloniale Studien in den Internationalen Beziehungen: Die IB dekolonisieren, in: *Handbuch Internationale Beziehungen*, Wiesbaden, S. 233–256.
Clapham, Andrew (2015): *Human Rights. A Very Short Introduction*, 2. Aufl., Oxford.
Cox, Robert (1981): Social Forces, States, and World Orders. Beyond International Relations Theory, in: *Millennium*, 10(2), S. 126–155.
Cox, Robert (1983): Gramsci, Hegemony and International Relations. An Essay in Method, in: *Millennium*, 12(2), S. 162–175.
Crenshaw, Kimberlé (1989): Demarginalizing the Intersection of Race and Sex: A Black Feminist Critique of Antidiscrimination Doctrine, in: *The University of Chicago Legal Forum* 140, S. 139–167.
De Beauvoir, Simone (1968): *Das andere Geschlecht. Sitte und Sexus der Frau*, Hamburg.
Deitelhoff, Nicole (2006): *Überzeugung in der Politik. Grundzüge einer Diskurstheorie internationalen Regierens*, Frankfurt a. M.
Dollar, David/Svensson, Jakob (2001): What Explains the Success or Failure of Structural Adjustment Programmes, in: *The Economic Journal* 110(466), S. 894–917.
Donnelly, Jack (2017): Human Rights, in: John Baylis et.al. (Hrsg.), *The Globalization of World Politics*, 7. Aufl., Oxford, S. 497–513.
Doty, Roxanne Lynn (1996): *Imperial Encounters: The Politics of Representation in North-South Relations*, Minneapolis.
Doyle, Michael W. (1986): *Empires*, Ithaca.
Drezner, Daniel W. (2011): *Theory of International Politics and Zombies*, Princeton.
Dyson, Kenneth/Featherstone, Kevin (1999): *The Road to Maastricht. Negotiating Economic and Monetary Union*, Oxford.
Enloe, Cynthia (1990): *Bananas, Beaches and Bases: Making Feminist Sense of International Politics*, Oakland.
Enloe, Cynthia (2017): *The Big Push. Exposing and Challenging the Persistence of Patriarchy*, Oakland.
Evangelista, Matthew (1999): *Unarmed Forces: The Transnational Movement to End the Cold War*, Ithaca.
Finnemore, Martha (1996): *National Interests in International Society*, Ithaca.
Fischer, Fritz (1961): *Griff nach der Weltmacht: die Kriegszielpolitik des kaiserlichen Deutschland 1914/18*, Düsseldorf.
Genschel, Philipp/Jachtenfuchs, Markus (2018): From Market Integration to Core State Powers. The Eurozone Crisis, the Refugee Crisis and Integration Theory, in: *Journal of Common Market Studies*, 56(1), S. 178-196.
Gilpin, Robert (1987): *The Political Economy of International Relations*, Princeton.
Gourevitch, Peter (1986): *Politics in Hard Times: Comparative Responses to International Economic Crises*, Ithaca.
Grieco, Joseph (1988): Anarchy and the Limits of Cooperation: A Realist Critique of the Newest Liberal Institutionalism, in: *International Organization*, 42(3), S. 485–507.
Grugel, Jean/Hammett, Daniel (2016): *The Palgrave Handbook of International Development*, London.
Haas, Ernst (1958): *The Uniting of Europe*, Stanford.
Haas, Peter M. (1992): Introduction: Epistemic Communities and International Policy Coordination, in: *International Organization*, 46 (1), S. 1–35.
Hall, Peter A./Soskice, David (2001): *Varieties of Capitalism: The Institutional Foundations of Comparative Advantage*, Oxford.

Hall, Stuart (1994): Der Westen und der Rest: Diskurs und Macht, in: Stuart Hall (Hrsg.), *Rassismus und kulturelle Identität*, Hamburg, S. 137–179).
Hanrieder, Wolfram F. (1989): *Germany, America, Europe: Forty Years of German Foreign Policy*, Yale.
Hardin, Garrett (1968): The Tragedy of the Commons, in: *Science*, 162(3859), S. 1243–1248.
Hardt, Michael/Negri, Antonio (2002): *Empire. Die Neue Weltordnung*, Frankfurt: Campus.
Heinrich, Michael (2010): Imperialismustheorie, in: Siegfried Schieder/Manuela Spindler (Hrsg.), *Theorien der Internationalen Beziehungen*, 2. Aufl., Leverkusen, S. 311–342.
Heires, Marcel/Nölke, Andreas (2013): *Politische Ökonomie der Finanzialisierung*, Wiesbaden.
Herz, John H. (1951): *Political Realism and Political Idealism*, Chicago.
Hirschman, Albert O. (1960): *National Power and the Structure of Foreign Trade*, Berkeley.
Hobson, John A. (1902): *Imperialism. A Study*, New York: Potts.
Hobson, John M. (2012): *The Eurocentric Conception of World Politics. Western International Theory, 1760–2010*, Cambridge.
Hoffmann, Stanley (1966): Obstinate or Obsolete? The Fate of the Nation-State and the Case of Western Europe, in: *Daedalus*, 95(3), S. 862–915.
Hoffmann, Stanley (1982): Reflections on the Nation-State in Western Europe Today, in: *Journal of Common Market Studies*, 21(1/2), S. 21–37.
Holsti, Kalevi J. (1970): National Role Conceptions in the Study of Foreign Policy, in: *International Studies Quarterly*, 14(3), S. 233–309.
Huntington, Samuel (1996): *The Clash of Civilizations and the Remaking of World Order*, New York.
Hurrell, Andrew (1995): Regionalism in Theoretical Perspective, in: Louise Fawcett/Andrew Hurrell (Hrsg.), *Regionalism in World Politics: Regional Organization and International Order*, Oxford, S. 37–73.
Hurrell, Andrew (2006): Hegemony, Liberalism and Global Order. What Space for Would-Be Great Powers?, in: *International Affairs* 82(1): S. 1–19.
Hurrel, Andrew (2018): Beyond the BRICS. Power, Pluralism, and the Future of the Global Order, in: *Ethics & International Affairs* 32(1), S. 89–101.
Ishay, Micheline R. (2008): *History of Human Rights. From Ancient Times to the Globalization Era*, 2. Aufl., Berkeley.
Jupille, Joseph/Caporaso, James A. (1998): States, Agency and Rules: The EU in Global Environmental Politics, in: Carolyn Rhodes (Hrsg.), *The EU in the World Community*, Boulder, S. 213–229.
Kant, Immanuel (1977): Zum Ewigen Frieden. Ein philosophischer Entwurf (Erstausgabe: 1795), in: Wilhelm Weischedel (Hrsg.), *Immanuel Kant Werkausgabe, Band 11: Schriften zur Anthropologie, Geschichtsphilosophie, Politik und Pädagogik*, Frankfurt a. M., S. 193–251.
Kapstein, Ethan B. (2005): Power, Fairness, and the Global Economy, in: Michael Barnett/Raymond Duvall (Hrsg.), *Power in Global Governance*, Cambridge, S. 80–101.
Karns, Margaret/Mingst, Karen (2010): *International Organizations. The Politics and Processes of Global Governance*, 2. Aufl., New York.
Katzenstein, Peter J. (1978): *Between Power and Plenty*, Madison.
Katzenstein, Peter J. (1996): *The Culture of National Security: Norms and Identity in World Politics*, New York City.
Katzenstein, Peter J. (2005): *A World of Regions. Asia and Europe in the American Imperium*, Ithaca.
Keck, Margaret E./Sikkink, Kathryn (1998): *Activists Beyond Borders: Advocacy Networks in International Politics*, Ithaca.
Kelle, Alexander (2014): *Prohibiting Chemical and Biological Weapons*, Boulder.
Keohane, Robert O. (1989): Neoliberal institutionalism: A Perspective on World Politics, in: Robert O. Keohane (Hrsg.), *International Institutions and State* Politics, Boulder, S. 1–20.
Keohane, Robert O. (2005): *After Hegemony: Cooperation and Discord in the World Political Economy*, Princeton.

Keohane, Robert O./Nye, Joseph (1977): *Power and Interdependence: World Politics in Transition*, Boston.

Kindleberger, Charles P. (1973): *The World in Depression, 1929–1939*, Berkeley.

Koremenos, Barbara/Lipson, Charles/Snidal, Duncan (2004): *The Rational Design of International Institutions*, Cambridge.

Krasner, Stephen D. (1983): *International Regimes*. Ithaca.

Krippendorff, Ekkehart (1985): *Staat und Krieg. Die historische Logik politischer Unvernunft*, Frankfurt.

Lebow, Richard Ned/Stein, Janice Gross (1994): Reagan and the Russians, in: *Atlantic Monthly*, 273(2), S. 35–39.

Lijphart, Arend (1999): *Patterns of Democracy. Government Forms and Performance in Thirty-Six Countries*, New Haven.

Lipscy, Philipp Y. (2015): Explaining Institutional Change. Policy Areas, Outside Options, and the Bretton Woods Institutions, in: *American Journal of Political Science*, 59(2), S. 341–356.

Mahoney, James/Thelen, Kathleen (2010): *Explaining Institutional Change: Ambiguity, Agency, and Power*, Cambridge.

Mascolo, Georg (2018): Am Vorabend des Krieges, in: Süddeutsche Zeitung, 27.04.2018, S. 9.

Maull Hanns W. (2007): *Deutschland als Zivilmacht*, in: Siegmar Schmidt/Gunther Hellmann/Reinhard Wolf (Hrsg.): *Handbuch zur deutschen Außenpolitik*, Wiesbaden, S. 73–84.

McNamara, Kathleen (1999): *The Currency of Ideas*, Ithaca.

Meadows, Dennis L./Meadows, Donella H./Milling, Peter/Zahn, Erich (1972): *Die Grenzen des Wachstums: Bericht des Club of Rome zur Lage der Menschheit*, München.

Mearsheimer, John J. (2001): *The Tragedy of Great Power Politics*, New York.

Meyer, Jörg (2008): The Concealed Violence of Modern Peace(-Making), in: *Millennium*, 36 (3), S. 555–574.

Mitrany, David (1943): *A Working Peace System. An Argument for the Functional Development for International Organization*, London.

Moravcsik, Andrew (1993): Preferences and Power in the European Community: A liberal -Intergovernmentalist Approach, in: *Journal of Common Market Studies* 31(4), S. 473–524.

Moravcsik, Andrew (1997): Taking Preferences Seriously: A Liberal Theory of International Politics, in: *International Organization*, 51 (4), S. 513–553.

Moravcisk, Andrew (1998): *The Choice for Europe. Social Purpose and State Power from Messina to Maastricht*, Ithaca.

Morgenthau, Hans J. (1948): *Politics Among Nations*, New York (dt. Übers.: Macht und Frieden, 1963).

Müller, Franziska (2016): Von Wissensproduktion, Weltordnung und ›worldism‹. Postkoloniale Kritiken und dekoloniale Forschungsstrategien in den Internationalen Beziehungen, in: Aram Ziai (Hrsg.) *Postkoloniale Politikwissenschaft: theoretische und empirische Zugänge*. Bielefeld, S. 236–254.

Nölke, Andreas (2010): Weltsystemtheorie, in: Siegfried Schieder/Manuela Spindler (Hrsg.), *Theorien der Internationalen Beziehungen*, 3. Aufl., Opladen, S. 343–370.

Nölke, Andreas/ten Brink, Tobias/Claar, Simone/May, Christian (2015): Domestic Structures, Foreign Economic Policies and Global Economic Order: Implications from the Rise of Large Emerging Economies, in: *European Journal of International Relations*, 21 (3), S. 538–567.

Nuscheler, Franz (2012): *Lern- und Arbeitsbuch Entwicklungspolitik: Eine grundlegende Einführung in die zentralen entwicklungspolitischen Themenfelder Globalisierung, Staatsversagen, Armut und Hunger, Bevölkerung und Migration, Wirtschaft und Umwelt*, Bonn.

Nyman, Jonna (2018): Securitization, in: Paul D. Williams/Matt Mc Donald (Hrsg.), *Security Studies*, London, S. 100–113.

Oltmer, Jochen (2017): *Migration. Geschichte und Zukunft der Gegenwart*, Darmstadt.

Ostrom, Elinor (1990): *Governing the Commons: The Evolution of Institutions for Collective Action*, Cambridge.
Pattberg, Philipp H./Zelli, Fariborz (2015): *Encyclopedia of Global Environmental Governance and Politics*, London.
Polanyi, Karl (1944): *The Great Transformation*, New York.
Popper, Karl (1978): Die Logik der Sozialwissenschaften, in: Theodor W. Adorno et al. (Hrsg.), *Der Positivismusstreit in der deutschen Soziologie*, Berlin, S. 103–124.
Puchala, Donald (1971): Of Blind Men, Elephants and International Integration, in: *Journal of Common Market Studies*, 10(3), S. 267–284.
Putnam, Robert (1988): Diplomacy and Domestic Politics: The Logic of Two-Level Games, in: *International Organization*, 42(3), S. 427–460.
Ravenhill, John (2017): *Global Political Economy*, 5. Aufl., Oxford.
Ricardo, David (1817): *Principles of Political Economy and Taxation*, London.
Risse, Thomas (2010): A Community of Europeans? Transnational Identities and Public Spheres. Ithaca.
Risse, Thomas/Ropp, Stephen C./Sikkink, Kathryn (1999): *The Power of Human Rights: International Norms and Domestic Change*, Cambridge.
Risse, Thomas/Ropp, Stephen C./Sikkink, Kathryn (2013): *The Persistent Power of Human Rights: From Commitment to Compliance*, Cambridge.
Rittberger, Volker/Zangl, Bernhard/Kruck, Andreas (2013): *Internationale Organisationen, Politik und Geschichte*, 4. Aufl., Wiesbaden.
Rosert, Elvira (2012): Fest etabliert und weiterhin lebendig: Normenforschung in den Internationalen Beziehungen, in: *Zeitschrift für Politikwissenschaft*, 22(4), S. 599–623.
Rostow, Walt W. (1960): *The Stages of Economic Growth: A Non-Communist Manifesto*, Cambridge.
Ruggie, John Gerard (1982): International Regimes, Transactions, and Change: Embedded Liberalism in the Postwar Economic Order, in: *International Organization*, 36(2): S. 379–415.
Said, Edward (1978). *Orientalism*. New York.
Schirm, Stefan (2012): *Internationale Politische Ökonomie. Eine Einführung*, 3. Aufl., Stuttgart.
Shaw, Timothy M./Grant, Andrew/Cornelissen, Scarlett (2011): *The Ashgate Research Companion to Regionalisms*, Oxon.
Shklar, Judith N. (1989): The Liberalism of Fear, in: Nancy L. Rosenblum (Hrsg.), *Liberalism and the Moral Life*, Cambridge, S. 21–38.
Smith, Adam (1776): *The Wealth of Nations*, London.
Söderbaum, Fredrik (2016): *Rethinking Regionalism*, Basingstoke.
Spencer, Alexander/Daase, Christopher (2017): Terrorismus und internationale Politik, in: Frank Sauer/Carlo Masala (Hrsg.), *Handbuch Internationale Beziehungen*, S. 829–860.
Spindler, Manuela (2010): Interdependenz, in: Manuela Schieder/Siegrid Spindler (Hrsg.), *Theorien der internationalen Beziehungen*, 3. Aufl., S. 97–130.
Spivak, Gayatri Chakravorty (1988): Can the Subaltern Speak?, in: Cary Nelson/Lawrence Grossberg (Hrsg.), *Marxism and the Interpretation of Culture*, Champaign, S. 271–313.
Stewart, Frances/Ranis, Gustav/Samman, Emma (2018): *Advancing Human Development: Theory and* Practice, Oxford.
Sylvester, Christine (1994): Feminist Theory and International Relations in a Postmodern Era, Cambridge.
Sylvester, Christine (1996): The Contributions of Feminist Theory to International Relations, in: Steve Smith/Ken Booth/Marysia Zalewski (Hrsg.), *International Theory: Positivism and Beyond*, Cambridge, S. 254–273.
Teschke, Benno/Wenten, Frido (2015): Marxismus in den Internationalen Beziehungen, in: Carlo Masala/Frank Sauer (Hrsg.), *Handbuch Internationale Beziehungen*, 2. Aufl., Wiesbaden, S. 107–140.
Tickner, J. Ann (1992): *Gender in International Relations*, New York.
Trachtenberg, Marc (1999): *A Constructed Peace: The Making of the European Settlement, 1945–1963*, Princeton.

Thukydides, *Der Peloponnesische Krieg*; deutsche Übers.: Helmuth Vretska/Werner Rinner (2000), *Der Peloponnesische Krieg*, Stuttgart.
Wæver, Ole/de Wilde, Jaap/Buzan, Barry (1997): *Security: A New Framework for Analysis*, London.
Wagner, Maren/Jetschke, Anja (2017): Poststrukturalismus, in: Anja Jetschke (Hrsg.), *Internationale Beziehungen. Eine Einführung*, Tübingen, S. 257–281.
Wallerstein, Immanuel (1974): *The Modern World-System I. Capitalist Agriculture and the Origins of the European World-Economy in the Sixteenth Century*, New York.
Wallerstein, Immanuel (1980): *The Modern World-System II. Mercantilism and the Consolidation of the European World Economy, 1600–1750*, New York.
Wallerstein, Immanuel (1989): *The Modern World-System III. The Second Era of Great Expansion of the Capitalist World Economy, 1730s–1840s*, New York.
Wallerstein, Immanuel (2011): *The Modern World-System IV. Centrist Liberalism in Triumphant, 1789–1914*, New York.
Walt, Stephen (1987): *The Origins of Alliances*, Ithaca.
Waltz, Kenneth (1959): *Man, the State and War: A Theoretical Analysis*, New York.
Waltz, Kenneth (1979): *Theory of International Politics*, Boston.
Waltz, Kenneth (2012): Why Iran Should get the Bomb. Nuclear Balancing Would Mean Stability, in: *Foreign Affairs*, Juli/August, S. 2–5.
Weber, Cynthia (2005): *International Relations Theory. A Critical Introduction*, 2. Aufl., New York.
Weiwei, Zhang (2012): *The China Wave: Rise of a Civilizational State*, Hackensack.
Wendt, Alexander (1992): Anarchy is What States Make of it: The Social Construction of Power Politics, in: *International Organization*, 46(2), S. 391–425.
Wendt, Alexander (1994): Collective Identity Formation and the International State, in: *The American Political Science Review*, 88(2), S. 384–396.
Wendt, Alexander (2003): Why a World State is Inevitable, in: *European Journal of International Relations*, 9(4), S. 491–542.
Wilmer, Franke (2015): *Human Rights in International Politics: An Introduction*, Boulder.
Wittkowsky, Andreas/Meierjohann, Jens P. (2011): *Das Konzept der Vernetzten Sicherheit: Dimensionen, Herausforderungen, Grenzen*, Policy Briefing 2011, Berlin.
Wohlworth, William C. (2011): Gilpinian Realism and International Relations, in: *International Relations*, 25(4), S. 499–511.
World Bank (1989): *Sub-Saharan Africa: From Crisis to Sustainable Growth. A Long-Term Perspective Study*, Washington.
World Commission on Environment and Development (1987): *Our Common Future* (Brundtland-Report), Oxford.
Wullweber, Joscha/Graf, Antonia/Behrens, Maria (2013): *Theorien der Internationalen Politischen Ökonomie*, Wiesbaden.
Ziai, Aram (2010): Postkoloniale Perspektiven auf »Entwicklung«, in *Peripherie* 120(30), S. 399–426 (online verfügbar unter http://www.zeitschrift-peripherie.de/120_03_Ziai.pdf [02.12.2018]).
Zimmermann, Hubert (2001): Euro under Scrutiny: Histories and Theories of European Monetary Integration, in: *Contemporary European History* 10(2), S. 333–341.
Zimmermann, Hubert (2002): *Money and Security. Troops, Monetary Policy, and West Germany's Relations with the United States and Britain, 1950–1971*, Cambridge.
Zimmermann, Hubert (2017): Balancing Sustainability and Commerce: The EU and the Negotiation of Fisheries Partnership Agreements, in: *Journal of European Public Policy*, 24 (1), S. 135–155.
Zürn, Michael (2013): Das schwierige Verhältnis von Globalisierung und Demokratie, in: *Zeitschrift für Politikwissenschaft*, 23(2), S. 189–300.
Zimmermann, Hubert (2018): Charles P. Kindleberger, in: Holger Janusch (Hrsg.), *Handelspolitik und Welthandel in der Internationalen Politischen Ökonomie*, Wiesbaden.

Quellen online

Åhäll, Linda et al. 2018: *Feminist Labour at the ISA: White Manels, the Politics of Citation and Mundane Productions of Disciplinary Sexism and Racism*, https://thedisorderofthings.com/2018/06/26/feminist-labour-at-the-isa-white-manels-the-politics-of-citation-and-mundane-productions-of-disciplinary-sexism-and-racism/ [02.12.2018].

Auswärtiges Amt 2017: Grundprinzipien deutscher Außenpolitik, 13.03.2017, https://www.auswaertiges-amt.de/de/aussenpolitik/themen/grundprinzipien-deutscher-aussenpolitik/216474, [02.12.2018].

Bundeszentrale für politische Bildung 2017: *NGOs – Nichtregierungsorganisationen. Anzahl in absoluten Zahlen, weltweit 1909–2015*, http://www.bpb.de/nachschlagen/zahlen-und-fakten/globalisierung/52808/ngos, [02.12.2018].

Bertelsmann Stiftung 2016: *Global Migration Governance: Deutschland als Mitgestalter internationaler Migrationspolitik*, https://www.svr-migration.de/wp-content/uploads/2017/07/SVR-FB_Migrationspolitik.pdf [02.12.2018].

Bieling, Hans-Jürgen 2011: *Varieties of Capitalism, Regulationstheorie und neogramscianische IPÖ – komplementäre oder gegensätzliche Perspektiven des globalisierten Kapitalismus?*, Hamburg:

Universität Hamburg, https://www.ssoar.info/ssoar/bitstream/handle/document/36713/ssoar-2011-bieling-Varieties_of_Capitalism_Regulationstheorie_und.pdf?sequence=1 [02.12.2018].

BMZ 2017: *10 Thesen für einen Marshallplan mit Afrika*, http://www.bmz.de/de/laender_regionen/marshallplan_mit_afrika/inhalt/10_thesen/index.jsp [02.12.2018]. Hier können Sie auch den vollständigen Text herunterladen.

Brammertz, Serge 2017: Ende des Uno-Kriegsverbrechertribunals zu Jugoslawien, *Spiegel Online*, 31.12.2017, http://www.spiegel.de/politik/ausland/uno-kriegsverbrechertribunal-zu-jugoslawien-endet-wir-muessen-den-opfern-zuhoeren-a-1185488.html [02.12.2018].

BRICS 2018: *Johannesburg Declaration*, 27.07.2018, http://www.brics2018.org.za/sites/default/files/Documents/JOHANNESBURG%20DECLARATION%20-%2026%20JULY%202018%20as%20at%2007h11.pdf [02.12.2018].

Bundeszentrale für Politische Bildung 2016: http://www.bpb.de/nachschlagen/zahlen-und-fakten/globalisierung/52543/entwicklung-des-warenhandels [02.12.2018].

Bush, George W. 2003: *Bush: ›Leave Iraq within 48 hours‹*, http://edition.cnn.com/2003/WORLD/meast/03/17/sprj.irq.bush.transcript/ [02.12.2018].

Bundeszentrale für politische Bildung 2017: *NGOs – Nichtregierungsorganisationen. Anzahl in absoluten Zahlen, weltweit 1909–2015*, http://www.bpb.de/nachschlagen/zahlen-und-fakten/globalisierung/52808/ngos, [02.12.2018].

Cornut, Jérémie 2017: *The Practice Turn in International Relations Theory*, http://internationalstudies.oxfordre.com/view/10.1093/acrefore/9780190846626.001.0001/acrefore-9780190846626-e-113/version/0 [02.12.2018].

Daase, Christopher 2010: *Der Erweiterte Sicherheitsbegriff*, Projekt ›Sicherheitskultur im Wandel‹, Working Paper 1/2010, http://www.sicherheitskultur.org/fileadmin/files/WorkingPapers/01-Daase.pdf [02.12.2018].

Dugin, Alexandre 2014: *Alexander Dugin on Eurasianism, the Geopolitics of Land and Sea, and a Russian Theory of Multipolarity*, http://www.theory-talks.org/2014/12/theory-talk-66.html [02.12.2018].

Hübner, Kurt et al. 2016: *CETA: The Making of the Comprehensive Economic and Trade Agreement Between Canada and the EU*, https://www.ifri.org/sites/default/files/atoms/files/notes_ifri_ceta_0.pdf [02.12.2018].

Kissinger, Henry 1973: *Acceptance Speech*, http://www.nobelprize.org/nobel_prizes/peace/laureates/1973/kissinger-acceptance.html [02.12.2018].

Köhler, Gabriele 2015: Die Millenniums-Entwicklungsziele, in *Vereinte Nationen* 6, S. 243–248, https://dgvn.de/fileadmin/publications/PDFs/Zeitschrift_VN/VN_2015/Heft_6_2015/02_Beitrag_K%C3%B6hler_VN_6-15_24-11-2015.pdf [02.12.2018].

Kontext TV 2015: *Immanuel Wallerstein. The Global Systemic Crisis and the Struggle for a Post-Capitalist World,* https://www.youtube.com/watch?v=riK3dlgusrI [02.12.2018].

Kreisler, Harry 2002: *Through the Realist Lense: Conversation with John Mearsheimer,* 08. April 2002; http://globetrotter.berkeley.edu/people2/Mearsheimer/mearsheimer-con2.html [02.12.2018].

Lebreton, Laurent et al. 2018: Evidence that the Great Pacific Garbage Patch is Rapidly Accumulating Plastic, in: *Scientific Reports,* 8, https://www.nature.com/articles/s41598-018-22939-w [02.12.2018].

Mearsheimer, John J. 2014: Why the Ukraine Crisis Is the West's Fault. The Liberal Delusions That Provoked Putin, in: *Foreign Affairs,* September/Oktober, https://www.foreignaffairs.com/articles/russia-fsu/2014-08-18/why-ukraine-crisis-west-s-fault [02.12.2018]. Deutsch Übers. 2014: Putin reagiert. Warum der Westen an der Ukraine Krise schuld ist, in: *Internationale Politik und Gesellschaft,* http://www.ipg-journal.de/kommentar/artikel/putin-reagiert-560/ [02.12.2018].

NATO-Webseite: https://www.nato.int/cps/us/natohq/declassified_137930.htm [02.12.2018].

OECD Development Assistance Committee 1996: *Shaping the 21st Century: The Contribution of Development Cooperation,* Paris: OECD, https://www.oecd.org/dac/2508761.pdf [02.12.2018].

O'Neill, Jim 2001: Building Better Global Economic BRICs, in: *Global Economics Paper* 66, https://www.goldmansachs.com/insights/archive/archive-pdfs/build-better-brics.pdf [02.12.2018].

Schouten, Peer 2009: *Theory Talk #37: Robert Cox on World Orders, Historical Change, and the Purpose of Theory in International Relations,* http://www.theory-talks.org/2010/03/theory-talk-37.html, [02.12.2018].

Sun, Yun 2014: *Africa in China's Foreign Policy,* www.wlv.ac.uk/media/departments/faculty-of-social-sciences/documents/Africa_in_China_Brookings_report.pdf [02.12.2018].

UN 2015: *Agenda for Sustainable Development Goals,* https://sustainabledevelopment.un.org/content/documents/21252030%20Agenda%20for%20Sustainable%20Development%20web.pdf [02.12.2018].

UN 2015: *The Millennium Development Goals Report,* http://www.un.org/millenniumgoals/2015_MDG_Report/pdf/MDG%202015%20rev%20(July%201).pdf [02.12.2018].

UN News (11.09.2017): *UN human rights chief points to ›textbook example of ethnic cleansing‹ in Myanmar*: https://news.un.org/en/story/2017/09/564622-un-human-rights-chief-points-textbook-example-ethnic-cleansing-myanmar, [02.12.2018].

UN System Staff College 2018: *The United Nations Laboratory for Organizational Change and Knowledge (UNLOCK),* https://www.unssc.org/featured-themes/united-nations-laboratory-organizational-change-and-knowledge-unlock/ [02.12.2018].

Unbekannter Verfasser 2008: *How Ronald Reagan Won the Cold War,* https://www.conservapedia.com/Essay:How_Ronald_Reagan_won_the_Cold_War [02.12.2018].

United Nations 1945: *UN Charter,* http://www.un.org/en/sections/un-charter/chapter-i/index.html [02.12.2018].

United Nations 2018: *The ICTR in Brief,* http://unictr.irmct.org/en/tribunal [02.12.2018].

United Nations Development Program 2018: *Human Development Report 2018, Statistical Update,* http://hdr.undp.org/sites/default/files/2018_human_development_statistical_update.pdf [02.12.2018].

United Nations Development Program 2018: *The 2018 Global Multidimensional Poverty Index,* http://hdr.undp.org/en/2018-MPI [02.12.2018].

United Nations Office of the High Commissioner for Human Rights 1948: *Universal Declaration of Human Rights,* https://www.ohchr.org/EN/UDHR/Documents/UDHR_Translations/eng.pdf, [02.12.2018].

Wilson, Dominic/Purushothaman, Roopa 2003: Dreaming with the BRICs, in: *Global Economic Paper* 99, https://www.goldmansachs.com/insights/archive/archive-pdfs/brics-dream.pdf [02.12.2018].

World Food Programme 2018: *Zero Hunger,* http://www1.wfp.org/zero-hunger [02.12.2018].

Worldmapper 2018: *Absolute Poverty*, https://worldmapper.org/maps/absolute-poverty-2016/
?_sft_product_cat=general,income [02.12.2018].

Ziai, Aram 2010: Postkoloniale Perspektiven auf »Entwicklung«, in *Peripherie* 120(30), S. 399–426, online verfügbar unter http://www.zeitschrift-peripherie.de/120_03_Ziai.pdf [02.12.2018].

Abbildungsverzeichnis

Abbildungen

Abb. 1: Pixabay License	12
Abb. 2: Eigene Darstellung	16
Abb. 3: Wobring 2005, 20	31
Abb. 4: V. Schniepp	41
Abb. 5: L. G. Illingworth, Daily Mail, 29. Oktober 1962	42
Abb. 6: https://www.harmbengen.de/Zeitungscartoons2014-03.html	53
Abb. 7: Eigene Darstellung	61
Abb. 8: Eigene Darstellung	63
Abb. 9: Eigene Darstellung	72
Abb. 10: Eigene Darstellung	73
Abb. 11: Eigene Darstellung	75
Abb. 12: Eigene Darstellung	79
Abb. 13: Pixabay License	87
Abb. 14: Eigene Darstellung	91
Abb. 15: Wiki Commons	118
Abb. 16: Scharwel Karikatur	123
Abb. 17: B. Gabor, in: SZ 20.08.1971, Nr. 199	147
Abb. 18: https://www.boell.de/	150
Abb. 19: Eigene Darstellung	152
Abb. 20: Eigene Darstellung	156
Abb. 21: Eigene Darstellung	167
Abb. 22: Eigene Fotografie	180
Abb. 23: Picabay License	184
Abb. 24: http://lehrstuhlib.uni-goettingen.de/crop/information.html	186
Abb. 25: Wiki Commons	207
Abb. 26: Eigene Darstellung	214
Abb. 27: http://archive.worldmapper.org/animations/income_animation.html	241
Abb. 28: https://www.zapiro.com/130327mg	246

Tabellen

Tab. 1: Eigene Tabelle 87
Tab. 2: Eigene Tabelle 157
Tab. 3: Eigene Tabelle 225